Jürgen Stiefl
Wirtschaftsstatistik

I0034919

Jürgen Stiefl

Wirtschaftsstatistik

———

3., aktualisierte und erweiterte Auflage

DE GRUYTER
OLDENBOURG

ISBN 978-3-11-056523-2
e-ISBN (PDF) 978-3-11-056524-9
e-ISBN (EPUB) 978-3-11-056528-7

Library of Congress Control Number: 2018934553

Bibliografische Information der Deutschen Nationalbibliothek
Die Deutsche Nationalbibliothek verzeichnet diese Publikation in der Deutschen
Nationalbibliografie; detaillierte bibliografische Daten sind im Internet über
http://dnb.dnb.de abrufbar.

© 2018 Walter de Gruyter GmbH, Berlin/Boston
Umschlaggestaltung: kutaytanir/E+/Getty Images
Satz: le-tex publishing services GmbH, Leipzig
Druck und Bindung: CPI books GmbH, Leck

www.degruyter.com

Vorwort zur ersten Auflage

Das vorliegende Buch beinhaltet mit den beiden Bereichen der beschreibenden (deskriptiven) und schließenden Statistik (Wahrscheinlichkeitstheorie) das Basiswissen der Statistik und ist auf der Grundlage einer mehrjährigen (Wirtschafts-)Statistikvorlesung entstanden.

Die Zielsetzung des Buches besteht darin, den Studierenden der Hochschulen einen Überblick über die maßgeblichen statistischen Verfahren zu vermitteln und ihnen insbesondere die Angst vor der Materie zu nehmen. Nicht zuletzt deshalb wurde auf die teilweise komplexe Herleitung der einzelnen Verfahren verzichtet. Es geht darum, dem Leser Instrumentarien an die Hand zu geben, die im weiteren Verlauf des Studiums, aber auch im Berufsleben von Bedeutung sein können.

Aus diesem Grund verweisen regelmäßig Fußnoten auf entsprechende Aufgaben, die die vorgestellte Thematik noch einmal aufgreifen und vertiefen. Zur Lernkontrolle schließen sich dem Kapitel der Aufgaben deren Lösungen an.

Bedanken möchte ich mich an dieser Stelle bei meinen Studentinnen und Studenten, die mich zu diesem Buch ermutigt und mir auch durch ihre Hinweise und Fragestellungen wertvolle Tipps gegeben haben.

Besonders bedanken aber möchte ich mich bei meiner Familie, die mir fast den kompletten Sommer und Herbst des Jahres für die Erstellung des Buches zur Verfügung gestellt hat.

Jürgen Stiefl
Dezember 2005

https://doi.org/10.1515/9783110565249-201

Vorwort zur zweiten Auflage

Die zweite Ausgabe von „Wirtschaftsstatistik" hat inhaltlich den gleichen Aufbau wie die Erstausgabe. Jedoch wurden einige neue Erkenntnisse aus meinen Vorlesungen sowie betriebswirtschaftlichen Seminaren eingearbeitet. Das erste Kapitel „Einführung" wurde inhaltlich weitestgehend belassen. Lediglich die Zielsetzung und Motivation wurde klarer herausgearbeitet. Im zweiten Kapitel „Beschreibende Statistik" wurden gegenüber der Erstausgabe einige Erweiterungen vorgenommen. Im Bereich der Lage- und Streuungsparameter betrifft dies das harmonische Mittel als Abrundung der Lageparameter, sowie die mittlere absolute Abweichung, den Variationskoeffizienten und die Spannweite im Bereich der Streuungsparameter. Im Rahmen der Korrelationsanalyse wurde zur besseren Veranschaulichung die Kovarianzanalyse vorgeschaltet. Generell wurden die sich anschließenden Aufgaben dahingehend überarbeitet, dass sie nun zum einen umfangreicher und zum anderen einen stärkeren Bezug zur den Bereichen der Wirtschaftswissenschaften aufweisen. Das dritte Kapitel der „Schließenden Statistik" beinhaltet die meisten Neuerungen bzw. Ergänzungen, da dieser Bereich den Studierenden gegenüber der beschreibenden Statistik traditionell die größeren Schwierigkeiten bereitet. Zunächst erfolgt eine stärkere (bessere) Verknüpfung der Grundlagen zur Wahrscheinlichkeitstheorie sowie der Kombinatorik mit den sich anschließenden Verteilungsfunktionen. Dazu gehört bspw. das Verständnis, was ein Zufallsexperiment ist, wie Rechenregeln für Wahrscheinlichkeiten aufgestellt werden und wie daraus schließlich diskrete und stetige Verteilungsfunktionen abgeleitet werden können. In letzterem Bereich wurden neu die Gleich-, Dreiecks- und Exponentialverteilung aufgenommen. Dadurch wurde nicht nur ein ausgewogeneres Verhältnis zwischen diskreten und stetigen Verteilungen geschaffen, sondern gleichzeitig auch betriebswirtschaftlich sehr relevante Bereiche integriert. Auch der Bereich der Schätz- und Testtheorie wurde grundlegend überarbeitet. Die Schätztheorie wurde um einige bedeutende Konfidenzintervalle, so bspw. um die Methodik des „Value at Risk" ergänzt und durch die Kapitel „Wünschenswerte Eigenschaften von Schätzfunktionen" und „Verfahren zur Konstruktion von Schätzfunktionen" erweitert. Gleiches gilt für die Testtheorie. Neben neuen Zweistichprobentests wurde der χ^2-Anpassungstest aufgenommen, gestattet er doch eine Aussage, ob die zugrundeliegende Verteilung überhaupt eine sinnvolle ist. Auch die Themenbereiche der Schließenden Statistik wurden mit neuen, praxisrelevanteren Aufgaben versehen.

https://doi.org/10.1515/9783110565249-202

Bleibt schließlich zu hoffen, dass die Materie, die von vielen Studierenden nach wie vor als schwierig und „trocken" empfunden wird, doch den einen oder anderen neuen Anhänger gewinnt. Sie hätte es verdient! Schlussendlich bleibt mir noch, mich bei den vielen Studierenden zu bedanken, die ich nun bereits auf dem Weg zum Diplom oder Bachelor begleiten durfte. Sie haben mir viele Anregungen, konstruktive Vorschläge und Meinungen kundgetan.

Jürgen Stiefl
Dezember 2010

Vorwort zur dritten Auflage

Die dritte Ausgabe von „Wirtschaftsstatistik" hat inhaltlich den gleichen Aufbau wie die zweite Ausgabe. Durch verschiedene Vorlesungen, auch teilweise kombiniert mit Studiengängen des Gesundheitsmanagements oder der Augenoptik, ergaben sich aber häufig Fragen, die fast ausschließlich den Bereich der Testtheorie betrafen. So finden verschiedene Tests auch in einer Bachelor- und Masterthesis statt, die anders bzw. umfangreicher gestaltet werden, als die zweite Ausgabe des Buches angeboten hat.

Deshalb wird diese dritte Ausgabe im Bereich der Parametertests deutlich erweitert. Während sich die zweite Ausgabe ausschließlich auf Einstichprobentests beschränkte, wird diese dritte Ausgabe um verschiedene Mehrstichprobentests erweitert. Diese betreffen zum einen sowohl unabhängige und abhängige Stichproben und zum anderen verteilungsgebundene und verteilungsfreie Tests.

Jürgen Stiefl
Dezember 2017

https://doi.org/10.1515/9783110565249-203

Inhalt

Abbildungsverzeichnis

https://doi.org/10.1515/9783110565249-204

Tabellenverzeichnis

https://doi.org/10.1515/9783110565249-205

1 Einführung

1.1 Motivation und Zielsetzung des Buches

Es war ein grauer Novembertag, der so ganz zu meiner Stimmung passte. Ich war auf dem Weg zu meinem Bankberater und wollte mich über seine vor zwei Jahren ausgesprochene Aktienempfehlung beschweren. Damals investierte ich mein gesamtes Vermögen, immerhin 10.000,– €, in ein vom ihm angepriesenes Wertpapier. Jetzt, exakt zwei Jahre später, war mein ursprüngliches Vermögen auf 8.500,– € geschmolzen. Mein Berater empfing mich mit einem strahlenden Gesicht. „Herzlichen Glückwunsch! Sie haben eine Durchschnittsrendite von +10 % erzielt und damit meine kühnsten Erwartungen übertroffen! Nach dem ersten Jahr hatte Ihr Depot einen Wert von 17.000,– €, was einer Verzinsung von 70 % entspricht, im zweiten Jahr ist der Depotwert um 50 % auf 8.500,– € gesunken. +70 % und -50 % ergibt im Schnitt +10 %!" Überglücklich fiel ich nach dieser freudigen Nachricht meinem Bankberater um den Hals, leerte mit ihm eine Flasche Sekt und fuhr zufrieden wieder nach Hause. Ich vergaß zu erwähnen, dass ich an diesem Tag weitere 2.000,– € in einen todsicheren Tipp des Beraters meines Vertrauens investierte. Der Mann versteht schließlich was von seinem Geschäft!

Zugegeben, die Geschichte ist frei erfunden, aber nicht so abwegig, wie sie auf den ersten Blick zu sein scheint. Wir werden tagtäglich durch die Fülle der Nachrichten, sei es über das Fernsehen, das Internet oder die Printmedien mit unzähligen Informationen versorgt, so dass es nahezu unmöglich ist, Wichtiges vom Unwichtigen zu trennen bzw. zu durchschauen, ob eine Aussage überhaupt auf einer fundierten und nachvollziehbaren Grundlage beruht. So wie obiger Bankberater offensichtlich arithmetisches mit geometrischem Mittel verwechselte, gibt es eine ganze Menge von statistischen Fehlerquellen, die, ob bewusst oder unbewusst, zu Falschaussagen oder Fehlinterpretationen führen (können).

Im nächsten Kapitel werden eine Reihe von potenziellen Fehlern bzw. Möglichkeiten der Ergebnisbeeinflussungen aufgegriffen. Genau hier setzt die Zielsetzung des Buches an. Die Studierenden sollen nach der Lektüre in der Lage sein, ein gewisses Gefühl für Daten, deren Quellen und „Manipulationsmöglichkeiten" zu entwickeln. Ferner können sie die Werkzeuge im Bereich der deskriptiven und schließenden Statistik richtig anwenden und die entsprechenden Schlussfolgerungen ziehen. Somit wird es ihnen möglich, mit fortschreitender Studiendauer betriebs- und volkswirtschaftliche Fragestellungen statistischer Art selbständig lösen zu können. Gleiches gilt natürlich auch für den Praktiker, der möglicherweise des Öfteren vor quantitativen Fragestellungen steht und diese zufrieden stellend lösen muss.

https://doi.org/10.1515/9783110565249-001

1.2 Was sind die häufigsten Fehler von Statistiken?

Im Rahmen von statistischen Untersuchungen kann man eine Reihe von bewussten oder unbewussten Fehlern begehen, die dann zwangsläufig zu unseriösen bzw. falschen Statistiken und Schlussfolgerungen führen.[1]

1. Fehlerquelle: Bereits die Zahlen sind falsch erhoben

Bspw. ist die Aussage, dass es in der Bundesrepublik Deutschland 82.110.097 Einwohner gibt, spätestens beim Druck der Zahl falsch, weil zwischenzeitlich, rein biologisch bedingt, Menschen gestorben und geboren sind.

2. Fehlerquelle: Das gewünschte Ergebnis bestimmt den statistischen Test

In einer Fernsehshow mit Günther Jauch wurde der „Beweis" erbracht, dass die junge Generation besser als das ältere Semester die deutsche Rechtschreibung beherrscht. Man ließ jeweils ca. 15 ältere und jüngere Menschen ein Kurzdiktat schreiben und wertete dieses aus. Dabei enthielt das Diktat eine Fülle von Anglizismen und Begriffen aus dem Informatik/Internetbereich. Der Ausgang des Tests war also gewissermaßen durch die Textvorgabe vorprogrammiert und somit keinesfalls ein stichhaltiger Beweis für obige Behauptung!

3. Fehlerquelle: Ergebnisse werden irreführend dargestellt

Abbildung 1 zeigt jeweils die Entwicklung eines Aktienfonds über 10 Jahre.

Es liegt die Vermutung nahe, dass es sich um ganz grundsätzlich unterschiedliche Fonds handelt. Während der linke Wert innerhalb des 10-jährigen Zeitintervalls auf der Stelle zu treten scheint, deutet das rechte Chart auf einen Outperformer hin. Weit gefehlt, wie die Achsenbeschriftung zu erkennen gibt! Es handelt sich um den gleichen Fonds, der sich innerhalb der 10 Jahre um gerade einmal 4 % „entwickelt" hat. Man kann also durch geschickte Wahl der Achsendimension eine stationäre Entwicklung „durch die Decke gehen lassen" und umgekehrt. Möglicherweise wird auch deshalb die Achsenbeschriftung in wissenschaftlichen oder sonstigen Beiträgen schon einmal „vergessen".

---

[1] Vergleiche hierzu auch Krämer W., München, 2000 bzw. Krämer W., Frankfurt/New York, 2010.

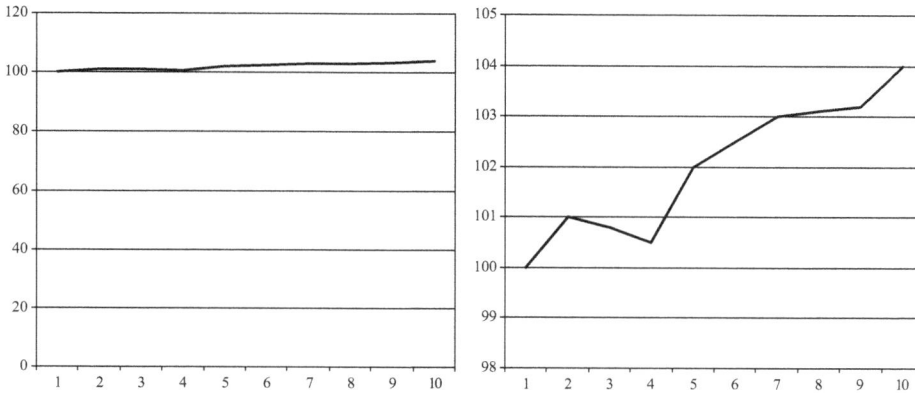

Abb. 1: Entwicklung eines Aktienfonds

4. Fehlerquelle: Es werden Äpfel mit Birnen verglichen

Vergleicht man bspw. die Arbeitslosenquoten verschiedener Länder, so ist das Zustandekommen der Arbeitslosenquote, verstanden als Quotient von Arbeitslosen zu den Erwerbspersonen, nicht zwangsläufig identisch. Die Frage, welche Personen zu den Arbeitslosen, also zur Zählergröße, und welche zu den Erwerbspersonen, also zur Nennergröße gezählt werden, unterscheidet sich in den Ländern ganz grundsätzlich voneinander. Selbst innerhalb eines Landes scheiden sich die Geister. So konnte man 1986 in Großbritannien durch Vergrößerung des Terminus „Erwerbspersonen", also des Nenners der Arbeitslosenquote, über Nacht die Arbeitslosenquote senken, ohne auch nur einen Arbeitslosen weniger zu haben.

5. Fehlerquelle: Datenbasis und die entsprechende Aussage stehen in keinem Bezug zueinander

Im Rahmen einer Untersuchung zu volkswirtschaftlichen Faktoren der Europäischen Union wurde einmal behauptet, dass die Luxemburger den mit Abstand größten Zigarettenkonsum hätten. Man teilte einfach die verkauften Zigaretten durch die Einwohnerzahl und beachtete dabei offensichtlich nicht, dass viele Ausländer, also Nicht-Luxemburger, infolge der preiswerten Zigaretten Großeinkäufe in Luxemburg tätigen.

6. Fehlerquelle: „Die Illusion der Präzision"

Nach einem Urteil des Bundesfinanzhofes akzeptiert das Finanzamt, sofern „nicht nur ein geringes Maß an Wahrscheinlichkeit" für deren Echtheit spricht, Ausgaben für Büromaterial, ohne dass Belege vorgelegt werden müssen. Welche Summe reichen Sie beim Finanzamt ein? 60,– €, was so ähnlich klingt wie „etwa 60,– € aber so genau weiß ich es nicht mehr" oder 58,24 €? I. d. R glauben wir krummen Zahlen oder sehr genauen Angaben ungeprüft, während wir bei glatten Zahlen eher misstrauisch werden. Indem bewusst mit Nachkommastellen gerechnet wird, gibt man dem Betrachter zu verstehen, dass man besonders sauber recherchiert hat bzw. die Daten gut im Griff hat.

7. Fehlerquelle: Welcher relative Anteil?

Eine Statistik zeigt die Anzahl der Besteigungen der 14 höchsten Berge dieser Erde sowie die Anzahl der Toten bis zum 31.12.2005. Dabei wurde die Tabelle 1 nach der absoluten/relativen Anzahl der Toten gegliedert.

Tab. 1: Relative Anteile

Berg	Besteigungen	Tote absolut	relativ	anteilig
Everest	2.561	192	28,74 %	7,50 %
Nanga Parbat	265	62	9,28 %	23,40 %
K2	249	60	8,98 %	24,10 %
Annapurna	142	58	8,68 %	40,85 %
Dhaulagiri	350	56	8,38 %	16,00 %
Manaslu	240	52	7,79 %	21,67 %
Kanchenjunga	195	40	5,99 %	20,51 %
Chu Oyu	2.227	37	5,54 %	1,66 %
Makalu	225	24	3,59 %	10,67 %
Hidden Peak	252	23	3,44 %	9,13 %
Shisa Pagma	222	19	2,84 %	8,56 %
Broad Peak	269	18	2,70 %	6,69 %
Gasherbrum II	708	18	2,70 %	2,54 %
Lhotse	279	9	1,35 %	3,23 %
Anzahl	**8.184**	**668**		

Würde nun ein Zeitungsbericht den Mount Everest zum gefährlichsten Berg erklären, da er mit 192 Personen (absolut) und 28,74 % (relativ) die meisten Toten zu verzeichnen hat, wäre dies sicherlich nicht falsch. Eine Gliederung nach den anteiligen Toten bezogen auf die Anzahl der Besteigungen aber bringt ein gänzlich anderes Resultat. So zeigt die letzte Spalte mit der Annapurna eine, bezogen auf die Anzahl der Besteigungen, höchste Todesrate von 40,85 %, gefolgt vom K2 (24,10 %) usw. Was aber ist in diesem Falle „richtig"? Sicherlich kommt es bei der Frage, ob der relative Anteil bezogen auf die Gesamtzahl oder der relative Anteil bezogen auf das jeweilige Merkmal zugrunde gelegt werden sollte, etwas auf die Sichtweise des Betrachters an.

Obige Fehlerquellen zeigen nur bruchstückhaft, wie schnell man sich durch Aussagen, seien sie verbaler oder schriftlicher Natur, in die Irre führen lassen kann, was im täglichen Leben auch sehr intensiv ausgenutzt wird!

Wir halten als Fazit fest:

- Mit wohl wenigen Instrumentarien kann man so stark manipulieren wie mit der Statistik.
- Meinungen, Stimmungen, ja sogar politische und wirtschaftspolitische Entscheidungen werden aufgrund von statistischen Aussagen getroffen.
- Deshalb ist es umso wichtiger, die möglichen Fehlerquellen, die Analysearten und die Verbindungen zu kennen, um „richtige" Statistiken zu erzeugen bzw. um die „falschen" zu entlarven bzw. zu vermeiden.
- Jede Statistik sollte immer kritisch hinterfragt werden:
  - Wer ist der Adressat?
  - Was soll mit der Statistik bewirkt werden – was ist das Ziel?
  - Steht nicht schon vor der Erhebung das Ergebnis fest?

1.3 Die Bedeutung der Fragestellung

1.3.1 Deskriptive Statistik versus schließende Statistik

Entscheidend bei statistischen Erhebungen ist immer die Art der Fragestellung und die damit verbundene Verfügbarkeit der Daten. Aus diesem Grund trennt man in den theoretischen Abhandlungen grundsätzlich die beschreibende (deskriptive) Statistik von der schließenden Statistik, auch Wahrscheinlichkeitstheorie genannt.

Liegen alle Daten, zu denen eine Aussage gemacht werden soll bereits vor, so geht es „nur" noch um die Art der Aufbereitung und das entsprechende statistische Verfahren, das zu den Daten eine interpretierbare Kennzahl liefern soll. Wir befinden uns dann im Bereich der **deskriptiven Statistik**. Diese reicht von dem reinen Aufbereiten von Zahlen über grafische Darstellungen bis hin zu statistischen Berechnungen, wie bspw. der Korrelations- oder Regressionsanalyse.

Häufig ist die Problematik aber anders gelagert. Da es aus vielerlei Gründen nicht immer möglich oder sinnvoll ist, die ganze Grundgesamtheit zu untersuchen (Vollerhebung), beschränkt man sich oft auf die Untersuchung eines Teils dieser Grundgesamtheit (Stichprobe) und versucht, aus den in dieser Teilmenge vorgefundenen Eigenschaften auf die Eigenschaften der Grundgesamtheit zu schließen. Dies ist der Bereich der **schließenden Statistik**. Er ist für den Anfänger für gewöhnlich schwieriger nachvollziehbar und etwas komplexer in den Rechenmethoden als der deskriptive Zweig der Statistik. „Es ist mir noch heute rätselhaft, dass man herausbringt, was sechzig Millionen Menschen denken, wenn man zweitausend Menschen befragt. Erklären kann ich das nicht. Es ist eben so." – (Elisabeth Noelle-Neumann, Meinungsforscherin).

Tabelle 2 möge zur Unterscheidung von Grundgesamtheit und Stichprobe dienen.

Tab. 2: Grundgesamtheit und Stichprobe

Beispiel	Grundgesamtheit	Stichprobe
Bundestagswahl	alle abgegebenen gültigen Zweitstimmen	2.000 befragte Personen aus insgesamt 10 Wahllokalen
IHK-Mitgliedsbefragung	alle Handwerksbetriebe der Ostalb	150 mittelständische Unternehmen aus dem Landkreis Aalen
Qualitätskontrolle	alle 120.000 produzierten Glühlampen eines Tages	1.200 Lampen aus unterschiedlichen Losgrößen
Kaufverhalten	alle Jugendliche zwischen 14 und 18 Jahren	1.000 Jugendliche aus insgesamt 8 Städten

Es ist unmittelbar ersichtlich, warum bei obigen Beispielen keine Vollerhebung durchgeführt werden kann. Möchte man bspw. am Wahltagabend kurz vor 18:00 Uhr bereits einen Überblick über den Ausgang der Wahl haben (Hochrechnung), so bedient man sich einer Stichprobe von 2.000 so genannten repräsentativen Wählern. Diese wurden nach dem Urnengang nach ihrer Stimmenabgabe befragt und lassen einen Rückschluss auf das Wahlverhalten aller Bundesbürger zu. Eine Vollerhebung wäre sowohl aus Zeit- als auch Kostengründen nicht durchführbar. Die gleichen Gründe sprechen bei der IHK-Mitgliedsbefragung und dem Kaufverhalten von Jugendlichen für eine (repräsentative) Stichprobe. Das Beispiel aus der Qualitätskontrolle zeigt neben dem Zeit- und Kostenfaktor noch einen dritten Grund, der gegen eine Vollerhebung spricht. Würde man alle 120.000 Glühlampen einem Dauertest unterziehen, um die geforderte Eigenschaft zu testen (bspw. die Überprüfung der zugesagten Mindestlebensdauer von 1.000 Stunden), so hätte man zwar die Qualität aller Lampen überprüft, gleichzeitig aber die gesamte Losgröße aufgrund der Vollerhebung vernichtet. Somit spricht als dritter Faktor die Zerstörung des Untersuchungsgegenstandes gegen eine Vollerhebung.

Da eine Teilerhebung immer nur einen (Bruch)Teil der Grundgesamtheit abbildet, ist bei der Stichprobenbildung eine bedeutsame Grundanforderung zu erfüllen, nämlich die Anforderung der Repräsentativität.

1.3.2 Repräsentative Stichproben und ihre Aussagekraft

Kann aufgrund theoretischer Überlegungen von der Verteilung der Merkmalsausprägungen in der Stichprobe auf jene in der Grundgesamtheit geschlossen werden, so nennt man diese Stichprobe **repräsentativ** für die Grundgesamtheit. Ohne eine repräsentative Stichprobe ist somit keine gehaltvolle Aussage über die Grundgesamtheit möglich.[2]

Ist eine Stichprobe in Bezug auf **alle** Merkmale der Grundgesamtheit repräsentativ, so spricht man von **globaler Repräsentativität**, ist sie dies nur bezüglich **bestimmter** Merkmale, so spricht man von **spezifischer Repräsentativität**. Die Wahl der Repräsentativität ist vom Untersuchungsgegenstand und den Vorkenntnissen über die zu überprüfenden Hypothesen abhängig.

Eine Stichprobe ist sozusagen ein Miniaturbild der Grundgesamtheit. Je besser dieses Bild ist, desto besser lassen sich Rückschlüsse auf die Grundgesamtheit ziehen. Neben der Repräsentativität ist der Umfang der Stichprobe ganz entscheidend. Hierauf wird später noch näher einzugehen sein.

Bei den (repräsentativen) Stichproben unterscheidet man die Fälle (siehe Abb. 2):

Abb. 2: Stichprobenarten

Die **Zufallsstichprobe** ist dadurch charakterisiert, dass jedes Element der Grundgesamtheit mit gleicher Wahrscheinlichkeit in die Stichprobe aufgenommen werden kann.

- Die **einfache Zufallsstichprobe** empfiehlt sich dann, wenn über die Verteilung der für die Untersuchung relevanten Merkmale wenig oder gar nichts bekannt ist. Dabei sind alle relevanten Elemente in einer Liste/Datei oder allgemein „Urne"

---

2 Zu den Erhebungsarten von Daten vgl. auch Fahrmeir L./Künstler R./Pigeot I./Tutz G., 2009, S. 23ff.

vorhanden, aus denen dann bestimmte Elemente per Zufall ausgewählt werden, z. B. mit Hilfe von Zufallszahlen oder per Los.

- Die **geschichtete Stichprobe** wird angewendet, wenn man die Merkmale kennt, die die untersuchungsrelevanten Merkmale (wie etwa Geschlecht, Einkommen etc.) beeinflussen. Es empfiehlt sich dann, eine in Bezug auf diese Determinanten repräsentative Stichprobe zu ziehen, d. h. die Verteilung dieser Merkmale in der Population auch in der Stichprobe abzubilden. Die Auswahl innerhalb der Schichten erfolgt wiederum zufällig.
- Eine **Klumpenstichprobe** besteht aus mehreren zufällig ausgewählten Teilmengen, die schon vorgruppiert sind. Diese Teilmengen werden dann vollständig erhoben/ausgewertet.

Die **nichtzufällige Stichprobe** zeichnet sich durch eine entweder vollkommen willkürliche oder ganz bewusste Auswahl der Elemente aus der Grundgesamtheit aus.

- Bei der **Ad hoc Stichprobe** erfolgt die Auswahl der Elemente aufs Geratewohl, also ohne Systematik vollkommen willkürlich. Da hier die Repräsentativität nicht zwingend gewährleistet wird, scheidet sie als wissenschaftliches Instrumentarium aus.
- Die **Quotenstichprobe** ist eine bewusste Auswahl von Elementen aus der Grundgesamtheit. Dies unterscheidet sie von der geschichteten Stichprobe. Sie findet Anwendung, wenn man die Merkmale, bezüglich derer die Stichprobe repräsentativ sein soll, kennt. Die Stichprobe wird dann so zusammengestellt, dass die relevanten Merkmale der Stichprobenverteilung der Verteilung dieser Merkmale in der Grundgesamtheit entsprechen.

Tabelle 3 sollen die Unterschiede noch einmal verdeutlichen.

Wurde aus den obigen Verfahren das „Geeignete" herausgesucht und eine Stichprobe gezogen, so bedeutet dies nicht zwangsläufig, dass man durch die Stichprobe eine hundertprozentig verlässliche Aussage die Grundgesamtheit betreffend machen kann.

In diesem Zusammenhang sind die beiden Begriffe **Signifikanz** und **Konfidenzintervall** (Konfidenzniveau) von Bedeutung, die später im Bereich des Schätzens und Testens genauer untersucht werden.

Die Signifikanz, oder besser gesagt, das Signifikanzniveau erlaubt Aussagen, mit welcher Wahrscheinlichkeit der Rückschluss von einem Wert in einer Stichprobe auf den entsprechenden Wert in der Grundgesamtheit **kein** durch Zufall verursachter Irrtum ist. Allgemein definiert man die Signifikanz auf dem 5 % oder 1 %-Niveau, wofür es aber keine mathematisch-statistische Begründung gibt. Dadurch hat man dann das so genannte Konfidenzintervall bestimmt, also den 95 % bzw. 99 %-Vertrauensbereich, indem der „wahre" Wert der Grundgesamtheit liegt.

Tab. 3: Arten von Stichproben

Stichprobe	Beispiel
Einfache Zufallsstichprobe	Befragung von 1.000 Haushalten, die man aus einer Einwohnerstatistik einer aus 1 Mio. Personen bestehenden Stadt per Zufallsgenerator ausgelost hat
Geschichtete Stichprobe	Ein Bundesland besteht aus 55 % Katholiken, 38 % Protestanten und 7 % Konfessionslosen. Es wird eine Stichprobe vom Umfang 1.000 gezogen, in der 550 Katholiken, 380 Protestanten und 70 Konfessionslose sind. Diese werden innerhalb ihrer „Schicht" per Zufallsgenerator ausgewählt
Klumpenstichprobe	Eine Schulklasse wird aus allen Schulklassen ausgewählt und dann vollständig befragt
Ad hoc Stichprobe	Willkürliche Straßenbefragung eines Interviewers von 100 vorbeikommenden Passanten
Quotenstichprobe	Da man aufgrund der Bevölkerungsstatistik weiß, dass der Anteil der Studenten in einer Stadt 15 % beträgt, wird bei einer Befragung in dieser Stadt nach dem Kaufverhalten der Anteil der befragten Studenten in der Stichprobe ebenfalls auf 15 % festgelegt

Beispiel: Es soll die zeitliche wöchentliche Studienbeanspruchung von 1.300 BWL-Studenten einer Hochschule des Ostalbkreises ermittelt werden. Dazu werden 120 Studenten zufällig befragt (einfache Zufallsstichprobe). Die Stichprobe ergab eine durchschnittliche Belastung von 42,8 Stunden bei einer so genannten Standardabweichung von 11,3 Stunden. Bei einem vordefinierten Signifikanzniveau von 5 % und dem daraus abgeleiteten (zentralen) Konfidenzintervall von 95 % lässt sich dann die Aussage treffen, dass mit einer Wahrscheinlichkeit von 95 % (Irrtumswahrscheinlichkeit von 5 %) die durchschnittliche wöchentliche Studienbelastung aller 1.300 BWL-Studenten im Intervall von 40,75 bis 44,84 Stunden liegt.[3]

1.4 Die Bedeutung der Datenart

1.4.1 Unterscheidung nach der Skalierung

Wie noch zu zeigen sein wird, hat die Datenskalierung einen entscheidenden Einfluss auf das anzuwendende statistische Verfahren. Danach lassen sich drei Datenarten bzw. Arten von Merkmalen unterscheiden: qualitative, intensitätsmäßig abgestufte und quantitative Merkmale.

---

3 Diese Zusammenhänge bzw. Berechnungen werden zur gegebenen Zeit natürlich noch ausführlich behandelt und erläutert.

Qualitative Merkmale können auf einer Nominalskala abgebildet werden. Der mögliche Messvorgang besteht darin, die Gleichheit bzw. Ungleichheit der Einheiten bezüglich der Merkmalsausprägung festzustellen. Diese Einheiten werden dann in einer Klasse zusammengefasst (siehe Tab. 4):

Tab. 4: Qualitative Merkmale

Qualitative Merkmale	Merkmalsausprägung
Geschlecht	weiblich, männlich
Religion	katholisch, evangelisch etc.
Nationalität	deutsch, englisch, französisch etc.
Farbe	rot, grün, blau, gelb etc.
Beruf	Bäcker, Metzger, Maurer etc.

Intensitätsmäßig abgestufte Merkmale lassen sich an einer Ordinalskala abbilden. Der mögliche Messvorgang besteht darin, die Merkmalsausprägung vergleichen zu können. Diese Einheiten werden dann in einer Klasse zusammengefasst, es lassen sich somit Ränge, aber keine Abstände angeben (siehe Tab. 5).

Tab. 5: Intensitätsmäßig abgestufte Merkmale

Intensitätsmäßig abgestufte Merkmale	Merkmalsausprägung
Schulnote	Noten 1–6
Arbeitsleistung	unter Norm, Norm, über Norm
Kundenzufriedenheit	Notenskala 1–6; sehr gut bis unzufrieden
Ausbildungsstand	Lehrling, Geselle, Meister
Alter	Säugling, Kind, Jugendlicher, Erwachsener

Am Beispiel der Schulnote wird die Problematik der ordinal skalierten Merkmale deutlich. So kann man zwar sagen, dass die Note 2 besser ist als die Note 4, die Aussage, 2 sei eine doppelt so gute Note wie 4 ist jedoch nicht möglich. Deshalb ist auch die Bildung von Notendurchschnitten aufgrund der ordinal skalierten Merkmale grundsätzlich problematisch.

Quantitative Merkmale lassen sich an einer Kardinalskala abbilden. Sie ermöglicht im Gegensatz zur Ordinalskala nicht nur eine Reihenfolge der Merkmalsausprägung, sondern gestattet auch Aussagen bezüglich des Abstandes. Kommen für die quantitativen Merkmale nur bestimmte Zahlen der Zahlenskala in Betracht (vornehmlich die ganzen Zahlen), so spricht man von quantitativ diskreten Merkmalen, sind hingegen alle reellen Zahlen möglich, so handelt es sich um quantitativ stetige Merkmale (siehe Tab. 6).

Tab. 6: Quantitative diskrete und stetige Merkmale

Quantitativ diskrete Merkmale	Merkmalsausprägung
Kinder pro Haushalt	1, 2, … Kinder
Zahl der fehlerhaften Produkte	1, 2, … fehlerhafte Produkte

Quantitativ stetige Merkmale	Merkmalsausprägung
Temperatur	Konkrete Temperatur in °C
Alter	Konkrete Jahresangaben
Körpergröße	Konkrete Angaben bspw. in cm

1.4.2 Unterscheidung nach der Stellung im Problem

Ebenso wie die Skalierung hat auch die Frage, welche Stellung die Variablen im Problem einnehmen, einen entscheidenden Einfluss auf das anzuwendende und mögliche statistische Verfahren. Dabei können drei Gruppierungen getroffen werden:

Eine Variable kann Einflussgröße, Zielgröße oder eine gleichberechtigte Größe sein.

Als **Einflussgröße** wird eine Variable bezeichnet, wenn sie eine oder mehrere andere Größen erklärt. Deshalb nennt sie der Statistiker häufig auch erklärende Variable. Synonyme Begriffe für die Einflussgröße sind exogene Variable (häufig in der Volkswirtschaftslehre benutzt), unabhängige Variable, x-Variable (mathematische Bezeichnung) oder aber Ursache.

Das Gegenstück zur Einflussgröße ist die **Zielgröße**. Sie wird von der Einflussgröße erklärt und wird deshalb zu erklärende Variable genannt. Auch hierzu gibt es wiederum Synonyme. Diese sind endogene Variable (Volkswirtschaft), abhängige Variable, y-Variable (Mathematik), Ergebnis oder Wirkung.

In der Praxis finden sich viele Beispiele für Einfluss- und Zielgröße.

$$S = f(\underset{+}{i}) \tag{1}$$

Obige volkswirtschaftliche Funktion (1) beschreibt eine Beziehung, bei der das Sparen (S) der Wirtschaftssubjekte in Abhängigkeit vom Zinssatz (i) betrachtet wird. Der Zinssatz ist folglich die Einfluss-, das Sparverhalten, die Zielgröße. Es ist davon auszugehen, dass sich beide Größen gleichläufig verhalten, was durch das positive Zeichen beim Zinssatz zum Ausdruck kommt. Die volkswirtschaftliche Annahme (Hypothese) lautet also, dass mit steigendem/sinkendem Zinssatz das Sparvolumen der Wirtschaftssubjekte ebenfalls steigt/sinkt, weil der Sparanreiz erhöht/reduziert wird.

$$I = f(\underset{-}{i}) \tag{2}$$

Ähnlich zu (1) beschreibt (2) eine volkswirtschaftliche Funktion, bei der nun die Investitionen der Unternehmen (I) in Abhängigkeit vom Zinssatz (i) betrachtet werden.

Entgegengesetzt zu (1) ist hier jedoch davon auszugehen, dass sich beide Größen gegenläufig verhalten. Erhöhen die Banken also die Zinssätze, werden Kredite der Unternehmer teurer und somit die Investitionsneigungen der Unternehmer zurückgehen und umgekehrt.

$$C = f(\underset{+}{Y}, \underset{-}{i}) \tag{3}$$

In Funktion (3) werden gleich zwei Beziehungen untersucht. So ist zu vermuten, dass mit steigendem Einkommen (Y) auch die Konsumneigung (C) der Wirtschaftssubjekte zunehmen wird, während bei steigenden Zinssätzen (i) das verfügbare Geld zugunsten des Sparens und damit zu Lasten der Konsumneigung verwendet wird.

$$K = f(\underset{+}{I}, \underset{+}{M}, \underset{+}{P}) \tag{4}$$

Im Rahmen der betriebswirtschaftlichen Kostenfunktion (4) wird angenommen, dass mit steigendem Investitionsvolumen (I), steigendem Materialverbrauch (M) und steigenden Personalkosten (P) auch die Gesamtkosten (K) ansteigen werden.

Stehen Variable **gleichberechtigt** nebeneinander, also ohne Ursache/Wirkungsbezug, so hat dies gravierende Auswirkungen auf den Einsatz möglicher statistischer Verfahren. Nachfolgend sind Beispiele genannt, bei denen man die eindeutige Beziehung zwischen abhängiger und unabhängiger Größe nicht angeben kann, bei denen man aber trotz allem statistische Aussagen machen möchte:
- Körpergröße – Körpergewicht
- Bauchumfang – Schuhgröße
- Armlänge – Kopfumfang

Alle drei Beispiele machen deutlich, dass eine Einteilung in abhängige und unabhängige Variable nicht getroffen werden kann. Dennoch möchte man möglicherweise wissen, ob es bei untersuchten Personen eine Beziehung gibt zwischen bspw. der Armlänge und dem Kopfumfang. So ist zu vermuten, dass beide Variable positiv miteinander korrelieren, also Personen mit langen Armen tendenziell auch einen großen Kopfumfang besitzen.

1.4.3 Unterscheidung nach der zeitlichen Anordnung

Werden zu einem bestimmten Zeitpunkt mehrere Variable gleichzeitig betrachtet, so spricht man von einer Querschnittsbetrachtung und folglich von **Querschnittsdaten**. Werden hingegen eine oder mehrere Variable in aufeinander folgenden Zeitabschnitten (Perioden) betrachtet, liegt eine Längsschnittsbetrachtung vor, der Untersuchungsgegenstand sind **Längsschnittsdaten**.

1.4.4 Unterscheidung nach der Anzahl der Variablen

Nach der Anzahl der Variablen lassen sich univariate, bivariate und multivariate Fragestellungen unterscheiden. Bei der **univariaten** Fragestellung wird eine einzige Variable betrachtet. Handelt es sich um eine **bivariate** Fragestellung, sind zwei Variable der Untersuchungsgegenstand, während bei **multivariaten** Fragestellungen mehr als zwei Variable untersucht werden.

Je nach Datenart eignen sich ganz unterschiedliche statistischen Verfahren, wie im weiteren Verlauf noch zu zeigen sein wird.

2 Beschreibende (deskriptive) Statistik

Die deskriptive (beschreibende) Statistik wird in diesem Buch in drei Blöcke unterteilt:

Im ersten Block werden beispielhaft Möglichkeiten aufgezeigt, wie erfasste Daten in den so genannten Urlisten auf einfache Art und Weise **grafisch** so verdichtet werden, dass bereits auf den ersten Blick Eindrücke von der vorliegenden Datenkonstellation gewonnen werden können.

Im zweiten Block werden mit den **Lage-** und **Streuungsparametern** die Grundsteine gelegt, die für die anschließenden statistischen Verfahren benötigt werden. Insbesondere sind dies das arithmetische Mittel als wohl bedeutsamster Lageparameter sowie Varianz und Standardabweichung als Streuungsparameter.

Im dritten Block werden die wichtigsten **statistischen Verfahren** vorgestellt, die im Rahmen der deskriptiven Statistik zur Anwendung kommen. Bei den nominal skalierten Merkmalen ist dies die Kontingenztafel (χ^2-Maß), der Rangkorrelationskoeffizient findet Anwendung bei ordinalen Daten und letztlich können bei kardinal vorliegenden Merkmalen Zeitreihenanalyse, Korrelation und Regressionsverfahren eingesetzt werden.

2.1 Grafische Darstellungen

Neben tabellarisch aufbereiteten Daten haben Grafiken die größte praktische Relevanz in unserem Leben. Zeitungen sind voll davon, denn „ein Bild sagt mehr als tausend Worte".

2.1.1 Grafische Darstellung einer qualitativen Variablen

Im Rahmen der Datenarten wurden die Unterschiede zwischen qualitativen und quantitativen Variablen erklärt. Es wurde deutlich, dass im Rahmen von qualitativ vorliegenden Daten die Aussagekraft aufgrund der fehlenden Messbarkeit eingeschränkt ist. Dennoch ist es möglich, qualitative Daten in Gruppen einzuteilen, um einem interessierten Personenkreis Informationen zu vermitteln.

Im anschließenden Beispiel wurden im Rahmen eines Unternehmensforums von kleinen und mittelständischen Betrieben die anwesenden Geschäftsführer nach ihrer Unternehmensrechtsform befragt. Die Ergebnisse der Befragung spiegeln sich in der Urliste wider (siehe Tab. 7):

https://doi.org/10.1515/9783110565249-002

Tab. 7: Urliste einer qualitativen Variable

Rechtsform	Anzahl
Einzelunternehmung (EU)	IIIIIIIIIIIII
Offene Handelsgesellschaft (OHG)	IIIIIIIIIIIIIII
Kommanditgesellschaft (KG)	IIIIIIIIIIIIIIIIIIIIII
Gesellschaft mit beschränkter Haftung (GmbH)	IIIIIIIIIIIIIIIIIIIIIIIIIIIIIIIIIIIIIIIII
Aktiengesellschaft (AG)	IIIIIIIIIIII
Sonstige[a]	IIIIIII

[a] Z. B. GmbH & Co. KG, KGaA

Worin steckt die Problematik einer solchen Urliste? Sicherlich erkennt man auf den ersten Blick, dass die GmbH als Rechtsform am häufigsten genannt wurde, gefolgt von der KG usw. Um dem Betrachter jedoch möglichst schnell einen noch genaueren Überblick zu verschaffen, muss die Urliste weiter aufbereitet werden.

Tab. 8: Absolute und relative Häufigkeiten

Strichliste		Häufigkeit		
		absolut	relativ	
		n_i	n_i/n	in %
EU	IIIII IIIII III	13	0,118	11,8 %
OHG	IIIII IIIII IIIII	15	0,136	13,6 %
KG	IIIII IIIII IIIII IIIII II	22	0,200	20,0 %
GmbH	IIIII IIIII IIIII IIIII IIIII IIIII IIIII IIIII I	41	0,373	37,3 %
AG	IIIII IIIII II	12	0,109	10,9 %
Sonstige	IIIII II	7	0,064	6,4 %
		$n = 110$	1,000	100,0 %

In der Tabelle 8 wird dem Betrachter deutlich, dass offensichtlich insgesamt $n = 110$ Unternehmen befragt wurden, von denen $n_4 = 41$ (37,3 %) in der Rechtsform einer GmbH geführt werden, gefolgt von $n_3 = 22$ (20 %) als KG usw. Noch klarer und übersichtlicher ist die visuelle Aufbereitung von Urlisten in unterschiedliche Grafikformen, wie bspw. in das Stabdiagramm oder das Kuchen-/Kreisdiagramm (siehe Abb. 3).[1]

---

1 Siehe Aufgabe 1.

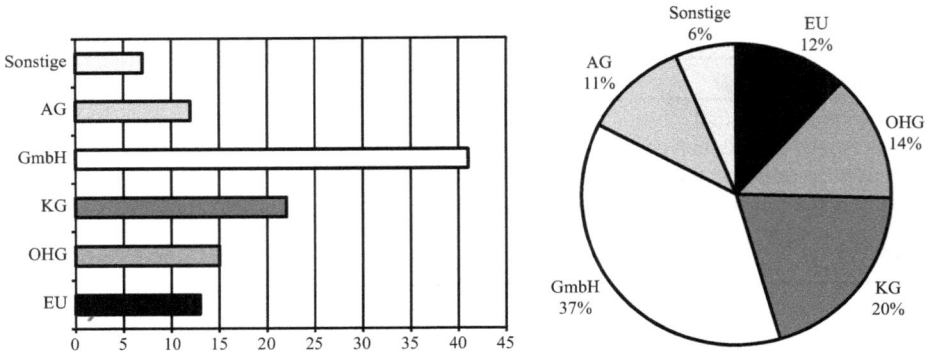

Abb. 3: Grafische Darstellung von qualitativen Variablen

2.1.2 Grafische Darstellung einer quantitativen Variablen

Ebenso wie bei den qualitativen Merkmalen hat man bei quantitativen Daten die Problematik, eine unübersichtliche große Urliste in eine übersichtliche Form zu transformieren. Tabelle 9 beinhaltet die Eigenkapitalquoten (Verhältnis von Eigenkapital zu Gesamtkapital) von 50 Unternehmen.

Tab. 9: Eigenkapitalquoten in %

Eigenkapitalquoten in %									
9	61	12	16	7	32	24	10	27	12
19	48	5	15	21	29	23	41	3	51
16	18	24	9	15	56	69	13	24	31
26	8	43	18	20	11	9	16	17	27
21	10	14	19	18	27	37	31	16	14

Auch hier ist es praktisch unmöglich, ohne weitere Aufbereitung schnell aufschlussreiche Informationen zu ziehen. Wie im letzten Punkt könnte man im Prinzip auch hier eine Strichliste aufstellen, wie oft welcher Wert auftritt. Wegen der Vielzahl verschiedener Werte ist aber auch das nicht ausreichend übersichtlich.

Es ist besser, man teilt den Wertebereich in Klassen ein. Dabei ist es Ermessenssache, wie viele Klassen und wie groß die Klassen gewählt werden. Je mehr Klassen gebildet werden, desto weniger Informationen gehen verloren, desto unübersichtlicher wird aber auch das Datenmaterial.

Als Empfehlung für die Klassenanzahl und die Klassenbreite mag richtungweisend sein:

$$\text{Klassenanzahl} = \text{Wurzel aus den Beobachtungen} = \sqrt{n}$$

$$\text{Klassenbreite} = (\text{größter Wert} - \text{kleinster Wert})/\text{Klassenanzahl}$$

Im Beispiel würden sich also $\sqrt{50} \approx 7$ Klassen bei einer Klassenbreite von (69 – 3)/7 $\approx$ 10 anbieten. Die daraus abgeleitete Tabelle 10 mit grafischer Darstellung (siehe Abb. 4) verschafft sofort einen guten Überblick:[2]

Tab. 10: Absolute und relative Summenhäufigkeiten

Eigenkapitalquoten		Häufigkeit		Summenhäufigkeit	
von	bis	absolut	relativ	absolut	relativ[a]
0	10	9	0,18	9	0,18
11	20	19	0,38	28	0,56
21	30	11	0,22	39	0,78
31	40	4	0,08	43	0,86
41	50	3	0,06	46	0,92
51	60	2	0,04	48	0,96
61	70	2	0,04	50	1,00
		50	**1,00**		

[a] Die relative Summenfunktion wird in der Statistik auch häufig als empirische Verteilungsfunktion beschrieben.

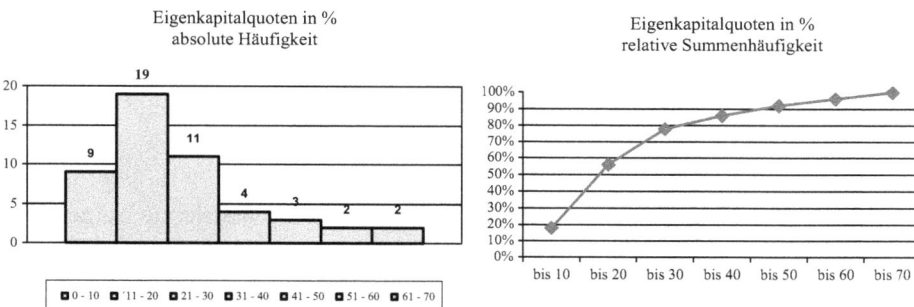

Abb. 4: Grafische Darstellung von quantitativen Variablen

2.1.3 Grafische Darstellung zweier quantitativer Variablen

Häufig werden zu einem Objekt mehrere Merkmale erfasst. Auch dieser Zusammenhang lässt sich grafisch darstellen (siehe Abb. 5). Im Ausgangsbeispiel wurde zu 10 Unternehmen nicht nur die Eigenkapitalquote, sondern auch der Gewinn des letzten Jahres erfasst.

---

2 Siehe Aufgaben 2 und 3.

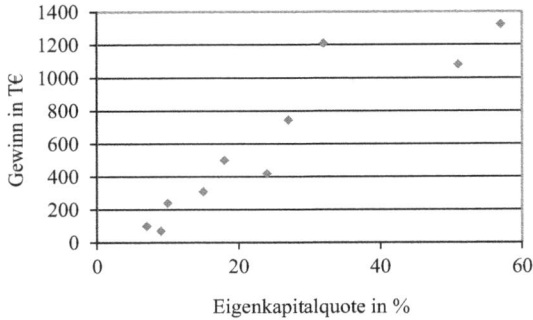

Abb. 5: Streuungsdiagramm

Tab. 11: Beziehung von quantitativen Variablen

Unternehmen	Eigenkapitalquote in %	Gewinn in Tsd.€
1	7	100
2	9	70
3	10	240
4	15	310
5	18	500
6	24	420
7	27	745
8	32	1.210
9	51	1.081
10	57	1.324

Die Tabelle 11, in Kombination mit Abbildung 5 zeigt, dass es offensichtlich einen (positiven) Zusammenhang zwischen der Eigenkapitalquote und dem Gewinn gibt. Unternehmen mit hohen Gewinnen haben tendenziell auch eine hohe Eigenkapitalquote während umgekehrt die Eigenkapitaldecke bei ertragsschwachen Unternehmen ebenfalls gering ist.

An späterer Stelle wird mit der Korrelationsanalyse ein statistisches Verfahren beschrieben, bei dem zwei Merkmale gegenübergestellt werden, die gleichberechtigt nebeneinanderstehen. Hingegen behandelt die Regressionsanalyse einen Zusammenhang zwischen zwei (oder mehreren) Merkmalen, bei denen eine Abhängigkeit besteht.[3]

Ob es sich bei obigem Beispiel mit der Eigenkapitalquote und dem Gewinn um gleichberechtigte Größen handelt, oder ob sogar die Eigenkapitalquote vom Gewinn abhängig zu betrachten ist, sei zunächst einmal dahingestellt.

---

3 Siehe Aufgabe 4.

Gleichzeitig muss an dieser Stelle auch darauf hingewiesen werden, dass aus einer scheinbar eindeutigen grafischen Beziehung nicht zwingend auf einen Zusammenhang geschlossen werden kann. So kennt man in der Statistik auch die **Nonsenskorrelation**, die vermeintliche Zusammenhänge erklärt, wo keine Zusammenhänge sind.

Als Beispiele werden immer wieder genannt:
–   Schuhgröße und Intelligenz von Kindern,
–   Anzahl der Schornsteinfeger und der Lottogewinne in mehreren Jahren und
–   Anzahl der Störche und der Geburten in verschiedenen Jahren.

2.1.4 Die Lorenzkurve

Die Lorenzkurve ist ein ganz spezielles Konzentrationsmaß, das sowohl rechnerisch als auch grafisch eine Vorstellung über die Gleich- bzw. Ungleichverteilung von Merkmalsausprägungen gibt. Konkrete Anwendung findet die Lorenzkurve im Rahmen der Einkommenspolitik, wo man der Frage nachgeht, ob das Volkseinkommen eines Staates „gerecht" verteilt ist.

Betrachten wir dazu ein Beispiel (vgl. Tab. 12), das die Einkommensverteilung eines Industrie- und eines Entwicklungslandes zeigt:

Tab. 12: Einkommensverteilung von Industrie- und Entwicklungsländern I

Industrieland			Entwicklungsland		
Einkommen in Tsd. €/Jahr	Personen in %	Einkommen in %	Einkommen in Tsd. €/Jahr	Personen in %	Einkommen in %
bis 30	20	8	bis 30	80	20
30–40	30	12	30–40	5	10
40–50	20	15	40–50	3	8
50–70	15	25	50–70	2	9
70–100	10	20	70–100	4	8
über 100	5	20	über 100	6	45

Bereits auf den ersten Blick ist zu erkennen, dass die Einkommensverteilung im Industrieland wesentlich gleichmäßiger ausfällt als im Entwicklungsland. Im Industrieland verdienen die ersten 20 % der Bevölkerung 8 % des Gesamteinkommens, die nächsten 30 % der Personen weitere 12 % usw. Im Entwicklungsland sieht dies wesentlich ungleichmäßiger aus, wie die erste und letzte Einkommensgruppe zeigt. 80 % der Bevölkerung verdienen dort lediglich 20 % des Gesamteinkommens, während die reichsten 6 % der Bevölkerung 45 % des Gesamteinkommens verdienen.

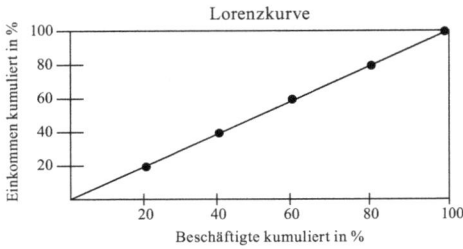

Abb. 6: Die idealtypische Lorenzkurve

Würde eine „gerechte" Einkommensverteilung vorliegen, so würden 20 % der Bevölkerung 20 % des Einkommens, 40 % der Bevölkerung 40 % des Einkommens verdienen etc. Abbildung 6 zeigt somit als idealtypischen Verlauf die Gerade im Koordinatensystem.

Stellt man nun die kumulierten Personen (in %) dem kumulierten Einkommen (in %) für Industrie- und Entwicklungsland in einer Tabelle (vgl. Tab. 13) dar und trägt diese in einem Koordinatensystem ab, so ergibt sich die Konstellation:

Tab. 13: Einkommensverteilung von Industrie- und Entwicklungsländern II

Industrieland			Entwicklungsland		
Einkommen in Tsd. €	Personen kumuliert in %	Einkommen kumuliert in %	Einkommen in Tsd. €	Personen kumuliert in %	Einkommen kumuliert in %
bis 30	20	8	bis 30	80	20
30–40	50	20	30–40	85	30
40–50	70	35	40–50	88	38
50–70	85	60	50–70	90	47
70–100	95	80	70–100	94	55
über 100	100	100	über 100	100	45

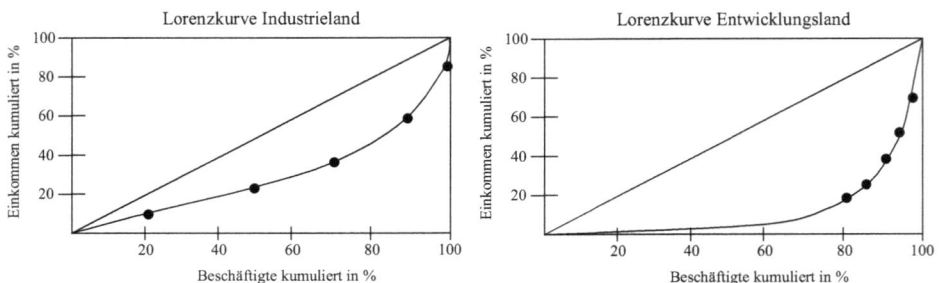

Abb. 7: Die Lorenzkurve ausgesuchter Länder

Es ist in Abbildung 7 zu erkennen, dass die Lorenzkurve des Entwicklungslandes sehr viel stärker gekrümmt ist als die des Industrielandes, was auf eine sehr viel stärkere Ungleichverteilung des Einkommens hindeutet.[4]

2.2 Lage- und Streuungsparameter

Lageparameter sind Mittelwerte eines Merkmals. Von Relevanz sind neben dem **arithmetischen Mittel** der **Modus**, der **Median** und das **geometrische Mittel**. Da gelegentlich das arithmetische Mittel nicht als Rechengröße greift, wird auch das **harmonische Mittel** vorgestellt.[5]

Streuungsparameter beschreiben, wie sich ein Merkmal im Vergleich zum Mittelwert verhält, d. h. wie stark es um diesen Mittelwert streut. Neben der **Varianz** und der daraus abgeleiteten **Standardabweichung** unterscheidet man noch die **mittlere absolute Abweichung**, den **Variationskoeffizienten** und die **Spannweite**. Von besonderer Relevanz im Rahmen der später zu untersuchenden statistischen Verfahren sind Varianz und Standardabweichung.

2.2.1 Lageparameter

2.2.1.1 Arithmetisches Mittel

Das arithmetische Mittel ($\overline{x}$) als bedeutendster Lageparameter kommt in den Ausprägungen ungewichtet und gewichtet vor:

Das **ungewichtete arithmetische Mittel** ergibt sich gemäß:

$$\overline{x} = \frac{1}{n} \cdot \sum_{i=1}^{n} x_i$$

Dabei ist n die Anzahl der einbezogenen Merkmale und x_i die Merkmalsausprägung des i-ten Merkmals.

Beispiel: Es werden 5 Unternehmen nach ihrer Eigenkapitalquote befragt.

Tab. 14: Ungewichtetes arithmetisches Mittel

Unternehmen	1	2	3	4	5
Eigenkapitalquote in % (x_i)	10	7	51	27	18

---

4 Algebraisch lässt sich dies mit dem so genannten Gini-Koeffizienten berechnen. Darauf soll hier aber verzichtet werden.

5 Vgl. hierzu Assenmacher W., 2010, S. 64ff. oder Toutenburg H./Heumann C., 2008(1), S. 51ff.

Daraus ergibt sich das (ungewichtete) arithmetische Mittel:

$$\overline{x} = \frac{1}{5} \cdot (10 + 7 + 51 + 27 + 18) = \frac{113}{5} = 22,6$$

Das **gewichtete arithmetische Mittel** wird verwendet, wenn eines oder mehrere der Merkmalsausprägungen mit einer Häufigkeit > 1 auftritt. Grundsätzlich könnte man auch hier mit dem ungewichteten arithmetischen Mittel arbeiten, das gewichtete arithmetische Mittel stellt aber vielfach eine rechnerische Erleichterung dar.

Beispiel: Entgegen der Tabelle 14 geben die 5 Unternehmen nun Eigenkapitalquoten an, bei denen jeweils 2 Unternehmen identische Werte haben:

Tab. 15: Gewichtetes arithmetisches Mittel

Unternehmen	1	2	3	4	5
Eigenkapitalquote in % (x_i)	18	51	10	18	10

$$\overline{x} = \frac{1}{n} \cdot \sum_{i=1}^{k} n_i \cdot x_i \quad \text{(der Wert } x_i \text{ tritt } n_i\text{-mal auf)}$$

wobei $n = \sum_{i=1}^{k} n_i$ = Gesamtzahl der Werte
    Daraus folgt:

$$n = 2 + 2 + 1 = 5 \quad \overline{x} = \frac{1}{5} \cdot (2 \cdot 10 + 2 \cdot 18 + 1 \cdot 51) = \frac{107}{5} = 21,4$$

2.2.1.2 Median

Neben den beiden Ausprägungen des arithmetischen Mittels ist der Median ($\tilde{x}$) der zweite bedeutsame Lageparameter. Definiert ist der Median als mittlerer Wert in der nach der Größe sortierten Reihenfolge der Merkmalswerte.

Gelegentlich „versagt" das gewöhnliche arithmetische Mittel als Lageparameter und zwar dann, wenn ein Ausreißer ein Ergebnis gravierend verfälscht, wie folgendes kurzes Beispiel belegt.

Herr Müller ist Mitarbeiter in einem kleinen Unternehmen und erhält ein Einkommen in Höhe von 3.000,– €. Durch Zufall erfährt er, dass das durchschnittliche Einkommen im Unternehmen 4.000,– € beträgt, er selbst also unterhalb des Einkommensdurchschnitts liegt. Da Herr Müller der Meinung ist, gute Arbeit zu leisten und er gelegentlich sogar den Firmeninhaber vertritt, bittet er seinen Chef um ein persönliches Gespräch, um die Angelegenheit zu klären.

Herr Müller erhält daraufhin die Gehaltsliste:

Tab. 16: Problematik des arithmetischen Mittels

Person	1	2	3	4	5	6
Gehalt	16.000	3.000	2.300	1.700	500	500

Die Gehaltsliste macht deutlich, dass das Geschäftsführergehalt (16.000,– €) das arithmetische Mittel erheblich nach oben verfälscht. Tatsächlich verdient Herr Müller nach dem Firmeninhaber am meisten der 5 Arbeitnehmer. Offensichtlich ist bei solchen Ausreißern das arithmetische Mittel nicht als Lageparameter geeignet. Hier bietet sich u. U. der Median an.

Beim Median gelte folgende Notation:

$$x_i = i\text{-ter Wert in der Reihenfolge der Messung}$$

$$x_{(i)} = i\text{-ter Wert nach der Größe geordnet}$$

Beim Median ist die Berechnung für eine gerade und eine ungerade Anzahl von Merkmalswerten zu unterscheiden:

$$\text{Median } \tilde{x} = \begin{cases} x_{\left(\frac{n+1}{2}\right)} & \text{für } n = \text{ungerade Werteanzahl} \\ \frac{1}{2} \cdot \left(x_{\left(\frac{n}{2}\right)} + x_{\left(\frac{n}{2}+1\right)}\right) & \text{für } n = \text{gerade Werteanzahl} \end{cases}$$

Folgen wir dem letzten Beispiel zur Eigenkapitalquote mit den Unternehmenswerten:

$$x_1 = 18, \quad x_2 = 51, \quad x_3 = 10, \quad x_4 = 18, \quad x_5 = 10$$

Ordnet man die Merkmale der Größe nach, wird daraus:

$$x_{(1)} = 10, \quad x_{(2)} = 10, \quad x_{(3)} = 18, \quad x_{(4)} = 18, \quad x_{(5)} = 51$$

Gesucht ist aus dieser Reihe der mittlere Wert (für eine ungerade Anzahl – hier fünf – von Merkmalsausprägungen), der dann dem Median entspricht:

$$\tilde{x} = x_{\left(\frac{n+1}{2}\right)} = x_{\left(\frac{5+1}{2}\right)} = x_{(3)} = 18$$

Ebenso ermittelt sich der Median für eine gerade Anzahl von Merkmalswerten.

Tab. 17: Der Median

Unternehmen		1	2	3	4	5	6
Eigenkapitalquote in % (x_i)		18	51	10	18	10	16

$$x_1 = 18, \quad x_2 = 51, \quad x_3 = 10, \quad x_4 = 18, \quad x_5 = 10, \quad x_6 = 16$$

Ordnet man die Merkmale wiederum der Größe nach, wird daraus:

$$x_{(1)} = 10\,, \quad x_{(2)} = 10\,, \quad x_{(3)} = 16\,, \quad x_{(4)} = 18\,, \quad x_{(5)} = 18\,, \quad x_{(6)} = 51$$

Gesucht ist aus dieser Reihe der mittlere Wert (für eine gerade Anzahl – hier sechs – von Merkmalsausprägungen), der dann dem Median entspricht:[6]

$$\tilde{x} = \frac{1}{2}\left(x_{\left(\frac{n}{2}\right)} + x_{\left(\frac{n}{2}+1\right)}\right) = \frac{1}{2}\left(x_{\left(\frac{6}{2}\right)} + x_{\left(\frac{6}{2}+1\right)}\right) = \frac{1}{2}\left(x_{(3)} + x_{(4)}\right) = \frac{1}{2}(16 + 18) = 17$$

2.2.1.3 Modus

Der Modus (x_S) als dritter Lageparameter beschreibt den am häufigsten vorkommenden Wert, wird aber nur selten für weitere statistische Auswertungen benötigt.[7]

Tab. 18: Der Modus

Unternehmen	1	2	3	4	5	6
Eigenkapitalquote in % (x_i)	18	51	11	18	10	16

Unter diesen Eigenkapitalquoten kann eindeutig der häufigste Wert bestimmt werden:[8]

$$x_S = 18$$

2.2.1.4 Geometrisches Mittel

Das geometrische Mittel (x_g) als vierter Lageparameter findet u. a. im Rahmen der Zinseszinsrechnung oder bei der Berechnung von Wachstumsfaktoren Anwendung. Es kommt immer dann zum Zuge, wenn es um die Mittelung von Wachstumsraten/Wachstumsfaktoren geht.

Beispiel zur Wertentwicklung eines Aktienfonds:

Tab. 19: Wertentwicklung eines Aktienfonds

Jahr	0	1	2	3	4
Wert in € zum Jahresende (x_i)	100	102	108	118	120

---

6 Siehe Aufgabe 5.

7 Im letzten Beispiel zum Median konnte der Modus nicht bestimmt werden, da zwei Merkmalsausprägungen mit der gleichen Häufigkeit (2) vorkamen.

8 s steht hier für den „schwersten" Wert. Siehe auch die Aufgaben 6 und 7.

Fragt man sich innerhalb dieses Zeitintervalls nach der durchschnittlichen Wertentwicklung, so hilft hier das arithmetische Mittel nicht weiter. Dies würde innerhalb der fünf Jahre eine Wert- und prozentuale Entwicklung von +20,– €/+20 % und damit einen durchschnittlichen Anstieg von 5,– €/5 % ermitteln. Diese Rechnung ist deshalb falsch, da der Wertanstieg immer auf den vorhergehenden Betrag zu beziehen ist, man diesem Zinseszinsgedanken also Rechnung tragen muss.

Addiert man folglich auf den Ursprungswert von 100,– € jeweils vier Mal hintereinander 5 %, so ergäbe sich im 4. Jahr einen Endwert von 121,55 €.

Tab. 20: Problematik des arithmetischen Mittels

Jahr	0	1	2	3	4
Wert in € zum Jahresende (x_i)	100	105	110,25	115,76	121,55

Wie aber ist vorzugehen, um dem hier notwendigen Zinseszinsgedanken gerecht zu werden? Die Methodik folgt der geometrischen Reihe, aus der sich das geometrische Mittel ableitet:

$$x_g = \sqrt[n]{\frac{\text{Endniveau}}{\text{Anfangsniveau}}} = \sqrt[4]{\frac{120}{100}} = 1,0466 = 4,66\,\%$$

Dabei steht die n-te Wurzel für die Anzahl der Perioden (hier 4), für die die Entwicklung zu berücksichtigen ist. Es ergibt sich aus obiger Wertentwicklung also ein durchschnittlicher und jährlicher Anstieg von 4,66 %, so dass am Ende des 5. Jahres 120,– € erreicht sind.

Tab. 21: Das geometrische Mittel

Jahr	0	1	2	3	4
Wert in € zum Jahresende (x_i)	100	104,66	109,54	114,65	120

Ist das Endniveau nicht bekannt, können auch die jährlichen Wachstumsraten/-faktoren (WF_i) herangezogen werden.

$$x_g = \sqrt[n]{WF_1 \cdot WF_2 \cdot WF_3 \cdot \ldots \cdot WF_n}$$

Der Wachstumsfaktor der Periode t (WF_t) ergibt sich dabei aus dem Quotienten x_t durch x_{t-1}.

Aus der Originalzeitreihe errechnet sich bspw. der Wachstumsfaktor für die Periode 2 aus:

$$WF_2 = \frac{x_2}{x_{2-1}} = \frac{108}{102} = 1,0588$$

Von der Periode 1 zur Periode 2 hat sich somit der Aktienfonds um 5,88 % im Wert erhöht.

Für die Originalzeitreihe ergeben sich insgesamt die Wachstumsfaktoren und damit das geometrische Mittel:

Tab. 22: Wachstumsfaktoren I

Jahr	0	1	2	3	4
Wert in € zum Jahresende (x_i)	100	102	108	118	120
Wachstumsfaktor (WF$_t$)		1,02	1,0588	1,0926	1,017

$$x_g = \sqrt[4]{1,02 \cdot 1,0588 \cdot 1,0926 \cdot 1,017} = \sqrt[4]{1,2} = 1,0466 [9]$$

Wachstumsfaktoren lassen sich natürlich auch für rückläufige Entwicklungen angeben. Die Berechnung des geometrischen Mittels ist dann ebenso durchführbar. Wäre die Wertentwicklung also bspw. im 1. Jahr zunächst negativ (97,– €), könnte trotzdem anhand der Wachstumsfaktoren das geometrische Mittel bestimmt werden.

Tab. 23: Wachstumsfaktoren II

Jahr	0	1	2	3	4
Wert in € zum Jahresende (x_i)	100	97	108	118	120
Wachstumsfaktor (WF$_t$)		0,97	1,1134	1,0926	1,017

$$x_g = \sqrt[4]{0,97 \cdot 1,1134 \cdot 1,0926 \cdot 1,017} = \sqrt[4]{1,2} = 1,0466$$

Mit Hilfe des geometrischen Mittels könnte man folglich auch den Wert einer Kapitalanlage mit einer konstanten Verzinsung zu einem bestimmten Zeitpunkt bestimmen.

$$x_n = x_0 \cdot x_g^n$$

Wollte man z. B. wissen, was die Kapitalanlage von 100,– € am Ende des 6. Jahres bei einer durchschnittlichen Verzinsung von 4,66 % Wert ist, so errechnet sich dies aus:

$$x_6 = x_0 \cdot x_g^6 = 100 \cdot 1,0466^6 = 131,43 \, € \, .$$

2.2.1.5 Harmonisches Mittel

Bei der Berechnung des (gewichteten oder ungewichteten) arithmetischen Mittels wurde stillschweigend vorausgesetzt, dass die Fragestellung kein separates implizites

---

[9] Siehe Aufgaben 8 und 9.

Gewichtungsschema enthält, das bei der Berechnung entsprechend zu berücksichtigen wäre. Folgender Sachverhalt soll die Problematik verdeutlichen:

Der für ein Unternehmen arbeitende Spediteur tankt auf seiner Fahrt dreimal zum Preis von x_i:

$$x_1 = 1,- €/\text{Liter}$$

$$x_2 = 1,20 €/\text{Liter}$$

$$x_3 = 1,40 €/\text{Liter} .$$

Daraus können unterschiedliche Fragestellungen abgeleitet werden, die alle in der Beantwortung der Frage nach dem durchschnittlichen Literpreis enden:

a) Der Spediteur tankt jeweils die gleiche Menge Kraftstoff.
b) Der Spediteur tank unterschiedliche Mengen n_i und zwar wie folgt:
    – zum Preis $x_1 = 1,- €/\text{Liter}$ die Menge $n_1 = 40$ Liter
    – zum Preis $x_2 = 1,20 €/\text{Liter}$ die Menge $n_2 = 25$ Liter
    – zum Preis $x_3 = 1,40 €/\text{Liter}$ die Menge $n_3 = 22$ Liter
c) Der Spediteur tankt jeweils für den gleichen Betrag.

Zu a) Zweifellos handelt es sich hier um das ungewichtete arithmetische Mittel. Der Durchschnittspreis ermittelt sich aus

$$\overline{x} = \frac{1}{n} \cdot \sum_{i=1}^{n} x_i = \frac{(1 + 1,2 + 1,4)}{3} = 1,20 €$$

Zu b) Gegenüber Aufgabenstellung a) ist nun die differierende Menge an getanktem Kraftstoff zu berücksichtigen. Hierbei hilft das gewichtete arithmetische Mittel.

$$\overline{x} = \frac{1}{n} \cdot \sum_{i=1}^{k} n_i \cdot x_i = \frac{(40 \cdot 1 + 25 \cdot 1,2 + 22 \cdot 1,4)}{87} = 1,16 €$$

Zu c) Die Aufgabenstellung ist nun im Vergleich zu a) und b) eine gänzlich andere. Nun tankt der Spediteur immer für den gleichen Betrag. Unterstellen wir aus Gründen der einfachen Rechenbarkeit einmal, die Ausgaben belaufen sich auf jeweils 42,– €.

Für diesen Betrag erhält der Spediteur nun, je nach Preis x_i, unterschiedliche Kraftstoffmengen n_i:

$$42,- € / 1,- €/\text{Liter} (x_1) = 42,- \text{Liter} (n_1)$$

$$42,- € / 1,20 €/\text{Liter} (x_2) = 35,- \text{Liter} (n_2)$$

$$42,- € / 1,40 €/\text{Liter} (x_1) = 30,- \text{Liter} (n_3)$$

Insgesamt gibt der Spediteur somit 3 Mal jeweils 42,– € und somit 126,– € aus und erhält in der Summe 107 Liter Kraftstoff, der Durchschnittpreis beträgt somit:

$$\overline{x} = \frac{\text{Gesamtausgaben}}{\text{Gesamtmenge}} = \frac{126,- €}{107 \text{ ltr}} = 1,18 €$$

Worin aber besteht nun der konkrete Unterschied in der Fragestellung zwischen den Aufgaben a) und b) einerseits und c) andererseits?

Bei a) und b) bezieht sich die Fragestellung auf die Nennergröße, denn Bezugspunkt ist die getankte Kraftstoffmenge. Frage c) hingegen zielt auf die Zählergröße, nämlich den Betrag ab. Es handelt sich bei Fragestellung c) um das so genannte **harmonische Mittel**.

Das harmonische Mittel ergibt sich verallgemeinernd aus:

$$x_h = \frac{1}{\frac{1}{x_1} \cdot h_1 + \frac{1}{x_2} \cdot h_2 + \ldots + \frac{1}{x_i} \cdot h_i}$$

mit:

x_h = harmonisches Mittel

x_i = Merkmalsausprägungen i

h_i = relative Anteile der Merkmalsausprägungen

Bezogen auf obiges Beispiel ergibt sich:

$$x_h = \frac{1}{\frac{1}{1} \cdot 0{,}33 + \frac{1}{1{,}2} \cdot 0{,}33 + \frac{1}{1{,}4} \cdot 0{,}33} = 1{,}18\,€^{10}$$

2.2.2 Streuungsparameter

2.2.2.1 Varianz und Standardabweichung

Varianz (σ^2) und Standardabweichung (σ) geben Auskunft über das Streuungsverhalten von Merkmalen, wobei man auch hier, ähnlich zum arithmetischen Mittel, zwischen ungewichteten und gewichteten Parametern unterscheidet:

Ungewichtete Varianz:

$$\sigma^2 = \frac{1}{n} \cdot \sum_{i=1}^{n} (x_i - \overline{x})^2$$

Gewichtete Varianz:

$$\sigma^2 = \frac{1}{n} \cdot \sum_{i=1}^{k} n_i \cdot (x_i - \overline{x})^2$$

Standardabweichung:

$$\sigma = \sqrt{\sigma^2}$$

Die Standardabweichung ist ein direktes Maß für die Streuung und gibt Auskunft, wie groß die Abweichung der Merkmalsausprägungen vom arithmetischen Mittel durchschnittlich ist.

---

10 Siehe Aufgaben 10 und 11.

Welche extremen Auswirkungen Varianz und damit die Standardabweichung haben können, zeigt ein anschauliches Beispiel. Nehmen wir an, 2 Gruppen von jeweils 10 Studierenden schreiben eine Statistikklausur. In der ersten Gruppe erzielen alle 10 Teilnehmer die Note 3,0, in der zweiten Gruppe erreichen von den 10 Personen 5 die Note 1,0 und die übrigen 5 Personen eine 5,0. Wie sehen arithmetisches Mittel, Varianz und Standardabweichung jeweils aus?

Tab. 24: Herleitung der Varianz

Gruppe 1		Gruppe 2	
Note (x_i)	Häufigkeit (n_i)	Note (x_i)	Häufigkeit (n_i)
3	10	1	5
		5	5

Arithmetisches Mittel der Gruppe 1:

$$\overline{x}_1 = \frac{1}{10} \cdot (10 \cdot 3) = \frac{30}{10} = 3{,}0$$

Arithmetisches Mittel der Gruppe 2:

$$\overline{x}_2 = \frac{1}{10} \cdot (5 \cdot 1 + 5 \cdot 5) = \frac{30}{10} = 3{,}0$$

Wir halten fest, dass sich die arithmetischen Mittel (Notendurchschnitt) nicht voneinander unterscheiden. Wie aber sieht es mit der Varianz und der Standardabweichung, also mit der Streuung um den arithmetischen Mittelwert aus?

Varianz σ_1^2 und Standardabweichung σ_1 der ersten Gruppe lauten:

$$\sigma_1^2 = \frac{1}{10} \cdot 10 \cdot (3 - 3)^2 = 0 \rightarrow \sigma_1 = \sqrt{\sigma_1^2} = 0$$

Varianz σ_2^2 und Standardabweichung σ_2 der zweiten Gruppe lauten:

$$\sigma_2^2 = \frac{1}{10} \cdot \left[5 \cdot (1 - 3)^2 + 5 \cdot (5 - 3)^2\right] = \frac{40}{10} = 4 \rightarrow \sigma_2 = \sqrt{\sigma_2^2} = 2$$

Somit beträgt die mittlere Streuung der Noten bei der ersten Gruppe um den arithmetischen Mittelwert (Notendurchschnitt) 0, während sie bei der zweiten Gruppe den Wert 2 ergibt. Bei der zweiten Gruppe haben wir sogar das Phänomen, dass die Noten nicht nur durchschnittlich um den Wert 2 vom arithmetischen Mittelwert (=3) abweichen (dies ist die Interpretation der Standardabweichung), sondern dass jeder Wert für sich genau um 2 (entweder nach oben oder unten) vom Mittelwert abweicht.

Betrachten wir ein zweites Beispiel zur Varianz und Standardabweichung und entwickeln dabei die sinnvolle (Arbeits-)Tabelle 25. Gegeben sind die Eigenkapitalquoten (EKQ) zu 5 Unternehmen.

Tab. 25: Die Varianz

Unternehmen	EKQ in % (x_i)	($x_i - \bar{x}$)	($x_i - \bar{x}$)^2
1	18	−3,4	11,56
2	51	29,6	876,16
3	10	−11,4	129,96
4	18	−3,4	11,56
5	10	−11,4	129,96
			$\sum$ = **1.159,2**

$$\bar{x} = \frac{107}{5} = 21,4 \quad \sigma^2 = \frac{1.159,2}{5} = 231,84 \quad \sigma = 15,23$$

Es ergibt sich also eine durchschnittliche Eigenkapitalquote von 21,4 % bei einer Varianz von 231,84 und einer Standardabweichung von 15,23 %, d. h. durchschnittlich streuen die Eigenkapitalquoten der 5 Unternehmen um 15,23 % um den Durchschnitt (21,4 %). Das Beispiel macht ebenso deutlich, warum im Rahmen der Varianz die **quadrierten** Abweichungen vom Mittelwert genommen werden. Würde man mit den einfachen Differenzen rechnen, so würden sich positive und negative Abweichungen neutralisieren.[11]

2.2.2.2 Mittlere absolute Abweichung
Die mittlere absolute Abweichung (MAD) verzichtet, im Gegensatz zur Varianz, auf die Quadrierung der Abweichungen, sondern nimmt stattdessen die absoluten Abweichungen und mittelt diese:

$$\text{MAD} = \frac{1}{n} \cdot \sum_{i=1}^{k} |x_i - \bar{x}| \qquad \text{für ungruppierte Daten und}$$

$$\text{MAD} = \frac{1}{n} \cdot \sum_{i=1}^{k} n_i \cdot |x_i - \bar{x}| \qquad \text{für gruppierte Daten.}$$

Betrachten wir dazu wiederum unser kleines Eingangsbeispiel zur Eigenkapitalquote von 5 Unternehmen (EKQ).

Tabelle 26 zeigt eine mittlere absolute Abweichung vom arithmetischen Mittel in Höhe von 11,84 %.[12] Dieser Streuungsparameter, obgleich hier vorgestellt, wird in den meisten statistischen Berechnungen zugunsten der Varianz und der Standardabweichung umgangen, da letztere analytischer leichter zu behandeln sind.[13]

---

11 Siehe Aufgaben 12 bis 14.
12 Natürlich könnte man die Arbeitstabelle dahingehend modifizieren, die mehrfach vorkommenden Werte (10 und 18 %) mit ihren Häufigkeiten zu gewichten und demzufolge die Formel für gruppierte Daten anzuwenden. Bei einem solch kleinen Beispiel aber wurde darauf verzichtet. Siehe Aufgabe 15.
13 Vgl. hierzu den Einsatz der Varianz bei diversen statistischen Verfahren, bspw. der Korrelation oder der Regression.

Tab. 26: Die mittlere absolute Abweichung

Unternehmen	EKQ in % (x_i)	$\lvert x_i - \bar{x} \rvert$
1	18	3,4
2	51	29,6
3	10	11,4
4	18	3,4
5	10	11,4
		$\Sigma = 59{,}2$
$\bar{x} = \dfrac{107}{5} = 21{,}4$	MAD $= \dfrac{59{,}2}{5} = 11{,}84$	

2.2.2.3 Variationskoeffizient

Gelegentlich ist man daran interessiert, Streuungen zweier oder mehrerer Verteilungen miteinander zu vergleichen, die möglicherweise sowohl voneinander differierende Mittelwerte aufweisen, als auch unterschiedlich große Beobachtungswerte. Dann ist eine unmittelbare Vergleichbarkeit anhand der Varianz bzw. der Standardabweichung tendenziell schwierig. So haben bspw. empirische Untersuchungen ergeben, dass die beobachteten Tagesumsätze von Großmärkten eine deutlich größere Streuung aufweisen, als die von kleineren Lebensmittelgeschäften. Um nun die Vergleichbarkeit herbeiführen zu können, bedient man sich des so genannten Variationskoeffizienten. Dabei wird die Standardabweichung, die ja ein absolutes Streuungsmaß darstellt, durch das arithmetische Mittel dividiert und ergibt mit dem Variationskoeffizienten ein relatives Streuungsmaß. Der Variationskoeffizient normiert somit gewissermaßen die Varianz.

$$\text{VC} = \frac{\sigma}{\bar{x}}$$

Im folgenden Beispiel liegen für eine große Kaufhauskette für die Bereiche „Reisen" (R) und „Kosmetik" (K) die durchschnittlichen Umsätze ($\bar{x}_i$) sowie deren Standardabweichungen σ_i aller verkauften Produkte des letzten Monats vor:

$$\bar{x}_R = 1.740, -\,€ \quad \bar{x}_K = 38{,}50\,€$$
$$\sigma_R = 385, -\,€ \quad\quad \sigma_K = 9{,}35\,€$$

Aus dem Beispiel wird unmittelbar ersichtlich, dass der Vergleich der durchschnittlichen Monatsumsätze sowie deren Standardabweichungen aufgrund der großen absoluten Diskrepanz keinen großen Sinn ergeben.

Überführt man jedoch diese absoluten Werte in relative Größen in Gestalt der Variationskoeffizienten, so ergeben sich:

$$\text{VC}_R = \frac{\sigma_R}{\bar{x}_R} = \frac{385}{1.740} = 0{,}2212 \quad \text{bzw.} \quad \text{VC}_K = \frac{\sigma_K}{\bar{x}_K} = \frac{9{,}35}{38{,}5} = 0{,}2429$$

D. h., bei den verkauften Reisen beträgt die Standardabweichung etwa 22,12 % des Mittelwertes, bei den verkauften Kosmetika etwa 24,29 %. Beide Produkte lassen sich in Bezug auf den Variationskoeffizienten nun also gut miteinander vergleichen.[14]

2.2.2.4 Spannweite

Die Spannweite ist die Differenz zwischen dem größten und kleinsten Beobachtungswert. Aus diesem Grund ist sie sehr leicht ermittelbar, birgt natürlich auf der anderen Seite den gravierenden Nachteil, dass sie bei Ausreißern sehr wenig aussagefähig ist. Ferner bringt sie die Streuung der Merkmalswerte innerhalb der beiden Extremwerte nicht zum Ausdruck.

Tab. 27: Die Spannweite

Zeit	1	2	3	4	5	6	7	8	9
x_t	1	2	2	2	2	2	2	2	10
y_t	2	2	2	2	2	2	2	2	2

$$SW_x = 10 - 1 = 9$$
$$SW_y = 0$$

Obwohl die beiden Beobachtungsreihen x_t und y_t in Tabelle 27 weitgehend identisch sind, führt der gravierende Ausreißer x_9 bezüglich der Spannweite zu einem gänzlich anderen Ergebnis.

2.3 Indizes

Indizes (Indexzahlen) sind Maßzahlen für den Vergleich zweier Perioden für ein bestimmtes Merkmal oder eine Gruppe von Merkmalen. Sie dienen dem Vergleich der Berichtszeit mit einer Basiszeit, wobei man in den Wirtschaftswissenschaften insbesondere Preisindizes, Mengenindizes und Wertindizes unterscheidet.[15]

Mit einem **Preisindex** wird die Preisentwicklung eines Warenkorbes (Gruppe von Gütern) zwischen dem Basis- und Berichtszeitpunkt ausgedrückt. Dabei werden die Mengen für den Basis- und Berichtszeitraum konstant gehalten.

Mit einem **Mengenindex** wird die Mengenentwicklung eines Warenkorbes ausgedrückt, wobei die Preise konstant gehalten werden.

---

14 Siehe Aufgabe 16.
15 Vgl. hierzu z. B. Litz P., 2003, S. 184ff.

Der **Wertindex** gibt die gesamte Wertentwicklung eines Warenkorbes zwischen Basis- und Berichtszeitpunkt an, wobei nicht danach unterschieden wird, ob der Anstieg/der Rückgang preis- und/oder mengenbedingt verursacht wurde.

Die bedeutsamsten Preis- und Mengenindizes gehen auf **Laspeyres** und **Paasche** zurück, weshalb wir uns an dieser Stelle auch auf diese beiden Maße konzentrieren.

Tab. 28: Der Warenkorb

Produkt Nr.	Basispreis	Berichts-preis	Basis-menge	Berichts-menge	Basiswert	Berichts-wert
1	p_{01}	p_{11}	q_{01}	q_{11}	$p_{01} \cdot q_{01}$	$p_{11} \cdot q_{11}$
2	p_{02}	p_{12}	q_{02}	q_{12}	$p_{02} \cdot q_{02}$	$p_{12} \cdot q_{12}$
...						
i	p_{0i}	p_{1i}	q_{0i}	q_{1i}	$p_{0i} \cdot q_{0i}$	$p_{1i} \cdot q_{1i}$
...						
n	p_{0n}	p_{1n}	q_{0n}	q_{1n}	$p_{0n} \cdot q_{0n}$	$p_{1n} \cdot q_{1n}$

Betrachtet wird also ein Warenkorb (Wertangaben pro Stück), bestehend aus n Produkten, zu denen jeweils die Basispreise p_{01} bis p_{0n} (allgemein p_{0i} = Preis des Produktes i der Periode 0), die Berichtspreise p_{11} bis p_{1n} (allgemein p_{1i} = Preis des Produktes i der Periode 1), die Basismengen q_{01} bis q_{0n} (allgemein q_{0i} = Menge des Produktes i der Periode 0) sowie die Berichtsmengen q_{11} bis q_{1n} (allgemein q_{1i} = Menge des Produktes i der Periode 1) angegeben sind. Daraus lassen sich dann die Basiswerte und die Berichtswerte ableiten. Beispielhaft soll ein Warenkorb aus n = 3 Produkten analysiert werden, zu denen Basis- und Berichtsinformationen vorliegen:

Tab. 29: Preis- und Mengenindizes

Produkt Nr.	Basispreis	Berichts-preis	Basis-menge	Berichts-menge	Basiswert	Berichts-wert
1	10 €/St.	15 €/St.	10 St.	6 St.	100 €	90 €
2	20 €/St.	22 €/St.	2 St.	3 St.	40 €	66 €
3	40 €/St.	52 €/St.	4 St.	5 St.	160 €	260 €

Die Preis- und Mengenindizes nach Laspeyres und Paasche sowie des gesamten Wertindex lauten:

Preisindex nach Laspeyres:
$$L_\text{P} = \frac{\sum_{i=1}^{n} p_{1i} \cdot q_{0i}}{\sum_{i=1}^{n} p_{0i} \cdot q_{0i}} \Big\rangle \text{Basismenge } (q_{0i})$$

Preisindex nach Paasche:
$$P_\text{P} = \frac{\sum_{i=1}^{n} p_{1i} \cdot q_{1i}}{\sum_{i=1}^{n} p_{0i} \cdot q_{1i}} \Big\rangle \text{Berichtsmenge } (q_{1i})$$

Während der Laspeyres-Preisindex, der in der Bundesrepublik zur Darstellung der Inflationsrate benutzt wird, die Preisentwicklung auf der Grundlage von Basismengen berechnet, stellt der Paasche-Preisindex die Preisentwicklung auf Basis der Berichtsmengen dar.

Beispiel:

$$L_P = \frac{15 \cdot 10 + 22 \cdot 2 + 52 \cdot 4}{10 \cdot 10 + 20 \cdot 2 + 40 \cdot 4} = 1{,}34 \qquad P_P = \frac{15 \cdot 6 + 22 \cdot 3 + 52 \cdot 5}{10 \cdot 6 + 20 \cdot 3 + 40 \cdot 5} = 1{,}30$$

Innerhalb des Betrachtungszeitraumes ist folglich der Gesamtpreis des Warenkorbs nach Laspeyres (nach Paasche) um 34 % (30 %) angestiegen. Beim Betrachtungszeitraum ist an dieser Stelle nicht gesagt, ob diese Entwicklung innerhalb eines Jahres oder im Laufe mehrerer Jahre erfolgt ist. Wäre das Basisjahr bspw. das Jahr 2014 und das Berichtsjahr 2017, so hätte die Preisentwicklung innerhalb dreier Jahre stattgefunden. Gemäß der Formel zum geometrischen Mittel wäre die durchschnittliche jährliche Preissteigerungsrate (Inflationsrate) folglich:

$$x_g = \sqrt[n]{\frac{\text{Endniveau}}{\text{Anfangsniveau}}} = \sqrt[3]{\frac{1{,}34}{1{,}00}} = 1{,}1025 = 10{,}25\,\% \qquad \text{nach Laspeyres und}$$

$$x_g = \sqrt[3]{\frac{1{,}30}{1{,}00}} = 1{,}0914 = 9{,}14\,\% \qquad \text{nach Paasche}.$$

Die beiden korrespondierenden Mengenindizes nach Laspeyres und Paasche nehmen die gleiche Unterscheidung vor, wie die Preisindizes, d. h. der Laspeyres-Mengenindex stellt die Mengenentwicklung auf der Grundlage des Basiszeitraums (der Basispreise), der Paasche-Mengenindex auf Grundlage des Berichtszeitraums (der Berichtspreise) dar.

Mengenindex nach Laspeyres: $\qquad L_M = \dfrac{\sum_{i=1}^{n} q_{1i} \cdot p_{0i}}{\sum_{i=1}^{n} q_{0i} \cdot p_{0i}} \Big\rangle \text{Basispreis } (p_{0i})$

Mengenindex nach Paasche: $\qquad P_M = \dfrac{\sum_{i=1}^{n} q_{1i} \cdot p_{1i}}{\sum_{i=1}^{n} q_{0i} \cdot p_{1i}} \Big\rangle \text{Berichtspreis } (p_{1i})$

Beispiel:

$$L_M = \frac{6 \cdot 10 + 3 \cdot 20 + 5 \cdot 40}{10 \cdot 10 + 2 \cdot 20 + 4 \cdot 40} = 1{,}067 \qquad P_M = \frac{6 \cdot 15 + 3 \cdot 22 + 5 \cdot 52}{10 \cdot 15 + 2 \cdot 22 + 4 \cdot 52} = 1{,}035$$

Innerhalb des Betrachtungszeitraumes ist folglich der Mengenindex nach Laspeyres (nach Paasche) um 6,7 % (3,5 %) angestiegen.

Letztlich sei noch die gesamte Wertentwicklung betrachtet. Hier gelten für den Wertindex (WI) folgende Beziehungen:

$$\text{WI} = \frac{\sum_{i=1}^{n} p_{1i} \cdot q_{1i}}{\sum_{i=1}^{n} p_{0i} \cdot q_{0i}} = \frac{\text{Summe der Berichtswerte}}{\text{Summe der Basiswerte}} = L_P \cdot P_M = P_P \cdot L_M$$

Es wird also nicht zwischen Preis- und Mengenentwicklung unterschieden, sondern lediglich auf die Gesamtentwicklung abgestellt.

Beispiel:

$$WI = \frac{90 + 66 + 260}{100 + 40 + 160} = 1,387 \approx 1,30 \cdot 1,067 \approx 1,34 \cdot 1,035$$

Der Gesamtwert des Warenkorbes ist im Betrachtungszeitraum folglich um 38,7 % gestiegen. Dieser Anstieg beinhaltet sowohl die Mengen- als auch die Preisentwicklung. Dabei ist bedeutsam, dass sich die Wertentwicklung jeweils aus den Produkten von Preisindex nach Laspeyres und Mengenindex nach Paasche sowie Preisindex nach Paasche und Mengenindex nach Laspeyres zusammensetzt.[16]

Zuletzt soll noch ein Problem erwähnt werden, das durch die alle 5 bis 10 Jahre wiederkehrende Neuindexierung eintritt, d. h. ein neues Jahr bildet das Basisjahr und damit den Index 1 bzw. 100 %. Diese Umbasierung geschieht nicht zuletzt deshalb, damit einzelne Indizes nicht zu groß werden. Als Beispiel möge hier ein Warenkorb dienen, der Preissteigerungsraten von hochinflationären Ländern abbildet, die teilweise zweistellige Zuwachsraten (pro Monat!) haben. Hier hätten wir innerhalb weniger Jahre aus einem Index 100 sehr schnell einen Index in Milliardenhöhe.

Tabelle 30 zeigt beispielhaft eine Neuindexierung.

Tab. 30: Neuindexierungen

Jahr i	0	1	2	3	4	5	6	7	8	9	10
Index alt	100	102	104	105	109	121	129	131	139	145	149
Index neu	82,6	84,3	85,9	86,8	90,1	100	106,6	108,3	114,9	119,8	123,1

Der Index (alt) zeigt die ursprüngliche Entwicklung des Warenkorbes, ausgehend von 100 im Basisjahr 0 über die nächsten 10 Jahre auf 149, und somit eine Steigerung um insgesamt 49 % bzw. jährlich von durchschnittlich 4,068 %.

Nach der Umbasierung (Index neu) erhält nun das Jahr 5 den Index 100, folglich müssen alle anderen Jahre daraufhin angepasst werden. Dies geschieht durch einfachen Dreisatz, indem der alte Index des 5. Jahres (121) gleich 100 und die darauffolgenden und zurückliegenden Jahre dazu in Relation gesetzt werden.

Für das Jahr 6 bspw. ergibt sich der neue Index aus der Relation $129/121 \cdot 100 = 106,6$, für das Jahr 1 aus der Beziehung $102/121 \cdot 100 = 84,3$ etc.[17]

---

16 Siehe Aufgabe 17.
17 Siehe Aufgabe 18.

2.4 Statistische Verfahren im Bereich der deskriptiven Statistik

2.4.1 Die Bedeutung der Datenart

In den vorangegangenen Kapiteln wurde der Grundstein gelegt, um die nun folgenden statistischen Verfahren im Rahmen der deskriptiven Statistik (besser) verstehen zu können. Insbesondere arithmetisches Mittel und Varianz sind Parameter, die im weiteren Verlauf immer wieder berechnet werden und zum Einsatz kommen. Ebenso wurde bereits erwähnt, dass die unterschiedlichen Ausprägungen der Datenart einen großen Einfluss auf die anzuwendenden statistischen Verfahren haben. Insbesondere die Skalierung und die Anzahl der Variablen haben eine große Bedeutung. Aus diesen Beziehungen lassen sich die statistischen Verfahren ableiten.[18]

Tab. 31: Statistische Verfahren

Anzahl Skalierung	univariat	bivariat	multivariat
nominal	–	Kontingenztafel	–
ordinal	Zeitreihenanalyse	Kovarianzanalyse Rangkorrelation	–
kardinal	Zeitreihenanalyse	Kovarianzanalyse Korrelationsanalyse Regressionsanalyse	Multiple Regression

Aus der Tabelle 31 ergibt sich beispielsweise, dass die Regressionsanalyse keine Anwendung findet, wenn die Daten lediglich nominal skaliert vorliegen.

2.4.2 Kovarianzanalyse

Die **Kovarianz** beschreibt den Zusammenhang zwischen zwei unabhängigen Variablen x und y, ohne dabei allerdings die Stärke des Zusammenhangs zu konkretisieren. Die Konkretisierung erfolgt später im Rahmen der Korrelationsanalyse, bei der die Kovarianz eine entscheidende Rolle spielt, oder im Rahmen der Regressionsanalyse, bei der die Kovarianz das Steigungsmaß des Regressionsansatzes bestimmt. In Verbindung bzw. als Bestandteil der Volatilitätsmessung wird die Kovarianz ferner im Rahmen der Risikodiversifikation von Merkmalen benötigt.

$$\text{Cov}_{x,y} = \frac{1}{n} \cdot \sum_{i=1}^{n} (x_i - \overline{x}) \cdot (y_i - \overline{y})$$

---

18 Zu den deskriptiven Verfahren der Statistik siehe auch Weigand C., 2009, S. 91ff.

mit:

x_i = Merkmalsausprägung der x-Werte

$\overline{x} = \dfrac{1}{n} \cdot \sum_{i=1}^{n} x_i$ = Mittelwert der x-Werte

y_i = Merkmalsausprägung der y-Werte

$\overline{y} = \dfrac{1}{n} \cdot \sum_{i=1}^{n} y_i$ = Mittelwert der y-Werte

Aus der Formel der Kovarianz wird ersichtlich, dass sie ein positives Vorzeichen hat, wenn die Merkmale der x und y-Werte gleichlaufend sind, d. h. entweder beide positive bzw. beide negative Werte aufweisen. Bei gegenläufigen Merkmalen besitzt die Kovarianz ein negatives Vorzeichen.

Beispiel 1: Im Rahmen der grafischen Darstellung von quantitativen Variablen wurde für 10 Unternehmen bereits der Gewinn (hier: Merkmalsausprägung x_i) sowie die Eigenkapitalquote (hier: Merkmalsausprägung y_i) abgetragen. Es ergab sich eine positiv verlaufende Punktewolke, d. h. steigende Gewinne gingen mit tendenziell steigenden Eigenkapitalquoten einher. Bei den nun startenden statistischen Verfahren soll im Rahmen der Kovarianz, der sich daran anschließenden Korrelations- sowie Regressionsanalyse dieser Sachverhalt nochmals aufgegriffen und untersucht werden. Für die Kovarianz bietet sich die Tabelle 32 an:

Tab. 32: Positive Kovarianz

$G(x_i)$ [Tsd. €]	EKQ(y_i) [in %]	$x_i - \overline{x}$	$y_i - \overline{y}$	$(x_i - \overline{x}) \cdot (y_i - \overline{y})$
100	7	−500	−18	9.000
70	9	−530	−16	8.480
240	10	−360	−15	5.400
310	15	−290	−10	2.900
500	18	−100	−7	700
420	24	−180	−1	180
745	27	145	2	290
1.210	32	610	7	4.270
1.081	51	481	26	12.506
1.324	57	724	32	23.168
$\overline{x} = 600$	$\overline{y} = 25$			$Q_{xy} = 66.894$

$$\text{Cov}_{x,y} = \frac{1}{10} \cdot 66.894 = 6.689{,}4$$

Es besteht zwischen den beiden Merkmalen Gewinn und Eigenkapitalquote, wie bereits im Rahmen der grafischen Darstellung gezeigt, eine positive Beziehung, was durch das positive Vorzeichen der Kovarianz zum Ausdruck kommt. Die Stärke des Zusammenhangs kann allerdings (noch) nicht konkretisiert werden. Ein gegenläufiges Verhalten von Merkmalsausprägungen zeigt ein zweites Beispiel.

Beispiel 2: Betrachten wollen wir nun die Entwicklung der Beschäftigtenzahlen (in Tsd.) sowie den branchenüblichen Stundensatz (in €) der zurückliegenden 10 Jahre für eine bestimmte Branche. Der Stundensatz beschreibe dabei die Variable x_i, die Beschäftigtenzahlen y_i.

Tab. 33: Negative Kovarianz

x_i [in €]	y_i [in Tsd.]	$x_i - \overline{x}$	$y_i - \overline{y}$	$(x_i - \overline{x}) \cdot (y_i - \overline{y})$
6,0	42	−3,7	17,4	−64,38
8,0	30	−1,7	5,4	−9,18
9,0	26	−0,7	1,4	−0,98
7,5	32	−2,2	7,4	−16,28
9,0	20	−0,7	−4,6	3,22
8,5	22	−1,2	−2,6	3,12
8,5	20	−1,2	−4,6	5,52
12,5	18	2,8	−6,6	−18,48
11,0	20	1,3	−4,6	−5,98
17,0	16	7,3	−8,6	−62,78
$\overline{x} = 9{,}7$	$\overline{y} = 24{,}6$			$Q_{xy} = -166{,}20$

$$\text{Cov}_{x,y} = \frac{1}{10} \cdot -166{,}20 = -16{,}62$$

Nun ergibt sich zwischen den beiden Variablen eine negative Beziehung. Das Beschäftigtenniveau und die Stundenlöhne entwickeln sich gegenläufig.[19]

2.4.3 Korrelationsanalyse

Mit der Korrelation bzw. dem Korrelationskoeffizienten (r) wird der lineare Zusammenhang zweier Merkmale gemessen. Zielsetzung der Korrelationsanalyse ist es somit, Beziehungen zwischen zwei Variablen aufzudecken, zu quantifizieren und schließlich zu testen.

Beide Variable sind dabei „gleichberechtigt", d. h. man unterscheidet nicht in abhängige (endogene, zu erklärende) und unabhängige (exogene, erklärende) Merkmale.

Von Interesse ist der Grad des Zusammenhangs, wobei der Korrelationskoeffizient, unabhängig von der Ausprägung, immer auf das Intervall [−1, +1] beschränkt ist. Es handelt sich somit um ein normiertes statistisches Maß.

Folgende Aussagen lassen sich zum Korrelationskoeffizienten treffen:
- es gilt immer $-1 \leq r \leq 1$

---

19 Siehe Aufgaben 19 und 20.

- je näher $|r|$ an 1 liegt, desto weniger weichen die Einzelwerte von einer (gedachten) Geraden ab
- $r = 0$ bedeutet, dass die beiden Merkmale (x und y) keinen Zusammenhang erkennen lassen
- $r = 1$ bedeutet einen perfekten positiven, $r = -1$ einen perfekten negativen Zusammenhang der Merkmale
- $r > 0$ heißt: y nimmt mit steigendem x ebenfalls zu; $r < 0$ heißt: y nimmt ab, wenn x zunimmt und umgekehrt
- Abweichungen von $r = 1$ können aber auch auf Nichtlinearität hinweisen, wie in der Abbildung 8 das Bild rechts unten zeigt:

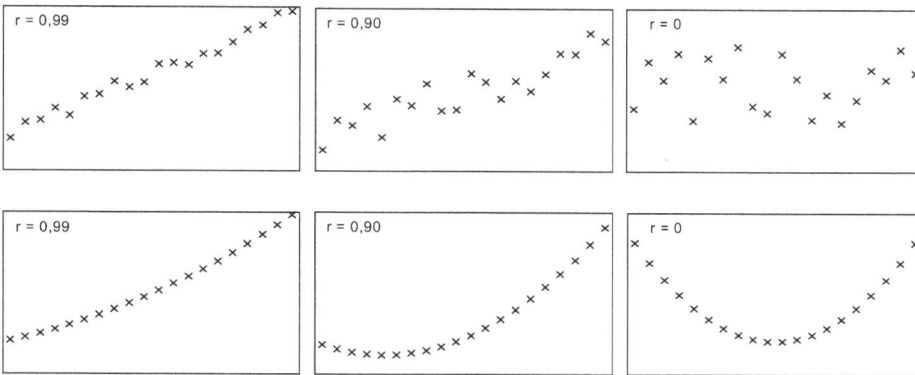

Abb. 8: Korrelationsmuster

Die Korrelationsanalyse gibt es in ganz unterschiedlichen Ausprägungen. Es gibt den
- **Korrelationskoeffizienten** nach **Bravais-Pearson** (r_{BP}), der bei metrischen (kardinalen) Daten zur Anwendung kommt und zwar sowohl für gruppierte als auch ungruppierte Daten sowie den
- **Rangkorrelationskoeffizienten** nach **Spearman** (r_S), für den ordinal skalierte Daten ausreichen.

Beide haben, obwohl von unterschiedlichen Datenqualitäten ausgehend, die gleiche Aussagekraft, ebenso ist Aufbau und Vorgehensweise der Analyse identisch.

2.4.3.1 Korrelationskoeffizient nach Bravais-Pearson für ungruppierte Daten

Der Korrelationskoeffizient nach Bravais-Pearson:

- misst die Stärke des **linearen** Zusammenhangs zwischen zwei metrisch skalierter Variablen x und y (für eine sinnvolle Interpretation muss ein linearer Zusammenhang unterstellt werden).
- Dabei dürfen die Merkmalsausprägungen x und y, wie bereits erwähnt, gleichberechtigt sein, es wird also keine Abhängigkeit (y von x oder umgekehrt) vorausgesetzt.

Der Korrelationskoeffizient errechnet sich aus:

$$r = \frac{\sum_{i=1}^{n}(x_i - \overline{x}) \cdot (y_i - \overline{y})}{\sqrt{\sum_{i=1}^{n}(x_i - \overline{x})^2 \cdot \sum_{i=1}^{n}(y_i - \overline{y})^2}} = \frac{Q_{xy}}{\sqrt{Q_{xx} \cdot Q_{yy}}}$$

wobei

$$\overline{x} = \frac{1}{n} \cdot \sum_{i=1}^{n} x_i = \quad \text{Mittelwert der } x\text{-Werte}$$

$$\overline{y} = \frac{1}{n} \cdot \sum_{i=1}^{n} y_i = \quad \text{Mittelwert der } y\text{-Werte}$$

$$Q_{xy} = \sum_{i=1}^{n}(x_i - \overline{x}) \cdot (y_i - \overline{y})$$

$$Q_{xx} = \sum_{i=1}^{n}(x_i - \overline{x})^2 = \quad \text{Summe der quadrierten Abweichungen der } x\text{-Werte}$$

$$Q_{yy} = \sum_{i=1}^{n}(y_i - \overline{y})^2 = \quad \text{Summe der quadrierten Abweichungen der } y\text{-Werte}$$

Die Berechnung erfolgt am besten mit Hilfe einer Tabelle. Sie wird an zwei Beispielen erklärt.

Beispiel 1: Die im ersten Beispiel zur Kovarianz untersuchte Beziehung zwischen dem Gewinn und der Eigenkapitalquote für 10 Unternehmen soll nun wiederum aufgegriffen und durch die Korrelationsanalyse ergänzt bzw. erweitert werden.

Tab. 34: Positive Korrelation

$G(x_i)$ [Tsd. €]	$EKQ(y_i)$ [in %]	$x_i - \overline{x}$	$y_i - \overline{y}$	$(x_i - \overline{x}) \cdot (y_i - \overline{y})$	$(x_i - \overline{x})^2$	$(y_i - \overline{y})^2$
100	7	−500	−18	9.000	250.000	324
70	9	−530	−16	8.480	280.900	256
240	10	−360	−15	5.400	129.600	225
310	15	−290	−10	2.900	84.100	100
500	18	−100	−7	700	10.000	49
420	24	−180	−1	180	32.400	1
745	27	145	2	290	21.025	4
1.210	32	610	7	4.270	372.100	49
1.081	51	481	26	12.506	231.361	676
1.324	57	724	32	23.168	524.176	1.024
$\overline{x} = 600$	$\overline{y} = 25$			$Q_{xy} = 66.894$	$Q_{xx} = 1.935.662$	$Q_{yy} = 2.708$

Neben den Daten der Kovarianz enthält der Korrelationskoeffizient (im Nenner) die beiden Summen der quadrierten Abweichungen. Es resultiert ein positiver Korrelationskoeffizienten r.

$$r = \frac{Q_{xy}}{\sqrt{Q_{xx} \cdot Q_{yy}}} = \frac{66.894}{\sqrt{1.935.662 \cdot 2.708}} = 0,924$$

Der Korrelationskoeffizient von 0,924 besagt, dass es zwischen den beiden Merkmalen Gewinn und Eigenkapitalquote offensichtlich einen großen positiven Zusammenhang gibt. r liegt sehr nahe am maximalen Wert +1. Somit ermöglicht der Korrelationskoeffizient eine deutlich differenziertere Aussage als die Kovarianz.

Beispiel 2: Das zweite im Rahmen der Kovarianz untersuchte Beispiel referenziert auf die Entwicklung der Beschäftigtenzahlen (y_i in Tsd.) sowie den branchenüblichen Stundensatz (x_i in €) der zurückliegenden 10 Jahre für eine bestimmte Branche.

Tab. 35: Negative Korrelation

x_i [in €]	y_i [in Tsd.]	$x_i - \overline{x}$	$y_i - \overline{y}$	$(x_i - \overline{x}) \cdot (y_i - \overline{y})$	$(x_i - \overline{x})^2$	$(y_i - \overline{y})^2$
6,0	42	−3,7	17,4	−64,38	13,69	302,76
8,0	30	−1,7	5,4	−9,18	2,89	29,16
9,0	26	−0,7	1,4	−0,98	0,49	1,96
7,5	32	−2,2	7,4	−16,28	4,84	54,76
9,0	20	−0,7	−4,6	3,22	0,49	21,16
8,5	22	−1,2	−2,6	3,12	1,44	6,76
8,5	20	−1,2	−4,6	5,52	1,44	21,16
12,5	18	2,8	−6,6	−18,48	7,84	43,56
11,0	20	1,3	−4,6	−5,98	1,69	21,16
17,0	16	7,3	−8,6	−62,78	53,29	73,96
$\overline{x} = 9,7$	$\overline{y} = 24,6$			$Q_{xy} = -166,20$	$Q_{xx} = 88,10$	$Q_{yy} = 576,0$

Aus dem Beispiel resultiert nun ein negativer Wert des Korrelationskoeffizienten:

$$r = \frac{Q_{xy}}{\sqrt{Q_{xx} \cdot Q_{yy}}} = \frac{-166,20}{\sqrt{88,10 \cdot 576,40}} = -0,738$$

Der Wert von $-0,738$ zeigt nun eine relativ starke (negative) Beziehung zwischen Beschäftigtenzahl und Stundensatz. Steigende (sinkende) Stundensätze gehen einher mit einem sinkenden (steigenden) Beschäftigungsniveau.[20]

2.4.3.2 Korrelationskoeffizient nach Bravais-Pearson für gruppierte Daten

Der Korrelationskoeffizient nach Bravais-Pearson für gruppierte Daten stellt, obwohl die Formel recht komplex erscheint, eine vereinfachende Berechnungsgrundlage dar

---

20 Siehe Aufgaben 21 und 22.

für den Fall, dass die Daten gruppiert vorliegen. D. h., eine oder mehrere Beobachtungspaare kommen mit einer Häufigkeit > 1 vor.

Der Korrelationskoeffizient errechnet sich nun aus:

$$r = \frac{\sum \sum x_i y_j n_{ij} - \frac{1}{n} \sum x_i n_{i.} \sum y_j n_{.j}}{\sqrt{\left[\sum x_i^2 n_{i.} - \frac{(\sum x_i n_{i.})^2}{n}\right]\left[\sum y_j^2 n_{.j} - \frac{(\sum y_j n_{.j})^2}{n}\right]}}$$

wobei n_{ij} = Anzahl der Häufigkeiten, aus denen sich die Merkmalskombinationen x_i und y_j ableiten.

Beispiel: Für die in einem Produktionsunternehmen arbeitenden 70 Roboter wurde die Anzahl der Betriebsunterbrechungen y_i sowie die bisherige Nutzungsdauer der Roboter x_i (in Jahren) erfasst.

Tab. 36: Korrelation für gruppierte Daten I

Betriebsunterbrechung (y_j) Nutzungsdauer (x_i)	0	1	2	3
1	12	4	0	0
2	7	8	2	0
3	1	5	8	2
4	0	2	15	4

Erklärung der Tabelle 36: 12 Maschinen waren 1 Jahr in Betrieb und hatten 0 Betriebsunterbrechungen etc.

Die Berechnung des Korrelationskoeffizienten ergibt sich aus (siehe Tab. 37):

Tab. 37: Korrelation für gruppierte Daten II

y_j x_i	0	1	2	3	$n_{i.}$	$x_i n_{i.}$	$x_i^2 n_{i.}$
1	12	4	0	0	16	16	16
2	7	8	2	0	17	34	68
3	1	5	8	2	16	48	144
4	0	2	15	4	21	84	336
$n_{.j}$	20	19	25	6	$\sum = 70$	$\sum = 182$	$\sum = 564$
$y_j n_{.j}$	0	19	50	18	$\sum = 87$		
$y_j^2 n_{.j}$	0	19	100	54	$\sum = 173$		

mit der Nebenrechnung zur Bestimmung von $\sum \sum x_i y_j n_{ij}$

Tab. 38: Korrelation für gruppierte Daten III

y_j x_i	0	1	2	3	
1	0	4	0	0	
2	0	16	8	0	
3	0	15	48	18	
4	0	8	120	48	
$\sum$	0	43	176	66	285

Daraus errechnet sich der Wert des Korrelationskoeffizienten:

$$r = \frac{285 - \frac{1}{70} \cdot 182 \cdot 87}{\sqrt{\left[564 - \frac{182^2}{70}\right]\left[173 - \frac{87^2}{70}\right]}} = 0{,}766$$

d. h. zwischen den Merkmalsausprägungen Betriebsunterbrechungen und Nutzungsdauer besteht ein recht starker positiver Zusammenhang.[21]

2.4.3.3 Rangkorrelationskoeffizient nach Spearman

Der Rangkorrelationskoeffizient nach Spearman findet bei ordinal skalierten Merkmalen Anwendung. Für die Ausprägungen x und y liegt also lediglich eine Rangfolge (Reihenfolge) vor, die Abstände zueinander können nicht angegeben werden. Betrachtet man die beiden Beispiele zum Korrelationskoeffizienten nach Bravais-Pearson, so können dort die metrischen Merkmale in Ränge überführt werden. Dann erhalten die kleinsten Werte den Rang 1 und die größten den höchsten Rang.

Beispiel 1: Gewinne (x_i) und Eigenkapitalquoten (y_i) für 10 Unternehmen werden wie folgt in Ränge (rg) überführt und anschließend im Rahmen der Korrelation ausgewertet.

---

[21] Siehe Aufgabe 23.

Tab. 39: Rangkorrelationskoeffizient

$G(x_i)$ [Tsd. €]	rg	EKQ(y_i) [in %]	rg	$x_i - \overline{x}$ rg	$y_i - \overline{y}$ rg	$(x_i - \overline{x}) \cdot (y_i - \overline{y})$	$(x_i - \overline{x})^2$	$(y_i - \overline{y})^2$
100	2	7	1	−3,50	−4,50	15,75	12,25	20,25
70	1	9	2	−4,50	−3,50	15,75	20,25	12,25
240	3	10	3	−2,50	−2,50	6,25	6,25	6,25
310	4	15	4	−1,50	−1,50	2,25	2,25	2,25
500	6	18	5	0,50	−0,50	−0,25	0,25	0,25
420	5	24	6	−0,50	0,50	−0,25	0,25	0,25
745	7	27	7	1,50	1,50	2,25	2,25	2,25
1.210	9	32	8	3,50	2,50	8,75	12,25	6,25
1.081	8	51	9	2,50	3,50	8,75	6,25	12,25
1.324	10	57	10	4,50	4,50	20,25	20,25	20,25
$\overline{rg}$ = 5,5		$\overline{rg}$ = 5,5				Q_{xy} = 79,50	Q_{xx} = 82,50	Q_{yy} = 82,50

$$r_s = \frac{Q_{xy}}{\sqrt{Q_{xx} \cdot Q_{yy}}} = \frac{79,50}{\sqrt{82,50 \cdot 82,50}} = 0,964$$

Der ursprünglich errechnete Korrelationskoeffizient für kardinale Daten ergab einen Wert von 0,924. Durch die Überführung in ordinale Daten verstärkt sich die Korrelation auf den Wert 0,964, was auf einen fast streng monotonen Zusammenhang hindeutet.

Beim Rangkorrelationskoeffizienten kann sich ein, wenn auch leicht zu lösendes Problem ergeben und zwar dann, wenn mehrere Werte gleich groß sind. Dann verwendet man den Mittelwert der Einzelränge. Dies kann anhand des Beispiels 2 untersucht werden.

Beispiel 2: Entwicklung der Beschäftigtenzahlen (y_i in Tsd.) sowie der branchenüblichen Stundensätze (x_i in €) der zurückliegenden 10 Jahre.

Tab. 40: Rangkorrelationskoeffizient – die Rangproblematik

x_i [in €]	rg	y_i [in Tsd.]	rg	$x_i - \overline{x}$ rg	$y_i - \overline{y}$ rg	$(x_i - \overline{x}) \cdot (y_i - \overline{y})$	$(x_i - \overline{x})^2$	$(y_i - \overline{y})^2$
6,0	1	42	10	−4,50	4,50	−20,25	20,25	20,25
8,0	3	30	8	−2,50	2,50	−6,25	6,25	6,25
9,0	6,5	26	7	1,00	1,50	1,50	1,00	2,25
7,5	2	32	9	−3,50	3,50	−12,25	12,25	12,25
9,0	6,5	20	4	1,00	−1,50	−1,50	1,00	2,25
8,5	4,5	22	6	−1,00	0,50	−0,50	1,00	0,25
8,5	4,5	20	4	−1,00	−1,50	1,50	1,00	2,25
12,5	9	18	2	3,50	−3,50	−12,25	12,25	12,25
11,0	8	20	4	2,50	−1,50	−3,75	6,25	2,25
17,0	10	16	1	4,50	−4,50	−20,25	20,25	20,25
$\overline{rg}$ = 5,5		$\overline{rg}$ = 5,5				Q_{xy} = −74,00	Q_{xx} = 81,50	Q_{yy} = 80,50

In Tabelle 40 wurden also für insgesamt 10 Jahre die Beschäftigtenzahlen sowie die branchenüblichen Stundensätze angegeben und diese in Ränge überführt. Beim Stundensatz sind die ersten drei Ränge eindeutig zu vergeben, denn 6,– € stellt den niedrigsten Stundensatz dar und erhält somit den Rang 1, gefolgt von 7,50€ (2) und 8,– € (3). Der nächstgrößte Stundensatz ist 8,50€, der jedoch zweimal vorkommt. Somit teilen sich diese beiden Merkmale den Rang 4 und 5 (im Mittel 4,5). 9,– € ist ebenfalls zweimal vorhanden. Diese Merkmale teilen sich somit die nächsten freien Ränge 6 und 7 (im Mittel 6,5). Eindeutig, weil nur jeweils einmal vorhanden, sind die nächsten und letzten drei Ränge 8 bis 10. Alternativ ist bei den Beschäftigtenzahlen vorzugehen. Hier wiederholt sich der Wert 20 gleich dreimal, so dass hier die Mittelung der Ränge 3 bis 5 vorgenommen werden muss.

$$r_s = \frac{Q_{xy}}{\sqrt{Q_{xx} \cdot Q_{yy}}} = \frac{-74,00}{\sqrt{81,50 \cdot 80,50}} = -0,9136$$

Auch bei diesem ermittelten Rangkorrelationskoeffizienten verstärkt sich die negative Beziehung im Vergleich zum Korrelationskoeffizienten nach Bravais-Pearson. Dort ergab sich der Wert von −0,738[22]

2.4.4 Regressionsanalyse

Ebenso wie es zur Korrelationsanalyse verschiedene Ausprägungen gibt, kommt die Regressionsanalyse in unterschiedlichen Varianten vor.[23]
- Die **einfache** (lineare) **Regression** unterstellt zwischen **einer** abhängigen und **einer** unabhängigen Variablen einen linearen Zusammenhang.
- Die **multiple** (lineare) **Regression** unterstellt zwischen **einer/mehreren** abhängigen und **mehreren** unabhängigen Variablen einen linearen Zusammenhang.
- Die **quasilineare Regression** führt eine nichtlineare Beziehung zwischen abhängigen und unabhängigen Variablen durch geeignete Transformation wieder in einen linearen Ansatz zurück.
- Die **nichtlineare Regression** geht davon aus, dass es auch durch Transformation nicht möglich ist, die Beziehung zwischen abhängigen und unabhängigen Variablen zu linearisieren und benutzt deshalb im Vergleich zu den ersten drei Verfahren einen modifizierten Ansatz.

Im Folgenden wird näher auf die **einfache und die multiple lineare Regression** eingegangen, denn sie haben in den Wirtschaftswissenschaften die größte Bedeutung.

---

22 Siehe Aufgaben 24 und 25.
23 Zur weiterführenden Literatur vgl. Backhaus K./Erichson B./Plinke W./Weiber R., 2008, S. 45ff.

2.4.4.1 Lineare Einfachregression

Die lineare Einfachregression beschreibt den Zusammenhang zwischen zwei quantitativen Variablen, bei der die eine Variable die **Ursache** (Einflussgröße x, unabhängige oder exogene Größe) und die andere Variable die **Wirkung** (Zielgröße y, abhängige oder endogene Größe) ist. Gelegentlich wird sie auch als Hilfskonstruktion zur Beurteilung von Korrelationen verwendet. Während die Korrelation jedoch die Stärke des Zusammenhangs zwischen zwei Variablen bestimmt, untersucht die Regressionsanalyse, ob es überhaupt einen (positiven oder negativen) Zusammenhang zwischen den beiden Variablen gibt. Mit der gefundenen Regressionsgeraden kann man im Anschluss Schätzungen (Prognosen) für die Zielgröße y vornehmen. Dies ist das eigentliche Ziel der Regressionsanalyse.

2.4.4.1.1 Schätzung des Steigungsmaßes und des Achsenabschnittes

Der Regressionsansatz schätzt die „Gleichung der besten Geraden"

$$\hat{y}_i = b_1 + b_2 \cdot x_i$$

Als Kriterium gilt:

$$\sum_{i=1}^{n} (y_i - \hat{y}_i)^2 \rightarrow \text{Minimum}$$

Der Achsenabschnitt b_1 und das Steigungsmaß b_2 werden so bestimmt, dass die Summe der quadrierten Abweichungen zwischen den Schätzwerten $\hat{y}_i$ und den Messwerten y_i über alle n Messwerte so klein wie möglich ist. Deshalb spricht man auch von der **Methode der kleinsten Quadrate**, weil die Abstände der Messwerte von der Geraden in y-Richtung minimiert werden (vgl. auch die nächsten Abbildungen).

Aus der Minimum-Bedingung können folgende Berechnungsformeln für b_1 und b_2 abgeleitet werden:

$$b_2 = \frac{\sum_{i=1}^{n}(x_i - \overline{x}) \cdot (y_i - \overline{y})}{\sum_{i=1}^{n}(x_i - \overline{x})^2} = \frac{Q_{xy}}{Q_{xx}} \qquad b_1 = \overline{y} - b_2 \cdot \overline{x}$$

Erläutert werden soll dieser Sachverhalt wiederum anhand der bereits bekannten Beispiele.

Beispiel 1: In der vorangegangenen Untersuchung wurde der Zusammenhang zwischen der Eigenkapitalquote und dem Jahresgewinn von Unternehmen untersucht. Im Rahmen der Regressionsanalyse soll nun untersucht werden, ob die Eigenkapitalquote möglicherweise vom Gewinn abhängig ist (d. h. hohe Gewinne führen im Zuge der möglichen Gewinnthesaurierung zu hohen Eigenkapitalquoten, während niedrige Gewinn bzw. Verluste die Eigenkapitalquote kleiner werden lässt bzw. sogar aufzehrt). Unterstellt wird der funktionale lineare Zusammenhang:

$$\text{Eigenkapitalquote} = f(\text{Gewinn})$$
$$+$$

Die Eigenkapitalquote (EKQ) wird als Funktion des Gewinnes (G) betrachtet, wobei man eine positive Beziehung (hier ausgedrückt durch das Pluszeichen) annimmt und im Folgenden anhand von 10 Unternehmen untersucht:

Tab. 41: Regressionsanalyse I

$G(x_i)$ [Tsd. €]	EKQ(y_i) [in %]	$x_i - \overline{x}$	$y_i - \overline{y}$	$(x_i - \overline{x}) \cdot (y_i - \overline{y})$	$(x_i - \overline{x})^2$	$(y_i - \overline{y})^2$
100	7	−500	−18	9.000	250.000	324
70	9	−530	−16	8.480	280.900	256
240	10	−360	−15	5.400	129.600	225
310	15	−290	−10	2.900	84.100	100
500	18	−100	−7	700	10.000	49
420	24	−180	−1	180	32.400	1
745	27	145	2	290	21.025	4
1.210	32	610	7	4.270	372.100	49
1.081	51	481	26	12.506	231.361	676
1.324	57	724	32	23.168	524.176	1.024
$\overline{x} = 600$	$\overline{y} = 25$			$Q_{xy} = 66.894$	$Q_{xx} = 1.935.662$	$Q_{yy} = 2.708$

$$b_2 = \frac{Q_{xy}}{Q_{xx}} = \frac{66.894}{1.935.662} = 0,035 \quad b_1 = \overline{y} - b_2 \cdot \overline{x} = 25 - 0,035 \cdot 600 = 4$$

Die Regressionsgerade lautet somit $\hat{y} = 4 + 0,035 \cdot x$.

In der Abbildung 9 liegt die Gerade in der Punktewolke, und zwar so, dass die Summe der quadrierten Abweichungen der tatsächlichen Werte von den Schätzwerten minimiert wird.

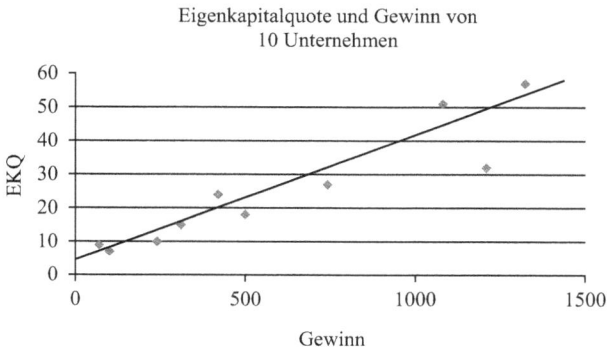

Abb. 9: Die Methode der „kleinsten Quadrate" I

Die geschätzte Regressionsgerade kann nun zur Prognose herangezogen werden. Bspw. könnte man die Eigenkapitalquote bei einem Gewinn von 800 Tsd. € schätzen, indem der Gewinn in die Funktion eingesetzt wird:

$$\hat{y} = 4 + 0{,}035 \cdot 800 = 32$$

Die prognostizierte Eigenkapitalquote bei einem unterstellten Gewinn von 800 Tsd. €
würde folglich bei 32 % liegen.

Betrachten wir kurz die Beziehung zwischen dem Regressionsansatz und der Korrelation. Diese besteht zwischen der Steigung der Regressionsgeraden (b_2) und dem Korrelationskoeffizienten. Beide haben das gleiche Vorzeichen. Das Steigungsmaß der Regressionsgeraden b_2 ist mit +0,035 positiv, der Korrelationskoeffizient hat den Wert:

$$r = \frac{Q_{xy}}{\sqrt{Q_{xx} \cdot Q_{yy}}} = \frac{66.894}{\sqrt{1.935.662 \cdot 2.708}} = 0{,}924$$

Wir haben hier also aufgrund der Normierung [−1, +1] einen sehr starken positiven Zusammenhang zwischen dem Gewinn und der Eigenkapitalquote. Anhand der Formeln erkennt man, dass das Vorzeichen von Q_{xy} die Beziehung angibt. Ein positives Vorzeichen bedeutet einen positiven Korrelationskoeffizienten und eine positive Steigung der Regressionsgeraden und umgekehrt.

Beispiel 2: Unterstellen wollen wir nun, dass die Beschäftigtenzahlen (in Tsd.) der zurückliegenden 10 Jahre von den Stundenlöhnen (in €) abhängig sind. Es wird vermutet, dass mit steigendem Stundenlohn die Beschäftigtenzahlen zurückgehen und umgekehrt, die Beschäftigung (y) korreliert dann also negativ mit dem Stundenlohn (x):

$$\text{Beschäftigung} = f(\underline{\text{Stundenlohn}})$$

Tab. 42: Regressionsanalyse II

x_i [in €]	y_i [in Tsd.]	$x_i - \bar{x}$	$y_i - \bar{y}$	$(x_i - \bar{x}) \cdot (y_i - \bar{y})$	$(x_i - \bar{x})^2$	$(y_i - \bar{y})^2$
6,0	42	−3,7	17,4	−64,38	13,69	302,76
8,0	30	−1,7	5,4	−9,18	2,89	29,16
9,0	26	−0,7	1,4	−0,98	0,49	1,96
7,5	32	−2,2	7,4	−16,28	4,84	54,76
9,0	20	−0,7	−4,6	3,22	0,49	21,16
8,5	22	−1,2	−2,6	3,12	1,44	6,76
8,5	20	−1,2	−4,6	5,52	1,44	21,16
12,5	18	2,8	−6,6	−18,48	7,84	43,56
11,0	20	1,3	−4,6	−5,98	1,69	21,16
17,0	16	7,3	−8,6	−62,78	53,29	73,96
$\bar{x} = 9{,}7$	$\bar{y} = 24{,}6$			$Q_{xy} = -166{,}20$	$Q_{xx} = 88{,}10$	$Q_{yy} = 576{,}40$

Bereits an den Zahlen erkennt man den steigenden Verlauf des Stundenlohns (x) und den fallenden Verlauf der Beschäftigtenzahlen (y), was dann auch im Steigungsmaß der Regression (b_2) sowie im Korrelationskoeffizienten (r) seinen Niederschlag findet:

$$b_2 = \frac{Q_{xy}}{Q_{xx}} = \frac{-166,20}{88,10} = -1,89 \quad b_1 = \overline{y} - b_2 \cdot \overline{x} = 24,6 + 1,89 \cdot 9,7 = 42,93$$

Die Regressionsgerade lautet somit $\hat{y} = 42,93 - 1,89 \cdot x$

Wie oben bereits beschrieben, bedeutet ein negatives Vorzeichen des Steigungsmaßes b_2, dass der Korrelationskoeffizient ebenfalls negativ sein muss. Berechnet man diesen, so ergibt sich:

$$r = \frac{Q_{xy}}{\sqrt{Q_{xx} \cdot Q_{yy}}} = \frac{-166,20}{\sqrt{88,10 \cdot 576,4}} = -0,74$$

In der Abbildung 10 lässt sich der negative Zusammenhang zwischen den beiden Merkmalen Stundenlohn und Beschäftigtenzahl anhand der negativ verlaufenden Punktewolke sowie der darin liegenden Regressionsgeraden verdeutlichen.

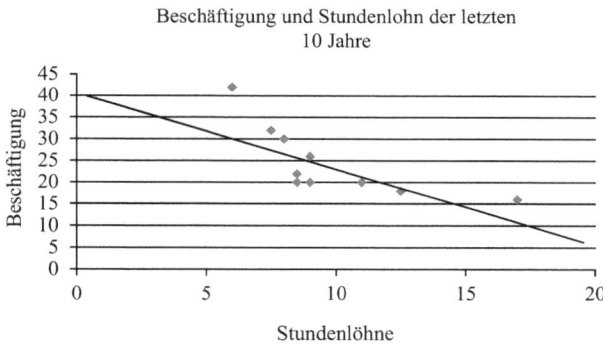

Abb. 10: Die Methode der „kleinsten Quadrate" II

Auch hier wiederum ließe sich jetzt die Beschäftigtenzahl bei einem bestimmten Stundenlohn prognostizieren. Bspw. würde bei einem Stundenlohn von 20,– € die (geschätzte) Beschäftigung weiter zurückgehen, und zwar auf 5,13 Tsd.

$$\hat{y} = 42,93 - 1,89 \cdot 20 = 5,13$$

2.4.4.1.2 Bestimmtheitsmaß und Residuen als wichtige Zusatzinformationen

Später im Rahmen der Testtheorie werden Prüfmaße vorgestellt, mit denen man die Regressionskoeffizienten auf ihre Bedeutung (Signifikanz) hin untersuchen kann. An dieser Stelle aber sollen bereits zwei wichtige Komponenten genannt werden, die die

Güte und die Sinnhaftigkeit des Regressionsansatzes überprüfen sollen. Diese sind das **Bestimmtheitsmaß** (B) sowie die so genannten **Residuen**.

Das Bestimmtheitsmaß gibt den Anteil der Summe der quadrierten Abweichungen Q_{yy} der y-Werte an, der durch die Regression erklärt wird und liefert damit eine Aussage über die Güte der Regression. B lässt sich im Rahmen der linearen Einfachregression auf zwei Arten berechnen, wobei zunächst die vom Rechenaufwand etwas einfachere Methode erläutert wird. Danach ergibt sich das Bestimmtheitsmaß aus:

$$B = \frac{Q_{xy}^2}{Q_{xx} \cdot Q_{yy}} = r^2$$

Ebenso wie beim Korrelationskoeffizienten handelt es sich beim Bestimmtheitsmaß um ein normiertes Maß, denn es gilt immer $0 \leq B \leq 1$.

Für die beiden obigen Beispiele ergeben sich die Werte:

Beispiel 1:
$$B = \frac{Q_{xy}^2}{Q_{xx} \cdot Q_{yy}} = \frac{66.894^2}{1.935.662 \cdot 2.708} = 0{,}85$$

Beispiel 2:
$$B = \frac{Q_{xy}^2}{Q_{xx} \cdot Q_{yy}} = \frac{-166{,}20^2}{88{,}10 \cdot 576{,}4} = 0{,}54$$

Die Interpretation dieser Werte ist wie folgt: 85 % (54 %) der Entwicklung der Eigenkapitalquote (Beschäftigtenzahlen) lassen sich auf die Entwicklung des Gewinnes (des Stundenlohns) zurückführen. Die übrigen 15 % (46 %) gehen auf andere Faktoren zurück, die nicht im linearen Regressionsansatz enthalten sind.

Damit können wir im Beispiel 1 von einer hohen Güte und damit von einem sinnvoll gewählten Regressionsansatz ausgehen, während man im Beispiel 2 noch weitere Faktoren als erklärende Variable mit aufnehmen sollte, um die Güte zu erhöhen (siehe dazu auch das Kapitel zur linearen Mehrfachregression). Als Faustformel kann festhalten werden, dass im Rahmen der Regressionsanalyse $B \geq 80\,\%$ gefordert wird.

Die zweite etwas aufwändigere Methode, das Bestimmtheitsmaß zu berechnen, geht auf die eigentlichen Grundüberlegungen des Regressionsansatzes zurück und findet spätestens beim multiplen Regressionsansatz Anwendung. Hierbei wird die Gesamtabweichungsquadratsumme (SQT) in die erklärte Abweichungsquadratsumme (SQE) und in die nicht erklärte Abweichungsquadratsumme (SQR) zerlegt, so dass gilt:

$$SQT = SQE + SQR$$

aus dem sich dann das Bestimmtheitsmaß

$$B = \frac{SQE}{SQT}$$

ergibt. Betrachten wir dazu das Beispiel 2 und überlegen zunächst, wie sich die Abweichungsquadratsummen berechnen lassen. Diese ergeben sich aus:

$$SQT = \sum_{i=1}^{n}(y_i - \overline{y})^2 \quad SQE = \sum_{i=1}^{n}(\hat{y}_i - \overline{y})^2 \quad \text{und} \quad SQR = \sum_{i=1}^{n}(y_i - \hat{y}_i)^2$$

Wir benötigen neben den aktuellen Werten der einzelnen Perioden y_i folglich deren Mittelwert $\overline{y}$ und die prognostizierten Werte $\hat{y}_i$ zu den einzelnen Perioden.

Tab. 43: Ableitung des Bestimmtheitsmaßes

y_i [in Tsd.]	x_i [in €]	$\hat{y}_i$	$(y_i - \overline{y})^2$	$(\hat{y}_i - \overline{y})^2$	$(y_i - \hat{y}_i)^2$
42	6,0	31,58	302,76	48,72	108,58
30	8,0	27,81	29,16	10,29	4,81
26	9,0	25,92	1,96	1,74	0,01
32	7,5	28,75	54,76	17,22	10,56
20	9,0	25,92	21,16	1,74	35,05
22	8,5	26,86	6,76	5,12	23,66
20	8,5	26,86	21,16	5,12	47,11
18	12,5	19,32	43,56	27,90	1,74
20	11,0	22,15	21,16	6,01	4,61
16	17,0	10,83	73,96	189,65	26,74
$\overline{y} = 24{,}6$			$\sum = 576{,}40$	$\sum = 313{,}54$	$\sum = 262{,}86$

Erläuterung: Die prognostizierten Werte der jeweiligen Perioden ergeben sich durch Einsetzen des x-Wertes in die Schätzgleichung $\hat{y} = 42{,}93 - 1{,}89 \cdot x$ (Achtung: Es ergeben sich in obiger Tabelle Rundungsdifferenzen!). Der Wert der ersten Periode (31,58) ergibt sich beispielhaft aus $42{,}93 - 1{,}89 \cdot 6$.

Schließlich leitet sich das Bestimmtheitsmaß ab:[24]

$$B = \frac{\text{SQE}}{\text{SQT}} = \frac{313{,}54}{576{,}40} = 0{,}54 = 54\,\%$$

Die zweiten wichtigen Komponenten, die uns eine Aussage über die Sinnhaftigkeit des Regressionsansatzes erlaubt, sind die Residuen. Mit den Residuen ist die Reststreuung um die Regressionsgerade gemeint, die durch

$$\sum_{i=1}^{n} (y_i - \hat{y}_i)^2 = (1 - B) \cdot Q_{yy}$$

berechnet wird. Dabei bezeichnet man die Abweichungen der y-Werte von der Regressionsgerade $(y_i - \hat{y}_i)$ als Residuen.

Es wird dringend empfohlen, Residuen grafisch zu beurteilen, wobei man Auftragungen gegen die Nummer des Versuchs, gegen die erklärenden Variablen x oder gegen die zu erklärende Variable y vornehmen kann. In Abbildung 11 sind Muster gezeigt, wie die Residuen aussehen bzw. nicht aussehen sollten.

---

24 Siehe Aufgaben 26 und 27.

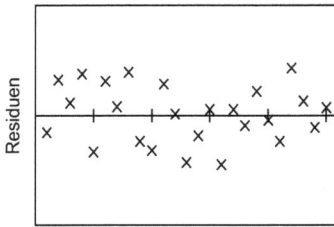

So sollte das Ergebnis einer Darstellung der Residuen gegen die Versuchsnummer i (d. h. in der Reihenfolge der Versuchsdurchführung) aussehen: Kein Trend ist erkennbar, die Residuen liegen in einem waagrechten Band und streuen zufällig.

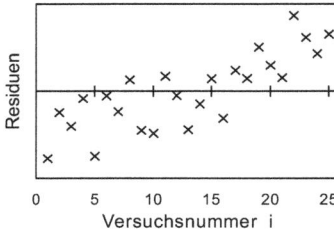

So sollte das Ergebnis nicht aussehen: Es ist ein Trend erkennbar, die Residuen nehmen mit der Versuchsnummer zu, streuen also nicht zufällig.

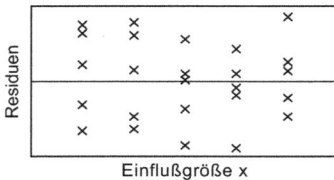

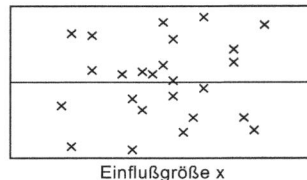

So sollte das Ergebnis einer Auftragung gegen x aussehen: Es sind nur zufällige Abweichungen vom Modell (waagrechtes Band) erkennbar.

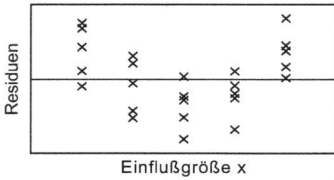

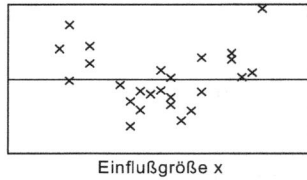

So sollte das Ergebnis nicht aussehen: Das Modell beschreibt die funktionale Form der Abhängigkeit nicht richtig (es liegt keine Linearität vor).

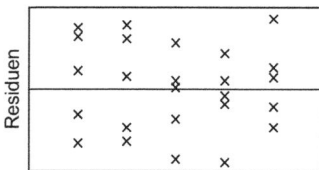

So sollte das Ergebnis einer Auftragung der Residuen gegen den berechneten Wert der Zielgröße $\hat{y}$ aussehen: Es ist keine Veränderung der Standardabweichung mit dem berechneten y-Wert erkennbar, die Residuen liegen in einem waagrechten Band.

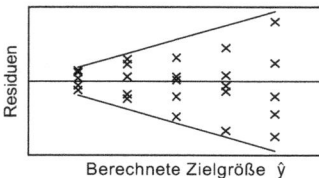

So sollte das Ergebnis nicht aussehen: Die Standardabweichung nimmt mit dem berechneten y-Wert zu, die Residuen liegen in einem Trichter.

Abb. 11: Grafische Darstellung der Residuen

2.4.4.2 Lineare Mehrfachregression

Häufig kommt man mit der linearen Einfachregression, d. h. mit der Erklärung der abhängigen Variablen y durch nur eine unabhängige Variable x nicht weiter. Dann versucht der Statistiker, durch die Aufnahme von weiteren unabhängigen Variablen (den Regressoren) die Erklärung von y zu verbessern. In obigem Beispiel 2 im Rahmen der linearen Einfachregression wurde die Entwicklung der Beschäftigung lediglich durch die Entwicklung des Stundenlohns erklärt. Das Bestimmtheitsmaß war mit 0,54 „verbesserungswürdig". Folglich sind Überlegungen anzustellen, durch die Hinzunahme einer zweiten Variablen (hier die Umsatzerlöse) weitere Erklärungen für die Entwicklung der Beschäftigung zu liefern.

Wir befinden uns dann im Bereich der linearen Mehrfachregression. In Modellform ergibt sich der Ansatz:

$$y = b_1 x_1 + b_2 x_2 + b_3 x_3 + e$$

mit:

y = Beschäftigung

x_2 = Stundenlohn

x_3 = Umsatz

b_1 bis b_3 sind die zu schätzenden Regressionsparameter

x_1 = Scheinvariable, die den Wert 1 annimmt

e = Residuum (Restgröße)

Tab. 44: Lineare Mehrfachregression

y_i [in Tsd.]	x_{2i} [in €]	x_{3i} [in Mrd. €]
42	6,0	4,6
30	8,0	3,2
26	9,0	2,9
32	7,5	3,0
20	9,0	2,3
22	8,5	2,5
20	8,5	2,4
18	12,5	2,2
20	11,0	2,2
16	17,0	2,0

Da für die 2 Regressoren x_2 und x_3 sowie den Regressanden y jeweils $n = 10$ Beobachtungswerte vorliegen, erhalten wir ein Gleichungssystem mit $n = 10$ Gleichungen nach der Form:

$$y_1 = b_1 + b_2 x_{21} + b_3 x_{31}$$
$$y_2 = b_1 + b_2 x_{22} + b_3 x_{32}$$
$$y_3 = b_1 + b_2 x_{23} + b_3 x_{33}$$
$$\cdot$$
$$\cdot$$
$$y_{10} = b_1 + b_2 x_{2,10} + b_3 x_{3,10}$$

Verallgemeinernd gilt:

$$y_1 = b_1 + b_2 x_{21} + \ldots b_k x_{k1} + e_1$$
$$y_2 = b_1 + b_2 x_{22} + \ldots b_k x_{k2} + e_2$$
$$y_3 = b_1 + b_2 x_{23} + \ldots b_k x_{k3} + e_3$$
$$\cdot$$
$$\cdot$$
$$y_n = b_1 + b_2 x_{2n} + \ldots b_k x_{kn} + e_n$$

In Matrizenform lautet das Gleichungssystem schließlich:

$$\mathbf{y} = \mathbf{Xb} + \mathbf{e}$$

mit:

$$\mathbf{y} = \begin{vmatrix} y_1 \\ y_2 \\ \cdot \\ \cdot \\ y_n \end{vmatrix} \quad \mathbf{X} = \begin{vmatrix} 1 & x_{21} & x_{31} & \ldots & x_{k1} \\ 1 & x_{22} & x_{32} & \ldots & x_{k2} \\ \cdot & & & \ldots & \\ \cdot & & & \ldots & \\ 1 & x_{2n} & x_{3n} & \ldots & x_{kn} \end{vmatrix} \quad \mathbf{b} = \begin{vmatrix} b_1 \\ b_2 \\ \cdot \\ \cdot \\ b_k \end{vmatrix} \quad \mathbf{e} = \begin{vmatrix} e_1 \\ e_2 \\ \cdot \\ \cdot \\ e_n \end{vmatrix}$$

Ziel ist es, anhand dieser Notation die Regressionskoeffizienten des Spaltenvektors **b** zu bestimmen. Als Lösung für den Vektor **b** ergibt sich dann:

$$\mathbf{b} = (\mathbf{X'X})^{-1}\mathbf{X'y} \,.$$

Wir benötigen also zur Bestimmung der Regressionskoeffizienten die transponierte Matrix **X'**, bilden dann das Produkt der Transponierten **X'** mit der Standardmatrix **X**, bestimmen dazu die Inverse Matrix $(\mathbf{X'X})^{-1}$ und multiplizieren diese abschließend mit dem Produkt aus **X'y**.

Betrachten wir unser Beispiel zur Erklärung der Beschäftigtenzahlen und berechnen die Regressionskoeffizienten b_1 bis b_3.

Zunächst multiplizieren wir die transponierte Matrix **X'** mit der **X**-Matrix und erhalten **X'X**.

										X		
										1	6,0	4,6
										1	8,0	3,2
										1	9,0	2,9
										1	7,5	3,0
										1	9,0	2,3
										1	8,5	2,5
										1	8,5	2,4
										1	12,5	2,2
										1	11,0	2,2
										1	17,0	2,0
1	1	1	1	1	1	1	1	1	1	10,00	97,00	27,30
6,0	8,0	9,0	7,5	9,0	8,5	8,5	12,5	11,0	17,0	97,00	1029,00	249,85
4,6	3,2	2,9	3,0	2,3	2,5	2,4	2,2	2,2	2,0	27,30	249,85	79,79

$\mathbf{X}'$ $\qquad$ $\mathbf{X}'\mathbf{X}$

Nun folgt die Bildung der Inversen zu $\mathbf{X}'\mathbf{X}$:[25]

$$(\mathbf{X}'\mathbf{X})^{-1} \begin{vmatrix} 8{,}210056 & -0{,}383293 & -1{,}608832 \\ -0{,}383293 & 0{,}021949 & 0{,}062413 \\ -1{,}608832 & 0{,}062413 & 0{,}367554 \end{vmatrix}$$

Multiplizieren wir nun die Inverse $(\mathbf{X}'\mathbf{X})^{-1}$ mit dem Produkt aus $\mathbf{X}'\mathbf{y}$, erhalten wir abschließend den Spaltenvektor, der als Information die Regressionskoeffizienten für b_1, b_2 und b_3 enthält:

	y
	42,0
	30,0
	26,0
	32,0
	20,0
	22,0
	20,0
	18,0
	20,0
	16,0

$\mathbf{X}'$

1	1	1	1	1	1	1	1	1	1	246,0	
6,0	8,0	9,0	7,5	9,0	8,5	8,5	12,5	11,0	17,0	2.220,0	$\mathbf{X}'\mathbf{y}$
4,6	3,2	2,9	3,0	2,3	2,5	2,4	2,2	2,2	2,0	725,2	

8,210056		−0,383293		−1,608832		**2,0377**	b_1
−0,383293		0,021949		0,062413		**−0,3013**	b_2
−1,608832		0,062413		0,367554		**9,3352**	b_3

$(\mathbf{X}'\mathbf{X})^{-1}$ $\qquad$ **b**

---

25 Zur Matrizenrechnung, insbesondere zur Herleitung der Inversen vgl. die einschlägige Literatur zur Mathematik, bspw. Sydsaeter K./Hammond S., 2009, S. 621ff.

Damit lautet die gesuchte Regressionsfunktion:

$$y = 2,0377 - 0,3013x_2 + 9,3352x_3 + e$$

Betrachten wir auch hier alternativ zum vorangegangenen Kapitel das Bestimmtheitsmaß, um zu überprüfen, ob sich die Güte der Regression durch die Hinzunahme des Regressanden x_3 (Umsatz) verbessert hat.

Tab. 45: Das Bestimmtheitsmaß

y_i [in Tsd.]	x_{2i} [in €]	x_{3i} [in Mrd.€]	$\hat{y}_i$	$(y_i - \overline{y})^2$	$(\hat{y}_i - \overline{y})^2$	$(y_i - \hat{y}_i)^2$
42	6,0	4,6	43,17	302,76	344,91	1,37
30	8,0	3,2	29,50	29,16	24,01	0,25
26	9,0	2,9	26,40	1,96	3,23	0,16
32	7,5	3,0	27,78	54,76	10,13	17,78
20	9,0	2,3	20,80	21,16	14,46	0,63
22	8,5	2,5	22,81	6,76	3,19	0,66
20	8,5	2,4	21,88	21,16	7,39	3,54
18	12,5	2,2	18,81	43,56	33,54	0,65
20	11,0	2,2	19,26	21,16	28,51	0,55
16	17,0	2,0	15,59	73,96	81,26	0,17
$\overline{y} = 24,6$				$\sum = 576,40$	$\sum = 550,63$	$\sum = 25,77$

$$B = \frac{\text{SQE}}{\text{SQT}} = \frac{550,63}{576,40} = 0,96 = 96\,\%$$

Durch die Hinzunahme des Regressanden x_3 konnte folglich eine deutliche Verbesserung des Regressionsansatzes erzielt werden. Nun werden ca. 96 % durch den Regressionsansatz (Stundenlöhne und Umsatzentwicklung) erklärt und lediglich ca. 4 % gehen auf andere, nicht im Ansatz enthaltene Faktoren zurück.[26]

2.4.5 Kontingenztafel

Die Kontingenztafel beschreibt die Beziehung zweier nominal oder ordinal skalierter Merkmale, wobei die Vorgehensweisen sowie die Interpretationen in beiden Fällen identisch sind.

Häufig werden zu einem Element (Objekt) mehrere nominale/ordinale Merkmale erfasst. Die Frage im Bereich der Kontingenztafeln ist, ob zwischen diesen ein Zusammenhang besteht oder nicht.

---

26 Siehe Aufgaben 28 und 29.

Beispiel 1: Ein Forschungsinstitut hat die Aufgabe zu untersuchen, ob es eine Beziehung zwischen dem Einkommen und dem Kauf einer bestimmten Automarke gibt. Tabelle 46 zeigt die Auswertung zu 200 befragten Personen. Dabei teilte das Institut die Personen in die Einkommenskategorien niedrig, mittel und hoch.

Tab. 46: Kontingenztafel I

Einkommen Automarke	niedrig	mittel	hoch
VW	65	6	2
Audi	10	52	6
BMW	2	4	53

Tabelle 46 scheint auf den ersten Blick darauf hinzudeuten, dass die Bezieher niedriger Einkommen tendenziell zu VW, die Bezieher mittlerer Einkommen verstärkt zu Audi und die Besserverdienenden stärker zu BMW tendieren.

Es gilt, dieses nun näher zu untersuchen, wobei zunächst die allgemeingültige Kontingenztafel vorgestellt werden soll:

Tab. 47: Kontingenztafel II

Merkmal B Merkmal A	1	2	...	j	...	l	Randsumme
1	n_{11}	n_{12}	...	n_{1j}	...	n_{1l}	$n_{1.}$
2	n_{21}	n_{22}	...	n_{2j}	...	n_{2l}	$n_{2.}$
...	...	...	...	...	...	...	...
i	n_{i1}	n_{i2}	...	n_{ij}	...	n_{il}	$n_{i.}$
...	...	...	...	...	...	...	...
k	n_{k1}	n_{k2}	...	n_{kj}	...	n_{kl}	$n_{k.}$
Randsumme	$n_{.1}$	$n_{.2}$	...	$n_{.j}$	...	$n_{.l}$	$n_{..} = n$

n_{ij} heißt **Besetzungszahl** und ist die Anzahl der Objekte, für die Merkmal A den Wert i und Merkmal B den Wert j hat.

$n_{i.}$ und $n_{.j}$ heißen **Randhäufigkeiten** oder **Randsummen**. $n_{i.}$ ist die Gesamtzahl der Objekte, für die Merkmal A den Wert i hat. $n_{.j}$ ist die Gesamtzahl der Objekte, für die Merkmal B den Wert j hat.

Wenn die Merkmale A und B unabhängig voneinander sind, erwartet man als Besetzungszahl der Zelle ij einen Wert in der Nähe von $\frac{n_{i.} \cdot n_{.j}}{n}$, dem Erwartungswert.

Damit ist

$$\chi^2_{\text{beob}} = \sum_{i=1}^{k} \sum_{j=1}^{l} \frac{\left(n_{ij} - \frac{n_{i.} \cdot n_{.j}}{n}\right)^2}{\frac{n_{i.} \cdot n_{.j}}{n}}$$

die Maßzahl für die Abweichung von der Unabhängigkeit.

In Worten: $\chi^2_{\text{beob}} =$ Summe über alle Zellen von $\frac{(\text{beobachtet} - \text{erwartet})^2}{\text{erwartet}}$.

Übertragen auf das obige Beispiel ergeben sich daraus die Werte:

Tab. 48: Ermittlung von χ^2 I

Einkommen	niedrig			mittel			hoch			Rand-
Automarke	n_{ij}	Erw	χ^2	n_{ij}	erw	χ^2	n_{ij}	erw	χ^2	summe
VW	65	28,11	48,41	6	22,63	12,22	2	22,27	18,45	73
Audi	10	26,18	10,00	52	21,08	45,35	6	20,74	10,48	68
BMW	2	22,72	18,89	4	18,29	11,16	53	18,00	68,06	59
Randsumme	77			62			61			200

Dabei ist z. B. der Erwartungswert und der χ^2-Wert zu n_{11} 77 · 73/200 = 28,11 bzw. $(65 - 28,11)^2/28,11 = 48,41$.

Als Summe über die 9 Zellen stellt sich ein: $\chi^2_{\text{beob}} = 243,02$.

Es gilt: Je größer χ^2, desto stärker ist der Zusammenhang zwischen den Merkmalen. Problematisch jedoch ist in diesem Zusammenhang, dass das Kontingenzmaß χ^2 kein normiertes Maß ist, wie bspw. der Korrelationskoeffizient, so dass sich der Wert 243,02 sehr schlecht interpretieren lässt. Diesem Nachteil steht eine Reihe von Vorteilen gegenüber. So ist das Kontingenzmaß relativ anschaulich und ermöglicht es, trotz nominaler Daten statistische Aussagen treffen zu können.

Was sich zum χ^2–Wert ohne weitere Bearbeitung sagen lässt ist, dass der Maximalwert

$$\chi^2_{\text{max}} = n \cdot (M - 1) \quad \text{ist, wobei} \quad M = \min(k, l) \,,$$

mit k = Anzahl der Merkmale der Zeilen und l = Anzahl der Merkmale der Spalten.

In obigem Beispiel wurden 200 Personen befragt, die Spalten- und Zeileninformationen (Anzahl der Automarken und Rubriken der Einkommen) waren jeweils 3, so dass $M - 1 = 2$ und $\chi^2_{\text{max}} = 200 \cdot 2 = 400$ ist. Die berechneten 243,02 liegen also jenseits der 50 %-Marke.

Nachfolgend wird das nicht normierte χ^2-Maß in ein normiertes Maß überführt. Dazu gibt es eine Reihe von Möglichkeiten, wobei hier auf ein geläufiges und recht einfach anzuwendendes Maß abgestellt wird, das so genannte Tschuprow-Maß (T-Maß). Es gilt:

$$T = \frac{\chi^2}{n \cdot \sqrt{(k - 1) \cdot (l - 1)}}$$

mit der Normierung

$$0 \leq T \leq 1 \,,$$

wobei

$$k = \text{Anzahl der Zeilenvariablen und}$$

$$l = \text{Anzahl der Spaltenvariablen ist.}$$

Je größer T, desto stärker ist die Abhängigkeit der untersuchten Merkmale und umgekehrt. Im Beispiel ergibt sich:

$$T = \frac{\chi^2}{n \cdot \sqrt{(k-1) \cdot (l-1)}} = \frac{243{,}02}{200 \cdot \sqrt{(3-1) \cdot (3-1)}} = 0{,}608$$

Es liegt also eine relativ starke Beziehung vor zwischen den Einkommensklassen und den gefahrenen Automarken. Diese Informationen könnten jetzt bspw. die BMW-Produzenten dazu nutzen, um mit gezielten Werbemaßnahmen die Bezieher hoher Einkommen anzusprechen, während VW sich eher auf die unteren Einkommensbezieher konzentrieren würde. Natürlich könnte die Strategie auch genau entgegengesetzt sein, indem bspw. BMW versucht, durch ein günstigeres Modell auch Konsumenten mit weniger Einkommen anzusprechen.

Beispiel 2: Betrachtet wird das Beispiel 1, jedoch diesmal mit ganz extremen Ausprägungen. Es soll gleichzeitig zur Demonstration dienen, dass χ^2 maximal $n \cdot (M - 1)$ ist und dass das T-Maß in diesem Beispiel den Wert 1 annimmt:

Tab. 49: Kontingenztafel III

Einkommen / Automarke	niedrig	mittel	hoch
VW	77	0	0
Audi	0	62	0
BMW	0	0	61

Es stellt sich die Situation ein, dass alle 77 Personen mit niedrigem Einkommen VW, alle 62 Personen mit mittlerem Einkommen Audi und die 61 Personen mit hohem Einkommen BMW fahren. Die Beziehung zwischen den Einkommensklassen und den gefahrenen PKW ist also extrem ausgeprägt, wie nachstehende Berechnung in Tabelle 50 zeigt:

Tab. 50: Ermittlung von χ^2 II

Einkommen / Automarke	niedrig n_{ij}	erw	χ^2	mittel n_{ij}	erw	χ^2	hoch n_{ij}	erw	χ^2	Rand-summe
VW	77	29,65	75,65	0	23,87	23,87	0	23,49	23,49	77
Audi	0	23,87	23,87	62	19,22	95,22	0	18,91	18,91	62
BMW	0	23,49	23,49	0	18,91	18,91	61	18,61	96,61	61
Randsumme	77		123,00	62		138,00	61		139,00	200

$$\chi^2_{\text{beob}} = 123 + 138 + 139 = 400 = \chi^2_{\text{max}} = 200 \cdot (3-1)\text{[27]}$$

$$T = \frac{400}{200 \cdot \sqrt{(3-1) \cdot (3-1)}} = 1$$

---

[27] Beim ermittelten Chi-Quadratwert ergaben sich minimale Rundungsdifferenzen.

Es besteht folglich ein perfekter Zusammenhang zwischen den beiden untersuchten Merkmalen.[28]

2.4.6 Zeitreihenanalyse

Bei der Zeitreihenanalyse handelt es sich weder im eine bivariate, noch eine multivariate Fragestellung, sondern es wird **ein** Merkmal im Zeitablauf, also über mehrere Perioden betrachtet. Das können Tage, Wochen, Monate oder aber Jahre sein. Ziel im Rahmen der Zeitreihenanalyse ist es, das Merkmal in einzelne Komponenten zu zerlegen.

Dabei sind zu unterscheiden:
- die Saisonkomponente (sk)
- die Konjunkturkomponente (kk)
- die Trendkomponente (tk) sowie
- die zufällige Komponente (zk).

Sehr schwierig, weil sowohl von großer statistischer Erfahrung als auch von sehr langen Zyklen abhängig, ist die Betrachtung der **Konjunkturkomponente**. Um diese halbwegs qualifiziert und aussagefähig herauszuarbeiten und interpretieren zu können, wären sehr große Zeitreihen notwendig.[29] Deshalb scheidet die Ermittlung der Konjunktur in der hier vorliegenden Analyse aus.

Die **Trendkomponente** kann durch eine Regressionsanalyse geschätzt werden. Dabei ist das untersuchte Merkmal die zu erklärende Variable (die endogene Variable, der Regressand oder auch die abhängige Variable genannt), während die Zeit die erklärende Variable (die exogene Variable, der Regressor oder auch die unabhängige Variable genannt) darstellt. Die Berechnung der Trendkomponente wird am Ende des Kapitels vorgenommen.

Hauptaugenmerk im Rahmen der hier diskutierten Zeitreihenanalyse ist somit die Berechnung der **Saisonkomponente**. Sie soll anhand des Merkmals der Arbeitslosenquote erläutert werden, die unterjährig in immer gleichen wiederkehrenden Zeitintervallen und zwar quartalsweise erhoben und dargestellt wird. Die Arbeitslosenquote liefert zwei Informationen. Die erste Information stellt die prozentuale Entwicklung der Arbeitslosigkeit zwischen zwei aufeinander folgenden Quartalen dar, die zweite Information zeigt die saisonale Entwicklung. So kann es bspw. sein, dass die Arbeitslosenquote vom 3. auf das 4. Quartal des aktuellen Jahres von 7,9 % auf 8,4 % angestiegen ist, während saisonbereinigt die Arbeitslosenquote gesunken ist.

---

28 Siehe Aufgaben 30 und 31.
29 Dies sind beispielhaft die Kondratjewwellen, für die ein Zeitraum von 30 Jahren verfügbar sein müsste.

Dieser Sachverhalt der Saisonbereinigung soll im nächsten Kapitel anhand der Umsatzerlösentwicklung eines Unternehmens genauer untersucht werden.

Die **Zufallskomponente** (zufällige Komponente oder auch Restschwankung) schließlich ergibt sich als „Abfallprodukt" aus der Saisonbereinigung.

Die Zeitreihen können sich sowohl additiv als auch multiplikativ zusammensetzen.

Additiv: $\quad\quad\quad\quad\quad\quad\quad\quad y_A = sk + kk + tk + zk$

Multiplikativ: $\quad\quad\quad\quad\quad\quad y_M = sk \cdot kk \cdot tk \cdot zk$

Durch Logarithmieren lässt sich ein multiplikativ verknüpftes Modell in ein additives Modell überführen, so dass dann gilt:

$$\ln(y_M) = \ln(sk) + \ln(kk) + \ln(tk) + \ln(zk).$$

Die weitere Darstellung konzentriert sich auf die Eliminierung der Saisonkomponente und die Prognose der Trends.

2.4.6.1 Saisonbereinigung

Die Saisonbereinigung verläuft in mehreren Schritten. In einem **ersten Schritt** erfolgt die **Glättung** von Zeitreihen (**gleitende Durchschnittsbildung**). Es ist dabei zu beachten, dass der gleitende Durchschnitt immer das gleiche Zeitintervall umfassen muss (meist ein Jahr) und dass der betrachtete Zeitpunkt den Mittelpunkt der miteinbezogenen Werte bildet.[30]

Betrachtet werden sollen zwei Fälle. Zunächst wird das Jahr in drei gleiche Intervalle eingeteilt, im zweiten Beispiel in vier.

Beispiel 1: Periode ist in ungerade Anzahl von Intervallen (hier drei) eingeteilt.

Tab. 51: gleitender Durchschnitt I

Jahr	1			2			3		
Periode	I	II	III	I	II	III	I	II	III
y_t	27	36	30	30	30	39	32	32	40
$\bar{y}_t$		31	32	30	33	33,7	34,3	34,7	

---

30 Daraus resultiert ein wenn auch leicht zu lösendes Problem, sofern eine Periode in eine gerade Anzahl von Intervallen unterteilt ist. Dies wird im Rahmen des 2. Beispiels erörtert.

Der gleitende Durchschnitt $\bar{y}_t$ (Umsatzerlöse in Mio. €) ist der Mittelwert von 3 Intervallen, zentriert beim jeweils betrachteten Intervall. Aus der Berechnungsweise wird klar, dass für den ersten Wert des ersten Jahres und den letzten Wert des dritten Jahres keine gleitende Durchschnittsbildung erfolgen kann, denn hierzu würde man den dritten Wert des Jahres 0 bzw. den ersten Wert des Jahres 4 benötigen. Auf diese Problematik wird später noch näher eingegangen, denn es besteht die Möglichkeit, diese Intervalle zu schätzen.

Erklärung: $31 = \frac{1}{3} \cdot (27 + 36 + 30)$ steht als gleitender Durchschnitt an der Stelle des zweiten Intervalls (II) des ersten Jahres. Der gleitende Durchschnitt ist somit nichts anderes als der Mittelwert, wobei alle einbezogenen Werte mit dem gleichen Gewicht berücksichtigt werden.

Beispiel 2: Periode ist in gerade Anzahl von Intervallen (hier vier) eingeteilt.

Tab. 52: gleitender Durchschnitt II

Jahr			1			2		
Periode	I	II	III	IV	I	II	III	IV
y_t	27	36	30	28	30	39	32	30
$\bar{y}_t$			30,625	31,375	32	32,5		

Bei einer geraden Anzahl von Intervallen (hier 4) verwendet man den Mittelwert der beiden symmetrischen Extremwerte.

Erklärung: $30,625 = \frac{1}{4} \cdot (\frac{1}{2} \cdot 27 + 36 + 30 + 28 + \frac{1}{2} \cdot 30)$ steht als gleitender Durchschnitt an der Stelle des dritten Quartals (III) des ersten Jahres. Bei Quartalswerten fehlen am Beginn und Ende der Zeitreihe jeweils 2 Werte, der Informationsverlust ist also noch größer als bei 3 Intervallen/Jahr.

Nachdem der gleitende Durchschnitt berechnet wurde, erfolgt im **zweiten Schritt** die Schätzung der vorläufigen Saisonkomponente sk_i^* als Differenz von Ursprungswert und gleitendem Mittelwert. Diese wird dann in einem **dritten Schritt** über alle gleichen Intervalle gemittelt und ergibt die vorläufige Saisonkomponente sk_i^+. Im nachstehenden Beispiel sind dies die Werte $-2,444$, $4,583$ und $-2,111$ für die Intervalle I, II und III.

Beispiel 1: Umsätze in 4-Monatszeiträumen (in Mio. €)

Tab. 53: Saisonbereinigung I

Jahr/ Intervall		Ursprungs- wert	gleitender Mittelwert	$sk_i^* = y_t - \bar{y}_t$				saison- bereinigt	
		y_t	$\bar{y}_t$	I	II	III	sk_i	y_{t*}	zk_t
1	I	27					−2,453	29,453	
	II	36	31		5		+4,574	31,426	0,426
	III	30	32			−2	−2,120	32,120	0,120
2	I	30	33	−3			−2,453	32,453	−0,547
	II	39	33,666		5,333		+4,574	34,426	0,760
	III	32	34,333			−2,333	−2,120	34,120	−0,213
3	I	32	34,666	−2,666			−2,453	34,453	−0,213
	II	40	35,666		4,333		+4,574	35,426	−0,240
	III	35	37			−2	−2,120	37,120	0,120
4	I	36	37,666	−1,666			−2,453	38,453	0,787
	II	42	38,333		3,666		+4,574	37,426	−0,907
	III	37					−2,120	39,120	
				mittel −2,444 (sk_1^+)	mittel 4,583 (sk_2^+)	mittel −2,111 (sk_3^+)			

Die Saisonbereinigung verlangt nun weiter, dass die Saisonkomponenten im Mittel 0 sind. Daraus ergibt sich im **vierten Schritt** eine kleine Korrektur der Mittelwerte der sk_i^* um $1/3(−2,444 + 4,583 − 2,111) = 0,009$ auf $−2,453$ $+4,574$ und $−2,120$. Diese Werte sind in der Spalte sk_i eingetragen.

Allgemein ergibt sich die Saisonkomponente wie folgt:

$$sk_i = sk_i^+ - \frac{\sum_{i=1}^{m} sk_i^+}{m} \quad \text{mit} \quad m = \text{Anzahl der Intervalle (hier 3)}$$

In der Spalte „saisonbereinigte Werte" ist in einem **fünften Schritt** die Saisonkomponente sk_i von den Ursprungswerten abgezogen. Es gilt: $y_{i*} = y_t - sk_i$. Die Differenz zwischen den gleitenden Mittelwerten und den saisonbereinigten Werten ist dann in einem **sechsten Schritt** ein Maß für die Zufallsstreuung zk_t.[31]

$$zk_t = y_{t*} - \bar{y}_t$$

---

[31] Siehe Aufgabe 32.

Beispiel 2: Umsätze in 3-Monatszeiträumen (in Mio. €)

Tab. 54: gleitender Durchschnitt III

Jahr/Quartal		Ursprungswert y_t	gleitender Mittelwert $\bar{y}_t$
1	I	27	
	II	36	
	III	30	30,625
	IV	28	31,375
2	I	30	32
	II	39	32,5
	III	32	33
	IV	30	33,375
3	I	32	33,875
	II	40	34,5
	III	35	35,25
	IV	32	36
4	I	36	36,5
	II	42	37,125
	III	37	
	IV	35	

Anders als im 1. Beispiel dargestellt, besteht bei Quartalswerten die Möglichkeit, die ersten und letzten beiden Randglieder der gleitenden Mittelwerte zu schätzen. Dadurch wird der Informationsverlust der Daten minimiert.

Für die ersten beiden Quartale gilt:

$$\bar{y}_t = \bar{y}_3 + \frac{(3 - t)}{4} \cdot (y_1 - y_5) \quad \text{für} \quad t = 1, 2$$

Für die letzten beiden Quartale werden die gleitenden Mittelwerte wie folgt geschätzt:

$$\bar{y}_t = \bar{y}_{n-2} + \frac{(t + 2 - n)}{4} \cdot (y_n - y_{n-4})$$

für $t = n - 1, n$ (n = Anzahl der Beobachtungswerte)

Eingesetzt in die vier Quartale ergeben sich die Werte:

$$\bar{y}_1 = 30,625 + \frac{(3 - 1)}{4} \cdot (27 - 30) = 29,125$$

$$\bar{y}_2 = 30,625 + \frac{(3 - 2)}{4} \cdot (27 - 30) = 29,875$$

$$\bar{y}_{15} = 37,125 + \frac{(15 + 2 - 16)}{4} \cdot (35 - 32) = 37,875 \quad \text{sowie}$$

$$\bar{y}_{16} = 37,125 + \frac{(16 + 2 - 16)}{4} \cdot (35 - 32) = 38,625$$

Daraus leitet sich nun die Saisonbereinigung für Quartalswerte nach dem unter Beispiel 1 beschriebenen Verfahren ab:

Tab. 55: Saisonbereinigung II

Jahr/ Quartal	Ursprungs- wert	gleitender Mittelwert	$sk_i^* = y_t - \bar{y}_t$					saison- bereinigt	
	y_t	$\bar{y}_t$	I	II	III	IV	sk_i[a]	y_{t^*}	zk_t
1 I	27	29,125	−2,125				−1,586	28,586	−0,539
II	36	29,875		6,125			5,789	30,211	0,336
III	30	30,625			−0,625		−0,648	30,648	0,023
IV	28	31,375				−3,375	−3,555	31,555	0,180
2 I	30	32	−2				−1,586	31,586	−0,414
II	39	32,5		6,5			5,789	33,211	0,711
III	32	33			−1		−0,648	32,648	−0,352
IV	30	33,375				−3,375	−3,555	33,555	0,180
3 I	32	33,875	−1,875				−1,586	33,586	−0,289
II	40	34,5		5,5			5,789	34,211	−0,289
III	35	35,25			−0,25		−0,648	35,648	0,398
IV	32	36				−4	−3,555	35,555	−0,445
4 I	36	36,5	−0,5				−1,586	37,586	1,086
II	42	37,125		4,875			5,789	36,211	−0,914
III	37	37,875			−0,875		−0,648	37,648	−0,227
IV	35	38,625				−3,625	−3,555	38,555	−0,070
			mittel −1,625 (sk_1^+)	mittel 5,750 (sk_2^+)	mittel −0,688 (sk_3^+)	mittel −3,594 (sk_4^+)			

[a] Der Korrekturfaktor beträgt −0,03925.

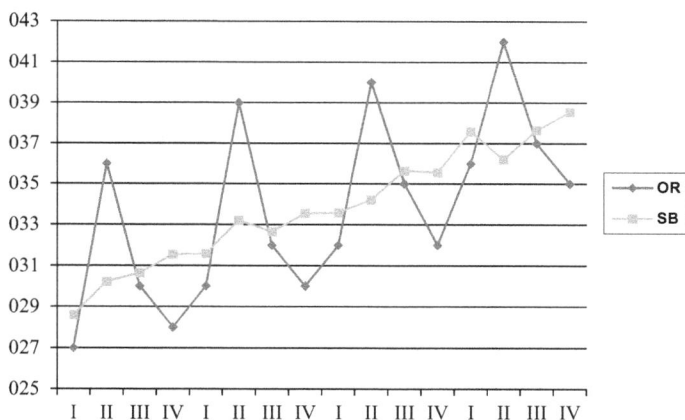

Abb. 12: Saisonbereinigung

In Abbildung 12 sehen dann Originalzeitreihe (OR) und saisonbereinigte Reihe (SB) wie folgt aus: Man erkennt deutlich den geglätteten Verlauf der saisonbereinigten Reihe und den deutlichen Saisonausschlag (nach oben) im jeweiligen 2. Quartal.

Abschließend sollen noch einmal die einzelnen Schritte, die im Rahmen der Saisonbereinigung für Quartalswerte notwendig sind, zusammengefasst werden:[32]

Schritt 1: Bildung des gleitenden Durchschnitts $\overline{y}_t$

Die gleitenden Durchschnitte werden durch die Formel:

$$\overline{y}_t = \frac{(0{,}5 \cdot y_{t-2} + y_{t-1} + y_t + y_{t+1} + 0{,}5 \cdot y_{t+2})}{4}$$

gebildet. Für die jeweiligen beiden Anfangs- und Endglieder gelten:

$$\overline{y}_t = \overline{y}_3 + \frac{(3-t)}{4} \cdot (y_1 - y_5) \quad \text{für} \quad t = 1, 2 \quad \text{sowie}$$

$$\overline{y}_t = \overline{y}_{n-2} + \frac{(t+2-n)}{4} \cdot (y_n - y_{n-4}) \quad \text{für} \quad t = n-1, n$$

$$\text{(mit } n = \text{Anzahl der Beobachtungen)} .$$

Schritt 2: Schätzung der vorläufigen Saisonkomponente sk_i^*

Diese erfolgen über die Differenzen von tatsächlichem Beobachtungswert und gleitendem Durchschnitt ($\text{sk}_i^* = y_t - \overline{y}_t$).

Schritt 3: Mittelung der vorläufigen Saisonkomponenten sk_i^+

Durch Bildung der arithmetischen Mittelwerte der jeweiligen Quartalswerte werden die vorläufigen Saisonkomponenten der Quartale 1 bis 4 geschätzt:

$$\text{sk}_i^+ = \frac{\sum \text{sk}_i^*}{j} \quad \text{mit } j = \text{Anzahl der Beobachtungswerte pro Quartal} .$$

Schritt 4: Bildung der endgültigen Saisonkomponente sk_i

Durch Berücksichtigung des Korrekturfaktors werden die endgültigen Saisonkomponenten gebildet. Diese addieren sich dann zu 0.

$$\text{sk}_i = \text{sk}_i^+ - \frac{\sum_{i=1}^{m} \text{sk}_i^+}{m} \quad \text{mit } m = \text{Anzahl der Intervalle (hier 4)}$$

Schritt 5: Bildung der saisonbereinigten Reihe y_{t*}

Die saisonbereinigten Werte werden durch die Differenzen von tatsächlichem Beobachtungswert und Saisonkomponente errechnet:

$$y_{i*} = y_t - \text{sk}_i$$

Schritt 6: Schätzung der zufälligen Komponenten zk_t

In diesem letzten Schritt werden von den saisonbereinigten Werten die gleitenden Durchschnitte abgezogen und ergeben die zufällige Komponente:[33]

---

32 Für alle anderen Intervalle ist die Schrittabfolge identisch, lediglich die einbezogenen Werte unterscheiden sich.
33 Siehe Aufgabe 33.

2.4.6.2 Ermittlung des Trends

Die Trendkomponente gibt im Gegensatz zur Konjunkturkomponente die mittelfristige Entwicklung einer Zeitreihe an. Sie kann z. B. durch eine Regression geschätzt werden, wobei die Jahreszahlen die x-Werte und die Jahreswerte (z. B. Jahresumsatz) die y-Werte bilden.

Beispiel: Für 4 Jahre ist der Umsatzerlös y (in Tsd. €) angegeben. Dieser soll in Abhängigkeit von der Zeit (die erklärende Variable x) beschrieben werden:[34]

Tab. 56: Ermittlung der Trendkomponente

x_i [Jahr]	y_i [Umsatz]	$x_i - \bar{x}$	$y_i - \bar{y}$	$(x_i - \bar{x}) \cdot (y_i - \bar{y})$	$(x_i - \bar{x})^2$
1	121	−1,5	−14,25	21,375	2,25
2	131	−0,5	−4,25	2,125	0,25
3	139	0,5	3,75	1,875	0,25
4	150	1,5	14,75	22,125	2,25
$\bar{x} = 2,5$	$\bar{y} = 135,25$			$Q_{xy} = 47,5$	$Q_{xx} = 5$

$$b_2 = \frac{Q_{xy}}{Q_{xx}} = \frac{47,5}{5} = 9,5$$
$$b_1 = \bar{y} - b_2 \cdot \bar{x} = 135,25 - 9,5 \cdot 2,5 = 111,5$$

Die Regressionsgerade lautet folglich: $y_i = 111,5 + 9,5 \cdot x_i$. Würde man die Regressionsgerade bspw. für die Prognose des 5. Jahres benutzen, ergäbe sich ein geschätzter Jahresumsatz in Höhe von 159 Tsd. € ($111,5 + 9,5 \cdot 5$).

Die Trendkomponente für den Quartalsumsatz/Jahr beträgt $9,5/4 = 2,375$ Tsd. €, d. h. der Quartalsumsatz erhöht sich im Mittel pro Jahr um 2,375 Tsd. €.[35]

---

34 Siehe dazu das Kapitel der Regressionsanalyse.

35 Neben dem hier dargestellten Verfahren der Regressionsanalyse (Kriterium der kleinsten Quadrate) gäbe es bspw. auch noch die Möglichkeit, den Trend mittels des gleitenden Mittelwertes zu schätzen. Vgl. Bücker R., 2003, S. 111ff.

3 Schließende Statistik

Die schließende Statistik (Wahrscheinlichkeitstheorie) besitzt in den Wirtschaftswissenschaften, ebenso wie die deskriptive Statistik, eine sehr große Bedeutung, weshalb zumindest Grundkenntnisse für den Hochschulabsolventen, aber auch für den Praktiker, unerlässlich sind.

Der Großteil der zu treffenden (unternehmerischen) Entscheidungen unterliegt der Unsicherheit, d. h. die Zukunft ist nicht exakt vorhersehbar. Die Verantwortlichen haben es also, um es in der Fachsprache der mathematischen Statistik zu formulieren, nicht mit einer streng deterministischen (vorhersehbaren) Zukunft zu tun, sondern die Folgen der Entscheidungen besitzen Zufallscharakter, sie sind stochastisch.

Möchte bspw. ein Unternehmen ein neues Produkt auf den Markt bringen, so sind Absatzzahlen, Preise, Kosten, Konkurrenzsituation etc. nicht exakt vorhersehbar, so dass man sich mit Eintrittswahrscheinlichkeiten der verschiedenen Ereignisgrößen zufriedengeben und demzufolge die Zukunft, so gut es geht, vorhersagen muss. Auf dieser Problematik bauen die folgenden Kapitel auf.

Zunächst werden einige Grundlagen zur Wahrscheinlichkeitstheorie gelegt. Dazu gehört bspw. das Verständnis, was ein Zufallsexperiment ist, wie Rechenregeln für Wahrscheinlichkeiten aufgestellt werden und wie daraus schließlich diskrete und stetige Verteilungsfunktionen abgeleitet werden können.

Letzter zu behandelnder Themenkomplex im Rahmen der Wahrscheinlichkeitstheorie sind die Bereiche des Schätzens und des Testens. So besteht eines der Kernprobleme im Rahmen von wirtschaftlichen Entscheidungen darin, dass man insbesondere aufgrund von Zeit- und Kostendruck keine Vollerhebungen aller Daten durchführen kann, um verlässliche Aussagen bspw. zur Qualität der produzierten Güter zu erhalten. Somit versucht man, ausgehend von einer (repräsentativen) Stichprobe, die unbekannten Parameter der Grundgesamtheit zu schätzen bzw. Aussagen von Produzenten oder der eigenen Qualitätskontrolle zu testen.

Sowohl die Schätz- als auch die Testtheorie basiert also auf Stichproben, die Ergebnisse der Untersuchungen lassen demzufolge keine hundertprozentig verlässliche Aussage zu, sondern sind vielmehr mit (vorgegebenen) Irrtumswahrscheinlichkeiten versehen.

3.1 Grundlagen der Wahrscheinlichkeitstheorie

3.1.1 Zufallsexperiment und Ereignisse

Ausgangspunkt aller weiteren Überlegungen im Rahmen der schließenden Statistik ist das **Zufallsexperiment**. Darunter versteht man theoretisch gesprochen einen Vorgang, der

https://doi.org/10.1515/9783110565249-003

- nach einer ganz bestimmten Vorschrift ausgeführt wird,
- gleichzeitig beliebig oft wiederholbar ist und
- dessen Ergebnis vom Zufall abhängig, d. h. im Vorfeld nicht eindeutig bestimmbar ist.[1]

Das Zufallsexperiment wird häufig zur Veranschaulichung durch das so genannte **Urnenmodell** beschrieben. Dieses Urnenmodell bildet dann die Basis für die später noch zu behandelnden Verteilungsfunktionen. Dessen Grundlage sind ganz konkrete Ausgangsparameter:
- Es befinden sich eine bestimmte Anzahl (N) Kugeln in der Urne.
- Alle N-Kugeln sind in Größe und Gewicht identisch. Diese Annahme ist sehr bedeutsam, denn sie impliziert, dass alle Kugeln die gleiche Chance haben, gezogen zu werden.
- Es gibt mindestens 2 Arten von Kugeln (z. B. „rote" und „nicht-rote" Kugeln). Sind genau 2 Arten von Kugeln in der Urne, so spricht man von einer **dichotomen** Gesamtheit, sind mehr als 2 Arten von Kugeln in der Urne (z. B. rote, blaue und gelbe Kugeln), so spricht man von einer **nicht-dichotomen** Gesamtheit.
- Man unterscheidet beim Versuch nach der **Modalität der Kugelentnahme** in:
  - **Ziehen mit Zurücklegen** (eine gezogene Kugel wird nach der Entnahme wieder in die Urne zurückgelegt, hat also beim nächsten Versuch wieder die Chance, gezogen zu werden) und
  - **Ziehen ohne Zurücklegen** (eine gezogene Kugel wird nach ihrer Entnahme nicht wieder in die Urne zurückgelegt).
- Bei der Unterscheidung des Versuchs nach dem **Abbruchkriterium für die Kugelentnahme** kann differenziert werden in:
  - die Kugelentnahme bricht ab, wenn eine vorgegebene Anzahl von n-Kugeln gezogen wurde und
  - die Kugelentnahme bricht ab, wenn eine vorgegebene Anzahl Kugeln einer bestimmten Farbe gezogen wurde.

Häufig fällt es den mathematisch oder statistisch etwas unbedarften Studierenden schwer, die Beziehung zwischen den etwas kryptischen Begriffen wie etwa dem des Zufallsexperimentes oder des Urnenmodells zur Praxis herzustellen. Deshalb erfolgen nun in Tabelle 57, bevor mit den Begriffen weitergearbeitet und diese schließlich in Wahrscheinlichkeitsfunktionen überführt werden, einige Beispiele, die den theoretisch/praktischen Bezug herstellen sollen.

Betrachten wir nun als **Zufallsexperiment** eine überschaubare kleine Urne, in der sich insgesamt 4 Kugeln befinden. Die Kugeln sind jeweils durchnummeriert, wobei die Kugeln mit den Ziffern 1 bis 3 weiß und die Kugel mit der Zahl 4 schwarz ist

---

1 Vgl. hierzu auch Schwarze J., 2009, S. 12ff.

Tab. 57: Zufallsexperiment und Praxis

Urnenmodell/Zufallsexperiment	Praxisfall
Eine Urne enthält 150 Kugeln, von denen 27 weiß und 123 rot sind. Es werden ohne Zurücklegen 4 Kugeln gezogen.	Produkte, die eine Spezialmaschine erzeugt, sind erfahrungsgemäß zu 18 % fehlerbehaftet. Wie groß ist die Wahrscheinlichkeit, dass eine Stichprobe von 4 Produkten mindestens 2 fehlerbehaftete Produkte enthält?
Aus einer Urne, die beliebig viele Kugeln enthält, werden bei 10 aufeinander folgenden Stichproben immer wieder 100 Kugeln entnommen. Durchschnittlich waren dabei 23 Kugeln weiß, die anderen Kugeln waren andersfarbig. Die durchschnittliche Abweichung betrug dabei 4.	Die Lebensdauer eines Produktes beträgt 23 Jahre, bei einer Standardabweichung von 4 Jahren. Mit welcher Wahrscheinlichkeit erhält man in einer Stichprobe eine Lebensdauer von weniger als 21 Jahren?
Eine Urne enthält 104 rote, 38 blaue und 58 grüne Kugeln. Es werden mit Zurücklegen 10 Kugeln gezogen.	Die Produktion von Zuchtchampignons liefert mit einer Wahrscheinlichkeit von 52 %, 19 % bzw. 29 % Pilze 1., 2., bzw. 3. Qualität. Wie groß ist die Wahrscheinlichkeit, dass eine Stichprobe von 10 Pilzen 3 mit 1. und 2. Qualität sowie 4 mit 3. Qualität liefert?

(siehe Abb. 13). Diese Unterscheidung wird aus didaktischen Gründen vorgenommen, um im weiteren Verlauf verschiedene Modelle besser erläutern zu können.

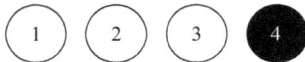

Abb. 13: Urnenzusammensetzung

Aus dieser Urne können jetzt verschieden viele Kugeln mit oder ohne Zurücklegen gezogen werden.

Es handelt sich jeweils um ein Zufallsexperiment, das durch eine entsprechende **Ergebnismenge** (Ω), manchmal auch als Ereignisraum beschrieben, bestehend aus den entsprechenden **Elementarereignissen** (e_i) vollständig definiert ist.

Beispiel 1: Einstufiges Zufallsexperiment

Wird aus obiger Urne das Zufallsexperiment so definiert, dass lediglich eine Kugel gezogen wird, handelt es sich um ein einstufiges Zufallsexperiment, mit der **Ergebnismenge:**

$$\Omega_1 = (1, 2, 3, 4),$$

sofern die Zahlen der Kugeln relevant sind, oder

$$\Omega_2 = (w, s),$$

sofern lediglich die Farbe (w = weiß bzw. s = schwarz) interessiert.

Die Zahlen aus Ω_1 bzw. Farben aus Ω_2 sind somit die **Elementarereignisse** (e_i). Folglich gilt für $\Omega_1 : e_1 = 1; e_2 = 2; e_3 = 3$ und $e_4 = 4$ und für $\Omega_2 : e_1 = $ w; $e_2 = $ s. Obige Elementarereignisse sind gleichzeitig **Zufallsvariable**.

Das Zufallsexperiment ist somit ausreichend beschrieben, denn aus der Menge Ω von möglichen Ereignissen e_i muss genau eines dieser Ereignisse eintreten.

Nun kann man vordefinierte Ereignisse beschreiben und ggfs. auch miteinander kombinieren. Bspw. das Ereignis A (gerade Zahl bei der Ziehung) oder das Ereignis B (mindestens die Zahl 3) etc.

Beispiel 2: Zweistufiges Zufallsexperiment

Wir definieren als Zufallsexperiment das zweimalige Ziehen mit Zurücklegen der Kugel und interessieren uns für die gezogene Zahl. Dann sind Ergebnismenge und die daraus abgeleiteten Elementarereignisse wie folgt:

$$\Omega = \left\{ \begin{array}{l} (1,1); (1,2); (1,3); (1,4) \\ (2,1); (2,2); (2,3); (2,4) \\ (3,1); (3,2); (3,3); (3,4) \\ (4,1); (4,2); (4,3); (4,4) \end{array} \right\}$$

$(1,3)$ bspw. bedeutet, dass beim ersten Mal die Zahl 1 und beim zweiten Versuch die Zahl 3 gezogen wird etc.

Insgesamt gibt es im Beispiel somit 16 Elementarereignisse.

Beispiel 3: Dreistufiges Zufallsexperiment

Es wird ein dreistufiges Zufallsexperiment durchgeführt in der Gestalt, dass die gezogene Kugel nicht wieder in die Urne zurückgelegt wird. Ferner soll bei diesem dreimaligen Ziehen nicht die Zahl, sondern lediglich die Farbe maßgeblich sein. Abbildung 14 gibt folgende Lösungsmöglichkeiten wieder:

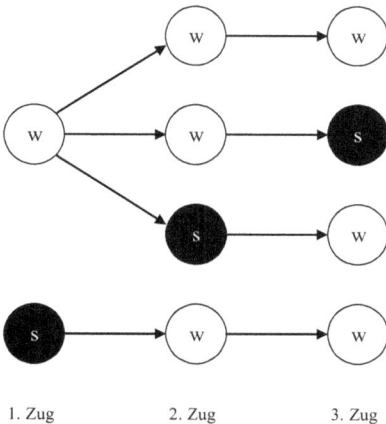

1. Zug   2. Zug   3. Zug

Abb. 14: Dreistufiges Zufallsexperiment

Die Ergebnismenge lautet folglich:

$$\Omega = \{(w, w, w); (w, w, s); (w, s, w); (s, w, w)\}$$

Nun können lediglich 4 Elementarereignisse beschrieben werden, denn die Anzahl wird durch die Ziehungsmodalität Ziehen ohne Zurücklegen, durch die dichotome Grundgesamtheit sowie die (geringe) Zahl der Kugeln in der Urne begrenzt.

3.1.2 Operationen für Ereignisse

Hierbei handelt es sich gewissermaßen um die erste Vorstufe zur Erklärung von Wahrscheinlichkeiten bzw. Wahrscheinlichkeitsregeln, wobei auf das so genannte **Venn-Diagramm** zurückgegriffen werden kann. Dieses zeigt sehr anschaulich die verschiedenen Möglichkeiten der Darstellung von Ergebnismenge (des Ereignisraumes) sowie deren Elementarereignissen (siehe Abb. 15).

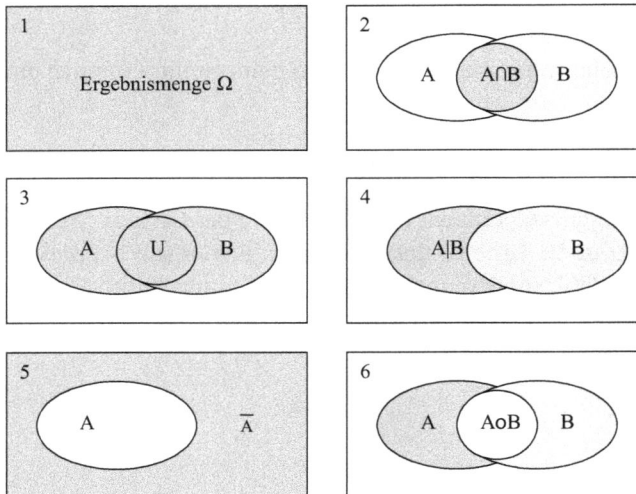

Abb. 15: Das Venn-Diagramm

Die verschiedenen Ausprägungen des Venn-Diagramms sollen nun mit Hilfe des oben skizzierten Beispiels (Ziehen zweier Kugeln mit Zurücklegen) dargestellt werden.

Dabei sei A innerhalb des Ereignisraumes das Ereignis, dass die erste Kugel die Zahl 1 bedeutet und B das Ereignis, dass die zweite Kugel die 3 ist. Ereignis A und B bestehen also jeweils aus 4 Elementarereignissen. Es gilt:

$$A = [(1, 1); (1, 2); (1, 3); (1, 4)] \quad \text{und}$$
$$B = [(1, 3); (2, 3); (3, 3); (4, 3)]$$

Bild 1 des Venn-Diagramms beschreibt mit dem **Ereignisraum** Ω alle 16 möglichen Versuchsausgänge. Hierbei werden also die Ereignisse A und B nicht separat berücksichtigt, sie sind als Teilmengen im Ereignisraum enthalten.

$$\Omega = \left\{ \begin{array}{l} (1,1); (1,2); (1,3); (1,4) \\ (2,1); (2,2); (2,3); (2,4) \\ (3,1); (3,2); (3,3); (3,4) \\ (4,1); (4,2); (4,3); (4,4) \end{array} \right\}$$

Bild 2 beschreibt die **Schnittmenge** von A und B ($A \cap B$). D. h., beide Ereignisse müssen gleichzeitig eintreten. Betrachten wir obige Ereignisse A und B, so gilt:

$$A \cap B = (1,3)$$

Die Kombination (1,3) ist folglich das einzige Ergebnis, das den Anforderungen entspricht.

Bild 3 beschreibt die **Vereinigung** von A und B ($A \cup B$). D. h., es ist nach den Versuchsausgängen gefragt, bei denen entweder A oder B, oder beide Ereignisse gleichzeitig auftreten. In unserem Beispiel gilt:

$$A \cup B = [(1,1); (1,2); (1,3); (1,4); (2,3); (3,3); (4,3)]$$

Zu bemerken ist hierbei, dass das Ereignis (1, 3) doppelt vorkommt und deshalb einmal gestrichen wird.

Bild 4 symbolisiert die **logische Differenz**, die besagt, dass Ereignis A, aber nicht Ereignis B eintritt. Aus der Ereignismenge A müssen wir folglich den Versuchsausgang streichen, bei dem im zweiten Versuch die 3 vorkommt. Es gilt:

$$A/B = [(1,1); (1,2); (1,4)]$$

Bild 5 steht für das **Komplement** (Gegenstück) zu A. Es werden also alle Ereignisse gesucht, bei denen nicht im ersten Versuchsausgang eine 1 eintritt. Daraus folgt:

$$\overline{A} = \left\{ \begin{array}{l} (2,1); (2,2); (2,3); (2,4) \\ (3,1); (3,2); (3,3); (3,4) \\ (4,1); (4,2); (4,3); (4,4) \end{array} \right\}$$

Im **Bild 6** ist nach der **symmetrischen Differenz** von A und B gesucht, also nach allen Elementarereignissen, bei denen entweder A oder B auftreten, aber nicht beide zusammen. Wir erhalten:

$$A \circ B = [(1,1); (1,2); (1,4); (2,3); (3,3); (4,3)]^2$$

---

2 Siehe Aufgabe 34.

3.1.3 Wahrscheinlichkeitsdefinitionen

3.1.3.1 Das Gesetz der großen Zahlen

Ausgehend vom obigen Urnenbeispiel könnte man sich folgende Szenarien vorstellen. Wir ziehen aus der Urne mit den Zahlen 1 bis 4 jeweils mit Zurücklegen eine bestimmte Losgröße n_i und notieren die absoluten und relativen Häufigkeiten (in Klammern). Die Ergebnisse könnten wie folgt aussehen:

Tab. 58: Das Gesetz der großen Zahlen

	Zahl 1	Zahl 2	Zahl 3	Zahl 4
$n_1 = 10$	5 (50 %)	2 (20 %)	3 (30 %)	0 (0 %)
$n_2 = 100$	22 (22 %)	31 (31 %)	37 (37 %)	20 (20 %)
$n_3 = 1.000$	253 (25,3 %)	231 (23,1 %)	260 (26,0 %)	256 (25,6 %)

Es kann, sofern es sich um keine manipulierte Urne handelt, mit steigendem Stichprobenumfang beobachtet werden, dass sich die Eintrittswahrscheinlichkeiten für die Zahlen 1 bis 4 immer weiter dem „wahren" Wert von 25 % annähern werden. Während bei kleinen Stichprobenumfängen ($n_1 = 10$) die Wahrscheinlichkeit von Ausreißern nach oben und unten noch sehr groß ist (5 Mal wurden die Kugel mit der Zahl 1 gezogen = 50 %, kein einziges Mal die Zahl 4), relativiert sich dies mit steigendem Stichprobenumfang. Bei $n_3 = 1.000$ Versuchen nähern sich die Eintrittswahrscheinlichkeiten dem erwarteten Wert (25 %) an. Dies nennt man das **Gesetz der großen Zahlen**.

3.1.3.2 Der „klassische" Wahrscheinlichkeitsbegriff

Wahrscheinlichkeit kann allgemein definiert werden als ein Maß zur Quantifizierung der Sicherheit bzw. Unsicherheit des Eintretens eines bestimmten Ereignisses im Rahmen eines Zufallsexperiments. Wir wollen uns nachfolgend auf den **„klassischen" Wahrscheinlichkeitsbegriff** konzentrieren und diesen am Beispiel des vorangegangenen Kapitels erläutern.

Nach der klassischen oder auch Laplace'schen Definition der Wahrscheinlichkeit gilt allgemein für das Eintreten eines Ereignisses A dessen abgeleitete Wahrscheinlichkeit $P(A)$:

$$P(A) = \frac{\text{Anzahl der für } A \text{ günstigen Fälle}}{\text{Anzahl aller gleichmöglichen Fälle}}$$

Besteht das Ereignis für A, wie oben dargestellt, bspw. in dem Ziehen der Kugel 1 beim einmaligen Versuch, so ergibt sich die Wahrscheinlichkeit von:

$$P(A) = \frac{1}{4} = 0,25 \quad \text{oder} \quad 25\,\%$$

denn es gibt 4 Kugeln, die laut Zufallsexperiment alle die gleiche Chance haben, gezogen zu werden.

Diese sehr vereinfachte Darstellung der Wahrscheinlichkeit wird nun im weiteren Verlauf weiter spezifiziert und insbesondere für den Fall des mehrstufigen Zufallsexperimentes erweitert.

Vor der Darstellung dieser entsprechenden Rechenregeln sollen aber der Vollständigkeit halber die Wahrscheinlichkeitsaxiome von A.N. Kolmogorov vorgestellt werden.

3.1.3.3 Die Wahrscheinlichkeitsaxiome von Kolmogorov

Die anhand des Venn-Diagramms dargestellten Ereignissverknüpfungen bilden die Ausgangsbasis für die zu diskutierenden Axiome sowie Rechenregeln. Bezogen auf unser Beispiel ergeben sich folgende Wahrscheinlichkeiten:[3]

$$P(\Omega) = \frac{16}{16} = 1 \quad \text{es handelt sich um den gesamten Ereignisraum } \Omega.$$

$$\Omega = \left\{ \begin{array}{l} (1,1); (1,2); (1,3); (1,4) \\ (2,1); (2,2); (2,3); (2,4) \\ (3,1); (3,2); (3,3); (3,4) \\ (4,1); (4,2); (4,3); (4,4) \end{array} \right\}$$

$$P(A \cap B) = \frac{1}{16} \text{ ; die erste Kugel hat die Nummer 1 \textbf{und} die zweite die Nummer 3}$$

$$P(A \cup B) = \frac{7}{16} \text{ ; die erste Kugel hat die Nummer 1 \textbf{oder} die zweite die Nummer 3}$$

$$P(A|B) = \frac{3}{16} \text{ ; die erste Kugel hat die Nummer 1 und die zweite \textbf{nicht} die Nummer 3}$$

$$P(\overline{A}) = \frac{12}{16} = \frac{3}{4} \text{ die erste Kugel hat \textbf{nicht} die Nummer 1}$$

$$P(A \circ B) = \frac{6}{16} \text{ ; die erste Kugel hat \textbf{nicht} die Nummer 1 und die zweite \textbf{nicht} die 3.[4]}$$

Aus diesen Überlegungen heraus folgen drei Axiome:

1. Axiom: Die Wahrscheinlichkeit $P(A)$ des Ereignisses A eines Zufallsexperiments ist eine eindeutige bestimmte, reelle, nichtnegative Zahl, die der Bedingung

$$0 \leq P(A) \leq 1$$

genügt.

2. Axiom: Bezeichnet man mit Ω das Ereignis, das alle Elementarereignisse eines Zufallsexperiments enthält, dann ist Ω das sichere Ereignis mit

$$P(\Omega) = 1 \, .$$

---

3 Vgl. Kapitel 3.1.1; dort Beispiel 2. Wir ziehen aus einer Urne mit den Zahlen 1 bis 4 nacheinander 2 Kugeln mit Zurücklegen.
4 Siehe Aufgabe 35.

3. Axiom: Schließen sich zwei Ereignisse A und B eines Zufallsexperiments gegenseitig aus, so gilt:

$$P(A \cup B) = P(A) + P(B)$$

Dieses dritte Axiom spielt eine entscheidende Rolle beim noch zu diskutierenden Additionssatz.

3.1.4 Rechnen mit Wahrscheinlichkeiten

3.1.4.1 Der Additionssatz

Der **Additionssatz** baut wie der Multiplikationssatz auf dem oben skizzierten Venn-Diagramm auf und lautet: Sind A und B zwei beliebige Ereignisse eines Zufallsexperiments, dann ist die Wahrscheinlichkeit des Ereignisses $A \cup B$:

$$P(A \cup B) = P(A) + P(B) - P(A \cap B))$$

Dies ist der **allgemeine Additionssatz**, denn er unterscheidet nicht, ob die Ereignisse A und B möglicherweise gemeinsame Elementarereignisse haben oder nicht.

Durch einfaches Abzählen haben wir oben als Wahrscheinlichkeit

$$P(A \cup B) = \frac{7}{16}$$

ermittelt. Nach dem Additionssatz errechnet sich dieser Wert aus

$$P(A \cup B) = \frac{4}{16} + \frac{4}{16} - \frac{1}{16} = \frac{7}{16}$$

Die Subtraktion von $A \cap B$ ist notwendig, da die Schnittmenge von A und B jeweils in den Einzelereignissen A und B enthalten ist und somit doppelt in der Vereinigungsmenge vorkommt. Es gab folglich das gemeinsame Elementarereignis (1,3).

Demzufolge gibt es noch den **speziellen Additionssatz**:

$$P(A \cup B) = P(A) + P(B) .$$

Dieser geht davon aus, dass sich die beiden Ereignisse A und B ausschließen.

Sei das Ereignis A bspw. das Ziehen einer geraden Zahl aus obiger Urne mit den Zahlen 1 bis 4 und das Ereignis B das Ziehen der Zahl 3, so schließen sich beide Ereignisse aus. Dann gilt:

$$P(A \cup B) = \frac{2}{4} + \frac{1}{4} = \frac{3}{4}$$

3.1.4.2 Der Multiplikationssatz

Der **Multiplikationssatz** untersucht nicht die Vereinigungsmenge wie der Additionssatz, sondern die Schnittmenge $A \cap B$. Zu unterscheiden sind auch hierbei der

spezielle Multiplikationssatz, der, wie in obigem Beispiel, für unabhängige Ereignisse seine Daseinsberechtigung hat und der **allgemeine** Multiplikationssatz, der für den später zu behandelnden Fall gilt, dass die untersuchten Ereignisse voneinander abhängig sind.[5]

Für den speziellen Multiplikationssatz gilt:

$$P(A \cap B) = P(A) \cdot P(B) \,.$$

Durch einfaches Abzählen ergab sich oben die Wahrscheinlichkeit für $A \cap B$

$$P(A \cap B) = \frac{1}{16} \,.$$

Nach dem speziellen Multiplikationssatz erhalten wir

$$P(A \cap B) = \frac{1}{4} \cdot \frac{1}{4} = \frac{1}{16} \,.[6]$$

Der **spezielle Multiplikationssatz** kann zur Ermittlung von Wahrscheinlichkeiten im mehrstufigen Zufallsexperiment herangezogen werden, sofern die **Ziehungsmodalität mit Zurücklegen** der Kugel ist. Es soll wiederum anhand des kleinen Urnenmodells erläutert werden.

Aus der Urne (drei weiße und eine schwarze Kugel) werden nacheinander 2 Kugeln mit Zurücklegen gezogen. Abbildung 16 verdeutlicht alle möglichen Kombinationen inklusive deren Wahrscheinlichkeiten.

Die Bildung der Wahrscheinlichkeiten wird gelegentlich auch unter der so genannten Pfadregel beschrieben, die besagt, dass im Baumdiagramm die Wahrscheinlichkeit eines Pfades gleich dem Produkt der Wahrscheinlichkeiten auf den Teilstrecken ist.

Lautet die Ziehungsmodalität ohne Zurücklegen sind die einzelnen Kugelentnahmen nicht mehr unabhängig voneinander, so dass der **allgemeine Multiplikationssatz** zur Anwendung kommt:

$$P(A \cap B) = P(A) \cdot P(B|A)$$

$P(B|A)$ beschreibt dabei die so genannte bedingte Wahrscheinlichkeit. Darunter versteht man die Wahrscheinlichkeit für das Eintreten eines Ereignisses B, wenn im vorangegangenen Zug das Ereignis A eingetreten ist.

Werden folglich aus obiger Urne nacheinander 2 Kugeln ohne Zurücklegen gezogen, reduziert sich der Ereignisraum auf 12 Möglichkeiten.

$$\Omega = \left\{ \begin{array}{l} (1,2); (1,3); (1,4) \\ (2,1); (2,3); (2,4) \\ (3,1); (3,2); (3,4) \\ (4,1); (4,2); (4,3) \end{array} \right\}$$

---

5 Im vorliegenden Fall bedeutet Unabhängigkeit, dass die Ziehung der zweiten Kugel unabhängig von der Ziehung der ersten Kugel ist. Wir unterstellen also „Ziehen mit Zurücklegen" der Kugel.
6 Siehe Aufgaben 36 und 37.

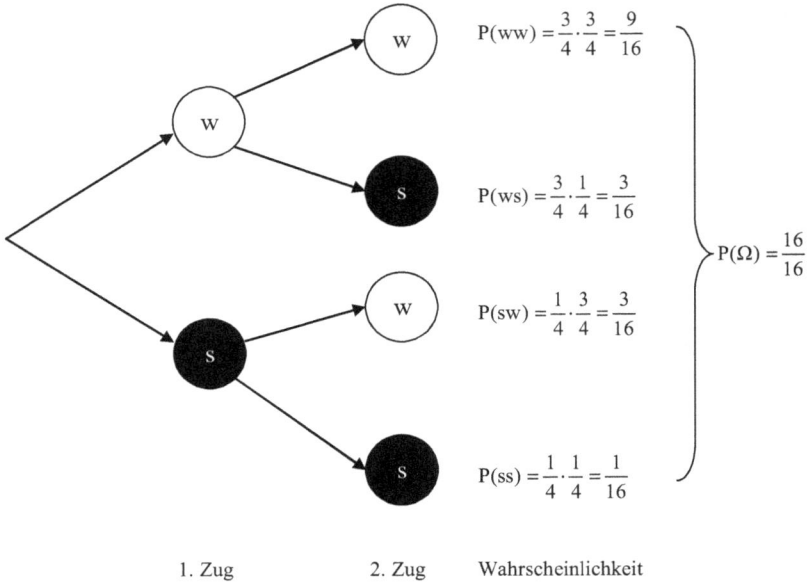

$$P(ww) = \frac{3}{4} \cdot \frac{3}{4} = \frac{9}{16}$$

$$P(ws) = \frac{3}{4} \cdot \frac{1}{4} = \frac{3}{16}$$

$$P(sw) = \frac{1}{4} \cdot \frac{3}{4} = \frac{3}{16}$$

$$P(ss) = \frac{1}{4} \cdot \frac{1}{4} = \frac{1}{16}$$

$$P(\Omega) = \frac{16}{16}$$

| 1. Zug | 2. Zug | Wahrscheinlichkeit |

Abb. 16: Spezieller Multiplikationssatz

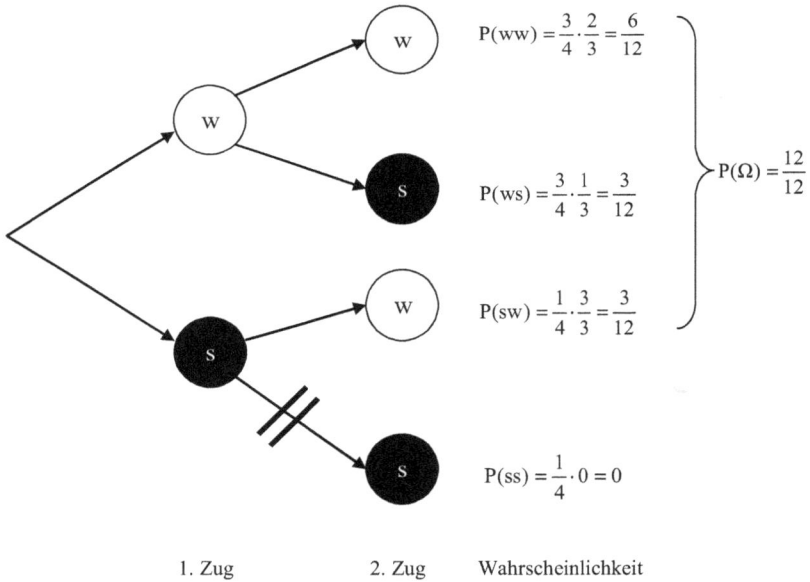

$$P(ww) = \frac{3}{4} \cdot \frac{2}{3} = \frac{6}{12}$$

$$P(ws) = \frac{3}{4} \cdot \frac{1}{3} = \frac{3}{12}$$

$$P(sw) = \frac{1}{4} \cdot \frac{3}{3} = \frac{3}{12}$$

$$P(ss) = \frac{1}{4} \cdot 0 = 0$$

$$P(\Omega) = \frac{12}{12}$$

| 1. Zug | 2. Zug | Wahrscheinlichkeit |

Abb. 17: Allgemeiner Multiplikationssatz

Reduziert man das Modell auf die Farben weiß und schwarz, ergeben sich beim zweimaligen Ziehen folgende Möglichkeiten mit den entsprechenden Wahrscheinlichkeiten (siehe Abb. 17).

Die Wahrscheinlichkeit, zweimal hintereinander schwarz zu ziehen, scheidet aufgrund der einzigen schwarzen Kugel aus. Aus diesem Grund ist $P(ss) = 0$.[7]

3.1.4.3 Das Bayes'sche Theorem

Neben den oben skizzierten allgemeinen und speziellen Additions- und Multiplikationssätzen gibt es die **bedingten Wahrscheinlichkeiten**, die die Wahrscheinlichkeit für ein Ereignis unter der Prämisse zum Ausdruck bringt, dass bereits ein anderes Ereignis eingetreten ist.[8]

Dieser Sachverhalt soll zunächst wiederum anhand der sehr überschaubaren kleinen Urne erläutert werden, wobei wir die Ziehungsmodalität „Ziehen von zwei Kugeln ohne Zurücklegen" unterstellen (siehe Abb 18).

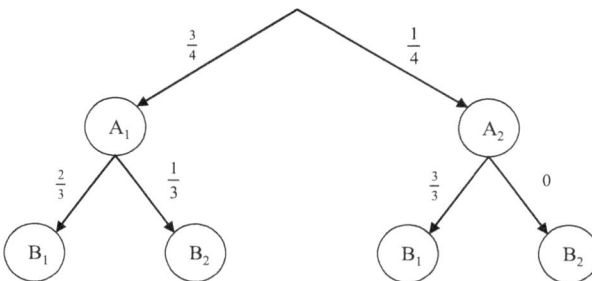

Abb. 18: Bayes' sche Theorem I

Dabei gelten folgende Bezeichnungen:

$$P(A_1) = \text{Wahrscheinlichkeit für Farbe Weiß im 1. Zug}$$

$$P(A_2) = \text{Wahrscheinlichkeit für Farbe Schwarz im 1. Zug}[9]$$

$$P(B_1) = \text{Wahrscheinlichkeit für Farbe Weiß im 2. Zug}$$

$$P(B_2) = \text{Wahrscheinlichkeit für Farbe Schwarz im 2. Zug}$$

Berechnet man diese Wahrscheinlichkeiten, so handelt es sich zunächst um die so genannten **totalen Wahrscheinlichkeiten**, gewissermaßen als Vorstufe der **bedingten Wahrscheinlichkeiten**.

Sehr einfach sind die beiden totalen Wahrscheinlichkeiten des 1. Zuges:

$$P(A_1) = \frac{3}{4} \quad \text{bzw.} \quad P(A_2) = \frac{1}{4}$$

---

7 Siehe Aufgabe 38.

8 Vgl. auch Toutenburg H./Heumann C., 2008(2), S. 23ff.

9 Es handelt sich hierbei um das Komplement zu A (siehe auch Venndiagramm).

Die beiden (totalen) Wahrscheinlichkeiten $P(B_i)$ hingegen leiten sich aus zusammengesetzten Wahrscheinlichkeiten ab. Es gilt ganz allgemein:

$$P(B_i) = \sum_{j=1}^{n} P(B_i|A_j) \cdot P(A_j) \quad \text{für} \quad i = 1, 2, \dots$$

Konkret

$$P(B_1) = P(B_1|A_1) \cdot P(A_1) + P(B_1|A_2) \cdot P(A_2) = \frac{2}{3} \cdot \frac{3}{4} + \frac{3}{3} \cdot \frac{1}{4} = \frac{9}{12}$$

$$P(B_2) = P(B_2|A_1) \cdot P(A_1) + P(B_2|A_2) \cdot P(A_2) = \frac{1}{3} \cdot \frac{3}{4} + 0 \cdot \frac{1}{4} = \frac{3}{12}$$

Dabei steht bspw. $P(B_1|A_1)$ für die Wahrscheinlichkeit des Eintritts von B_1 (Farbe weiß im 2. Zug) unter der Prämisse, dass vorher A_1 (Farbe weiß im ersten Zug) eingetreten ist.

Ebenso könnte man die Frage stellen, wie groß die Wahrscheinlichkeit dafür ist, dass die erste gezogene Kugel weiß (schwarz) war, unter der Bedingung, dass die zweite Kugel die Farbe weiß (schwarz) hatte. Diese Art der Fragestellung wurde unter dem so genannten **Bayes'schen Theorem** bekannt. Ganz allgemein lautet die Formel:

$$P(A|B) = \frac{P(A \cap B)}{P(B)}$$

Fragen wir bspw. nach der Wahrscheinlichkeit, dass die erste Kugel weiß war unter der Bedingung, dass die zweite gezogene Kugel weiß ist, so wird aus der allgemeinen Bayes'schen Formel:

$$P(A_1|B_1) = \frac{P(A_1 \cap B_1)}{P(B_1)} = \frac{P(A_1) \cdot P(B_1|A_1)}{P(A_1) \cdot P(B_1|A_1) + P(A_2) \cdot P(B_1|A_2)}$$

$$P(A_1|B_1) = \frac{\frac{3}{4} \cdot \frac{2}{3}}{(\frac{3}{4} \cdot \frac{2}{3} + \frac{1}{4} \cdot \frac{3}{3})} = \frac{2}{3} = 66{,}7\,\%$$

Ähnlich können andere bedingte Wahrscheinlichkeiten zu obigem Urnenbeispiel berechnet werden. Anhand eines weiteren kleinen Beispiels soll die Bedeutung des Bayes'schen Theorems für die unternehmerische Praxis demonstriert werden.

Ein Großmarkt bezieht von drei Biobauern (B_i) aus der Region Gemüse. Erfahrungswerte haben gezeigt, dass der Ausschussanteil des Gemüses 8 % (bei B_1), 7 % (B_2) bzw. 5 % (B_3) beträgt. An einem Wochentag werden 50 kg von B_1, 15 kg von B_2 sowie 25 kg von B_3 bezogen.

a) Wie groß ist die Wahrscheinlichkeit, gutes/unbrauchbares Gemüse zu erhalten?
b) Wie groß ist die Wahrscheinlichkeit, dass ein aussortiertes, weil unbrauchbares Gemüsestück vom Biobauern B_2 angeliefert wurde?
c) Wie groß ist die Wahrscheinlichkeit, dass ein gutes Gemüsestück vom Biobauern B_1 stammte?

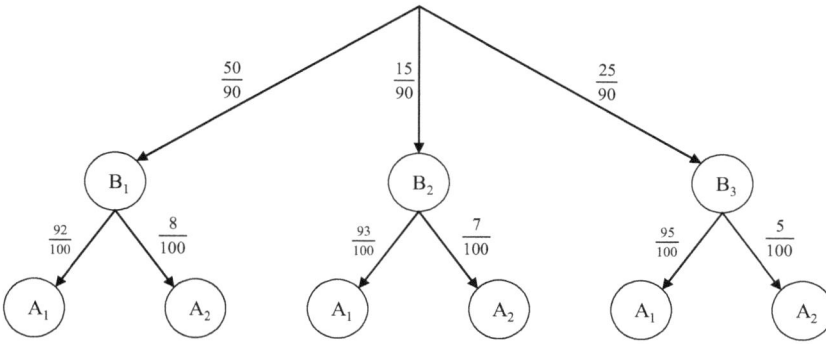

Abb. 19: Bayes' sche Theorem II

Belegen wir bspw. gutes/unbrauchbares Gemüse mit den Variablen A_1/A_2, so ergibt sich Abbildung 19.

Zu Frage a) Die Wahrscheinlichkeit für gutes/unbrauchbares Gemüse $P(A_1)/P(A_2)$ erhalten wir mit den Formeln:[10]

$$P(A_1) = P(A_1|B_1) \cdot P(B_1) + P(A_1|B_2) \cdot P(B_2) + P(A_1|B_3) \cdot P(B_3) \quad \text{bzw.}$$

$$P(A_2) = P(A_2|B_1) \cdot P(B_1) + P(A_2|B_2) \cdot P(B_2) + P(A_2|B_3) \cdot P(B_3)$$

$$P(A_1) = \frac{92}{100} \cdot \frac{50}{90} + \frac{93}{100} \cdot \frac{15}{90} + \frac{95}{100} \cdot \frac{25}{90} = \frac{8.370}{9.000} = 0,93 = 93\,\%$$

$$P(A_2) = \frac{8}{100} \cdot \frac{50}{90} + \frac{7}{100} \cdot \frac{15}{90} + \frac{5}{100} \cdot \frac{25}{90} = \frac{630}{9.000} = 0,07 = 7\,\%$$

Frage a) beschreibt somit die **totalen Wahrscheinlichkeiten**!

Zu Frage b) Nun stellt sich die Frage nach der bedingten Wahrscheinlichkeit, d. h. es liegt ein unbrauchbares Stück Gemüse vor, das vom Bauer B_2 kommen soll:

$$P(B_2|A_2) = \frac{P(B_2 \cap A_2)}{P(A_2)} = \frac{P(B_2) \cdot P(A_2|B_2)}{P(B_1) \cdot P(A_2|B_1) + P(B_2) \cdot P(A_2|B_2) + P(B_3) \cdot P(A_2|B_3)}$$

$$P(B_2|A_2) = \frac{\frac{15}{90} \cdot \frac{7}{100}}{\frac{50}{90} \cdot \frac{8}{100} + \frac{15}{90} \cdot \frac{7}{100} + \frac{25}{90} \cdot \frac{5}{100}} = 0,167 = 16,7\,\%$$

Zu Frage c) Auch hier ist, ähnlich zur Fragestellung b) die (Vor)Bedingung bereits gegeben, d. h. wir haben aus der Losgröße bereits ein einwandfreies Gemüsestück gezogen und fragen nach der Wahrscheinlichkeit, dass es vom Biobauer B_1 kommt.

$$P(B_1|A_1) = \frac{P(B_1 \cap A_1)}{P(A_1)} = \frac{P(B_1) \cdot P(A_1|B_1)}{P(B_1) \cdot P(A_1|B_1) + P(B_2) \cdot P(A_1|B_2) + P(B_3) \cdot P(A_1|B_3)}$$

$$P(B_1|A_1) = \frac{\frac{50}{90} \cdot \frac{92}{100}}{\frac{50}{90} \cdot \frac{92}{100} + \frac{15}{90} \cdot \frac{93}{100} + \frac{25}{90} \cdot \frac{95}{100}} = 0,5496 = 54,96\,\%$$

---

10 Man beachte, dass gegenüber dem vorangegangenen Beispiel die Variablen nun andere Bezeichnungen haben (A versus B).

Die Wahrscheinlichkeit, dass ein einwandfreies Gemüsestück vom Biobauer B_1 stammt, beträgt somit 54,96 %.[11]

3.2 Die Kombinatorik

3.2.1 Permutation, Variation und Kombination

Neben den Verknüpfungsregeln, die man anhand des Venn-Diagramms veranschaulichen kann, bilden die Elemente der Kombinatorik die zweite wichtige Vorstufe zur Erklärung von Wahrscheinlichkeits- und Verteilungsfunktionen. Die Kombinatorik unterteilt sich dabei in die Permutation, Variation und die Kombination, die wiederum anhand der (kleinen) Urnenzusammensetzung erläutert werden sollen.[12]

Immer wiederkehrende Elemente der Kombinatorik sind die Begriffe der Fakultät und des Binomialkoeffizienten, die zunächst erklärt werden müssen:

Fakultät ist das Produkt der ersten n aufeinander folgenden positiven ganzen Zahlen ($n!$).

$$n! = 1 \cdot 2 \cdot \ldots \cdot (n-1) \cdot n$$

Ferner gilt: $0! = 1$

Beispiel: $6! = 1 \cdot 2 \cdot 3 \cdot 4 \cdot 5 \cdot 6 = 720$

Der **Binomialkoeffizient** wird zur Berechnung von Wahrscheinlichkeitsverteilungen benötigt. Es gilt:

$$\begin{vmatrix} N \\ n \end{vmatrix} = \frac{N \cdot (N-1) \cdot (N-2) \cdot \ldots \cdot (N-n+1)}{n!} = \frac{N!}{n! \cdot (N-n)!}$$

Beispiel: $\begin{vmatrix} 5 \\ 3 \end{vmatrix} = \frac{5!}{3! \cdot (5-3)!} = 10$

Zurück zur Ausgangssituation kann nun die Unterscheidung zwischen Permutation, Variation und Kombination getroffen werden. Wie bereits beschrieben, betrage die Grundgesamtheit vier Kugeln mit den Zahlen von 1 bis 4, wobei die ersten 3 Kugeln weiß und die 4. Kugel schwarz ist (es liegen also $N = 4$ Elemente in der Urne).

Die Permutation beantwortet die Frage, wie diese 4 Elemente angeordnet werden können, wobei zwischen den Fällen unterschieden wird, bei denen alle Elemente voneinander verschieden sind (Permutation ohne Wiederholung der Elemente) und bei denen nicht alle Elemente voneinander verschieden sind (Permutation mit Wiederholung der Elemente).

---

11 Siehe Aufgaben 39 und 40.
12 Vgl. auch Lippe v.d.P., 2004, S. 6ff.

Permutation ohne Wiederholung der Elemente (P_{ow})

Die 4 Elemente seien die Zahlen 1 bis 4 und wir betrachten alle Möglichkeiten, wie diese Zahlen angeordnet sein können. Der Lösungsraum lautet:

$$\Omega = \left\{ \begin{array}{l} (1234); (2134); (3124); (4123) \\ (1243); (2143); (3142); (4132) \\ (1324); (2314); (3214); (4213) \\ (1342); (2341); (3241); (4231) \\ (1423); (2413); (3412); (4312) \\ (1432); (2431); (3421); (4321) \end{array} \right\}$$

Es gibt folglich 24 Möglichkeiten der Anordnung. Beschreiben lässt sich dieser Sachverhalt durch die bereits erklärte Fakultät:

$$P_{oW} = N! = 4! = 24 \text{ Möglichkeiten der Anordnung}$$

Permutation mit Wiederholung der Elemente (P_{mw})

Die 4 Elemente seien nun die vier Kugeln, die sich nun nach der Farbe unterscheiden sollen. Zweifellos wiederholt sich die Farbe weiß, so dass es sich nun um eine Permutation mit Wiederholung von Elementen handelt (mindestens ein Element (hier die Farbe weiß) kommt häufiger als einmal (hier dreimal) vor). Der Lösungsraum beinhaltet nur noch 4 mögliche Anordnungen:

$$\Omega = \{ (wwws); (wwsw); (wsww); (swww)\}$$

$$P_{mW} = \frac{N!}{n_1! \cdot n_2! \cdot \ldots \cdot n_i!} = \frac{4!}{3! \cdot 1!} = 4$$

n_i beschreibt dabei jeweils die Häufigkeit, mit der die Elemente vorkommen. $n_1 = 3$ (Farbe weiß) und $n_2 = 1$ (Farbe schwarz).

Es gibt im Beispiel somit lediglich noch 4 mögliche Anordnungen der Elemente.

Variation ohne Zurücklegen (V_{oz})

Die 4 Elemente seien die Zahlen 1 bis 4 und wir ziehen nacheinander 2 Zahlen ohne die gezogene Zahl wieder zurückzulegen. Gleichzeitig ist die Reihenfolge der gezogenen Elemente von Bedeutung (12 ist also etwas Anderes als 21 usw.). Der Lösungsraum besteht nun aus 12 Elementarereignissen:

$$\Omega = \left\{ \begin{array}{l} (12); (21); (31); (41) \\ (13); (23); (32); (42) \\ (14); (24); (34); (43) \end{array} \right\}$$

$$V_{oZ} = \frac{N!}{(N-n)!} = \frac{4!}{(4-2)!} = 12$$

Es gibt 12 Variationsmöglichkeiten unter der Bedingung, dass ohne Zurücklegen gezogen wird und die Reihenfolge der Elemente eine Rolle spielt.

Variation mit Zurücklegen (V_{mZ})

Die 4 Elemente seien die Zahlen 1 bis 4 und wir ziehen nacheinander 2 Zahlen wobei eine gezogene Zahl wieder zurückgelegt wird. Auch hier ist die Reihenfolge der gezogenen Elemente von Bedeutung.

$$\Omega = \left\{ \begin{array}{l} (11); (21); (31); (41) \\ (12); (22); (32); (42) \\ (13); (23); (33); (43) \\ (14); (24); (34); (44) \end{array} \right\}$$

$$V_{mZ} = N^n = 4^2 = 16$$

Legen wir die Zahlen nach deren Ziehung wieder zurück, entstehen nun 16 Variationsmöglichkeiten.

Kombination ohne Zurücklegen (K_{oZ})

Die 4 Elemente seien die Zahlen 1 bis 4 und wir ziehen nacheinander 2 Zahlen ohne die gezogene Zahl wieder zurückzulegen. Nun ist die Reihenfolge der gezogenen Elemente jedoch ohne Bedeutung (12 ist also identisch zu 21 usw.).

$$\Omega = \left\{ \begin{array}{l} (12); (23); (34) \\ (13); (24) \\ (14) \end{array} \right\}$$

$$K_{oZ} = \left| \begin{array}{c} N \\ n \end{array} \right| = \frac{N!}{n! \cdot (N-n)!} = \frac{4!}{2! \cdot (4-2)!} = 6$$

Kombination mit Zurücklegen (K_{mZ})

Die 4 Elemente seien die Zahlen 1 bis 4 und wir ziehen nacheinander 2 Zahlen, wobei die gezogene Zahl wieder zurückgelegt wird. Die Reihenfolge der gezogenen Elemente ist ohne Bedeutung.

$$\Omega = \left\{ \begin{array}{l} (11); (22); (33); (44) \\ (12); (23); (34) \\ (13); (24) \\ (14) \end{array} \right\}$$

$$K_{mZ} = \left| \begin{array}{c} N+n-1 \\ n \end{array} \right| = \frac{(N+n-1)!}{n! \cdot (N-1)!} = \frac{5!}{2! \cdot (4-1)!} = 10$$

Alle die oben dargestellten Möglichkeiten der Kombinatorik sollen anhand eines Entscheidungsbaumes nochmals erläutert werden (siehe Abb. 20)[13,14]

---

13 Anmerkung: Es befinden sich N-Kugeln in der Urne, aus denen n-Kugeln gezogen werden.
14 Siehe Aufgabe 41.

3.2.2 Der Entscheidungsbaum

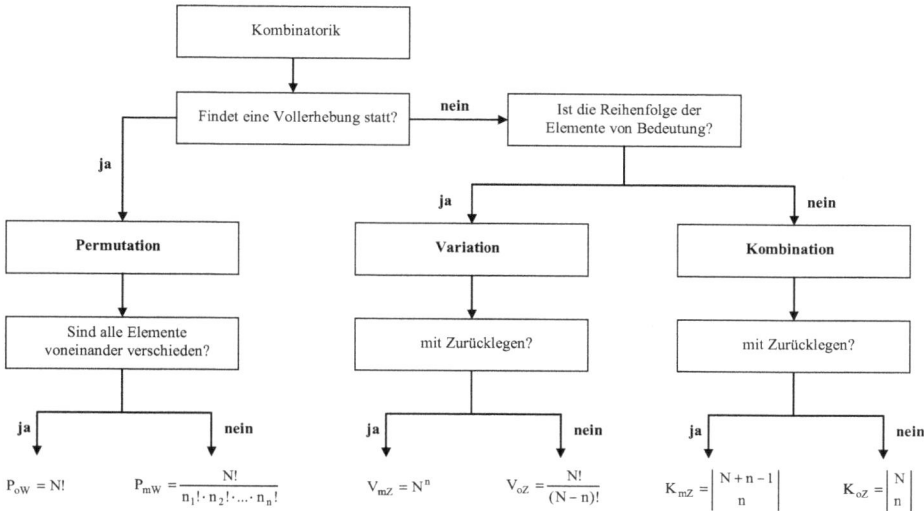

Abb. 20: Der Entscheidungsbaum der Kombinatorik

Aus der Kombinatorik lassen sich die meisten Wahrscheinlichkeits- und Verteilungsfunktionen ableiten. So werden bspw. die Binomialkoeffizienten aus dem Bereich der Kombination für die Binomial- und hypergeometrische Verteilung benötigt, die Formel der Permutation mit Wiederholung findet Anwendung im Rahmen der später zu behandelnden Multinomialverteilung etc.

3.3 Diskrete Verteilungen

Mit den nun folgenden diskreten Verteilungen lassen sich Wahrscheinlichkeiten für Ereignisse bestimmter Zufallsexperimente angeben, die nur endlich viele oder abzählbar unendlich viele Ausprägungen besitzen.[15]

Die meisten diskreten Verteilungen lassen sich anschaulich durch das bereits diskutiere Urnenmodell erklären, was im Bereich der Grundlagen zunächst auch wieder aufgegriffen werden soll. Nachdem verallgemeinernd die Wahrscheinlichkeits- und Verteilungsfunktion erläutert, sowie Erwartungswert und Varianz von diskreten Ver-

---

[15] Im Gegensatz hierzu liegen den stetigen Verteilungen stetige (kontinuierliche) Zufallsvariablen zugrunde, die zumindest in einem bestimmten Teilbereich der reellen Zahlen jeden beliebigen Zahlenwert annehmen können. Vgl. zu den Verteilungsfunktionen auch Puhani J., 2008, 129ff.

teilungen erklärt werden, folgen mit der Binomial-, der hypergeometrischen- und der Poissonverteilung die wohl wichtigsten eindimensionalen Verteilungen (Verteilung mit nur einer einzigen Zufallsvariable) und im Anschluss mit der Multinomialverteilung eine bzw. die wichtigste mehrdimensionale Verteilung (Verteilung mit mehreren Zufallsvariablen).

3.3.1 Grundlagen

3.3.1.1 Wahrscheinlichkeits- und Verteilungsfunktion
Eine **Wahrscheinlichkeitsfunktion** $f(x_i)$ gibt für jeden möglichen x_i-Wert der diskreten Zufallsvariablen X an, mit welcher Wahrscheinlichkeit er auftritt.

Es gilt: $$f(x_i) = P(X = x_i)$$

Die **Verteilungsfunktion** einer (diskreten) Zufallsvariablen X, bezeichnet als $F(x)$, ist hingegen eine Funktion, die die Wahrscheinlichkeit dafür angibt, dass die Zufallsvariable X höchstens den Wert x_i annimmt.

Es gilt: $$F(x) = P(X \leq x_i)$$

Als Beispiel diene wiederum unsere Urne, bestehend aus 3 weißen und einer schwarzen Kugel, aus der wir mit Zurücklegen 2 Kugeln ziehen. Gefragt ist nach der Wahrscheinlichkeits- und Verteilungsfunktion für die Anzahl der weißen Kugeln in der Stichprobe.

Aus Abbildung 21 lässt sich dann die Wahrscheinlichkeitsfunktion ableiten.

Tab. 59: Wahrscheinlichkeiten von diskreten Ereignissen II

Elementarereignisse	$P(e_i)$	Anzahl weiß	$P(X = x_i) = f(x_i)$
$e_1 = ss$	$P(e_1) = 0{,}0625$	$x_1 = 0$	$f(x_1) = 0{,}0625$
$e_2 = sw$	$P(e_2) = 0{,}1875$	$x_2 = 1$	$f(x_2) = 0{,}3750$
$e_3 = ws$	$P(e_3) = 0{,}1875$		
$e_4 = ww$	$P(e_4) = 0{,}5625$	$x_3 = 2$	$f(x_3) = 0{,}5625$

Die Wahrscheinlichkeit bspw. für eine weiße Kugel in der Stichprobe ist also:

$$P(X = x_2) = f(x_2) = 0{,}3750$$

Würde bspw. nach der Wahrscheinlichkeit gefragt, mit der sich höchstens eine weiße Kugel in der Stichprobe befindet, ergäbe sich die korrespondierende Verteilungsfunktion:

$$F(x) = P(X \leq x_2) = P(X \leq 1) = 0{,}4375(0{,}0625 + 0{,}3750)$$

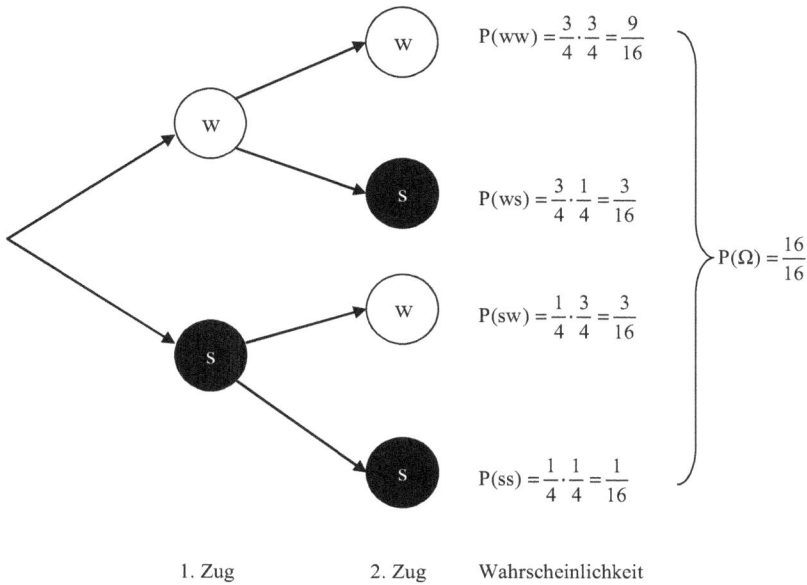

$$P(ww) = \frac{3}{4} \cdot \frac{3}{4} = \frac{9}{16}$$

$$P(ws) = \frac{3}{4} \cdot \frac{1}{4} = \frac{3}{16}$$

$$P(\Omega) = \frac{16}{16}$$

$$P(sw) = \frac{1}{4} \cdot \frac{3}{4} = \frac{3}{16}$$

$$P(ss) = \frac{1}{4} \cdot \frac{1}{4} = \frac{1}{16}$$

1. Zug   2. Zug   Wahrscheinlichkeit

Abb. 21: Wahrscheinlichkeiten von diskreten Ereignissen I

3.3.1.2 Erwartungswert und Varianz

Im Rahmen der deskriptiven Statistik lernten wir bereits das arithmetische Mittel als einen der bedeutendsten Lageparameter und die Varianz als Streuungsparameter kennen. Dem arithmetischen Mittel entspricht im Rahmen der Wahrscheinlichkeitsverteilung der **Erwartungswert**. Er ist für eine diskrete Zufallsvariable allgemein definiert als:

$$E(X) = \sum x_i \cdot P(X = x_i)$$

Für die **Varianz** als Streuungsparameter gilt:

$$V(X) = \sum [x_i - E(X)]^2 \cdot f(x_i) \quad \text{bzw. durch umformen:}$$
$$V(X) = \sum x_i^2 \cdot f(x_i) - [E(X)]^2$$

Für obiges Zufallsexperiment erhalten wir:

$$E(X) = \sum x_i \cdot P(X = x_i) = 0 \cdot 0,0625 + 1 \cdot 0,375 + 2 \cdot 0,5625 = 1,5$$
$$V(X) = \sum x_i^2 \cdot f(x_i) - [E(X)]^2 = 0 \cdot 0,0625 + 1 \cdot 0,375 + 4 \cdot 0,5625 - 1,5^2 = 0,375$$

D. h., würde das Zufallsexperiment beliebig oft wiederholt, hätte man durchschnittlich 1,5 weiße Kugeln in der Stichprobe bei einer Varianz von 0,375.

3.3.2 Binomialverteilung

Die Binomialverteilung geht als eine der ältesten diskreten statistischen Maße auf Jakob Bernoulli (1654–1705) zurück und ist eine der bedeutsamsten diskreten Verteilung.[16] Ähnlich zur hypergeometrischen Verteilung lässt sie sich durch das Urnenmodell beschreiben.

– Ausgangspunkt ist eine Urne, in der sich eine bestimmte Anzahl N Kugeln befinden.
– Alle N-Kugeln sind in Größe und Gewicht identisch. Diese Annahme ist sehr wichtig, denn sie impliziert, dass alle Kugeln die gleiche Chance haben, gezogen zu werden.
– Die Binomialverteilung unterscheidet bei der Urnenzusammensetzung lediglich zwei Arten von Kugeln, nämlich die „roten" und „nicht-roten" Kugeln. In diesem Zusammenhang spricht man von der **dichotomen** Grundgesamtheit.[17]
– Bei der Modalität der Kugelentnahme wird vom Modell **„Ziehen mit Zurücklegen"** ausgegangen.[18]
– Die Kugelentnahme endet, wenn eine Zahl n (Stichprobe) zu ziehender Kugeln gezogen worden ist. Dies ist das Abbruchkriterium.

Die Binomialverteilung hat die Wahrscheinlichkeitsfunktion:

$$P(X = k) = \begin{vmatrix} n \\ k \end{vmatrix} \cdot \theta^k \cdot (1 - \theta)^{n-k}$$

dabei ist:
– X die Zählvariable, die die Anzahl der „roten" Kugeln in der Stichprobe angibt,
– k die Häufigkeit für das Eintreten des untersuchten Ereignisses (der roten Kugeln),
– n die Anzahl der Versuche des Experimentes,
– θ der Anteil der roten Kugeln (Wahrscheinlichkeit) und
– $(1 - \theta)$ der Anteil der nicht-roten Kugeln (Gegenwahrscheinlichkeit).

---

16 Viele Risikoparameter, bspw. Forderungsausfälle oder Umsatzeinbrüche lassen sich mit Hilfe der Binomialverteilung abbilden. Vgl. z. B. Stiefl J., Risikomanagement und Existenzsicherung, München, 2010, S. 152ff.

17 Andere diskrete Verteilungen, so die Multinomialverteilung, unterscheiden die „nicht-roten" Kugeln nochmals in die entsprechenden Kategorien, also in blaue, grüne, gelbe Kugeln etc. und unterstellen somit eine nicht dichotome Grundgesamtheit.

18 Gelegentlich wird die Binomialverteilung auch benutzt, obwohl die gezogene Kugel nicht mehr in die Urne zurückgelegt worden ist. Die dann erfolgte Approximation der Hypergeometrischen Verteilung (Ziehen ohne Zurücklegen) durch die Binomialverteilung ist im Falle einer „großen" Grundgesamtheit N möglich. Als Approximationsregel gilt $n/N < 0,1$, d. h. wenn der Quotient aus Stichprobenumfang n zur Grundgesamtheit N kleiner als 10 % ist, liefert die Binomialverteilung als Näherung sehr gute Werte. Die dahinterstehende Idee besagt, dass es keinen Unterschied macht, ob man aus einer Grundgesamtheit von bspw. 1 Mio. Kugeln die erste gezogene Kugel gedanklich wieder in die Urne zurücklegt oder ob man beim zweiten Ziehen aus den verbleibenden 999.999 Kugeln zieht.

Die Verteilungsfunktion lautet:

$$F(k) = P(X \leq k)$$

und gibt die Wahrscheinlichkeit dafür an, dass die Zufallsvariable den Wert k nicht übersteigt.

Erwartungswert $E(X)$ und die Varianz $V(X)$ für die Binomialverteilung errechnen sich aus:

$$E(X) = n \cdot \theta \quad \text{bzw.}$$

$$V(X) = n \cdot \theta \cdot (1 - \theta)$$

Beispiel 1: Im Kapitel „Rechnen mit Wahrscheinlichkeiten" wurden die beiden Additions- bzw. Multiplikationssätze behandelt und u. a. anhand eines sehr einfachen und leicht nachzuvollziehenden Beispiels erklärt. Aus einer Urne, bestehend aus 3 weißen und einer schwarzen Kugel wurden nacheinander (mit Zurücklegen) 2 Kugeln gezogen. Anhand der „Pfadregel" konnten dann die Wahrscheinlichkeiten für 0, 1 bzw. 2 weiße Kugeln in der Stichprobe bestimmt werden. Grafisch erklärt dies Abbildung 22.

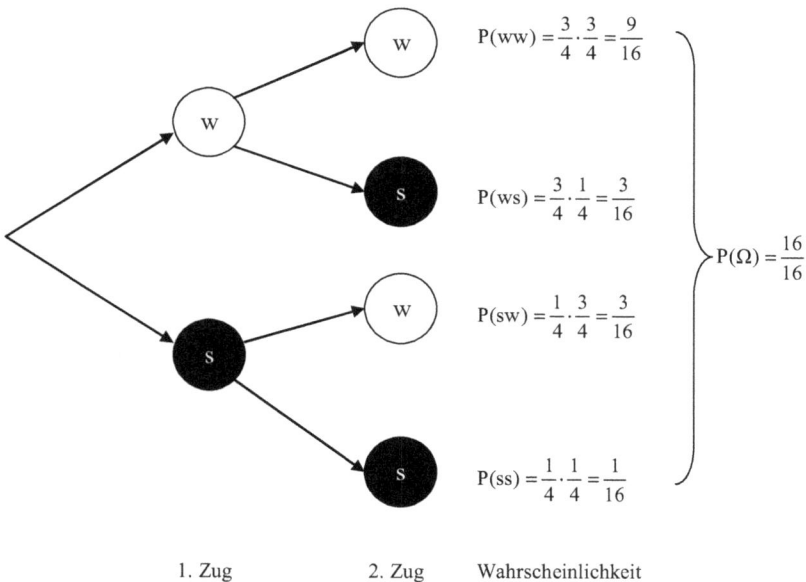

| 1. Zug | 2. Zug | Wahrscheinlichkeit |

Abb. 22: Binomialverteilung

Da die meisten Aufgabenstellungen sehr viel komplexer sind als obiges Beispiel, ist die Berechnung der Wahrscheinlichkeiten über die Pfadregel i. d. R. nicht möglich. Hier greifen dann die relevanten diskreten und stetigen Wahrscheinlichkeits- und Verteilungsfunktionen, so im vorliegenden Fall die Binomialverteilung. Die Parameter des Beispiels lauten: $\theta = 0,75$ (Anteil der weißen Kugeln), $n = 2$ (Stichprobenumfang), $k = 0, 1$ bzw. 2 weiße Kugeln.

$$P(X = 0) = \begin{vmatrix} 2 \\ 0 \end{vmatrix} \cdot 0,75^0 \cdot 0,25^2 = 0,0625 = 6,25\,\%$$

$$P(X = 1) = \begin{vmatrix} 2 \\ 1 \end{vmatrix} \cdot 0,75^1 \cdot 0,25^1 = 0,375 = 37,5\,\%$$

$$P(X = 2) = \begin{vmatrix} 2 \\ 2 \end{vmatrix} \cdot 0,75^2 \cdot 0,25^0 = 0,5625 = 56,25\,\%$$

Die Wahrscheinlichkeit, für 0, 1 bzw. 2 weiße Kugeln in der Stichprobe liegt also bei 6,25 %, 37,5 % bzw. 56,25 %. Der Erwartungswert liegt bei $n \cdot \theta = 2 \cdot 0,75 = 1,5$, die Varianz beträgt $n \cdot \theta \cdot (1-\theta) = 2 \cdot 0,75 \cdot 0,25 = 0,375$, sowie die daraus abgeleitete Standardabweichung 0,612. Würde man die Ziehung also beliebig oft wiederholen, würden sich durchschnittlich 1,5 weiße Kugeln in der Urne bei einer durchschnittlichen Abweichung von 0,612 befinden. Betrachten wir nun ein Beispiel aus der betriebswirtschaftlichen Praxis.

Beispiel 2: Aufgrund von Erfahrungen aus der Vergangenheit schätzt eine Unternehmung den Anteil der fehlerhaften Produkte auf 20 %. Aus einer sehr großen Losgröße werden nacheinander 5 Produkte entnommen und auf ihre Qualität untersucht.
a) Mit welcher Wahrscheinlichkeit befinden sich 2 fehlerhafte Produkte in der Stichprobe?
b) Wie groß ist die Wahrscheinlichkeit, dass sich mindestens 2 fehlerhafte Produkte in der Stichprobe befinden?
c) Bestimmen Sie Erwartungswert und Varianz.

Offensichtlich kann die Fragestellung mittels der Binomialverteilung gelöst werden. Zwar geht aus dem Beispiel nicht eindeutig hervor, ob das untersuchte Produkt wieder in die Grundgesamtheit (Losgröße) zurückgelegt wird, ob es sich also tatsächlich um die Ziehungsmodalität „Ziehen mit Zurücklegen" dreht. Die Information der sehr großen Losgröße lässt allerdings auf eine sehr große Grundgesamtheit N schließen, so dass die Ziehungsmodalität hier vernachlässigt werden kann.

Die Parameter der Aufgabenstellung sind:

$$n = 5\,; \quad k = 0, 1, \ldots, 5 \text{ (bei Aufgabe a bspw. beträgt } k = 2)\,;$$
$$\theta = 0,2\,(20\,\%)\,; \quad (1 - \theta) = 0,8\,(80\,\%)$$

Nachstehend werden zunächst alle Einzelwahrscheinlichkeiten berechnet, um dann im nächsten Schritt die beiden Fragestellungen lösen zu können:

$$P(X = 0) = \begin{vmatrix} 5 \\ 0 \end{vmatrix} \cdot 0{,}2^0 \cdot 0{,}8^5 = 0{,}32768 = 32{,}768\,\%$$

$$P(X = 1) = \begin{vmatrix} 5 \\ 1 \end{vmatrix} \cdot 0{,}2^1 \cdot 0{,}8^4 = 0{,}4096 = 40{,}96\,\%$$

$$P(X = 2) = \begin{vmatrix} 5 \\ 2 \end{vmatrix} \cdot 0{,}2^2 \cdot 0{,}8^3 = 0{,}2048 = 20{,}48\,\%$$

$$P(X = 3) = \begin{vmatrix} 5 \\ 3 \end{vmatrix} \cdot 0{,}2^3 \cdot 0{,}8^2 = 0{,}0512 = 5{,}12\,\%$$

$$P(X = 4) = \begin{vmatrix} 5 \\ 4 \end{vmatrix} \cdot 0{,}2^4 \cdot 0{,}8^1 = 0{,}0064 = 0{,}64\,\%$$

$$P(X = 5) = \begin{vmatrix} 5 \\ 5 \end{vmatrix} \cdot 0{,}2^5 \cdot 0{,}8^0 = 0{,}00032 = 0{,}032\,\%$$

Nachdem nun alle möglichen Wahrscheinlichkeiten ausgerechnet wurden (die Einzelwahrscheinlichkeiten addieren sich natürlich zu 1 bzw. zu 100 %), können die beiden Fragen a) und b) hinreichend beantwortet werden.

Zu a) Es wurde nach der Wahrscheinlichkeit gefragt, (genau) 2 fehlerhafte Produkte in der Stichprobe zu haben:

$$P(X = 2) = \begin{vmatrix} 5 \\ 2 \end{vmatrix} \cdot 0{,}2^2 \cdot 0{,}8^3 = 0{,}2048 = 20{,}48\,\%$$

Die Wahrscheinlichkeit beträgt also 20,48 %.

Zu b) Hier führen zwei Wege zum Ziel:

$$P(X \geq 2) = P(X = 2) + P(X = 3) + P(X = 4) + P(X = 5)$$

oder über die Gegenwahrscheinlichkeit

$$P(X \geq 2) = 1 - P(X = 0) - P(X = 1)$$
$$P(X \geq 2) = 0{,}2048 + 0{,}0512 + 0{,}0064 + 0{,}00032 = 0{,}26272 = 26{,}272\,\%$$
$$P(X \geq 2) = 1 - 0{,}32768 - 0{,}4096 = 0{,}26272 = 26{,}272\,\%$$

Beide Wege führen natürlich zur gleichen Wahrscheinlichkeit von 26,272 %.

In der Praxis sollte immer der Weg mit dem geringeren Rechenaufwand gegangen werden. Bei manchen Fragestellungen aber kommt der Statistiker gar nicht an der Gegenwahrscheinlichkeit vorbei.

Zu c) Erwartungswert $E(X)$ und Varianz $V(X)$ errechnen sich aus:

$$E(X) = n \cdot \theta = 5 \cdot 0{,}2 = 1 \quad \text{bzw.}$$
$$V(X) = n \cdot \theta \cdot (1 - \theta) = 5 \cdot 0{,}2 \cdot (1 - 0{,}2) = 0{,}8$$

Würde also das Experiment (Ziehen von 5 Produkten) beliebig oft wiederholt, würde sich durchschnittlich ein fehlerhaftes Produkt in der Stichprobe befinden. Die Varianz beträgt 0,8 und die Standardabweichung somit 0,8944 Produkte.[19]

Wahrscheinlichkeitsfunktion und die daraus abgeleitete **Verteilungsfunktion** haben folgendes Aussehen (siehe Abb. 23):

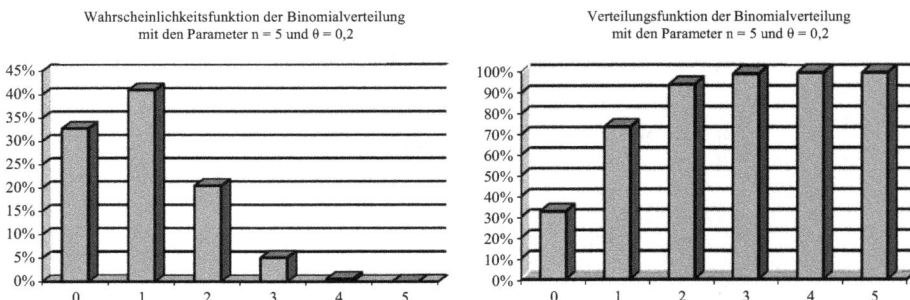

Abb. 23: Wahrscheinlichkeits- und Verteilungsfunktion der Binomialverteilung

3.3.3 Hypergeometrische Verteilung

Die hypergeometrische Verteilung basiert, ebenso wie die Binomialverteilung, auf dem Urnenmodell und beantwortet die Frage nach der Wahrscheinlichkeit für k „Erfolge" (= Kugel mit einer bestimmten Eigenschaft) in der Stichprobe. Die hypergeometrische Verteilung lässt sich wie die Binomialverteilung durch drei Eigenschaften charakterisieren:

- Die Urnenzusammensetzung ist dichotom.
- Die Kugelentnahme erfolgt **ohne** Zurücklegen.[20]
- Die Kugelentnahme bricht ab, wenn eine Gesamtzahl n zu ziehender Kugeln gezogen worden ist (Abbruchkriterium).

Die hypergeometrische Verteilung hat die Wahrscheinlichkeitsfunktion:

$$P(X = k) = \frac{\begin{vmatrix} M \\ k \end{vmatrix} \cdot \begin{vmatrix} N - M \\ n - k \end{vmatrix}}{\begin{vmatrix} N \\ n \end{vmatrix}}$$

---

19 Siehe Aufgaben 42 bis 44.

20 Es ist das einzige Kriterium, das die Hypergeometrische Verteilung von der Binomialverteilung unterscheidet. Bei letzterer erfolgt die Kugelentnahme bekanntlich **mit** Zurücklegen.

dabei ist:

- N die Anzahl der Kugeln in der Urne und
- n der Stichprobenumfang.
- M ist die Anzahl der Kugeln mit einer bestimmten Eigenschaft und
- k die Anzahl der „Erfolge", d. h. Kugeln mit der betrachteten Eigenschaft M.

Die Verteilungsfunktion lautet:

$$F(k) = P(X \leq k)$$

und gibt die Wahrscheinlichkeit dafür an, dass die Zufallsvariable den Wert k nicht übersteigt. Erwartungswert $E(X)$ und die Varianz $V(X)$ für die hypergeometrische Verteilung errechnen sich aus:

$$E(X) = n \cdot \frac{M}{N}$$
$$V(X) = n \cdot \frac{M}{N} \cdot \frac{N-M}{N} \cdot \frac{N-n}{N-1}$$

Beispiel 1: Betrachten wir aus Veranschaulichungsgründen zunächst einmal wiederum das Urnenbeispiel. Aus einer Urne, bestehend aus 3 weißen und einer schwarzen Kugel werden 2 Kugeln entnommen. Die Ziehungsmodalität lautet aber diesmal „ohne Zurücklegen". Von Interesse ist wiederum die Wahrscheinlichkeit für 0, 1 bzw. 2 weiße Kugeln in der Stichprobe. Grafisch stellte sich die Situation bekanntlich wie folgt dar:

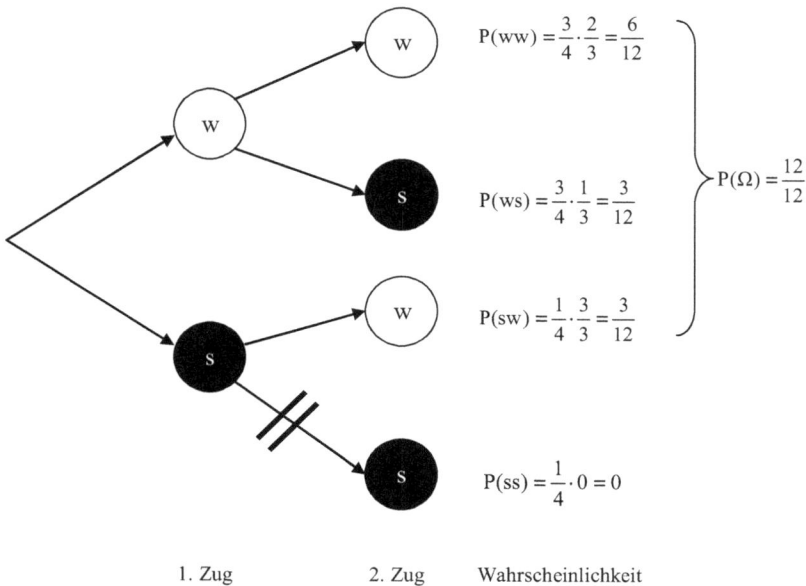

Abb. 24: Hypergeometrische Verteilung

Abbildung 24 lässt erkennen, dass mindestens eine weiße Kugel in der Stichprobe sein muss, d. h., zwei schwarze Kugeln scheiden als Lösungsmenge aus. Neben der Pfadregel lässt sich die Aufgabenstellung mit Hilfe der hypergeometrischen Verteilung lösen. Die Parameter des Beispiels lauten: $N = 4$ (Grundgesamtheit), $n = 2$ (Stichprobenumfang), $M = 3$ (Anzahl der weißen Kugeln in der Grundgesamtheit), $k = 1$ bzw. 2 weiße Kugeln in der Stichprobe.

$$P(X = 1) = \frac{\binom{3}{1} \cdot \binom{1}{1}}{\binom{4}{2}} = 0,5 = 50\,\%$$

$$P(X = 2) = \frac{\binom{3}{2} \cdot \binom{1}{0}}{\binom{4}{2}} = 0,5 = 50\,\%$$

Die Wahrscheinlichkeit, für eine bzw. zwei weiße Kugeln in der Stichprobe liegt folglich bei jeweils 50 %. Auch hier soll nun ein komplexeres betriebswirtschaftliches Beispiel folgen.

Beispiel 2: Einer Tagesproduktion, die insgesamt 50 Tische beinhaltet, werden (ohne Zurücklegen) 6 Tische entnommen. Man weiß aus Erfahrungen, dass durchschnittlich 15 Tische fehlerbehaftet sind und nachbehandelt werden müssen.
a) Mit welcher Wahrscheinlichkeit befinden sich 2 fehlerhafte Tische in der Stichprobe?
b) Wie groß ist die Wahrscheinlichkeit, dass sich mindestens 2 fehlerhafte Tische in der Stichprobe befinden?
c) Wie lauten Erwartungswert und Varianz.

Das Problem ist offensichtlich mit der hypergeometrischen Verteilung zu lösen.
　Deren Parameter sind: $N = 50$ (Anzahl der Tische); $n = 6$ (Stichprobe), $M = 15$ (Anzahl der fehlerhaften Tische); $k = 0, 1, 2 \ldots$

Zu a) Die Wahrscheinlichkeit für 2 fehlerhafte Tische in der Stichprobe lässt sich bestimmen durch

$$P(X = 2) = \frac{\binom{15}{2} \cdot \binom{35}{4}}{\binom{50}{6}} = 0,3460 = 34,6\,\%$$

Die Wahrscheinlichkeit für (exakt) 2 fehlerhafte Tische liegt also bei 34,6 %.

Zu b) Diese Fragestellung lässt sich sinnvoll nur über die Gegenwahrscheinlichkeit bestimmen. Gesucht ist

$$P(X \geq 2) = 1 - P(X = 0) - P(X = 1)$$

$$P(X = 0) = \frac{\begin{vmatrix} 15 \\ 0 \end{vmatrix} \cdot \begin{vmatrix} 35 \\ 6 \end{vmatrix}}{\begin{vmatrix} 50 \\ 6 \end{vmatrix}} = 0,1021 = 10,21\,\%$$

$$P(X = 1) = \frac{\begin{vmatrix} 15 \\ 1 \end{vmatrix} \cdot \begin{vmatrix} 35 \\ 5 \end{vmatrix}}{\begin{vmatrix} 50 \\ 6 \end{vmatrix}} = 0,3064 = 30,64\,\%$$

$$P(X \geq 2) = 1 - P(X = 0) - P(X = 1) = 1 - 0,1021 - 0,3064 = 0,5915$$

Die Wahrscheinlichkeit für mindestens zwei fehlerhafte Tische beträgt 59,15 %.

Zu c) Erwartungswert und Varianz betragen

$$E(X) = n \cdot \frac{M}{N} = 6 \cdot \frac{15}{50} = 1,8$$

$$V(X) = n \cdot \frac{M}{N} \cdot \frac{N-M}{N} \cdot \frac{N-n}{N-1} = 6 \cdot \frac{15}{50} \cdot \frac{50-15}{50} \cdot \frac{50-6}{50-1} = 1,13$$

Durchschnittlich betrachtet würde man folglich 1,8 defekte Tische in der Stichprobe wiederfinden. Die Varianz beträgt 1,13, die daraus abgeleitete Standardabweichung 1,06 Tische.

Betrachten wir auch hier die **Wahrscheinlichkeits-** und **Verteilungsfunktion** grafisch:

Wahrscheinlichkeitsfunktion der Hypergeometrischen Verteilung mit den Parameter N = 50, n = 6 und M = 15

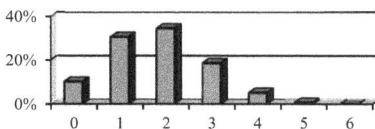

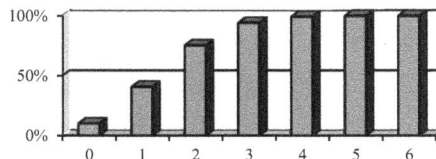

Verteilungsfunktion der Hypergeometrischen Verteilung mit den Parameter N = 50, n = 6 und M = 15

Abb. 25: Wahrscheinlichkeits- und Verteilungsfunktion der hypergeometrischen Verteilung

Anhand der Abbildung 25 lässt sich sehr gut der Erwartungswert (1,8) ablesen und auch die Tatsache, dass für $k = 5$ und 6 die Einzelwahrscheinlichkeiten gegen null tendieren.[21]

---

21 Siehe Aufgaben 45 bis 47.

3.3.4 Poissonverteilung

Die Poissonverteilung geht auf Siméon Denis Poisson (1781–1840) zurück, gehört wie die Binomial- und hypergeometrische Verteilung zu den diskreten Verteilungen und wird unter gewissen Bedingungen auch zur Approximation der beiden Erstgenannten verwendet.

Die Poissonverteilung wird häufig zur Behandlung von Warteschlangenproblemen herangezogen. Solche treten vor Bedienungseinrichtungen wie z. B. Ampeln, Kassen, Bankschaltern etc. auf. Zur Planung der optimalen Anzahl von Serviceleuten und Öffnungszeiten solcher Bedingungseinrichtungen wird u. a. die Poissonverteilung benutzt.[22] So kann man bspw. folgende Fragen beantworten:

- Wie groß ist die Wahrscheinlichkeit, dass eine Warteschlange höchstens n Personen umfasst?
- Wie groß ist die Wahrscheinlichkeit, dass zwischen dem Eintreffen zweier Kunden eine Zeit von mehr als x Minuten vergeht?
- Wie groß ist die durchschnittliche Wartezeit pro Person bei einer bestimmten Anzahl von Schaltern, wobei alternative Werte für die Anzahl von Schaltern durchgerechnet werden können?[23]

Die Herleitung der Poissonverteilung geschieht am besten aus der Binomialverteilung und dem bereits beschriebenen „Gesetz der kleinen Zahlen".

Gehen wir von der Wahrscheinlichkeitsfunktion der Binomialverteilung aus:

$$P(X = k) = \begin{vmatrix} n \\ k \end{vmatrix} \cdot \theta^k \cdot (1 - \theta)^{n-k}$$

Bei vielen Experimenten ist die Erfolgswahrscheinlichkeit θ beim einmaligen Durchführen klein, der Erfolg also ein seltenes Ereignis, während die Anzahl n der Ausführungen sehr groß ist. Wenn θ gegen null und n gegen unendlich geht und zwar so, dass das Produkt $n \cdot \theta$ (der Erwartungswert) gegen einen endlichen Wert λ geht, d. h.

$$\lim_{n \to \infty\,;\,\theta \to 0} n \cdot \theta = \lambda \neq 0$$

so kann die komplexere Binomialverteilung durch die einfachere Poissonverteilung approximiert werden.

Die Poissonverteilung wird beschrieben durch:

$$P(X = k) = \frac{\lambda^k}{k!} \cdot e^{-\lambda}$$

---

22 Auch die später noch zu behandelnde Exponentialverteilung als stetige Verteilung nimmt sich einer ähnlichen Problemstellung an.

23 In diesem Lehrbuch werden nicht alle Problembereiche angesprochen. Hier soll lediglich verdeutlicht werden, wie die Verteilungen in der Praxis ihre Anwendungen finden und wie komplex eine solche Theorie gleichzeitig werden kann.

λ ist somit der einzige Funktionsparameter, weswegen die Poissonverteilung leicht zu handhaben ist (e ist die Eulersche Zahl 2,718).

Erwartungswert $E(X)$ und Varianz $V(X)$ haben jeweils den Wert λ.

Beispiel 1: Der Leiter der Qualitätskontrolle eines Pharmaunternehmens weiß, dass das produzierte Präparat gegen Heuschnupfen in 1 % der Fälle versagt. Es werden 200 Heuschnupfenpatienten nach der Einnahme des Präparates auf die Wirkung hin untersucht. Wie groß ist die Wahrscheinlichkeit, dass
a) bei 2 Patienten keine Wirkung feststellbar ist
b) bei mehr als 2 Patienten keine Wirkung erfolgt ist?

Im vorliegenden Fall liegt eine niedrige Eintrittswahrscheinlichkeit von $\theta = 0,01$ bei einer großen Anzahl von $n = 200$ Patienten vor, weshalb die Poissonverteilung benutzt werden kann. Später werden die Approximationsregeln, d. h. die Prämissen noch genauer spezifiziert, ab wann eine Verteilung Anwendung finden kann.

Zu a) Zunächst ist der Parameter λ zu berechnen. Er ergibt sich aus:

$$\lambda = n \cdot \theta = 200 \cdot 0,01 = 2$$

$$P(X = 2) = \frac{\lambda^k}{k!} \cdot e^{-\lambda} = \frac{2^2}{2!} \cdot 2,718^{-2} = 0,2707 = 27,07\,\%^{[24]}$$

Zu b) Nun arbeiten wir mit der Gegenwahrscheinlichkeit, da ansonsten zu viele Rechenschritte erfolgen müssten:

$$P(X > 2) = 1 - P(X = 0) - P(X = 1) - P(X = 2)$$

$$P(X = 0) = \frac{2^0}{0!} \cdot 2,718^{-2} = 0,1354 = 13,54\,\%$$

$$P(X = 1) = \frac{2^1}{1!} \cdot 2,718^{-2} = 0,2707 = 27,07\,\%$$

Daraus ergibt sich:

$$P(X > 2) = 1 - 0,2707 - 0,1354 - 0,2707 = 0,3232 = 32,32\,\%\,.$$

Beispiel 2: Der Besitzer einer Boutique weiß aufgrund von Erfahrungswerten, dass durchschnittlich 6 Kunden pro Stunde seinen Laden betreten. Wie lautet algebraisch und grafisch die Wahrscheinlichkeits- und die Verteilungsfunktion für $P(X \leq 10)$?

---

24 Auch hier befinden sich die Werte der Wahrscheinlichkeits- und Verteilungsfunktion im Anhang unter 7.2.

Aus $\lambda = 6$ folgt:

Tab. 60: Wahrscheinlichkeits- und Verteilungsfunktion der Poissonverteilung I

k	$P(X = k)$ in %	$P(X \leq k)$ in %
0	0,2479	0,2479
1	1,4873	1,7352
2	4,4618	6,1970
3	8,9235	15,1205
4	13,3853	28,5058
5	16,0623	44,5681
6	16,0623	60,6304
7	13,7677	74,3981
8	10,3258	84,7239
9	6,8838	91,6077
10	4,1303	95,7380

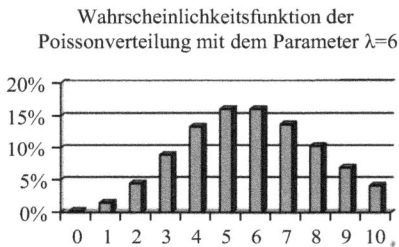

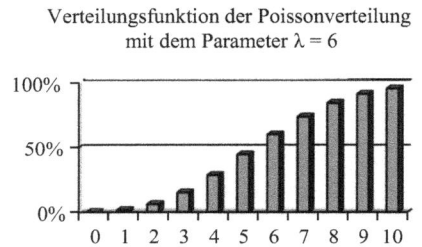

Wahrscheinlichkeitsfunktion der Poissonverteilung mit dem Parameter $\lambda = 6$

Verteilungsfunktion der Poissonverteilung mit dem Parameter $\lambda = 6$

Abb. 26: Wahrscheinlichkeits- und Verteilungsfunktion der Poissonverteilung

Wie in Abbildung 26 zu sehen, liegt im Beispiel also eine relativ symmetrische (um den Mittelwert $\lambda = 6$) Wahrscheinlichkeitsfunktion vor.[25]

3.3.5 Multinomialverteilung

Die zu Beginn der diskreten Verteilungen behandelte Binomial- sowie hypergeometrische Verteilung stellten jeweils den eindimensionalen Spezialfall der mehrdimensionalen Multinomialverteilung dar.

Beide Erstgenannten unterstellten eine dichotome Grundgesamtheit, d. h. es gab lediglich zwei Elementarereignisse (Erfolg/Misserfolg; rote Kugel/nichtrote Kugel). Dabei unterschieden sich, wie bereits dargestellt, Binomial- und hypergeometrische

---

25 Siehe Aufgaben 48 und 49.

Verteilung lediglich durch das Kriterium der Kugelentnahme, d. h. Ziehen mit bzw. ohne Zurücklegen.

Die Multinomialverteilung lässt mehrere Elementarereignisse zu, weicht also von der Annahme einer dichotomen Grundgesamtheit ab und kann sowohl für die Ziehungsmodalität mit und ohne Zurücklegen beschrieben werden.

Die **Multinomialverteilung mit Zurücklegen** beschreibt die Wahrscheinlichkeit dafür, dass bei n unabhängigen Ausführungen eines Experimentes das Ereignis X_1 genau k_1-mal, das Ereignis X_2 genau k_2-mal ... und das Ereignis X_m genau k_m-mal eintritt und zwar jeweils mit den Eintrittswahrscheinlichkeiten $\theta_1, \theta_2, \ldots, \theta_m$.

Demzufolge wird die Multinomialverteilung beschrieben durch:[26]

$$P(X_1 = k_1, X_2 = k_2, \ldots, X_m = k_m) = \frac{n!}{k_1! \cdot k_2! \cdot \ldots \cdot k_m!} \cdot \theta_1^{k_1} \cdot \theta_2^{k_2} \cdot \ldots \cdot \theta_m^{k_m}$$

Beispiel: Ein Obstverkäufer entnimmt einer Lieferung, deren Anteil von einwandfreiem Obst 0,5, der Anteil von mittlerer Qualität 0,3 und der Ausschussanteil 0,2 beträgt, eine Stichprobe vom Umfang $n = 10$.[27] Er möchte wissen, mit welcher Wahrscheinlichkeit die Stichprobe 7 einwandfreie und 3 mittelmäßige Obststücke enthält.

Die Parameter sind:

$$\theta_1 = 0,5 ; \quad \theta_2 = 0,3 ; \quad \theta_3 = 0,2 ; \quad X_1 = 7 ; \quad X_2 = 3 ; \quad X_3 = 0$$

Die Wahrscheinlichkeit errechnet sich aus:

$$P(X_1 = 7, X_2 = 3, X_3 = 0) = \frac{10!}{7! \cdot 3! \cdot 0!} \cdot 0,5^7 \cdot 0,3^3 \cdot 0,2^0 = 0,025 = 2,5\%$$

Die Wahrscheinlichkeit für 7 einwandfreie und 3 mittelmäßige Obststücke beträgt folglich 2,5 %.[28]

Gegenüber den Wahrscheinlichkeitsfunktionen mit dichotomer Grundgesamtheit macht bei der Multinomialverteilung die Angabe von Erwartungswert und Varianz keinen großen Sinn, da man diese Parameter jeweils für alle relevanten Ereignisse anzugeben hat. So gilt im obigen Fall bspw. für die Erwartungswerte:

$E(X_i) = n \cdot \theta_i$ und folglich

$E(X_1) = n \cdot \theta_1 = 10 \cdot 0,5 = 5 =$ Erwartungswert für einwandfreies Obst

$E(X_2) = n \cdot \theta_2 = 10 \cdot 0,3 = 3 =$ Erwartungswert für mittlere Qualität und

$E(X_3) = n \cdot \theta_3 = 10 \cdot 0,2 = 2 =$ Erwartungswert für Ausschussanteil.

---

26 Die hier beschriebene Verteilungsfunktion enthält die aus der Kombinatorik bekannten Elemente der Permutation mit Wiederholung sowie der Variation mit Zurücklegen.

27 Aufgrund der Tatsache, dass die Grundgesamtheit nicht bekannt ist, gehen wir von der Ziehungsmodalität „Ziehen mit Zurücklegen" aus, denn in solchen Fällen unterstellt man eine „große" Grundgesamtheit. Vgl. dazu auch die Binomialverteilung.

28 Siehe Aufgabe 50.

Die **Multinomialverteilung ohne Zurücklegen** beschreibt die Wahrscheinlichkeit dafür, dass bei n entsprechend abhängigen Ausführungen eines Experimentes das Ereignis X_1 genau k_1-mal, das Ereignis X_2 genau k_2-mal ... und das Ereignis X_m genau k_m-mal eintritt. Im Gegensatz zum Ziehen mit Zurücklegen erfolgt die Berechnung jedoch nicht unter der Angabe der relativen Häufigkeiten (θ_i), sondern der absoluten Häufigkeiten M_i.

Demzufolge wird die Multinomialverteilung nun beschrieben durch:

$$P(X_1 = k_1, X_2 = k_2, \ldots X_m = k_m) = \frac{\begin{vmatrix} M_1 \\ k_1 \end{vmatrix} \cdot \begin{vmatrix} M_2 \\ k_2 \end{vmatrix} \cdot \ldots \cdot \begin{vmatrix} M_m \\ k_m \end{vmatrix}}{\begin{vmatrix} N \\ n \end{vmatrix}}$$

Beispiel: Ein Obstverkäufer entnimmt einer Losgröße, bestehend aus 50 Obststücken, eine Stichprobe vom Umfang $n = 10$. Aufgrund von Erfahrungswerten geht man davon aus, dass der Anteil von einwandfreiem Obst 0,5, der Anteil von mittlerer Qualität 0,3 und der Ausschussanteil 0,2 beträgt. Mit welcher Wahrscheinlichkeit enthält die Stichprobe 7 einwandfreie und 3 mittelmäßige Obststücke?

Die Parameter sind:

$$N = 50; \quad n = 10; \quad M_1 = 25; \quad M_2 = 15; \quad M_3 = 10; \quad k_1 = 7; \quad k_2 = 3; \quad k_3 = 0$$

$$P(X_1 = 7, X_2 = 3, X_3 = 0) = \frac{\begin{vmatrix} 25 \\ 7 \end{vmatrix} \cdot \begin{vmatrix} 15 \\ 3 \end{vmatrix} \cdot \begin{vmatrix} 10 \\ 0 \end{vmatrix}}{\begin{vmatrix} 50 \\ 10 \end{vmatrix}} = 0{,}0213$$

Die Wahrscheinlichkeit für 7 einwandfreie Obststücke und 3 von mittlerer Qualität beträgt 2,13 %.[29]

3.4 Stetige Verteilungen

3.4.1 Grundlagen

3.4.1.1 Dichte- und Verteilungsfunktion

Bei stetigen Zufallsvariablen kann nicht eine einzelne Wahrscheinlichkeit für das Auftreten von Elementarereignissen berechnet werden, sondern es werden Intervalle von Ereignissen bestimmt. Demzufolge sprechen wir auch nicht von einer Wahrscheinlichkeits-, sondern von einer Dichtefunktion. Diese gibt die Wahrscheinlichkeit an, mit der eine stetige Zufallsvariable einen Wert zwischen a und b annimmt.

---

29 Siehe Aufgabe 51.

Die korrespondierende Wahrscheinlichkeit bestimmt sich somit als Integral der **Dichtefunktion** zwischen den Intervallgrenzen a und b.

$$P(a \leq X \leq b) = \int_a^b f(x)dx$$

Ebenso wie bei der Verteilungsfunktion einer diskreten Zufallsvariable gibt die Verteilungsfunktion einer stetigen Zufallsvariable die Wahrscheinlichkeit dafür an, dass die Zufallsvariable X höchstens den Wert x annimmt. Bei der **Verteilungsfunktion** einer stetigen Zufallsvariable ist $F(x)$ gleich dem Flächeninhalt unter dem Grafen der Funktion f bis zum Wert x.

$$F(x) = P(X \leq x) = \int_{-\infty}^x f(x)dx$$

Beispiel: Folgende Funktion beschreibe die Minuten die vergehen, bevor ein neuer Kunde an der Kasse eines Supermarktes steht:

$$f(x) = \begin{cases} 0,5 - 0,125x & \text{für } 0 \leq x \leq 4 \\ 0 & \text{sonst} \end{cases}$$

Die Wahrscheinlichkeit bspw. dafür, dass zwischen zwei Kunden 2 bis 3 Minuten vergehen ergibt sich aus dem Integral unter der Kurve in Abbildung 27.

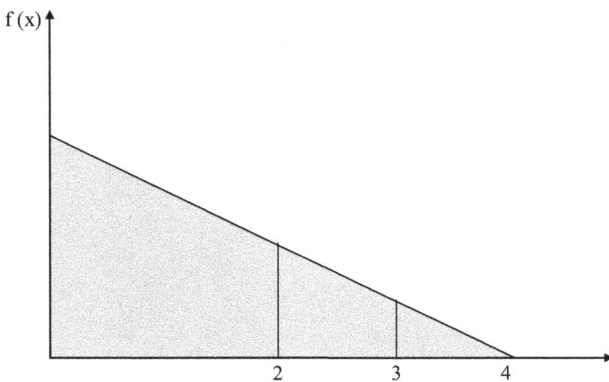

Abb. 27: Dichtefunktion

Algebraisch folgt:

$$P(2 \leq X \leq 3) = \int_{2}^{3} (0,5 - 0,125x)dx$$

$$= \left[0,5x - 0,0625x^2 \right]_{2}^{3}$$

$$= 0,9375 - 0,75 = 0,1875$$

Die Wahrscheinlichkeit, dass zwischen zwei Kunden 2 bis 3 Minuten vergehen, beträgt also 18,75 %.

Für die entsprechende Verteilungsfunktion gilt:

$$F(x) = \begin{cases} 0 & \text{für } x < 0 \\ 0,5x - 0,0625x^2 & \text{für } 0 \leq x \leq 4 \\ 1 & \text{für } x > 4 \end{cases}$$

Die gesuchte Wahrscheinlichkeit $P(2 \leq X \leq 3)$ findet man unter Verwendung der Verteilungsfunktion also aus:

$$P(2 \leq X \leq 3) = F(3) - F(2) = 0,9375 - 0,75 = 0,1875$$

3.4.1.2 Erwartungswert und Varianz

Bereits im Rahmen der deskriptiven Statistik sowie im Bereich der diskreten Zufallsvariablen wurde die Bedeutung von arithmetischem Mittel/Erwartungswert sowie Varianz deutlich.

Bei stetigen Zufallsvariablen ist der **Erwartungswert** allgemein definiert als

$$E(X) = \int_{-\infty}^{+\infty} x \cdot f(x)dx$$

Für die Varianz einer stetigen Zufallsvariable gilt allgemein:

$$V(X) = \int_{-\infty}^{+\infty} [x - E(X)]^2 \cdot f(x)dx$$

bzw. durch Umformung (zwecks leichterer Handhabbarkeit)

$$V(X) = \int_{-\infty}^{+\infty} x^2 \cdot f(x)dx - [E(X)]^2$$

In obigem Beispiel ergibt sich:

$$E(X) = \int_0^4 x \cdot (0,5 - 0,125x)dx = \int_0^4 (0,5x - 0,125x^2)dx$$

$$E(X) = \left[0,25x^2 - \frac{0,125}{3} \cdot x^3\right]_0^4 = 1,33 \text{ Minuten} \quad \text{und}$$

$$V(X) = \int_0^4 x^2 \cdot (0,5 - 0,125x)dx - 1,33^2 = \int_0^4 (0,5x^2 - 0,125x^3)dx - 1,33^2$$

$$V(X) = \left[\frac{0,5}{3}x^3 - \frac{0,125}{4} \cdot x^4\right]_0^4 - 1,33^2 = 0,889 \text{ Minuten}$$

3.4.2 Die Normalverteilung/Standardnormalverteilung[30]

Die Normalverteilung und die daraus abgeleitete Standardnormalverteilung ist wohl die bedeutsamste stetige Verteilung der Statistik und eine, wenn nicht die bedeutsamste Verteilung in der Wirtschaftsstatistik. Sie wurde 1733 von Abraham de Moivre (1667–1754) als Grenzverteilung (für einen gegen unendlich gehenden Stichprobenumfang n bei konstanter Wahrscheinlichkeit P) der Binomialverteilung hergeleitet und ca. hundert Jahre später durch Carl Friedrich Gauß im Zusammenhang mit der Theorie der Messfehler neu entdeckt. Aus dieser Zeit ist sie häufig auch als Gaußsche Normalverteilung, Glockenkurve oder Fehlerkurve bekannt.

Ihre besondere Bedeutung hat die Normalverteilung deshalb erlangt, weil viele Zufallsvariable, die bei Experimenten und Beobachtungen in der Praxis auftreten, exakt oder zumindest annähernd normalverteilt sind. Im Rahmen des Risikomanagements z. B. hat sie eine herausragende Bedeutung bei der Berechnung des Value at Risk, der später im Rahmen der Konfidenzintervalle detailliert zur Sprache kommt.

Die Dichte der Normalverteilung ist gegeben durch

$$f(x) = \frac{1}{\sqrt{2\pi} \cdot \sigma} \cdot e^{\frac{(x-\mu)^2}{2\sigma^2}}$$

Durch Integration der Dichtefunktion erhält man die Verteilungsfunktion einer mit den Parametern Erwartungswert μ und Standardabweichung σ beschriebenen normalverteilten Zufallsvariablen x:

$$F(x) = \int_{-\infty}^x \frac{1}{\sqrt{2\pi} \cdot \sigma} \cdot e^{-\frac{1}{2}(\frac{v-\mu}{\sigma})^2} dv$$

---

30 Vgl. im weiteren Verlauf z. B. Bortz J., 2005, Bamberg G./Baur F., 2007, Bleymüller J./Gehlert G./Gülicher H., 2004 oder Cottin C./Döhler S., 2009, S. 25ff.

mit:

$E(x) = \mu$ (Mittelwert)

$V(x) = \sigma^2$ (Varianz)

bzw. $\sqrt{V(x)} = \sigma = $ Standardabweichung

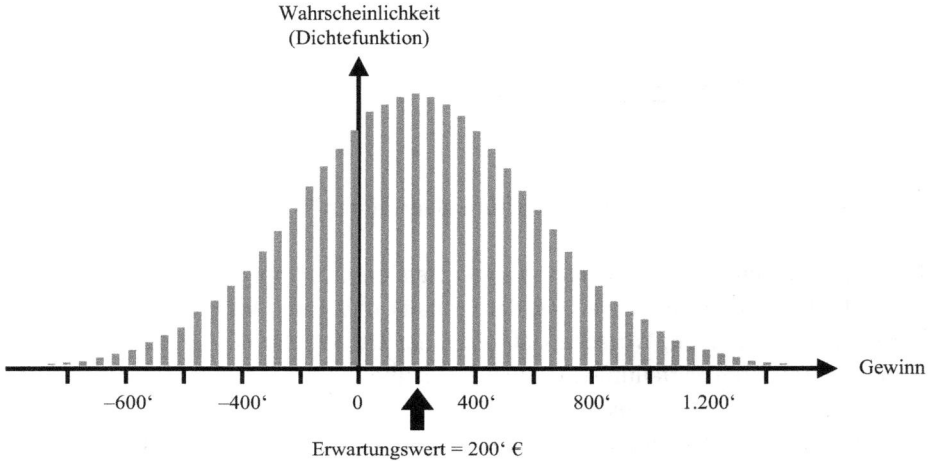

Abb. 28: Dichtefunktion der Normalverteilung

Abbildung 28 beschreibt eine Dichtefunktion mit einem erwarteten Gewinn von $\mu = 200\,T\,€$. Die Standardabweichung σ sei im Beispiel $456\,T\,€$. Eine größere/kleinere Standardabweichung würde sich in einer flacheren/steileren Funktion niederschlagen. Läge der Mittelwert hingegen nicht bei $200\,T\,€$, sondern bspw. bei $100\,T\,€$ oder $300\,T\,€$, würde sich die Funktion lediglich parallel nach links/rechts verschieben.

Für die Normalverteilung gilt:
- Die Dichte der Normalverteilung ist symmetrisch zum Mittelwert μ.
- An den Stellen $\mu \pm \sigma$ ist die Dichte am steilsten.
- 68,3 % der Gesamtfläche liegen im Bereich $\mu - \sigma \le x \le \mu + \sigma$.
- 95,5 % der Gesamtfläche liegen im Bereich $\mu - 2\sigma \le x \le \mu + 2\sigma$.
- 99,73 % der Gesamtfläche liegen im Bereich $\mu - 3\sigma \le x \le \mu + 3\sigma$.

Jede beliebige Normalverteilung mit den Parametern μ und σ lässt sich in eine Normalverteilung mit $\mu = 0$ und $\sigma = 1$ transformieren.

Man erhält dann die **Standardnormalverteilung**:

$$F(z) = \frac{1}{\sqrt{2\pi}} \cdot e^{-\frac{z^2}{2}}$$

durch lineare Transformation mit der Formel:

$$z = \frac{x - \mu}{\sigma}$$

Mit dieser Standardisierungsformel lassen sich nun beliebige Wahrscheinlichkeiten berechnen. Die Vorgehensweise ist immer gleich.

Schritt 1: Zunächst wird eine Skizze angefertigt, um den gesuchten Bereich der Dichtefunktion (das Integral der standardisierten Verteilung) besser einschätzen zu können.

Schritt 2: Dann berechnet man z mittels der Standardisierungsformel und entnimmt den Wert der Verteilungsfunktion aus der Tabelle zur Standardnormalverteilung (siehe Anhang 7.3). Je nach Vorzeichen von z und Richtung der Frage ist die Antwort in der Tabelle unter $F_{sn}(-z)$, $F_{sn}(z)$ oder der Differenz $D(z)$ abzulesen.

Beispiel: Unter der oben getroffenen Annahme, dass der Erwartungswert des Gewinns der Abrechnungsperiode $\mu = 200\,\text{T} \,€$ und die Standardabweichung $\sigma = 456\,\text{T} \,€$ betragen soll, sind folgende Wahrscheinlichkeiten zu berechnen:
a) Mit welcher Wahrscheinlichkeit erleidet man einen Verlust?
b) Mit welcher Wahrscheinlichkeit ist der Gewinn größer als 800 T €?
c) Mit welcher Wahrscheinlichkeit erhält man einen Gewinn zwischen 100 und 500 T €?

Zu a) Gesucht ist der schwarz markierte Bereich der Gauss'schen Glockenkurve in Abbildung 29.

Ausgehend vom Erwartungswert μ wird die Glocke in symmetrische Hälften unterteilt, d. h. der Erwartungswert trennt die linke von der rechten 50 %-Hälfte. Die gesuchte Wahrscheinlichkeit ist somit auf jeden Fall kleiner als 50 %.

Der z-Wert ermittelt sich aus:

$$z = \frac{x - \mu}{\sigma} = \frac{0 - 200}{456} = -0,44$$

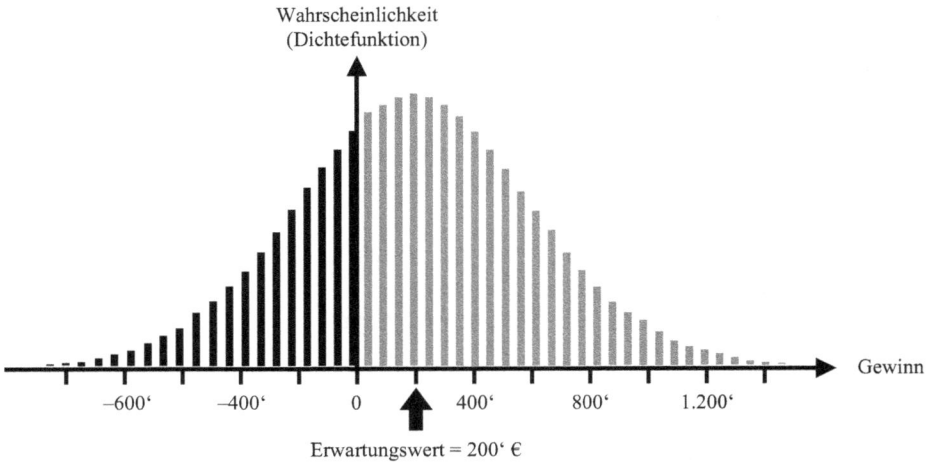

Abb. 29: Beispiel I zur Standardnormalverteilung

$F(-0,44) = 0,33 = 33\,\%$ (aus Tabelle der Standardnormalverteilung; siehe Anhang 7.3), d. h., die Wahrscheinlichkeit, dass die Gesellschaft einen Verlust erleidet, liegt bei 33 %.

Zu b) Gesucht ist der schwarz markierte Bereich der Gauss'schen Glockenkurve in Abbildung 30.

Der Messwert 800 T € liegt rechts vom Erwartungswert μ = 200 T € und gesucht ist der Bereich > 800 T €.
Der z-Wert ermittelt sich aus:

$$z = \frac{x - \mu}{\sigma} = \frac{800 - 200}{456} = 1,32$$

Der korrespondierende F-Wert, $F(1,32)$ beträgt 0,9066, d. h. 90,66 %. Diese Angaben aus der Standardnormalverteilungstabelle beziehen sich aber immer auf den Bereich links vom gesuchten Wert, da im Beispiel jedoch nach der Wahrscheinlichkeit rechts vom gesuchten Wert gefragt ist, wird der ermittelte Wert von 1 bzw. 100 % abgezogen.

$$F(x > 800) = 1 - 0,9066 = 0,0934 = 9,34\,\%$$

Zu c) Gesucht ist der schwarz markierte Bereich der Gauss'schen Glockenkurve in Abbildung 31.

Die gesuchte Wahrscheinlichkeit wird nun durch die beiden zu berechnenden Messwerte 100 und 500 eingegrenzt.

$$z_1 = \frac{500 - 200}{456} = 0,66\,; \qquad F(0,66) = 0,7454$$

$$z_2 = \frac{100 - 200}{456} = -0,22\,; \qquad F(-0,22) = 0,4129$$

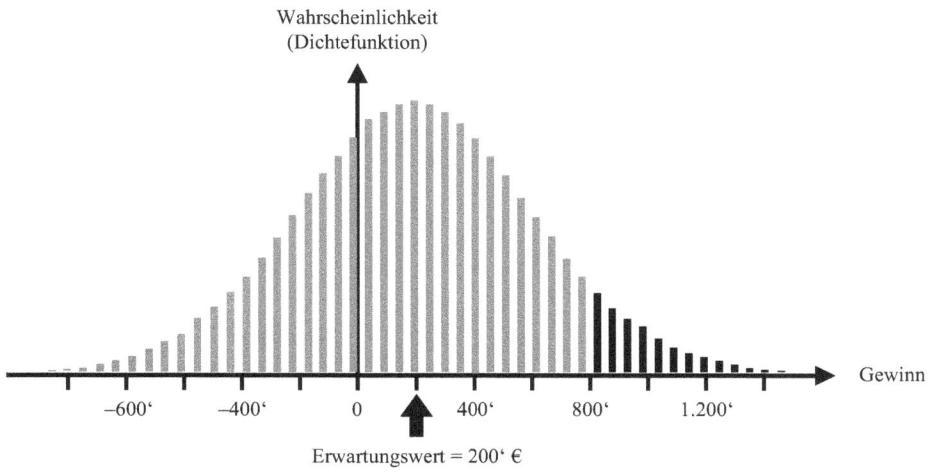

Abb. 30: Beispiel II zur Standardnormalverteilung

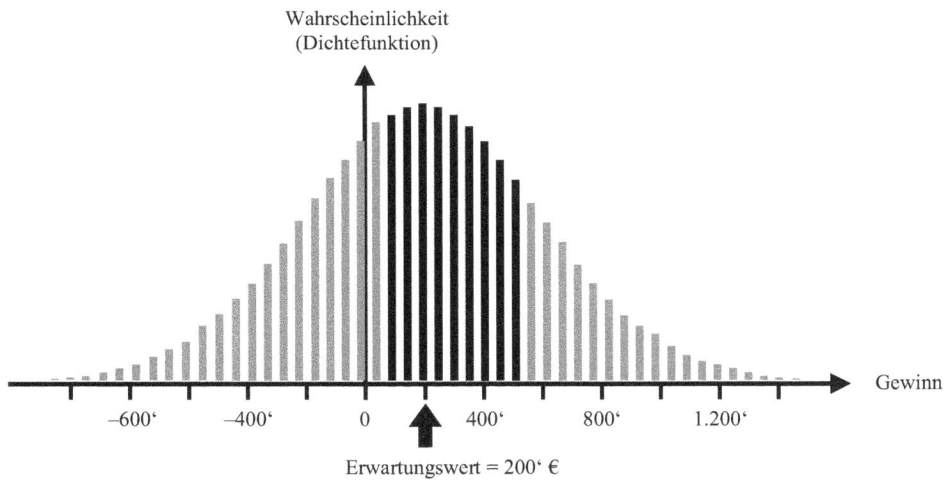

Abb. 31: Beispiel III zur Standardnormalverteilung

Daraus ergibt sich dann die Wahrscheinlichkeit:

$$F(100 < x < 500) = 0,7454 - 0,4129 = 0,3325 = 33,25\,\%$$

Dies ist die Wahrscheinlichkeit für einen Wert zwischen einem Gewinn von 100 T € und 500 T €.[31]

3.4.3 Die Gleichverteilung

Die Gleichverteilung, die man sowohl im diskreten als auch im stetigen Fall kennt, hat für die Betriebswirtschaftslehre im allgemeinen und das Risikomanagement im Besonderen für den stetigen Fall eine große Bedeutung. Sie kommt immer dann zum Einsatz, wenn bezüglich der potenziellen Umweltzustände keinerlei Eintrittswahrscheinlichkeiten angegeben werden können (Prinzip des unzureichenden Grundes). Dann unterstellt man, verteilt über das potenzielle Intervall, gleiche Eintrittswahrscheinlichkeiten der Umweltzustände.

Für die Dichtefunktion gilt:

$$f(x) = \begin{cases} \frac{1}{(b-a)} & \text{für } a \leq x \leq b \\ 0 & \text{sonst} \end{cases}$$

Daraus resultiert die Verteilungsfunktion:

$$F(x) = \begin{cases} 0 & \text{für } x < a \\ \frac{(x-a)}{(b-a)} & \text{für } a \leq x \leq b \\ 1 & \text{für } x > b \end{cases}$$

mit: a = Intervalluntergrenze und b = Intervallobergrenze

Erwartungswert $E(X)$ und Varianz $V(X)$ der Gleichverteilung werden gebildet durch:

$$E(x) = \int_a^b \frac{x}{(b-a)} dx = \frac{x^2}{2(b-a)} \Big|_a^b = \frac{(b^2 - a^2)}{2(b-a)} = \frac{(b+a)}{2}$$

$$V(x) = \int_a^b \frac{(x - \frac{(b+a)}{2})^2}{(b-a)} dx = \frac{(x - \frac{(b+a)}{2})^3}{3(b-a)} \Big|_a^b = \frac{(b-a)^2}{12}$$

Beispiel: Eine Unternehmung geht davon aus, dass die Wahrscheinlichkeit für Forderungsausfälle im Unternehmen zwischen 5 und 20 % liegt. Wie groß ist die Wahrscheinlichkeit unter der Annahme der Gleichverteilung, dass
a)   der Forderungsausfall weniger als 15 % bzw.

---

31 Siehe Aufgaben 52 und 53.

b) mehr als 18 % beträgt?
c) Wie lauten Erwartungswert und Varianz?

Zu a) Es gilt: $a \leq x \leq b$, mit $5 \leq x \leq 20$

$$F(x \leq 15) = \frac{(x - a)}{(b - a)} = \frac{(15 - 5)}{(20 - 5)} = 0{,}667 = 66{,}7\,\%$$

Die Wahrscheinlichkeit, dass der Forderungsausfall weniger als 15 % beträgt, liegt bei 66,7 %.

Zu b)

$$F(x > 18) = 1 - \frac{(x - a)}{(b - a)} = 1 - \frac{(18 - 5)}{(20 - 5)} = 1 - 0{,}867 = 0{,}133 = 13{,}3\,\%$$

Mit einer Wahrscheinlichkeit von 13,3 % wird der Forderungsausfall mehr als 18 % betragen.

Zu c)
Erwartungswert $E(X)$ und Varianz $V(X)$ lauten:

$$E(x) = \frac{(b + a)}{2} = \frac{(20 + 5)}{2} = 12{,}5\,\%$$
$$V(x) = \frac{(b - a)^2}{12} = \frac{(20 - 5)^2}{12} = 18{,}75\,\%$$

Im Beispiel beträgt der Erwartungswert folglich 12,5 % bei einer Varianz von 18,75 %, aus der sich eine Standardabweichung von 4,33 % ergibt.[32]
    Die Dichtefunktion in der Abbildung 32 zeigt neben dem Erwartungswert auch die gleichverteilten Einzelwahrscheinlichkeiten der Forderungsausfälle.

3.4.4 Die Dreiecksverteilung

Die Dreiecksverteilung ist neben der Standardnormal- und der Gleichverteilung die dritte stetige Verteilung, die eine besondere Relevanz in Bereichen der Betriebswirtschaftslehre genießt. Ähnlich zur Standardnormalverteilung kann hierbei der **wahrscheinlichste Wert** c angegeben werden. Allerdings liegen keine präzisen symmetrischen Abweichungen von diesem Erwartungswert vor. Vielmehr wird die Untergrenze durch einen **minimalen Wert** a und die Obergrenze durch **einen maximalen Wert** b bestimmt.

Somit gilt: $a \leq c \leq b$.

---

32 Siehe Aufgabe 54.

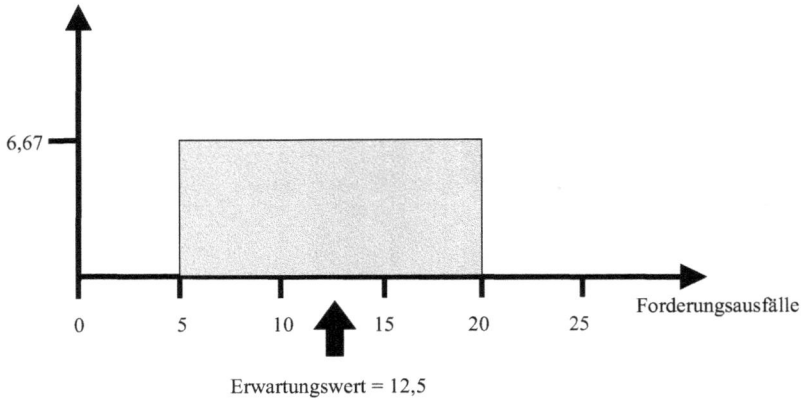

Abb. 32: Dichtefunktion einer Gleichverteilung

Die dreigeteilte Dichtefunktion lautet:

$$f(x) = \begin{cases} \frac{2(x-a)}{(b-a)\cdot(c-a)} & \text{für } a \leq x \leq c \\[2mm] \frac{2(b-x)}{(b-c)\cdot(b-a)} & \text{für } c < x \leq b \\[2mm] 0 & \text{sonst} \end{cases}$$

Daraus resultiert die Verteilungsfunktion:

$$F(x) = \begin{cases} \frac{(x-a)^2}{(b-a)\cdot(c-a)} & \text{für } a \leq x \leq c \\[2mm] 1 - \frac{(b-x)^2}{(b-a)\cdot(b-c)} & \text{für } c < x \leq b \\[2mm] 0 & \text{sonst} \end{cases}$$

Erwartungswert $E(x)$ und Varianz $V(x)$ der Dreiecksverteilung werden beschrieben durch:

$$E(x) = \frac{(a+b+c)}{3}$$
$$V(x) = \frac{a^2 + b^2 + c^2 - ab - ac - bc}{18} = \frac{(a-b)^2 + (b-c)^2 + (a-c)^2}{36}$$

Beispiel: Das Risikomanagement eines Unternehmens hat das Ausfallrisiko eines ihrer Schlüsselpersonen zu kalkulieren. Es kommt zu dem Schluss, dass unter normalen Bedingungen der Ausfall einen Schaden von 150.000,– € verursachen wird. Sollten sich die Rahmenbedingungen hingegen ändern, besteht die Möglichkeit, dass der Schaden im günstigsten Fall auf 40.000,– € reduziert werden kann. Allerdings kann es auch passieren, dass der Ausfall der Schlüsselperson zu einem deutlich höheren Schaden führt. Das Risikomanagement taxiert den maximalen Schaden auf 400.000,– €.

Wie groß ist die Wahrscheinlichkeit, dass

a) der Schaden geringer als 100.000,– €,
b) geringer als 200.000,– € bzw.
c) höher als 160.000,– € ist?
d) Wie lauten Erwartungswert und Varianz?

Zu a) Es gilt generell: $a = 40.000$; $c = 150.000$; $b = 400.000$

$$F(x \leq 100.000) = \frac{(100.000 - 40.000)^2}{(400.000 - 40.000) \cdot (150.000 - 40.000)} = 0{,}09 = 9\,\%$$

Die Wahrscheinlichkeit für einen Schaden, der geringer als 100.000,– € ausfällt, liegt bei 9 %.

Zu b) Im Gegensatz zur Aufgabenstellung a) wird nun der zweite Bereich der Verteilungsfunktion benötigt, da $150.000 \leq 200.000 \leq 400.000$ gilt.

$$F(x \leq 200.000) = 1 - \frac{(400.000 - 200.000)^2}{(400.000 - 40.000) \cdot (400.000 - 150.000)} = 0{,}555 = 55{,}5\,\%$$

Die Wahrscheinlichkeit für einen Schaden, der geringer als 200.000,– € ausfällt, beläuft sich auf 55,5 %.

Zu c) Der Schaden in Höhe von 160.000,– € befindet sich im zweiten Bereich der Verteilungsfunktion, ähnlich der Aufgabenstellung b). Allerdings ist nun, bezogen auf die Verteilungsfunktion, nach der Gegenwahrscheinlichkeit gefragt. Es gilt:

$$F(x > 160.000) = 1 - (1 - \frac{(400.000 - 160.000)^2}{(400.000 - 40.000) \cdot (400.000 - 150.000)}) = 0{,}64 = 64\,\%$$

Die Wahrscheinlichkeit für einen Schaden, der höher als 160.000,– € ausfällt, beläuft sich auf 64 %.

Zu d) Erwartungswert $E(x)$ und Varianz $V(x)$ der Dreiecksverteilung haben die Werte:

$$E(x) = \frac{(a + b + c)}{3} = \frac{(40.000 + 400.000 + 150.000)}{3} = 196.666{,}67\,€$$

$$V(x) = \frac{a^2 + b^2 + c^2 - ab - ac - bc}{18} = \frac{(a - b)^2 + (b - c)^2 + (a - c)^2}{36}$$

$$= \frac{(40.000 - 400.000)^2 + (400.000 - 150.000)^2 + (40.000 - 150.000)^2}{36}$$

$$= 5.672.222.244\,€$$

Im Beispiel beträgt der Erwartungswert folglich 196.666,– € bei einer Varianz von 5.672.222.244 €, aus der sich eine Standardabweichung von 75.314 € ergibt.[33]

Die Dichtefunktion für obiges Beispiel stellt die Abbildung 33 dar (in T €):

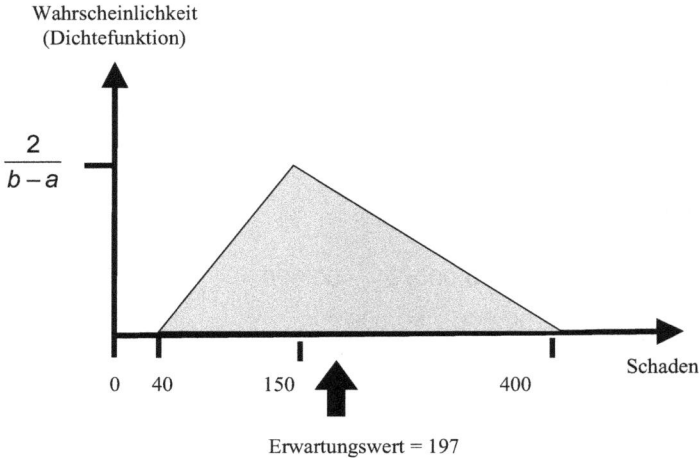

Abb. 33: Dichtefunktion einer Dreiecksverteilung

3.4.5 Exponentialverteilung

Neben den bereits beschriebenen Standardnormal-, Gleich- und Dreiecksverteilungen kommt der Exponentialverteilung im Rahmen der Betriebs- und Volkswirtschaftslehre eine relativ hohe Bedeutung zu. Sie kommt immer dann zur Anwendung, wenn ein Prozess die poissonschen Annahmen erfüllt, wobei die Zeitdauer zwischen aufeinander folgenden Ereignissen unabhängig ist.[34] Die Exponentialverteilung modelliert bspw.

-   die Zeit, die zwischen zwei Kunden an der Kasse vergeht oder
-   die Lebensdauer von Produkten mit konstanter Ausfallrate bzw. konstanter Ereignisdauer.

---

33 Siehe Aufgabe 55.

34 Dies bedeutet bspw., dass für die Modellierung der noch zu erwartenden Lebensdauer von Lebewesen keine Exponentialverteilung zugrundegelegt werden darf. Dann nämlich wäre die Wahrscheinlichkeit, dass ein Fünfzigjähriger weitere 50 Jahre lebt genauso groß, wie die eines Neugeborenen. Vgl. hierzu auch die bereits beschriebene Poissonverteilung im Rahmen der diskreten Verteilungen.

Gleich zur Poissonverteilung ist die Exponentialverteilung durch den einzigen Parameter λ beschrieben. λ hat den Charakter einer Ausfallrate, dessen Kehrwert den Charakter einer Lebensdauer. Die Dichtefunktion lautet:

$$f(x) = \begin{cases} \lambda e^{-\lambda x} & \text{für } x \geq 0 \quad \text{und} \quad \lambda > 0 \\ 0 & \text{sonst} \end{cases}$$

Daraus resultiert die Verteilungsfunktion:

$$F(x) = \begin{cases} 1 - e^{-\lambda x} & \text{für } x \geq 0 \\ 0 & \text{sonst} \end{cases}$$

Erwartungswert $E(x)$ und Varianz $V(x)$ der Exponentialverteilung werden beschrieben durch:

$$E(x) = \frac{1}{\lambda} \quad \text{bzw.} \quad V(x) = \frac{1}{\lambda^2}$$

Beispiel: Die Zeit, die zwischen dem Eintreffen zweier Kunden an einem Bankschalter vergeht, sei exponentialverteilt mit dem Erwartungswert von 2 Minuten.
  Bestimmen Sie:
a) Dichte- und Verteilungsfunktion,
b) die Wahrscheinlichkeit, dass zwischen dem Eintreffen zweier Kunden höchstens 1 Minute vergeht,
c) die Wahrscheinlichkeit, dass zwischen dem Eintreffen zweier Kunden mindestens 2 Minuten vergehen,
d) die Wahrscheinlichkeit, dass zwischen dem Eintreffen zweier Kunden die Zeit, die vergeht, zwischen einer und zwei Minuten beträgt?

Zu a) Aus dem Erwartungswert $E(X) = 2$ folgt $\lambda = 0,5$ sowie

$$f(x) = \begin{cases} 0,5 e^{-0,5x} & \text{für } x \geq 0 \\ 0 & \text{sonst} \end{cases}$$

und

$$F(x) = \begin{cases} 1 - e^{-0,5x} & \text{für } x \geq 0 \\ 0 & \text{sonst} \end{cases}$$

Zu b)

$$F(x \leq 1) = 1 - e^{-0,5 \cdot 1} = 0,3935$$

Die Wahrscheinlichkeit, dass zwischen dem Eintreffen zweier Kunden höchstens eine Minute vergeht, liegt bei 39,35 %.

Zu c)

$$F(x \geq 2) = 1 - 1 - e^{-0,5 \cdot 2} = 0,3679$$

Die Wahrscheinlichkeit, dass zwischen dem Eintreffen zweier Kunden mindestens zwei Minuten vergehen, beträgt 36,79 %.

Zu d)

$$F(1 \leq x \leq 2) = (1 - e^{-0,5 \cdot 2}) - (1 - e^{-0,5 \cdot 1}) = 0,2386$$

Die Wahrscheinlichkeit, dass zwischen dem Eintreffen zweier Kunden zwischen einer und zwei Minuten vergehen, beträgt 23,86 %.[35]

Die Dichtefunktion der Exponentialverteilung für obiges Beispiel stellt die Abbildung 34 dar:

Wahrscheinlichkeit
(Dichtefunktion)

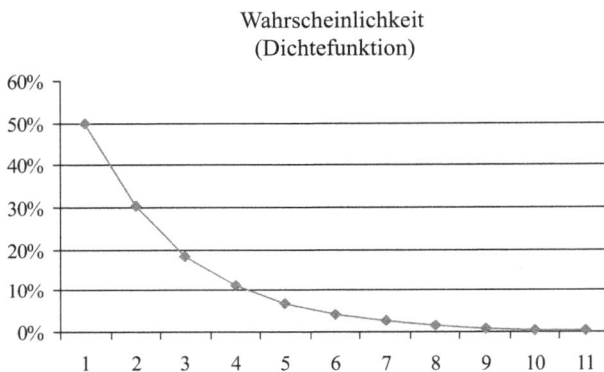

Abb. 34: Dichtefunktion der Exponentialverteilung

3.4.6 Wichtige stetige Prüfverteilungen

In der schließenden Statistik verwendet man immer wieder eine Reihe von Verteilungen, um bspw. den Stichprobenmittelwert, die Stichprobenvarianz oder das Verhältnis der Varianzen zweier Stichproben, den Regressionsansatz oder den Korrelationskoeffizienten i. v. m. auf die so genannte Signifikanz hin zu testen.

Diese Prüfgrößen dienen als Schätzwerte, sind also ihrerseits Zufallsvariable und deren Wahrscheinlichkeitsverteilungen die Grundlage für die auf diesen Prüfungen basierenden Tests.

---

[35] Siehe Aufgabe 56.

Bei allen Prüfverteilungen ist die Zahl der Freiheitsgrade als Parameter der Dichtefunktion der Prüfverteilung bedeutsam, weshalb auf diesen Begriff etwas näher eingegangen werden soll. Die **Freiheitsgrade** bzw. die Anzahl der Freiheitsgrade einer statistischen Kenngröße (wie bspw. der noch zu diskutierenden t-Verteilung) ist die Anzahl der unabhängigen Beobachtungswerte, die den Berechnungen zugrunde liegt, abzüglich der Anzahl der in die Berechnung zusätzlichen eingehenden Parameter, die ebenfalls auf Beobachtungswerten basieren.

So stehen bspw. für die Berechnung der Stichprobenvarianz n-Werte zur Verfügung. Zusätzlich wird als Parameter der Mittelwert benötigt. Deshalb wird mit $n - 1$ Freiheitsgraden gerechnet.

3.4.6.1 t-Verteilung

Die t-Verteilung, auch Studentverteilung genannt, spielt vor allem beim Signifikanztest statistischer Hypothesen, wie bspw. der Regressions- und Korrelationskoeffizienten eine große Rolle. Sie verdankt ihren Namen dem englischen Statistiker W. S. Gosset, der 1908 unter dem Pseudonym „Student" einen Artikel mit ihren Ableitungen veröffentlichte.

Gosset stellte fest, dass die Maßzahl für die Abweichungen der Stichprobenmittelwerte nur dann der Standardnormalverteilung folgt, wenn die Werte x_i normalverteilt sind und die beiden relevanten Parameter der Standardnormalverteilung, der Erwartungswert μ und die Standardabweichung σ bekannt sind. Häufig ist aber die Standardabweichung der Grundgesamtheit unbekannt, so dass die Standardisierungsformel

$$z = \frac{\overline{x} - \mu_0}{\frac{\sigma}{\sqrt{n}}} \quad \text{durch} \quad t = \frac{\overline{x} - \mu_0}{\frac{s}{\sqrt{n}}}$$

ersetzt wird, wobei s die Standardabweichung der Stichprobe ist (die Standardabweichung der Grundgesamtheit war ja annahmegemäß unbekannt).

Bei einer kleinen Zahl von Freiheitsgraden (kleine Stichprobenumfänge) ist die Abweichung von der (Standard)Normalverteilung relativ groß, weshalb die Studentverteilung insbesondere bei einer kleinen Anzahl von Versuchen ihre Daseinsberechtigung hat. Ab 30 Versuchen ($v = 30$) geht die Studentverteilung langsam in die Standardnormalverteilung über. Deshalb wird die Studentverteilung durch die Normalverteilung approximiert bei $v \geq 30$.

Im Tabellenanhang ist die Studentverteilung für vorgegebene Werte der Verteilungsfunktion für unterschiedliche Freiheitsgrade v angegeben (siehe Gliederungspunkt 7.5).

3.4.6.2 χ^2-Verteilung

Die χ^2-Verteilung (Chi-Quadrat) liegt dem χ^2-Anpassungstest, dem χ^2-Unabhängigkeitstest und dem χ^2-Homogenitätstest zugrunde. Außerdem benötigt man sie bspw. zur Bestimmung von Konfidenzintervallen für Varianzen.

Die Formel der χ^2-Verteilung geht auf F.R. Helmert aus dem Jahre 1875 zurück. Dabei entspricht die Verteilung folgendem stochastischen Modell: Wenn unabhängige standardnormalverteilte Zufallsvariable $Z_1, Z_2, Z_3, \ldots Z_v$, also Zufallsvariable mit dem Erwartungswert $\mu = 0$ und der Standardabweichung $\sigma = 1$ betrachtet werden, dann gehorcht die Quadratsumme

$$\chi^2 = Z_1^2 + Z_2^2 + Z_3^2 + \ldots + Z_v^2$$

einer χ^2-Verteilung mit v Freiheitsgraden.

Da die χ^2-Verteilung tabelliert vorliegt, soll auf die Darstellung der Dichte- und Verteilungsfunktion an dieser Stelle verzichtet werden. Die Wahrscheinlichkeiten einer χ^2-verteilten Zufallsvariable für vorgegebene Werte der Verteilungsfunktion können wiederum aus dem Tabellenanhang herausgezogen werden (siehe Gliederungspunkt 7.4).[36]

3.4.6.3 *F*-Verteilung

Die *F*-Verteilung dient in erster Linie der Varianzanalyse und der Prüfung von Regressions- und Korrelationskoeffizienten und geht auf Ronald Fisher zurück. Sie geht von zwei unabhängigen χ^2-verteilten Zufallsvariablen X und Y mit v_1 und v_2 Freiheitsgraden aus. Dann ist der folgende Quotient *F*-verteilt:

$$F = \frac{\frac{X}{v_1}}{\frac{Y}{v_2}}$$

Für den Quotienten der Varianzen s_1^2 und s_2^2 aus zwei unabhängigen Stichproben n_1 und n_2 aus zwei normalverteilten Grundgesamtheiten mit gleicher Varianz gilt:

$$F = \frac{s_1^2}{s_2^2} \quad \text{wobei} \quad s_1^2 > s_2^2 \,.$$

3.5 Approximationen

Es gibt eine Reihe von Bedingungen, deren Eintreten es ermöglichen, dass eine Verteilung durch eine andere (einfacher zu handhabende) Verteilung ersetzt werden kann. So kann bspw. die recht aufwendig zu berechnende hypergeometrische Verteilung durch die Binomialverteilung oder die Normalverteilung approximiert werden.

Bevor jedoch die Approximationsregeln und die entsprechenden neuen Parameter vorgestellt werden sollen, wollen wir noch einmal einen Blick auf diejenigen Ver-

---

36 An späterer Stelle wird anhand des χ^2-Anpassungs- und des χ^2-Unabhängigkeitstests die Funktionsweise näher erläutert.

teilungen sowie deren Parameter, Erwartungswerte und Varianzen werfen, bei denen sich eine Approximation anbietet (siehe Tab. 61):[37]

Tab. 61: Wichtige Verteilungsparameter

Verteilung	Parameter	Erwartungswert	Varianz
Binomialverteilung	$0 \le \theta \le 1$ $n = 1, 2 \ldots$	$n \cdot \theta$	$n \cdot \theta \cdot (1 - \theta)$
hypergeometrische Verteilung	$N = 1, 2, \ldots$ $M = 0, 1, \ldots, N$ $n = 1, 2, \ldots, N$	$n \cdot \dfrac{M}{N}$	$n \dfrac{M}{N} \cdot \dfrac{N - M}{N} \cdot \dfrac{N - n}{N - 1}$
Poissonverteilung	$\lambda > 0$	λ	λ
Normalverteilung	$-\infty < \mu < +\infty$ $\sigma > 0$	μ	σ
Studentverteilung	$v = 1, 2, \ldots$	0 für $v > 1$	$\dfrac{v}{v-2}$ für $v > 2$
χ^2-Verteilung	$v = 1, 2, \ldots$	v	$2 \cdot v$
F-Verteilung	$v_1 > 0$ und $v_2 > 0$	$\dfrac{v_2}{v_2 - 2}$ für $v_2 > 2$	$\dfrac{2 v_2^2 (v_1 + v_2 - 2)}{v_1 (v_2 - 2)^2 (v_2 - 4)}$ für $v_2 > 4$

Tabelle 62 beinhaltet Kriterien, die die Approximation als sinnvoll erachten.

Einige der Approximationsregeln sollen nun anhand von Beispielen veranschaulicht werden:

Beispiel 1: Der Hersteller von Stanzwerkzeugen entnimmt seiner Monatsproduktion, die mehrere tausend Werkzeuge enthält, eine Stichprobe von 60 Stück. Er weiß aufgrund von Erfahrungswerten, dass der Anteil der defekten Werkzeuge 20 % beträgt. Wie groß ist die Wahrscheinlichkeit, dass der Hersteller in der Stichprobe weniger als 15 defekte Werkzeuge findet?

Aufgrund der großen Grundgesamtheit sind die Werkzeuge binomialverteilt mit $\theta = 0,2$, $n = 60$ und der gesuchten Verteilungsfunktion $P(X < 15)$. Es ist offenkundig, dass die Berechnung über die Binomialverteilung sehr aufwändig wäre. Man würde eine Wahrscheinlichkeit von:

$$P(X \le 14) = 0,7935 = 79,35 \%$$

bekommen.[38]

---

37 In der Tabelle 61 sind eine Reihe von vorgestellten Verteilungen nicht vorhanden. Bspw. eignet sich die Gleich- oder Dreiecksverteilung nicht zur Approximation.

38 Im Rahmen von relativ einfachen Tabellenkalkulationsprogrammen (z. B. Excel) sind eine Reihe von Wahrscheinlichkeitsverteilungen als Funktion hinterlegt. Es bietet sich aber auch bspw. der Einsatz von SPSS an. Vgl. Eckstein P., 2010, S. 41ff.

Tab. 62: Wichtige Approximationsregeln

Verteilung	approximiert durch	Parameter
hypergeometrische Verteilung Regel: $\frac{n}{N} < 0{,}1$	Binomialverteilung	$\frac{M}{N} \Rightarrow \theta$
hypergeometrische Verteilung Regel: $\frac{n}{N} < 0{,}05$; $n \geq 30$; $P \leq 0{,}1$	Poissonverteilung	$n \cdot \frac{M}{N} \Rightarrow \lambda$
hypergeometrische Verteilung Regel: $n \cdot \frac{M}{N} \cdot (1 - \frac{M}{N}) \geq 9$; $N > 2 \cdot n$	Normalverteilung	$n \cdot \frac{M}{N} \Rightarrow \mu$ $n \cdot \frac{M}{N} \cdot (1 - \frac{M}{N}) \cdot \frac{N-n}{N-1} \Rightarrow \sigma^2$
Binomialverteilung Regel: $n \geq 30$; $\theta \leq 0{,}1$	Poissonverteilung	$n \cdot \theta \Rightarrow \lambda$
Binomialverteilung Regel: $n \cdot \theta \cdot (1 - \theta) \geq 9$	Normalverteilung	$n \cdot \theta \Rightarrow \mu$ $n \cdot \theta \cdot (1 - \theta) \Rightarrow \sigma^2$
Poissonverteilung Regel: $\lambda \geq 9$	Normalverteilung	$\lambda \Rightarrow \mu$ $\lambda \Rightarrow \sigma^2$
Studentverteilung Regel: $v \geq 30$	Normalverteilung	$t \Rightarrow z$[a]

[a] D. h., anstatt der Studentverteilung (t) werden die Werte aus der Standardnormalverteilung (z) genommen.

Aufgrund der Approximationsregel $n \cdot \theta \cdot (1 - \theta) \geq 9$, d. h. $60 \cdot 0{,}2 \cdot 0{,}8 = 9{,}6 \geq 9$, kann die Binomialverteilung durch die (Standard)Normalverteilung approximiert werden. Die Parameter lauten:

$$E(X) = 60 \cdot 0{,}2 = 12 = \mu$$

$$V(X) = 60 \cdot 0{,}2 \cdot 0{,}8 = 9{,}6 = \sigma^2$$

Daraus folgt für die standardisierte z-Formel:[39]

$$z = \frac{14{,}5 - 12}{\sqrt{9{,}6}} = 0{,}81 \rightarrow P(X \leq 14) = 0{,}791 = 79{,}1\,\%$$

Die Standardnormalverteilung gibt also eine gute Annäherung, d. h. lediglich eine Abweichung vom Wert der Binomialverteilung in Höhe von $79{,}35 - 79{,}10 = 0{,}25\,\%$.

Beispiel 2: Von den 600 Studierenden eines Fachbereiches bestreiten 180 ihr Studium aus eigenen Mitteln. Wie groß ist die Wahrscheinlichkeit, dass unter 60 zufällig ausgewählten Studierenden 15 bis 20 ihr Studium selbst bestreiten?

---

39 Man arbeitet hier mit der so genannten „Stetigkeitskorrektur", d. h. eine diskrete Zufallsvariable passt man an eine stetige Zufallsvariable an, indem die zu berechnende Variable (hier 14) nach der sicheren Seite hin um 0,5 angepasst wird.

Es liegt eine hypergeometrische Verteilung vor, mit den Parametern $N = 600$, $M = 180$ und $n = 60$, wobei $k = 15, 16, \ldots, 20$ ist. Man würde als exakten Wert

$$P(15 \leq X \leq 20) = 0,6242 = 62,42\% \quad \text{erhalten.}$$

Da $n \cdot \frac{M}{N} \cdot (1 - \frac{M}{N}) \geq 9$, denn $(60 \cdot 0,3 \cdot 0,7 = 12,6)$ und $N > 2 \cdot n$, denn $(600 > 120)$, ist die Approximationsmöglichkeit der hypergeometrischen durch die Standardnormalverteilung gegeben. Es errechnen sich:

$$\mu = 60 \cdot 0,3 = 18 \quad \text{und} \quad \sigma^2 = 60 \cdot 0,3 \cdot 0,7 \cdot \frac{540}{599} = 11,359$$

und daraus die z_i-Werte:

$$z_1 = \frac{20,5 - 18}{\sqrt{11,359}} = 0,74 \quad \text{und} \quad z_2 = \frac{14,5 - 18}{\sqrt{11,359}} = -1,04$$

$$P(15 \leq X \leq 20) = 0,7704 - 0,1492 = 0,6212 = 62,12\%$$

Auch hier liegt eine gute Annäherung vor (Abweichung $62,42\% - 62,12\% = 0,3\%$).[40]

3.6 Schätzen und Testen

3.6.1 Vorüberlegungen

Häufig stellt sich der Statistiker die Aufgabe, Informationen über bestimmte charakteristische Eigenschaften statistischer Grundgesamtheiten zu beschaffen. Beispielsweise kann der Anteil θ der berufstätigen Frauen in einer Gemeinde oder das monatliche Durchschnittseinkommen μ der deutschen Studenten von Interesse sein.[41]

Zwei Wege zur Bestimmung derartiger Maßzahlen (Parameter) von Grundgesamtheiten bieten sich an: Zum ersten können im Rahmen einer **Vollerhebung** sämtliche Elemente der Grundgesamtheit in die Erhebung einbezogen werden, zum zweiten kann im Wege einer **Teilerhebung** auch nur ein Teil der Elemente der Grundgesamtheit erhoben werden.

Warum nun entscheidet man sich für eine Teilerhebung? Hierfür gibt es eine Reihe von Gründen, wobei die wichtigsten die Kostenersparnis, die Zeitgewinnung und die stellenweise praktische Undurchführbarkeit der Vollerhebung sind:
- Die **Kostenersparnis** bei einer Teilerhebung im Gegensatz zur Vollerhebung tritt ein, weil eine kleinere Anzahl von Elementen erfasst wird.
- Die Teilerhebung ist deutlich schneller durchführbar als eine Vollerhebung, sorgt also für einen **Zeitgewinn**. Dies ist im Rahmen von vielen durchzuführenden betriebswirtschaftlichen oder wirtschaftspolitischen Entscheidungen wichtig.

---

40 Siehe Aufgaben 57 bis 59.
41 Zur Schätz- und Testtheorie vgl. auch Hippmann H.D., 2007, S. 266ff. oder Quatember A., 2008, S. 117ff.

- Häufig sind Vollerhebungen **praktisch unmöglich**, bspw., wenn dadurch die Grundlage vernichtet wird (z. B. Glühlampentest).

Was ist nun die Aufgabe des Schätzens und Testens?

Beim **Schätzen** geht man von der Stichprobe (Teilerhebung) aus und versucht aufgrund dieser Stichprobe, Aussagen über die unbekannten Parameter der Grundgesamtheit zu machen. Dabei unterscheidet man grundsätzlich zwei Arten von Schätzverfahren, nämlich zum einen die so genannte **Punktschätzung** und zum anderen die **Intervallschätzung**.

Bei der **Punktschätzung** wird für den zu schätzenden Parameter der Grundgesamtheit, bspw. das arithmetische Mittel, aufgrund des Ergebnisses der Stichprobe lediglich ein einziger Wert angegeben. Diese Vorgehensweise birgt bezüglich der Aussagekraft große Risiken, da der Stichprobenwert natürlich zufallsabhängig ist und nur in den seltensten Fällen mit dem gesuchten Wert der Grundgesamtheit übereinstimmen wird. Deshalb kommt eine Punktschätzung nur in den wenigsten Fällen zur Anwendung.[42]

Wesentlich gebräuchlicher ist die **Intervallschätzung**. Hierbei wird, ausgehend von dem Ergebnis der Stichprobe, ein Vertrauensbereich, das so genannte Konfidenzintervall angegeben. Dabei handelt es sich um einen Bereich, in dem der wahre Wert der Grundgesamtheit mit einer vorgegebenen Wahrscheinlichkeit liegen wird. Im weiteren Verlauf des Buches liegt der Fokus auf der Intervallschätzung. Parameter, für die Intervallschätzungen vorgenommen werden, können sein:
- das arithmetische Mittel μ der Grundgesamtheit
- der Anteilswert θ der Grundgesamtheit (Anteil mit einer bestimmten Eigenschaft),
- Differenzen von arithmetischen Mitteln $\mu_1 - \mu_2$,
- Differenzen von Anteilswerten der Grundgesamtheit $\theta_1 - \theta_2$ oder
- Quotienten zweier Varianzen σ_1^2 / σ_2^2.

Durch das Schätzen gewinnt der Statistiker dann einen Vertrauensbereich (das Konfidenzintervall), so dass er mit einer bestimmten Wahrscheinlichkeit (i. d. R. auf dem 99 %, 95 % oder 90 %-Niveau) sagen kann, dass sich der gesuchte Parameter der Grundgesamtheit in diesen Grenzen befindet.

Beispiel: In einem Ort mit $N = 3.800$ Familien soll der Anteil θ der Familien geschätzt werden, die mehr als einen PKW haben. In einer Stichprobe vom Umfang $n = 38$ Familien mögen sich $x = 12$ Familien mit mehr als einem PKW befinden. Es soll ein 95 %-Konfidenzintervall für den Anteil θ der Familien in der Grundgesamtheit mit mehr als einem PKW bestimmt werden.

---

42 An späterer Stelle wird auf die wünschenswerten Eigenschaften von Schätzfunktionen eingegangen.

Mit dem **Testen**, das genauso wie das Schätzen auf Stichproben aufsetzt, sollen Aussagen, die über die Grundgesamtheit aufgestellt wurden, auf ihre Richtigkeit hin überprüft werden. Dabei sind Parameter- und Verteilungstests zu unterscheiden:

– Bei den **Parametertests** versucht man, Hypothesen zu Parametern, wie bspw. dem arithmetischen Mittel der Grundgesamtheit μ oder des Anteilswertes θ auf Signifikanz hin zu untersuchen.

– Bei den **Verteilungstests** versucht der Statistiker herauszufinden, ob die in der Stichprobe beobachtete Verteilung mit der für die unbekannte Verteilung der Grundgesamtheit gemachten Annahmen in Widerspruch steht oder nicht.

Beispiel für einen Parametertest: Ein Händler behauptet, dass der Anteil der Ausschussware seiner Lieferungen 10 % nicht übersteigt. Mit Hilfe des Parametertestes zum Anteilswert wird nun versucht, diese aufgestellte Hypothese zu verifizieren (zu bestätigen) oder zu falsifizieren (zu widerlegen).

Beispiel für einen Verteilungstest: Es wird behauptet, dass aufgrund einer Stichprobe, in der Studienabsolventen unterschiedlicher Studiengänge in „geeignet" und „nicht geeignet" für eine Einstellung (siehe Kontingenztafel) eingeteilt werden, ein Zusammenhang besteht zwischen der Eignung und dem Studiengang.

Für das Schätzen und Testen steht eine Reihe von **Prüfverteilungen** zur Verfügung wie bspw. die im Rahmen der stetigen Verteilungen kurz angesprochene Studentverteilung, X^2-Verteilung und Fisher-Verteilung. Ferner ist die bereits ausführlich besprochene Standardnormalverteilung mit dem standardisierten z-Wert von elementarer Bedeutung.

– Die **t-Verteilung** (Student-Verteilung) kommt im weiteren Verlauf zur Anwendung beim Hypothesentest für das arithmetische Mittel der Grundgesamtheit und zwar für den Fall, dass die Varianz der Grundgesamtheit unbekannt ist. Ferner findet die t-Verteilung Anwendung bei der Frage, ob der Korrelationskoeffizient einer Stichprobe bzw. die errechneten Regressionskoeffizienten signifikant von null verschieden sind oder nicht.

– Die **χ^2-Verteilung** (Chi-Quadratverteilung) findet Anwendung bei einer Reihe von Anpassungs- und Unabhängigkeitstests.

– Die **F-Verteilung** (Fisher-Verteilung) wird ebenso wie die t-Verteilung zum Testen von Regressions- oder Korrelationskoeffizienten benutzt. Sie hat gegenüber der t-Verteilung den Vorteil, dass sie zum Aufbau eines (multiplen) Regressionsmodells besser geeignet ist, da hier durch partielle F-Tests schrittweise signifikante Regressoren hinzugenommen bzw. nicht signifikante Regressoren eliminiert werden können. Ferner kommt die F-Verteilung zum Einsatz, wenn die Gleichheit zweier Varianzen geprüft werden soll.

– Die **Standardnormalverteilung** kommt bei unterschiedlichen Prüfverfahren zur Anwendung. Zunächst beim Hypothesentest für das arithmetische Mittel der Grundgesamtheit und zwar für den Fall, dass die Varianz der Grundgesamtheit bekannt ist. Sie wird zweitens beim Hypothesentest von Anteilswerten, drittens beim Testen von Differenzen zwischen arithmetischen Mitteln verschiedener Stichproben sowie viertens zur Überprüfung der Gleichheit/Ungleichheit von Anteilswerten zweier Stichproben verwendet.

3.6.2 Ein einführendes Beispiel

Mit folgendem kleinen Beispiel soll der Grundgedanke des Schätzens und Testens konkretisiert und gleichzeitig die Brücke zu den bereits bekannten statistischen Verteilungen geschlagen werden.

Beispiel: In der Vergangenheit betrug der Anteil der überfälligen Forderungen eines Unternehmens 20 %. Anhand der neuen Zahlen soll nun mit Hilfe einer Stichprobe vom Umfang $n = 65$ überprüft werden, ob eine signifikante Änderung (im Sinne einer Verringerung oder einer Erhöhung) der Forderungen feststellbar ist.

Welche Überlegungen bzw. Fragen wirft dieses Beispiel auf?
- **Frage 1:** Gibt es eine geeignete Verteilungsfunktion, die obiges Problem rechenbar macht?
- **Frage 2:** Kann man ein Intervall **schätzen**, das eine tolerierbare, d. h. nicht signifikante Abweichung vom erwarteten Anteilswert darstellt?
- **Frage 3:** Wann bzw. wie würde man demzufolge ein **Test**szenario aufbauen, das die tolerierbaren von den nicht mehr tolerierbaren Abweichungen trennt, d. h. diskriminiert?

Zu Frage 1: Aufgrund der Ausgangssituation kann die Binomialverteilung als diskrete Verteilungsfunktion zugrunde gelegt werden. Es gilt folglich:

$$P(X = k) = \begin{vmatrix} n \\ k \end{vmatrix} \cdot \theta^k \cdot (1 - \theta)^{n-k} \quad \text{oder konkret} \quad P(X = k) = \begin{vmatrix} 65 \\ k \end{vmatrix} \cdot 0,2^k \cdot (1 - 0,2)^{n-k}$$

mit $k = 0, 1, \ldots, 65$

Es ergeben sich Wahrscheinlichkeiten und die daraus abgeleitete Verteilungsfunktion für $k = 2$ bis 27 (Werte darüber und darunter gehen gegen null).

Tab. 63: Einführung in die Schätz- und Testtheorie

Angaben in %

k	P(X = k)	P(X ≤ k)	k	P(X = k)	P(X ≤ k)	k	P(X = k)	P(X ≤ k)
2	0,01	0,01	11	10,72	33,01	20	1,29	98,68
3	0,03	0,04	12	12,06	45,06	21	0,69	99,37
4	0,13	0,17	13	12,29	57,35	22	0,35	99,72
5	0,41	0,58	14	11,41	68,76	23	0,16	99,88
6	1,01	1,59	15	9,70	78,46	24	0,07	99,95
7	2,13	3,72	16	7,58	86,04	25	0,03	99,98
8	3,87	7,59	17	5,46	91,50	26	0,01	99,99
9	6,12	13,72	18	3,64	95,14	27	0,01	100,00
10	**8,57**	**22,29**	19	2,25	97,39			

Interpretation: Bspw. beträgt die Wahrscheinlichkeit, dass sich in der Stichprobe (n = 65) 10 überfällige Forderungen befinden 8,57 %, die Wahrscheinlichkeit für höchsten 10 überfällige Forderungen 22,29 %.

Die berechneten Werte der Wahrscheinlichkeitsfunktion aus Tabelle 63 verdeutlicht auch Abbildung 35.

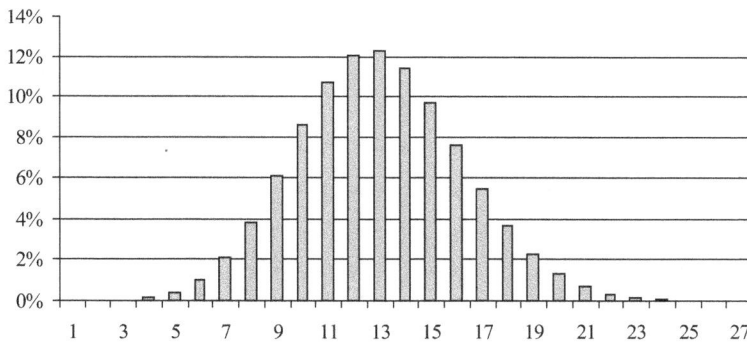

Abb. 35: Wahrscheinlichkeitsfunkion von binomialverteilten Merkmalen

Sie zeigt einen Erwartungswert von 13 ($n \cdot \theta = 65 \cdot 0,2$) und lässt aufgrund der Struktur vermuten, dass die Binomialverteilung offensichtlich gut durch die Standardnormalverteilung approximiert werden kann. In der Tat greift die Approximationsbedingung:

$$n \cdot \theta \cdot (1 - \theta) = 65 \cdot 0,2 \cdot (1 - 0,2) = 10,4 \geq 9 \, ,$$

so dass die Approximation sinnvoll ist.

Die Standardnormalverteilung gewinnt dann ihre Verteilungsparameter durch:

$$\mu = n \cdot \theta = 65 \cdot 0,2 = 13 \quad \text{und} \quad \sigma^2 = n \cdot \theta \cdot (1 - \theta) = 65 \cdot 0,2 \cdot (1 - 0,2) = 10,4$$

Bestimmt man mit ihrer Hilfe jetzt bspw. die Wahrscheinlichkeit dafür, dass die Anzahl der überfälligen Forderungen in der Stichprobe maximal 10 beträgt, ergibt sich:[43]

$$z = \frac{x - \mu}{\sigma} = \frac{10,5 - 13}{\sqrt{10,4}} = -0,77 \rightarrow P(X \leq 10) = 0,2206 = 22,06\%$$

Im Vergleich zur Binomialverteilung zeigt sich also eine sehr geringe Abweichung.

Zu Frage 2: Unter der 1. Frage hatten wir bereits verschiedene Wahrscheinlichkeiten sowie Erwartungswert und Varianz der Standardnormalverteilung bestimmt.

Der Erwartungswert der Stichprobe lag bei $\mu = 13$ überfälligen Forderungen. Die Hauptaufgabe im Rahmen des Schätzens besteht nun darin, einen Vertrauensbereich um diesen Erwartungswert zu definieren, der Abweichungen (gerade noch) toleriert. Üblicherweise bestimmt man dabei den **zentralen** 95 % oder 99%igen Vertrauensbereich.

Der zentrale 95%ige Vertrauensbereich bspw. besagt, dass, ausgehend vom Erwartungswert, Werte mit einer Abweichung von +/- 47,5 % innerhalb dieser Intervallgrenzen liegen. Damit scheiden lediglich Werte aus, die im Rahmen der Standardnormalverteilungskurve zu den unteren 2,5 % bzw. oberen 2,5 % (also zwischen 97,5 % und 100 %) gehören.

Um diese beiden kritischen Intervallgrenzen zu bestimmen, wird die z-Funktion nach x aufgelöst und es ergibt sich:

$$x_U = \mu - z \cdot \sigma \quad \text{bzw.} \quad x_O = \mu + z \cdot \sigma$$

Dabei bedeuten: x_U = kritische Untergrenze bzw. x_O = kritische Obergrenze

Für das zentrale 95 %-Konfidenzintervall beträgt der Wert $z = 1,96$, so dass sich für obiges Beispiel die Intervallgrenzen (in absoluten Werten) wie folgt darstellen:

$$x_U = 13 - 1,96 \cdot 3,2249 = 6,68 \quad x_O = 13 + 1,96 \cdot 3,2249 = 19,32$$

Das bedeutet, dass Stichproben vom Umfang $n = 65$ mit Erwartungswert $\mu = 13$ im Intervall von 7 bis 19 überfälligen Forderungen keine signifikanten Abweichungen darstellen.

Zu Frage 3: Aus Abbildung 36 können nun unmittelbar Testszenarien abgeleitet werden. Würde bspw. der neue Leiter der Controllingabteilung behaupten, dass sich aufgrund von lediglich 8 überfälligen Forderungen in der Stichprobe der Anteil bzw. die Anzahl derer signifikant verringert hätte, könnten wir diese Hypothese nicht bestätigen, da die 8 überfälligen Forderungen im 95 %-Konfidenzintervall mit den absoluten Grenzen 7 und 19 liegen. Erst im Bereich von 0–6 bzw. 20–65 überfälligen Forderungen gehen wir von einer signifikanten Änderung aus. Dieses einführende Beispiel sollte die Grundüberlegungen der Schätz- und Testtheorie erklären. Es folgt nun die Konkretisierung.

---

[43] Der Wert 10,5 ergibt sich aus der notwendigen Stetigkeitskorrektur, da eine diskrete durch eine stetige Verteilungsfunktion approximiert wurde.

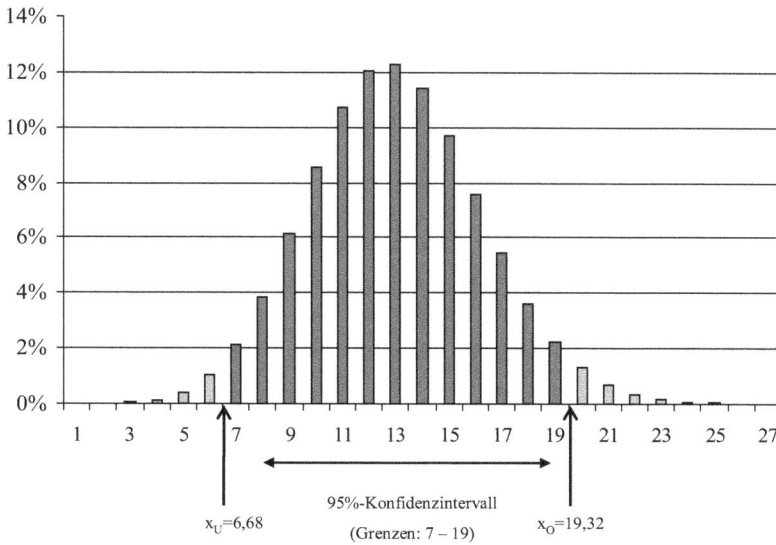

Abb. 36: 95 %- Konfidenzintervall der überfälligen Forderungen

3.6.3 Statistisches Schätzen

3.6.3.1 Überblick über wichtige Konfidenzintervalle

Im weiteren Verlauf werden nun bedeutende Konfidenzintervalle erläutert, die alle ähnliche Überlegungen anstellen, die bereits im einführenden Beispiel angesprochen wurden. Um die Thematik etwas zu erleichtern, erfolgt an dieser Stelle zunächst ein grober Überblick über die zu diskutierenden Intervalle (siehe Tab. 64).

Diskutiert werden also im weiteren Verlauf Konfidenzintervalle für das arithmetische Mittel μ bei bekannter und unbekannter Varianz der Grundgesamtheit, für den Anteilswert θ, die Differenz zweier arithmetischer Mittel $\mu_1 - \mu_2$, zweier Anteilswerte $\theta_1 - \theta_2$ und den Quotienten zweier Varianzen σ_1^2 / σ_2^2. Ferner die beiden Parameter des linearen Regressionsansatzes β_1 und β_2. Es schließt sich die Frage nach dem notwendigen Stichprobenumfang n im Rahmen von Schätzungen an.

3.6.3.2 Konfidenzintervall für das arithmetische Mittel bei bekannter Varianz

Ist die **Varianz der Grundgesamtheit bekannt**, so ermittelt man das Konfidenzintervall für μ durch

$$\overline{x} - z \cdot \sigma_{\overline{x}} \leq \mu \leq \overline{x} + z \cdot \sigma_{\overline{x}}$$

Tab. 64: Wichtige Konfidenzintervalle

Parameter	Konfidenzintervall	Anzuwendende Verteilung
μ (σ^2 bekannt)	$\bar{x} - z \cdot \sigma_{\bar{x}} \leq \mu \leq \bar{x} + z \cdot \sigma_{\bar{x}}$	**Normalverteilung** Bedingung: Grundgesamtheit normalverteilt; Faustregel: $n > 30$
μ (σ^2 unbekannt)	$\bar{x} - t \cdot \sigma_{\bar{x}} \leq \mu \leq \bar{x} + t \cdot \sigma_{\bar{x}}$	**Studentverteilung**, sofern $n \leq 30$ mit $v = n - 1$ **Normalverteilung**, sofern $n > 30$
θ	$p - z \cdot \sigma_p \leq \theta \leq p + z \cdot \sigma_p$	**Normalverteilung** Faustregel: $n \cdot p \cdot (1 - p) \geq 9$
$\mu_1 - \mu_2$	$(\bar{x}_1 - \bar{x}_2) - t \cdot \sigma_{D\mu} \leq \mu_1 - \mu_2 \leq$ $(\bar{x}_1 - \bar{x}_2) + t \cdot \sigma_{D\mu}$	**Studentverteilung**, sofern $n_1 \leq 30$ und $n_2 \leq 30$ mit $v = \dfrac{\left[\dfrac{s_1^2}{n_1} + \dfrac{s_2^2}{n_2}\right]^2}{\dfrac{\left[\dfrac{s_1^2}{n_1}\right]^2}{n_1 - 1} + \dfrac{\left[\dfrac{s_2^2}{n_2}\right]^2}{n_2 - 1}}$ **Normalverteilung**, sofern $n_1 \geq 30$ und $n_2 \geq 30$
$\theta_1 - \theta_2$	$(p_1 - p_2) - z \cdot \sigma_{D\theta} \leq \theta_1 - \theta_2 \leq$ $(p_1 - p_2) + z \cdot \sigma_{D\theta}$	**Normalverteilung** Faustregel: $n_1 \cdot p_1 \cdot (1 - p_1) \geq 9$ $n_2 \cdot p_2 \cdot (1 - p_2) \geq 9$
σ_1^2 / σ_2^2	$\dfrac{s_1^2}{s_2^2} \cdot \dfrac{1}{F_{v_1 v_2}} \leq \dfrac{\sigma_1^2}{\sigma_2^2} \leq \dfrac{s_1^2}{s_2^2} \cdot F_{v_2 v_1}$	**F-Verteilung**, mit $v_1 = n_1 - 1$ und $v_2 = n_2 - 1$
β_1 β_2	$b_1 - t \cdot s_{b_1} \leq \beta_1 \leq b_1 + t \cdot s_{b_1}$ $b_2 - t \cdot s_{b_2} \leq \beta_2 \leq b_2 + t \cdot s_{b_2}$	**Studentverteilung**, mit $v = n - 2$

Bedeutung: μ_i = Erwartungswerte der Grundgesamtheiten; $\bar{x}_i$ = arithmetische Mittel der Stichproben; σ = Standardabweichung der Grundgesamtheit; $\sigma_{\bar{x}}$ = Schätzwert für die Standardabweichung des Stichprobenmittelwertes; n = Stichprobenumfang; θ = Anteilswert der Grundgesamtheit; p_i = Anteilswerte der Stichprobe; σ_p = Schätzwert für die Standardabweichung des Stichprobenanteilswertes; $\sigma_{D\mu}$ = Schätzwert für die Standardabweichung der Stichprobendifferenzen; $\sigma_{D\theta}$ = Schätzwert für die Standardabweichung der Stichprobenanteilswerte; s_i^2 = Varianz der i-ten Stichprobe; σ_i^2 = Varianz der i-ten Grundgesamtheit; β_1 = Achsenabschnitt des Regressionsansatzes der Grundgesamtheit, b_1 = Achsenabschnitt des Regressionsansatzes der Stichprobe; s_{b1} = Standardfehler des Stichprobenregressionskoeffizienten b_1; β_2 = Steigung des Regressionsansatzes der Grundgesamtheit, b_2 = Steigung des Regressionsansatzes der Stichprobe; s_{b2} = Standardfehler des Stichprobenregressionskoeffizienten b_2

wobei:

$\bar{x}$ = arithmetisches Mittel der Stichprobe

z = Wert aus der Standardnormalverteilung bei einem vorgegebenen Konfidenzniveau (in %)

$\sigma_{\bar{x}}$ = Schätzwert für die Standardabweichung des Stichprobenmittelwertes

μ = arithmetisches Mittel der Grundgesamtheit

dabei ist $\sigma_{\overline{x}} = \frac{\sigma}{\sqrt{n}}$[44] mit σ = Standardabweichung der Grundgesamtheit und n = Stichprobenumfang.

Ermittlung des z-Wertes: Die Ermittlung des z-Wertes erfolgt auf Basis des durch die jeweilige Aufgabenstellung vorgegebenen Konfidenzniveaus. Es gilt immer: $1 - \alpha$ = Konfidenzniveau, wobei man i. d. R. die zentrierte Wahrscheinlichkeit berechnet.

Geht man z. B. von einer geforderten 99 %-Wahrscheinlichkeit aus, so ergibt sich der Wert α wie folgt:

$$1 - \alpha = 0,99 \rightarrow \alpha = 0,01 \ .$$

Dabei gilt für die obere Begrenzung des Konfidenzintervalls: $z_{1-\frac{\alpha}{2}} = z_{0,995} = \mathbf{2,58}$ und für die untere Begrenzung des Konfidenzintervalls: $z_{\frac{\alpha}{2}} = z_{0,005} = \mathbf{-2,58}$.

Beispiel: Eine aus N = 3.800 Studenten entnommene Stichprobe zur Schätzung des Durchschnittsalters vom Umfang n = 38 ergab ein Durchschnittsalter von $\overline{x}$ = 23,8 Jahren. Die Standardabweichung der Grundgesamtheit betrug σ = 2,3 Jahre. Man bestimme ein 99 %-Konfidenzintervall für das Durchschnittsalter μ in der Grundgesamtheit.

Der Standardfehler des arithmetischen Mittels der Stichprobe beträgt $\sigma_{\overline{x}} = \frac{2,3}{\sqrt{38}}$ = 0,373

Aus der Tabelle der Standardnormalverteilung findet man für den Sicherheitsgrad $1 - \alpha = 0,99$ den Wert $z = 2,58$: Damit ergibt sich für das gesuchte Konfidenzintervall:

$$23,8 - 2,58 \cdot 0,373 \leq \mu \leq 23,8 + 2,58 \cdot 0,373$$
$$22,84 \leq \mu \leq 24,76$$

d. h. mit einer (vorgegebenen) Wahrscheinlichkeit von 99 % befindet sich das arithmetische Mittel der Grundgesamtheit im Intervall 22,84 bis 24,76.

Anmerkung: Grundsätzlich ist das Konfidenzintervall umso größer/kleiner, je größer/kleiner das vorgegebene Konfidenzniveau gewählt worden ist. Beträgt in obigem Beispiel das vorgegebene Konfidenzniveau bspw. nur 95 %, leitet sich daraus der z-Wert 1,96 ab mit der Konsequenz, dass sich das Intervall auf 23,07 bis 24,53 verringert. Je größer also der vorgegebene Vertrauensbereich gewählt wird, desto größer und damit weniger aussagekräftig wird das Intervall und umgekehrt. Ebenso ist der Stichprobenumfang für das Konfidenzintervall bedeutsam. Je größer/kleiner der Stichprobenumfang, umso kleiner/größer ist das errechnete Intervall.[45]

---

44 Grundsätzlich unterscheiden sich die Standardabweichungen der Konfidenzintervalle in ihrem Aufbau immer etwas von der Standardabweichung, die wir bereits im Rahmen der deskriptiven Statistik und im Rahmen der Standardnormalverteilung kennen gelernt haben. Hier erfolgt immer eine Beziehung zum Stichprobenumfang, so dass man grundsätzlich von einem Schätzwert für die Standardabweichung in Abhängigkeit vom Stichprobenumfang ausgeht.
45 Siehe Aufgabe 60.

3.6.3.3 Konfidenzintervall für das arithmetische Mittel bei unbekannter Varianz

Ist die **Varianz der Grundgesamtheit unbekannt,** so ist die Ermittlung des Konfidenzintervalles abhängig vom Stichprobenumfang. Für $n > 30$ wird nach dem obigen Schema, also unter Verwendung der Standardnormalverteilung verfahren.

Für $n \leq 30$ ermittelt man das Konfidenzintervall μ unter Verwendung der Studentverteilung durch

$$\overline{x} - t \cdot \sigma_{\overline{x}} \leq \mu \leq \overline{x} + t \cdot \sigma_{\overline{x}}$$

wobei:

$\overline{x}$ = arithmetisches Mittel der Stichprobe

t = Wert aus der Studentverteilung bei einem gegebenen Konfidenzniveau (in %)

   und $v = n - 1$ Freiheitsgraden

$\sigma_{\overline{x}}$ = Schätzwert für die Standardabweichung des Stichprobenmittelwertes

μ = arithmetisches Mittel der Grundgesamtheit

dabei ist $\sigma_{\overline{x}} = \frac{s}{\sqrt{n}}$
mit s = Standardabweichung der Stichprobe und n = Stichprobenumfang.

Beispiel: Die Abfüllmaschine eines Feinkosthändlers befüllt Gläser mit Spezialgewürzmischungen. Das Füllgewicht gehorcht dabei einer Normalverteilung. Eine Stichprobe aus der laufenden Produktion vom Umfang $n = 11$ liefere ein durchschnittliches Füllgewicht von $\overline{x} = 81$ g bei einer Standardabweichung von $s = 3$ g. Gesucht ist ein 95%-Konfidenzintervall für das durchschnittliche Füllgewicht in der Grundgesamtheit.

Für den Sicherheitsgrad $1 - \alpha = 0,95$ und $v = n - 1 = 10$ Freiheitsgrade liefert die Tabelle der Studentverteilung den Wert $t = 2,228$.

Da
$$\sigma_{\overline{x}} = \frac{3}{\sqrt{11}} = 0,9$$

wird aus

$$\overline{x} - t \cdot \sigma_{\overline{x}} \leq \mu \leq \overline{x} + t \cdot \sigma_{\overline{x}}$$
$$81 - 2,228 \cdot 0,9 \leq \mu \leq 81 + 2,228 \cdot 0,9$$
$$78,99 \leq \mu \leq 83,01$$

d. h. mit einer (vorgegebenen) Wahrscheinlichkeit von 95 % befindet sich das arithmetische Mittel der Grundgesamtheit im Intervall von 78,99 bis 83,01.[46]

3.6.3.4 Konfidenzintervall für den Anteilswert

Im einleitenden Beispiel wurden anhand einer Stichprobe ($n = 65$) und dem Anteil der überfälligen Forderungen der Grundgesamtheit ($\theta = 0,2$) die absoluten Intervallgrenzen mit $x_U = 6,68$ bzw. $x_O = 19,32$ ermittelt. Genauso ist es denkbar, nicht die

---

46 Siehe Aufgabe 61.

absoluten, sondern die relativen Grenzen des Intervalles zu berechnen. Dies geschieht über das Konfidenzintervall:

$$p - z \cdot \sigma_p \leq \theta \leq p + z \cdot \sigma_p$$

wobei:

p = Anteil der Stichprobe

z = Wert aus der Standardnormalverteilung bei einem gegebenen

  Konfidenzniveau (in %)

σ_p = Schätzwert für die Standardabweichung des Stichprobenanteilswertes

θ = Anteilswert der Grundgesamtheit

dabei ist $\sigma_p = \sqrt{\frac{p \cdot (1-p)}{n}}$.

Beispiel: In der Vergangenheit betrug der Anteil der überfälligen Forderungen eines Unternehmens 20 %. Dies ergab auch eine Stichprobe vom Umfang $n = 65$, in der sich 13 überfällige Forderungen befanden. Man bestimme das 95 %-Konfidenzintervall für den Anteil θ der überfälligen Forderungen in der Grundgesamtheit.

Der Stichprobenanteilswert beträgt:

$$p = \frac{x}{n} = \frac{13}{65} = 0,2$$

Für den Schätzwert der Standardabweichung des Stichprobenanteilswertes ergibt sich:

$$\sigma_p = \sqrt{\frac{0,2 \cdot 0,8}{65}} = 0,0496$$

Wir erhalten

$$0,2 - 1,96 \cdot 0,0496 \leq \theta \leq 0,2 + 1,96 \cdot 0,0496$$

$$0,103 \leq \theta \leq 0,297$$

d. h. mit einer (vorgegebenen) Wahrscheinlichkeit von 95 % befindet sich der Anteilswert der Grundgesamtheit im Intervall von 10,3 % bis 29,7 %.[47]

Modifikation des Beispiels: Gehen wir einmal davon aus, dass der Anteil der überfälligen Forderungen der Grundgesamtheit (der Vergangenheit) mit $\theta = 0,2$ zwar bekannt, durch den Stichprobenanteilswert aber deutlich unterschritten wurde, denn von der gezogenen Stichprobe $n = 65$ seien nun lediglich 8 Forderungen überfällig. Welche Auswirkungen ergeben sich nun auf das Konfidenzintervall?

Der Stichprobenanteilswert beträgt nun:

$$p = \frac{x}{n} = \frac{8}{65} = 0,123$$

---

[47] Siehe Aufgabe 62.

Für den Schätzwert der Standardabweichung des Stichprobenanteilswertes bleibt der Wert bei:

$$\sigma_p = \sqrt{\frac{0{,}2 \cdot 0{,}8}{65}} = 0{,}0496$$

Das Konfidenzintervall verschiebt sich nun aufgrund der Werte nach links. Wir erhalten

$$0{,}123 - 1{,}96 \cdot 0{,}0496 \leq \theta \leq 0{,}123 + 1{,}96 \cdot 0{,}0496$$

$$0{,}026 \leq \theta \leq 0{,}220\,.$$

3.6.3.5 Konfidenzintervall für die Differenz zweier arithmetischer Mittel

Konfidenzintervalle sind nicht nur für einzelne Parameter, sondern auch für deren Differenzen denkbar. Im vorliegenden Fall die Differenzen zweier arithmetischer Mittel der Grundgesamtheit $\mu_1 - \mu_2$ dargestellt durch

$$(\overline{x}_1 - \overline{x}_2) - t \cdot \sigma_{D\mu} \leq \mu_1 - \mu_2 \leq (\overline{x}_1 - \overline{x}_2) + t \cdot \sigma_{D\mu}$$

wobei:

$(\overline{x}_1 - \overline{x}_2)$ = Differenz der arithmetischen Mittel von Stichproben

t = Wert aus der Studentverteilung bei einem gegebenen

   Konfidenzniveau (in %)

$\sigma_{D\mu}$ = Schätzwert für die Standardabweichung der Differenz

μ_i = Mittelwert (Erwartungswert) der Grundgesamtheit i

Dabei ist $\sigma_{D\mu} = \sqrt{\dfrac{s_1^2}{n_1} + \dfrac{s_2^2}{n_2}}$

mit s_i^2 = Stichprobenvarianzen und n_i = Umfang der Stichproben.

Beispiel: Bei einem Lebensdauertest von Glühbirnen aus unterschiedlichen Chargen einer Tagesproduktion ergab eine erste Stichprobe vom Umfang $n_1 = 12$ eine mittlere Lebensdauer von 31 Tagen bei einer Standardabweichung von $s_1 = 4$ Tagen, während eine zweite Stichprobe vom Umfang $n_2 = 10$ eine mittlere Lebensdauer von 36 Tagen bei einer Standardabweichung von $s_2 = 5$ Tagen ergab. Wie lautet das 95%-Konfidenzintervall für die Differenz der arithmetischen Mittel $\mu_1 - \mu_2$ der Grundgesamtheit?

   Die beiden Stichproben sind kleiner als $n_i = 30$, somit ist die Studentverteilung mit

$$v = \frac{\left[\dfrac{s_1^2}{n_1} + \dfrac{s_2^2}{n_2}\right]^2}{\dfrac{\left[\dfrac{s_1^2}{n_1}\right]^2}{n_1 - 1} + \dfrac{\left[\dfrac{s_2^2}{n_2}\right]^2}{n_2 - 1}} \quad \text{Freiheitsgraden anzuwenden.}$$

Es ergibt sich:

$$v = \frac{\left[\frac{4^2}{12} + \frac{5^2}{10}\right]^2}{\frac{\left[\frac{4^2}{12}\right]^2}{12-1} + \frac{\left[\frac{5^2}{10}\right]^2}{10-1}} = 17,16 \approx 17$$

$v = 17$ Freiheitsgrade liefert aus der Tabelle zur Studentverteilung auf dem zentralen 95 %-Niveau einen Wert von $t = 2,110$.

Als Schätzwert für die Standardabweichung der Differenz findet man:

$$\sigma_{D\mu} = \sqrt{\frac{s_1^2}{n_1} + \frac{s_2^2}{n_2}} = \sqrt{\frac{4^2}{12} + \frac{5^2}{10}} = 1,958$$

Als Konfidenzintervall ergibt sich:

$$(31 - 36) - 2,110 \cdot 1,958 \leq \mu_1 - \mu_2 \leq (31 - 36) + 2,110 \cdot 1,958$$
$$-9,13 \leq \mu_1 - \mu_2 \leq -0,87$$

Bei der vorgegebenen Wahrscheinlichkeit von 95 % befindet sich die Abweichung der beiden Mittelwerte der Grundgesamtheit $\mu_1 - \mu_2$ im Intervall von −9,13 und −0,87 Tagen.[48]

3.6.3.6 Konfidenzintervall für die Differenz zweier Anteilswerte

Neben dem Konfidenzintervall für die Differenz zweier arithmetischer Mittel der Grundgesamtheit sind häufig die Abweichungen zweier Anteilswerte, also $\theta_1 - \theta_2$, von Bedeutung. Dieses Konfidenzintervall wird gebildet durch

$$(p_1 - p_2) - z \cdot \sigma_{D\theta} \leq \theta_1 - \theta_2 \leq (p_1 - p_2) + z \cdot \sigma_{D\theta}$$

wobei:

$(p_1 - p_2)$ = Differenz der Stichprobenanteilswerte

z = Wert aus der Standardnormalverteilung bei einem vorgegebenen

   Konfidenzniveau (in %)

$\sigma_{D\theta}$ = Schätzwert für die Standardabweichung der Stichprobendifferenz

θ_i = Anteilswert der Grundgesamtheit i

dabei ist $\sigma_{D\theta} = \sqrt{\frac{p_1 \cdot (1-p_1)}{n_1} + \frac{p_2 \cdot (1-p_2)}{n_2}}$

---

48 Siehe Aufgabe 63.

Beispiel: Die Statistikklausur eines Semesters ergab für zwei Studiengänge folgende Werte. Im Studiengang A fielen von 50 Studierende 10 durch, bei Studiengang B lag die Durchfallquote bei 12,5 %. Hier nahmen 48 Studierende an der Klausur teil. Bestimmen Sie das 99 %-Konfidenzintervall für die Differenz der beiden Anteilswerte.

Aus der Aufgabenstellung leiten sich ab:

$$p_1 = 0{,}20\ (10/50)\,, \quad p_2 = 0{,}125$$

$$z = 2{,}58$$

$$\sigma_{D\theta} = \sqrt{\frac{0{,}20 \cdot (1 - 0{,}20)}{50} + \frac{0{,}125 \cdot (1 - 0{,}125)}{48}} = 0{,}074$$

Das Konfidenzintervall bestimmt sich somit aus:

$$(0{,}2 - 0{,}125) - 2{,}58 \cdot 0{,}074 \leq \theta_1 - \theta_2 \leq (0{,}2 - 0{,}125) + 2{,}58 \cdot 0{,}074$$

$$-0{,}116 \leq \theta_1 - \theta_2 \leq 0{,}266$$

Mit einer Wahrscheinlichkeit von 99 % liegt also die Differenz der beiden Anteilswerte der Grundgesamtheit, $\theta_1 - \theta_2$, zwischen -11,6 und +26,6 %.[49]

3.6.3.7 Konfidenzintervall für den Quotienten zweier Varianzen

Gelegentlich ist es erforderlich bzw. angebracht, nicht nur Lageparameter wie bspw. das arithmetische Mittel zu untersuchen, sondern Aussagen zur Streuung von Merkmalen zu treffen. In diesem Fall wird das Konfidenzintervall für den Quotienten zweier Varianzen (und damit auch der damit verbundenen Standardabweichungen) der Grundgesamtheit gesucht.

$$\frac{s_1^2}{s_2^2} \cdot \frac{1}{F_{v_2 v_1}} \leq \frac{\sigma_1^2}{\sigma_2^2} \leq \frac{s_1^2}{s_2^2} \cdot F_{v_1 v_2}$$

Dabei bedeutet:

$\dfrac{1}{F_{v_2 v_1}}$ = der linksseitige kritische Wert der F-Verteilung,

$F_{v_1 v_2}$ = der rechtsseitige kritische Wert der F-Verteilung

$v_1 = n_1 - 1\,; \quad v_2 = n_2 - 1$

s_i^2 = die Varianzen der Stichproben des i-ten Merkmals und

σ_i^2 = die Varianzen der Grundgesamtheit des i-ten Merkmals.

---

49 Siehe Aufgabe 64.

Beispiel: In den beiden Niederlassungen eines Betriebes wurden das Durchschnittseinkommen pro Mitarbeiter und Jahr sowie deren Standardabweichungen untersucht. Während das Durchschnittseinkommen mit 30,1 T € in beiden Niederlassungen identisch ist, weichen die Standardabweichungen voneinander ab. Bei Niederlassung 1 wurde bei 21 befragten Personen eine Abweichung von 4,3 T €, bei Niederlassung 2 unter 11 befragten Personen eine Abweichung von 7,9 T € festgestellt. Stellen Sie das 95 %-Konfidenzintervall auf!

Die Werte sind wie folgt:

$$s_1^2 = 4,3^2 = 18,49 \qquad s_2^2 = 7,9^2 = 62,41$$

$$v_1 = n_1 - 1 = 21 - 1 = 20 \quad v_2 = n_2 - 1 = 11 - 1 = 10$$

$F_{v_1 v_2} = F_{0,975;20;10} = 2,774$ der rechtsseitige kritische Wert der F-Verteilung

$\frac{1}{F_{v_2 v_1}} = F_{0,025;10;20} = \frac{1}{2,348} = 0,4259$ der linksseitige kritische Wert der F-Verteilung[50]

Das Konfidenzintervall wird folglich bestimmt aus:

$$\frac{4,3^2}{7,9^2} \cdot \frac{1}{2,348} \leq \frac{\sigma_1^2}{\sigma_2^2} \leq \frac{4,3^2}{7,9^2} \cdot 2,774$$

$$0,126 \leq \frac{\sigma_1^2}{\sigma_2^2} \leq 0,822$$

Mit einer Wahrscheinlichkeit von 95 % kann also davon ausgegangen werden, dass der Quotient der beiden Varianzen der Grundgesamtheit, σ_1^2/σ_2^2, zwischen 0,126 und 0,822 liegt.[51]

3.6.3.8 Konfidenzintervall für die Regressionskoeffizienten

Möchte man die Konfidenzintervalle für die beiden Regressionskoeffizienten β_1 und β_2 der linearen Einfachregression bestimmen, so lassen sich diese ermitteln durch:

$$b_1 - t \cdot s_{b_1} \leq \beta_1 \leq b_1 + t \cdot s_{b_1}$$

bzw.

$$b_2 - t \cdot s_{b_2} \leq \beta_2 \leq b_2 + t \cdot s_{b_2}$$

---

50 Man beachte hierbei, dass die beiden Freiheitsgrade vertauscht wurden (siehe Tabelle zur F-Verteilung unter 7.6). Während sich beim rechtsseitigen kritischen Wert die resultierenden 2,774 durch die 20 Freiheitsgrade der Spalten- und die 10 Freiheitsgrade der Zeileninformation ergeben, ist es beim linksseitigen kritischen Wert genau umgekehrt. Hier ergeben sich die 2,348 durch die 10 Freiheitsgrade der Spalten- und die 20 Freiheitsgrade der Zeileninformation.

51 Siehe Aufgabe 65.

wobei:

b_1 = Achsenabschnitt des Regressionsansatzes der Stichprobe

t = Wert aus der Studentverteilung bei einem gegebenen
   Konfidenzniveau (in %) mit $v = n - 2$ Freiheitsgraden

s_{b_1} = Standardabweichung des Stichprobenregressionskoeffizienten b_1

b_2 = Steigung des Regressionsansatzes der Stichprobe

s_{b_2} = Standardabweichung des Stichprobenregressionskoeffizienten b_2

dabei ist $s_{b_1}^2 = \frac{\sum x_i^2}{n \cdot \sum (x_i - \overline{x})^2} \cdot s_E^2$ mit $s_E^2 = \frac{1}{n-2} \sum e_i^2$ und $\sum e_i^2 = \sum_{i=1}^{n}(y_i - \hat{y}_i)^2$

Die $\hat{y}_i$ in obiger rechter Formel sind die geschätzten Funktionswerte, welche sich anhand des Regressionsansatzes ergeben. Damit ist der gesamte Klammerausdruck nichts anderes als die Quadratsumme der durch den Regressionsansatz nicht erklärten Abweichungen (im Rahmen der deskriptiven Statistik als SQR dargestellt).

Ferner gilt:

$$s_{b_2}^2 = \frac{s_E^2}{\sum(x_i - \overline{x})^2}$$

Beispiel: Um die beiden Konfidenzintervalle der Regressionskoeffizienten β_1 und β_2 (auf dem 95 %-Niveau) zu bestimmen, betrachten wir die Daten aus dem Kapitel der linearen Einfachregression, bei dem die Entwicklung der Beschäftigtenzahlen (in Tsd.) sowie der branchenüblichen Stundensätze (in €) der zurückliegenden 10 Jahre für eine bestimmte Branche angegeben war. Es wurde die Abhängigkeit der Beschäftigung vom Stundenlohn untersucht mit folgenden Informationen und notwendigen Ergebnissen.

Tab. 65: Konfidenzintervall für Regressionskoeffizienten I

x_i [in €]	y_i [in Tsd.]	$x_i - \overline{x}$	$y_i - \overline{y}$	$(x_i - \overline{x}) \cdot (y_i - \overline{y})$	$(x_i - \overline{x})^2$	$(y_i - \overline{y})^2$
6,0	42	−3,7	17,4	−64,38	13,69	302,76
8,0	30	−1,7	5,4	−9,18	2,89	29,16
9,0	26	−0,7	1,4	−0,98	0,49	1,96
7,5	32	−2,2	7,4	−16,28	4,84	54,76
9,0	20	−0,7	−4,6	3,22	0,49	21,16
8,5	22	−1,2	−2,6	3,12	1,44	6,76
8,5	20	−1,2	−4,6	5,52	1,44	21,16
12,5	18	2,8	−6,6	−18,48	7,84	43,56
11,0	20	1,3	−4,6	−5,98	1,69	21,16
17,0	16	7,3	−8,6	−62,78	53,29	73,96
$\overline{x} = 9,7$	$\overline{y} = 24,6$			$Q_{xy} = -166,20$	$Q_{xx} = 88,10$	$Q_{yy} = 576,40$

Es kam zu den Resultaten:

$$b_2 = \frac{Q_{xy}}{Q_{xx}} = \frac{-166{,}20}{88{,}10} = -1{,}89 \quad \text{und} \quad b_1 = \bar{y} - b_2 \cdot \bar{x} = 24{,}6 + 1{,}89 \cdot 9{,}7 = 42{,}93$$

Die Regressionsgerade lautete somit $\hat{y} = 42{,}93 - 1{,}89 \cdot x$

Im Anschluss wurden die Komponenten des Bestimmtheitsmaßes berechnet, die wir für die Konfidenzintervalle benötigen.

Es gilt

$$\text{SQT} = \sum_{i=1}^{n}(y_i - \bar{y})^2 \quad \text{SQE} = \sum_{i=1}^{n}(\hat{y}_i - \bar{y})^2 \quad \text{SQR} = \sum_{i=1}^{n}(y_i - \hat{y}_i)^2$$

Dabei ergaben sich die Werte:

Tab. 66: Konfidenzintervall für Regressionskoeffizienten II

y_i [in Tsd.]	x_i [in €]	$\hat{y}_i$	$(y_i - \bar{y})^2$	$(\hat{y}_i - \bar{y})^2$	$(y_i - \hat{y}_i)^2$	x_i^2
42	6,0	31,58	302,76	48,72	108,58	36,00
30	8,0	27,81	29,16	10,29	4,81	64,00
26	9,0	25,92	1,96	1,74	0,01	81,00
32	7,5	28,75	54,76	17,22	10,56	56,25
20	9,0	25,92	21,16	1,74	35,05	81,00
22	8,5	26,86	6,76	5,12	23,66	72,25
20	8,5	26,86	21,16	5,12	47,11	72,25
18	12,5	19,32	43,56	27,90	1,74	156,25
20	11,0	22,15	21,16	6,01	4,61	121,00
16	17,0	10,83	73,96	189,65	26,74	289,00
$\bar{y} = 24{,}6$			$\sum = 576{,}40$	$\sum = 313{,}54$	$\sum = 262{,}86$	$\sum = 1.029$

Wir können also bestimmen:

$$b_1 = 42{,}93 \, ; \quad b_2 = -1{,}89 \, ;$$

$$t = 2{,}306 \quad \text{(auf dem 95\%-Niveau mit 8 Freiheitsgraden)}$$

$$s_E^2 = \frac{1}{n-2} \sum e_i^2 = \frac{1}{10-2} \cdot 262{,}86 = 32{,}86$$

$$s_{b_1}^2 = \frac{\sum x_i^2}{n \cdot \sum (x_i - \bar{x})^2} \cdot s_E^2 = \frac{1.029}{10 \cdot 88{,}10} \cdot 32{,}86 = 38{,}38$$

$$s_{b_2}^2 = \frac{s_E^2}{\sum (x_i - \bar{x})^2} = \frac{32{,}86}{88{,}10} = 0{,}373$$

Daraus leiten sich die Standardabweichungen ab:

$$s_{b_1} = \sqrt{38{,}38} = 6{,}195 \quad \text{und} \quad s_{b_2} = \sqrt{0{,}373} = 0{,}61$$

Es stellen sich die beiden Konfidenzintervalle für β_1 und β_2 ein:

$$42,93 - 2,306 \cdot 6,195 \leq \beta_1 \leq 42,93 + 2,306 \cdot 6,195$$
$$28,64 \leq \beta_1 \leq 57,22 \quad \text{bzw.}$$
$$-1,89 - 2,306 \cdot 0,61 \leq \beta_2 \leq -1,89 + 2,306 \cdot 0,61$$
$$-3,3 \leq \beta_2 \leq -0,48$$

Mit der vorgegebenen Wahrscheinlichkeit von 95 % bewegen sich die beiden Regressionsparameter der Grundgesamtheit β_1 und β_2 im Intervall von 28,64 bis 57,22 bzw. −3,3 bis −0,48.[52]

3.6.3.9 Bestimmung des notwendigen Stichprobenumfangs
Gelegentlich stellt sich die Frage, wie groß der Stichprobenumfang gewählt werden muss, um aussagefähige Schätzungen zu erhalten. Dies soll anhand der beiden ersten Konfidenzintervallschätzungen demonstriert werden; dem Konfidenzintervall zur Bestimmung des arithmetischen Mittels, sowie dem Anteilswert.

3.6.3.9.1 Stichprobenumfang für die Bestimmung des arithmetischen Mittels
Um den nötigen Stichprobenumfang zur Bestimmung des arithmetischen Mittels berechnen zu können, besinnen wir uns noch einmal auf den Aufbau des Konfidenzintervalls:

$$\overline{x} - z \cdot \sigma_{\overline{x}} \leq \mu \leq \overline{x} + z \cdot \sigma_{\overline{x}}$$

mit $\sigma_{\overline{x}} = \frac{\sigma}{\sqrt{n}}$.

Das Konfidenzintervall kann ebenso in der Form:

$$\mu = \overline{x} \pm z \cdot \sigma_{\overline{x}}$$

geschrieben werden. Definieren wir nun die Abweichung des arithmetischen Mittels der Stichprobe $\overline{x}$ und der Grundgesamtheit μ als den absoluten Fehler $\Delta\mu$, so gilt:

$$\Delta\mu = z \cdot \sigma_{\overline{x}} \quad \text{bzw.}$$
$$\Delta\mu = z \cdot \frac{\sigma}{\sqrt{n}}$$

Aufgelöst nach dem Stichprobenumfang n ergibt sich:[53]

$$n = \frac{z^2 \cdot \sigma^2}{(\Delta\mu)^2} \ .$$

---

52 Siehe Aufgabe 66.

53 In der Literatur wird häufig auch der Fall „Ziehen ohne Zurücklegen" diskutiert. Dann ergäbe sich durch den „Korrekturfaktor" der notwendige Stichprobenumfang $n = \frac{z^2 \cdot N \cdot \sigma^2}{(\Delta\mu)^2 \cdot (N-1) + z^2 \cdot \sigma^2}$. Da aber die Grundgesamtheit N i. d. R hinreichend groß ist, soll auf diese Unterscheidung verzichtet werden.

Beispiel: Aus den 3.800 Studenten einer Hochschule soll eine Stichprobe entnommen werden, um das Durchschnittsalter der Grundgesamtheit schätzen zu können. Die Standardabweichung der Grundgesamtheit ist mit $\sigma = 2,3$ Jahren bereits bekannt. Man bestimme den notwendigen Stichprobenumfang unter der Maßgabe eines 99 %-Konfidenzintervalls und eines zugelassenen absoluten Fehlers von $\Delta\mu = 1$ Jahr. Wir erhalten:

$$n = \frac{2,58^2 \cdot 2,3^2}{1^2} = 35,21$$

Damit beträgt der notwendige Stichprobenumfang, ab dem eine sinnvolle Interpretation erst möglich ist, $n = 36$.

3.6.3.9.2 Stichprobenumfang für die Bestimmung des Anteilswertes

Soll der Anteilswert θ mit vorgegebener Genauigkeit bestimmt werden, so geht man bei der Ableitung des notwendigen Stichprobenumfangs analog zum arithmetischen Mittel vor, mit dem Unterschied, dass man die Gleichung aus der Formel des Konfidenzintervalls für den Anteilswert ableitet.

Man erhält:

$$n = \frac{z^2 \cdot \theta \cdot (1 - \theta)}{(\Delta\theta)^2}$$

Dabei ist $\Delta\theta$ der absolute Fehler.

Beispiel: In der Vergangenheit betrug der Anteil der überfälligen Forderungen eines Unternehmens 20 %. Nun soll er erneut aufgrund einer Stichprobe geschätzt werden. Man bestimme dessen Umfang auf Basis eines 95 %-Konfidenzintervalls und eines zugelassenen absoluten Fehlers von $\Delta\theta = 0,1$.

$$n = \frac{1,96^2 \cdot 0,2 \cdot 0,8}{0,1^2} = 61,46$$

Der Stichprobenumfang muss folglich mindestens 62 Forderungen umfassen, damit eine gehaltvolle statistische Aussage gemacht werden kann.[54]

3.6.3.10 Einseitiges Konfidenzintervall am Beispiel des Value at Risk

Bislang wurden im Rahmen der Schätztheorie lediglich zweiseitige Konfidenzintervalle diskutiert, d. h., man schätzte i. d. R. den mittleren 95 % oder 99%igen Vertrauensbereich. Es gibt aber auch Fälle, bei denen einseitige Vertrauensbereiche von großem Interesse sind. Dazu gehört beispielhaft der im Bereich des Risikomanagements diskutierte **Value at Risk**.

Der Value at Risk („wahrscheinlicher Höchstschaden") wurde als statistisches Risikomaß erstmals in den 90er Jahren von der Investmentgesellschaft Morgan Stanley

---

54 Siehe Aufgabe 67.

im Rahmen der Risikobewertung eingesetzt.[55] Definiert ist er als Schadenshöhe, die in einem bestimmten Zeitraum mit einer vorgegebenen Wahrscheinlichkeit (Konfidenz-niveau von z. B. 95 %) nicht überschritten wird. Der Gedanke des Value at Risk baut damit auf der bereits besprochenen (Standard)Normalverteilung in Verbindung mit dem in folgender Abbildung 37 dargestellten einseitigen Konfidenzintervall auf.

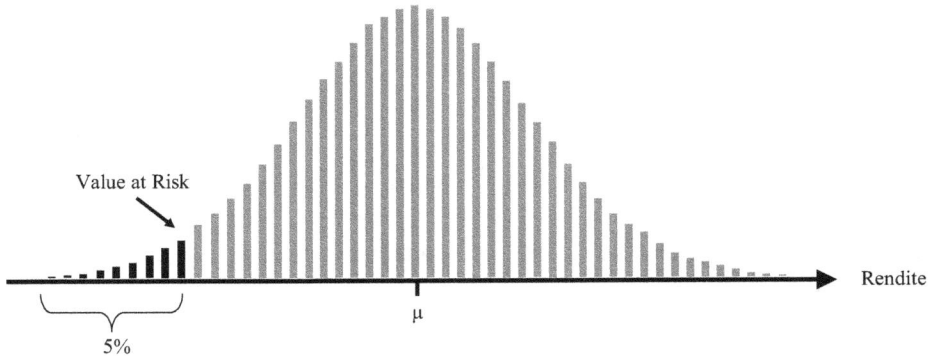

Abb. 37: Der Value at Risk

Rufen wir uns zur Erklärung des Value at Risk noch einmal die Systematik der Stan-dardnormalverteilung ins Gedächtnis. Mit ihr hatten wir im Rahmen der so genannten z-Transformation bei gegebenem Erwartungswert μ und der Standardabweichung σ für beliebige Werte (x) mit Hilfe der Standardnormalverteilungstabelle Eintrittswahr-scheinlichkeiten bestimmen können.[56]

Natürlich ist es genauso denkbar, durch Umformung von

$$z = \frac{x - \mu}{\sigma}$$

zu

$$x = \mu + z \cdot \sigma \quad \text{(für } z > 0) \quad \text{und}$$
$$x = \mu - z \cdot \sigma \quad \text{(für } z < 0)$$

für vorzugebende z-Werte die Intervallgrenzen von x auszurechnen.

Beispiel: Anhand eines vorgegebenen Konfidenzintervalls auf dem 95 %-Niveau soll der Value at Risk bestimmt werden. Es liegen die drei Gewinnsituationen G_i (in Mio. €) mit jeweils gleicher Eintrittswahrscheinlichkeit P vor:

---

55 Vgl. Uhlir H./Aussenegg W., 1996, S. 831ff und Weiß G./Aßmann M., 2008, S. 455ff. Der Value at Risk wird gelegentlich auch als statistisches Maß branchenspezifisch weiterentwickelt. Vgl. Winter P., 2004, S. 289ff.
56 Vgl. dazu das Kapitel und die Beispiele zur Standardnormalverteilung.

Tab. 67: Ermittlung des Value at Risk

G_1	G_2	G_3	P
-10	10	20	0,1
20	20	25	0,2
30	30	30	0,4
40	40	35	0,2
70	50	40	0,1

Zunächst sind für alle drei Gewinnsituationen die Erwartungswerte zu bestimmen. Dieser beträgt jeweils $\mu_i = 30$, denn es gilt:

$$\mu_1 = -10 \cdot 0,1 + 20 \cdot 0,2 + 30 \cdot 0,4 + 40 \cdot 0,2 + 70 \cdot 0,1 = 30$$
$$\mu_2 = 10 \cdot 0,1 + 20 \cdot 0,2 + 30 \cdot 0,4 + 40 \cdot 0,2 + 50 \cdot 0,1 = 30$$
$$\mu_3 = 20 \cdot 0,1 + 25 \cdot 0,2 + 30 \cdot 0,4 + 35 \cdot 0,2 + 40 \cdot 0,1 = 30$$

Allerdings unterscheiden sich die Varianzen σ_i^2 und die daraus abgeleiteten Standardabweichungen σ_i voneinander.

$$\sigma_1^2 = (-10 - 30)^2 \cdot 0,1 + (20 - 30)^2 \cdot 0,2 + (30 - 30)^2 \cdot 0,4 + (40 - 30)^2 \cdot 0,2$$
$$+ (70 - 30)^2 \cdot 0,1 = 360$$
$$\sigma_2^2 = (10 - 30)^2 \cdot 0,1 + (20 - 30)^2 \cdot 0,2 + (30 - 30)^2 \cdot 0,4 + (40 - 30)^2 \cdot 0,2$$
$$+ (50 - 30)^2 \cdot 0,1 = 120$$
$$\sigma_3^2 = (20 - 30)^2 \cdot 0,1 + (25 - 30)^2 \cdot 0,2 + (30 - 30)^2 \cdot 0,4 + (35 - 30)^2 \cdot 0,2$$
$$+ (40 - 30)^2 \cdot 0,1 = 30$$

Daraus errechnen sich die Standardabweichungen:

$$\sigma_1 = 18,97$$
$$\sigma_2 = 10,95$$
$$\sigma_3 = 5,48$$

Aus dem vorgegebenen Konfidenzniveau in Höhe von 95 % folgt der z-Wert von $-1,65$ (hier einseitig!) und schließlich für die einzelnen Gewinnsituationen die kritischen Value at Risk Werte:

$$x_1 = 30 - 1,65 \cdot 18,97 = \mathbf{-1,3}$$
$$x_2 = 30 - 1,65 \cdot 10,95 = \mathbf{11,93}$$
$$x_3 = 30 - 1,65 \cdot 5,48 = \mathbf{20,96}$$

D. h., mit einer Wahrscheinlichkeit von 95 % werden bei den Alternativen 1 bis 3 höchstens $x_1 = 1,3$ Verluste, bzw. bei x_2/x_3 mindestens 11,93/20,96 Gewinne realisiert.[57]

Aus den Ergebnissen folgt unmittelbar, dass das Risiko entscheidend von der Höhe der Standardabweichung σ abhängig ist, d. h., je größer σ, desto höher das Risiko.[58]

3.6.3.11 Wünschenswerte Eigenschaften und Konstruktionen von Schätzfunktionen

3.6.3.11.1 Wünschenswerte Eigenschaften von Schätzfunktionen

Wie man anhand der oben dargestellten Schätzfunktionen bereits erkennen konnte, besteht das Hauptziel, unabhängig davon, ob man bspw. einzelne Parameter wie Mittelwerte, Anteils- oder Regressionskoeffizienten oder Differenzen von Parametern schätzen möchte darin, aufgrund von Stichproben generelle Aussagen zur unbekannten Grundgesamtheit zu machen.

Damit dies zufriedenstellend gelingt, existieren eine Reihe von wünschenswerten Eigenschaften, denen eine Schätzfunktion genügen sollte:

1. Eigenschaft: **Erwartungstreue**

Eine Schätzfunktion gilt dann als erwartungstreu, wenn ihr Erwartungswert mit dem wahren Wert der Grundgesamtheit übereinstimmt.

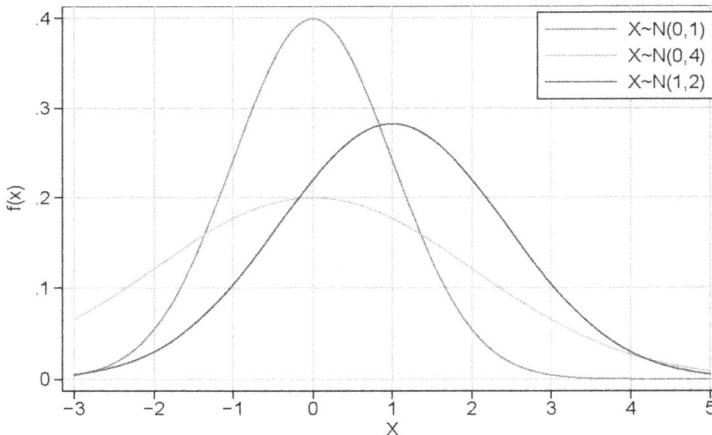

Abb. 38: Erwartungstreue und effiziente Schätzfunktionen

---

[57] Man beachte, dass sich im vorliegenden Fall aufgrund des einseitigen Konfidenzintervalles die 95 % nicht beidseitig verteilen (zu jeweils 2,5 %), sondern dass die gesamte Dichtefunktion in einen unteren 5%igen und oberen 95%igen Bereich eingeteilt werden. Somit ergibt sich der zum 95 %-Intervall korrespondierende z-Wert von 1,65.

[58] Siehe Aufgaben 68 und 69.

In Abbildung 38 entsprechen die am steilsten und die im flachsten verlaufende Schätzfunktionen dem Postulat der Erwartungstreue, denn ihr Erwartungswert von null stimmt mit dem wahren Wert, der annahmegemäß bei null liegen soll, überein. Demgegenüber ist die Funktion mit Erwartungswert 1 verzerrt (nach rechts), entspricht also nicht der Forderung der Erwartungstreue.

2. Eigenschaft: **Effizienz**

Vergleicht man erwartungstreue Schätzfunktionen miteinander, gilt diejenige als effizient, die die kleinste Varianz aufweist. In obiger Abbildung ist die steiler verlaufende (erwartungstreue) Schätzfunktion die effizienteste. Sie hat mit der Standardabweichung von 1 (gegenüber 4 der zweiten erwartungstreuen Schätzfunktion) die geringere Streuung um den wahren Wert.

3. Eigenschaft: **Konsistenz**

Die Eigenschaft der Konsistenz bedeutet, dass die entsprechende Schätzfunktion mit steigendem Stichprobenumfang mit dem zu schätzenden Parameter der Grundgesamtheit zusammenfällt. Die Konsistenz einer Schätzfunktion lässt sich mit Hilfe des so genannten mittleren quadratischen Fehlers definieren bzw. berechnen. Dieser strebt mit zunehmendem Stichprobenumfang gegen 0.

4. Eigenschaft: **Suffizienz**

Eine Schätzfunktion ist erschöpfend (suffizient), wenn sie alle Informationen über die zu schätzenden Parameter, welche in der Stichprobe enthalten sind, berücksichtigt. Weitere statistische Kennwerte würden also keinerlei neue oder bessere Erkenntnisse bringen.

3.6.3.11.2 Verfahren zur Konstruktion von Schätzfunktionen

Neben der Frage, welche wünschenswerte Eigenschaften Schätzfunktionen besitzen müssen (sollten), ist die eigentliche Frage noch zu beantworten. Wie kommen Schätzfunktionen überhaupt zustande, d. h. wie werden diese generiert?

Die erste Möglichkeit der Generierung wurde bereits implizit im Rahmen der Regressionsanalyse vorgestellt. Dort wurde die Regressionsgerade genau so festgelegt, dass die Summe der (quadrierten) Abweichungen zwischen eigentlichen Werten und den korrespondierenden Schätzwerten minimiert wurde. Deshalb heißt diese auf C. F. Gauss zurückgehende Methode die **Methode der kleinsten Quadrate**. Nachfolgend soll ein zweites, sehr etabliertes Verfahren vorgestellt werden, und zwar die auf R.A. Fisher zurückgehende **Maximum-Likelihood-Methode**. Danach wird derjenige Parameter als Schätzwert ausgesucht, der bezüglich der „wahren" Grundgesamtheit am plausibelsten erscheint. Nachfolgendes kleines Beispiel soll den Sachverhalt verdeutlichen.

Im Kapitel zur Binomialverteilung ermittelten wir aufgrund der Wahrscheinlichkeitsfunktion

$$P(X = k) = \begin{vmatrix} n \\ k \end{vmatrix} \cdot \theta^k \cdot (1 - \theta)^{n-k}$$

Einzelwahrscheinlichkeiten. Im einführenden Beispiel wurde dabei der Anteil der fehlerhaften Produkte der Grundgesamtheit auf 20 % taxiert. Der „wahre" Anteilswert der Grundgesamtheit lag also mit $\theta = 0,2$ bereits vor. Aus einer sehr großen Losgröße wurden dann nacheinander 5 Produkte entnommen und auf ihre Qualität untersucht. Konkret wurde

$$P(X = k) = \begin{vmatrix} 5 \\ k \end{vmatrix} \cdot 0,2^k \cdot (1 - 0,2)^{n-k} \quad \text{für} \quad k = 1, 2, \ldots, 5 \quad \text{berechnet.}$$

Die Wahrscheinlichkeit für k fehlerhafte Produkte in der Stichprobe betrug:

Tab. 68: Konstruktion von Schätzverfahren

k	0	1	2	3	4	5
$P(X = k)$	0,32768	**0,40960**	0,20480	0,05120	0,00640	0,00032

Für $k = 1$, und damit für 20 % fehlerhafte Produkte in der Stichprobe ergab sich logischerweise die größte Einzelwahrscheinlichkeit mit $40,96\,\%$.

Unterstellen wir nun, dass der Fehleranteil der Grundgesamtheit (hier $\theta = 0,2$) unbekannt und nun unterschiedliche Stichproben aus der Grundgesamtheit mit unterschiedlichen Fehleranteilen ausgehend von $\theta_1 = 0, \theta_2 = 0,1, \ldots, \theta_{11} = 1$ gezogen worden wären. Anschließend berechnen wir für jeden dieser Fehleranteile die Wahrscheinlichkeit dafür, dass die Stichprobe einen Fehleranteil von $p = 0,2$ und somit $k = 1$ (entsprechend dem wahren Anteilswert der Grundgesamtheit) enthält. Dann stellen sich folgende Wahrscheinlichkeiten ein:[59]

Tab. 69: Der Maximum-Likelihood-Schätzer

θ	0,0	0,2	0,4	0,6	0,8	1,0
$P(X = 1)$	0,0000	**0,4096**	0,2592	0,0768	0,0064	0,0000

Erläuterung: Beispielhaft erhalten wir für $\theta = 0,4$ und $k = 1$ die Wahrscheinlichkeit:

$$P(X = 1) = \begin{vmatrix} 5 \\ 1 \end{vmatrix} \cdot 0,4^1 \cdot (1 - 0,4)^{5-1} = 0,2592 = 25,92\,\%$$

---

59 Aus Platzgründen wurden hier für θ nur gerade Werte eingesetzt und berechnet.

Als Schätzwert für den unbekannten Anteilswert der Grundgesamtheit θ nehmen wir nun denjenigen Wert, der die größte Wahrscheinlichkeit impliziert. In obigem Beispiel erhalten wir für $\theta = 0,2$ mit 40,96 % die größte Wahrscheinlichkeit. Somit ist dieser Anteilswert der **Maximum-Likelihood-Schätzwert**.

Betrachten wir das analytische Zustandekommen. Bei der obigen Berechnung der Einzelwahrscheinlichkeiten war $n = 5$ und $k = 1$ fest vorgegeben, während θ variabel war. Die Funktion, bei der der Parameter der Grundgesamtheit die Variable ist, bezeichnen wir als so genannte Likelihood-Funktion, $L(\theta)$.[60] Bezogen auf die oben unterstellte Binomialverteilung lautet sie:

$$L(\theta) = \begin{vmatrix} n \\ k \end{vmatrix} \cdot \theta^k \cdot (1 - \theta)^{n-k}$$

Der Maximum-Likelihood-Schätzwert ist nun derjenige Schätzwert, der die Likelihood-Funktion maximiert. Das Maximum erhalten wir aus der ersten Ableitung von $L(\theta)$ und deren Nullsetzung:

$$\frac{\delta L(\theta)}{\delta(\theta)} = 0$$

Aus Gründen der leichteren Rechenbarkeit ermitteln wir die erste Ableitung zum natürlichen Logarithmus der Binomialverteilung gemäß:

$$\ln L(\theta) = \ln \begin{vmatrix} n \\ k \end{vmatrix} + k \cdot \ln \theta + (n - k) \cdot \ln(1 - \theta)$$

Die erste Ableitung lautet:

$$\frac{\delta \ln L(\theta)}{\delta(\theta)} = \frac{k}{\theta} - \frac{n - k}{1 - \theta}$$

Nullsetzen und auflösen nach θ ergibt:

$$\frac{k}{\theta} - \frac{n - k}{1 - \theta} = 0$$

$$k - k\theta = n\theta - k\theta \quad \text{und schließlich}$$

$$\theta = \frac{k}{n} = p$$

Es ließe sich ferner zeigen, dass die zweite Ableitung negativ ist und somit die hinreichende Bedingung erfüllt ist, damit diese Stelle das Maximum der Likelihood-Funktion bildet.

Die Zufallsvariable p stellt somit die Maximum-Likelihood-Schätzfunktion für θ dar.

Nach dem gleichen Verfahren könnte man an dieser Stelle den Maximum-Likelihood-Schätzwert für andere Verteilungsfunktionen, wie bspw. die (Standard)Normal- oder Poissonverteilung ableiten, worauf aber verzichtet werden soll.

---

60 Vgl. hierzu auch Bleymüller J. et. al., a. a. O., S. 98f.

3.6.4 Statistisches Testen

3.6.4.1 Grundgedanken statistischer Testverfahren

Im Rahmen des einführenden Beispiels (siehe Kap. 3.6.2) wurde bereits kurz die Frage diskutiert, wie bzw. ob man aufgrund eines Konfidenzintervalles mögliche Hypothesen überprüfen kann. Dieser Gedanke soll nun wieder aufgegriffen und weiterentwickelt werden.[61]

Ebenso wie die Schätzverfahren basieren die im weiteren Verlauf zu diskutierenden Testverfahren (Prüfverfahren) auf der Stichprobentheorie. Im Rahmen der Schätzverfahren haben wir uns mit der Frage beschäftigt, wie man mit Hilfe von Zufallsstichproben unbekannte Parameter von Grundgesamtheiten schätzen kann. Im Rahmen der Testverfahren soll nun die Frage behandelt werden, wie man mit Hilfe von Zufallsstichproben testen (überprüfen) kann, ob bestimmte Hypothesen (Annahmen, Behauptungen) über unbekannte Grundgesamtheiten richtig oder falsch sind. Ein statistischer Test ist also ein Verfahren, mit dessen Hilfe sich bestimmte Hypothesen auf ihre Richtigkeit hin überprüfen lassen. Man unterscheidet dabei Parameter- und Verteilungstests. Es hat sich bewährt, die Testtheorie anhand eines einfachen und gut nachvollziehbaren Beispiels zu erklären. Das Werfen eines „fairen" Würfels.

3.6.4.1.1 Das Prüfen eines fairen Würfels

Werfen wir einen „fairen" Würfel, d. h., alle sechs Seiten haben die gleiche reelle Chance, so beträgt die Wahrscheinlichkeit für alle sechs Seiten 16,67 % ($\theta_0 = 1/6$).

Überprüfen wir also einen Würfel, so können wir bspw. die Behauptung testen, die Wahrscheinlichkeit für das Werfen einer 6 betrage 1/6.

Diese Behauptung definieren wir als **Nullhypothese** (H_0). $H_0: \theta_0 = 1/6$

Dagegen setzen wir die **Alternativhypothese** (H_A): $H_A: \theta_A \neq 1/6$.

Zur Prüfung von H_0 wird nun ein Versuch (Stichprobe) durchgeführt, indem der Würfel n-mal geworfen wird. Falls dabei die relative Häufigkeit für „sechs" nicht zu sehr von 1/6 abweicht, ist man geneigt, H_0 nicht zu bezweifeln. Andernfalls, d. h. wenn θ weit von 1/6 abweichen sollte, muss H_0 verworfen werden.

Zur Erinnerung: Beim Konfidenzintervall für den Anteilswert galt:

$$p - z \cdot \sigma_p \leq \theta \leq p + z \cdot \sigma_p \quad \text{mit} \quad \sigma_p = \sqrt{\frac{p \cdot (1-p)}{n}}.$$

---

61 Vgl. Rößler I./Ungerer A., 2008, S. 156ff.

Angenommen, der Würfel würde $n = 100$ mal geworfen und als Signifikanzniveau wäre 5 % gefordert, dann würden, unter der Annahme, das H_0 richtig ist, 95 % aller p-Werte in den Bereich von

$$0,1667 \pm 1,96 \cdot \sqrt{\frac{0,1667 \cdot 0,8333}{100}}$$

also zwischen $p_U = 0,0936$ und $p_O = 0,2398$ fallen.

Liegt das Stichprobenergebnis innerhalb dieses Bereiches, betrachtet man die H_0-Hypothese als nicht widerlegt. Fällt nun ein Stichprobenanteilswert in den Ablehnungsbereich, ist es zwar theoretisch möglich, dass er zur Verteilung von $\theta = 0,1667$ gehört, aber es ist doch sehr unwahrscheinlich. Wird in solchen Fällen die H_0-Hypothese abgelehnt, begeht man den so genannten **α-Fehler**, indem die H_0-Hypothese abgelehnt wird, obwohl sie in 5 % aller Fälle richtig ist (dazu später mehr).

Grafisch sieht unser Würfelbeispiel wie folgt aus (siehe Abb. 39):

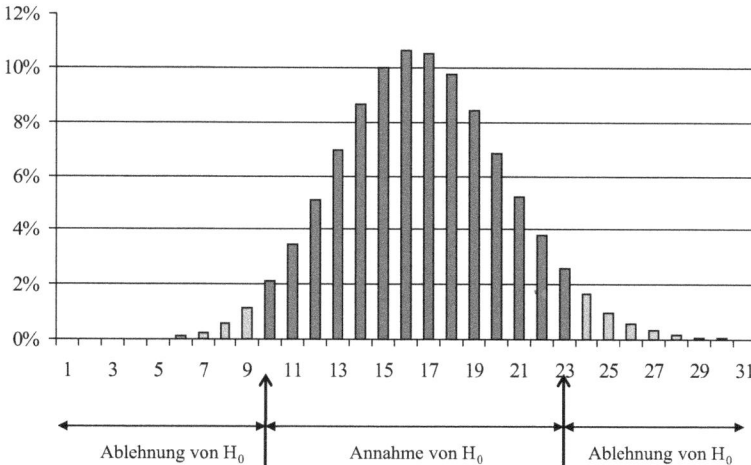

Abb. 39: Zweiseitiger Hypothesentest

Wie wir später noch sehen werden, handelt es sich hierbei um einen so genannten zweiseitigen Test, da der Annahmebereich von H_0 durch einen linken und rechten Ablehnungsbereich von H_0 begrenzt wird. Der Erwartungswert bei $n = 100$ Würfen liegt bei 16,67 %, der Annahmebereich von H_0 beginnt bei der Untergrenze $p_U = 9,36$ % und endet bei $p_O = 23,98$ %. Absolut betrachtet würden wir die Aussage, dass es sich um einen fairen Würfel handelt, also verwerfen, wenn bei $n = 100$ Würfen zwischen 0 und 9 bzw. zwischen 24 und 100 Mal die Augenzahl 6 gewürfelt würde.

3.6.4.1.2 Das Aufstellen von Hypothesen

In unserem Würfelbeispiel hatten wir als Nullhypothese die Vermutung, der Würfel sei „fair". Das war einfach und logisch. Wie kommt man aber bei anderen Problemstellungen an die Nullhypothese?

- Vielleicht sind es erstens **Erfahrungswerte**: Ist z. B. aufgrund langjähriger Erfahrung bekannt, dass der Ausschussanteil einer Produktionsstätte bei 5 % liegt, wird man $\theta = 0,05$ als Nullhypothese wählen.
- Es werden vielleicht zweitens **Soll- bzw. Normwerte** vorgegeben: Produziert eine Maschine z. B. laut Herstellerangaben so, dass sie ein durchschnittliches Abfüllgewicht von $\mu = 1.000$ g bei einer definierten Standardabweichung bringt, lautet die Nullhypothese $\mu_0 = 1.000$ g.
- Es können aber drittens **theoretische Überlegungen** angenommen werden (vorwiegend in den Naturwissenschaften) mit dem Versuch, diese zu verifizieren.

Beim Aufstellen der Hypothesen ist zu beachten, dass als H_0-Hypothese normalerweise das „**Althergebrachte**" fungiert, also der Fall **keiner** Änderung angenommen wird und nicht umgekehrt. Behauptet also bspw. ein Waschmittelproduzent, dass seine Ware nur in 5 % aller Fälle das Sollgewicht von 1 kg unterschreitet, so definieren wir:

$$\mu_0 = 1 \text{ kg}$$

Was aber ist die **Alternativhypothese**?
Hier müssen wir unterscheiden in
- **nicht konkretisierte** und
- **konkretisierte**

Alternativhypothesen $(= H_A)$.
Im ersten Fall sagen wir lediglich $\mu_A \neq 1$ kg oder $\mu_A > 1$ kg. Bei einer konkretisierten Alternativhypothese ordnen wir dagegen der H_A einen bestimmten Punktwert zu, bspw.

$$\mu_A = 1,1 \text{ kg} .$$

In den hier behandelten Ansätzen werden generell die **nicht konkretisierten Alternativhypothesen** angesprochen.

3.6.4.1.3 Bestimmung des Signifikanzniveaus

Das Signifikanzniveau sollte ebenso wie die Hypothese vor Durchführung des Tests festgelegt werden. In der Regel wählt man das Signifikanzniveau relativ klein, d. h. $5 \% \leq \alpha$ ist unüblich. Damit soll erreicht werden, dass die sehr viel fundiertere H_0 nicht zu früh fälschlicherweise abgelehnt wird. Die Bemühungen gehen dahin, das Risiko eines α-Fehlers möglichst klein zu halten.

3.6.4.1.4 Einseitige und zweiseitige Tests

Je nach Formulierung der Alternativhypothese liegt ein ein- oder zweiseitiger Test vor:

- Unser **Würfelbeispiel** war ein **zweiseitiger** Test, denn die Abweichung von H_0: $\theta = 0,1667$ interessierte sowohl nach oben als auch nach unten, weshalb eine obere und untere Annahmebereichsgrenze angegeben werden musste.
- Fälle aus der **Qualitätskontrolle** sind häufig **einseitige** Tests. Garantiert ein Produzent ein bestimmtes **Mindestgewicht** seiner Ware, interessiert uns lediglich die Abweichung nach unten, d. h., ob das garantierte Mindestgewicht unterschritten wird. Abweichungen nach oben scheiden hier als Kontrollmechanismus aus, denn enthielte die Verpackung mehr als die zugesicherte Ware, wäre dies im Zuge einer Mängelrüge i. d. R. irrelevant. Bezogen auf Abbildung 40 hätten wir es folglich mit einem linksseitigen Hypothesentest zu tun.

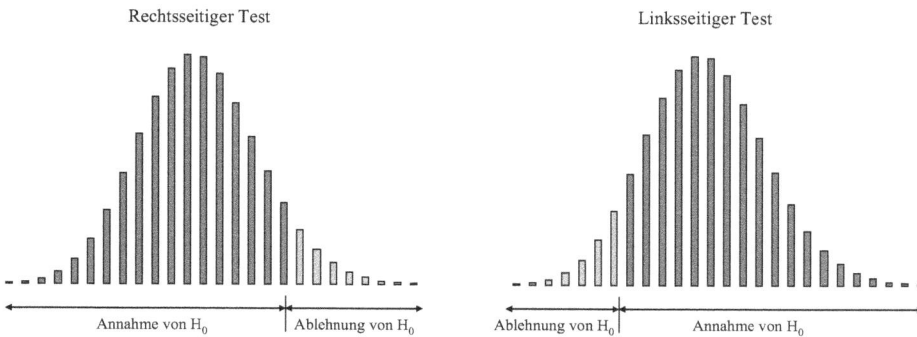

Rechtsseitiger Test

Linksseitiger Test

Annahme von H_0 | Ablehnung von H_0

Ablehnung von H_0 | Annahme von H_0

Abb. 40: Rechts- und linksseitige Hypothesentests

3.6.4.1.5 α-Fehler und β-Fehler

Die Bedeutung des α-Fehlers hatten wir bereits kennen gelernt. Er stellt das Risiko dar, die H_0-Hypothese fälschlicherweise abzulehnen. Ihn bezeichnet man als Fehler erster Art. Nun gibt es aber noch einen Fehler zweiter Art, der als β-Fehler bezeichnet wird. Dabei handelt es sich um das Risiko, das man eingeht, die Alternativhypothese H_A abzulehnen, obwohl sie richtig ist. So können Stichprobenwerte sehr wohl zur Verteilung von H_A gehören und dennoch im Annahmebereich der H_0-Hypothese liegen. Tabelle 70 soll den kompletten Sachverhalt noch einmal verdeutlichen.

3.6.4.1.6 Vorgehensweise beim statistischen Testen

Jeder statistische Test läuft nach dem gleichen Standardschema ab und umfasst die folgenden 5 Schritte:

Schritt 1: Aufstellung von Null- und Alternativhypothese sowie Festlegung des Signifikanzniveaus.

Tab. 70: Alpha- und Betafehler beim Testen

aufgrund der Stichprobe gefällte Entscheidung	unbekannte Realität	
	H_0 **richtig**	H_A **richtig**
H_0 **richtig**	richtige Entscheidung	β-Fehler
H_A **richtig**	α-Fehler	richtige Entscheidung

Schritt 2: Festlegung einer geeigneten Prüfgröße und Bestimmung der Testverteilung bei Gültigkeit der Nullhypothese.

Schritt 3: Bestimmung des kritischen Bereichs.

Schritt 4: Berechnung des Wertes der Prüfgröße.

Schritt 5: Entscheidung und Interpretation.

Häufig werden die Schritte 2 und 4 auch zusammen bearbeitet, denn die Prüfgrößenbestimmung hat automatisch die Berechnung des (Prüf)Wertes zur Folge.

3.6.4.2 Testverfahren
3.6.4.2.1 Überblick über wichtige Testverfahren

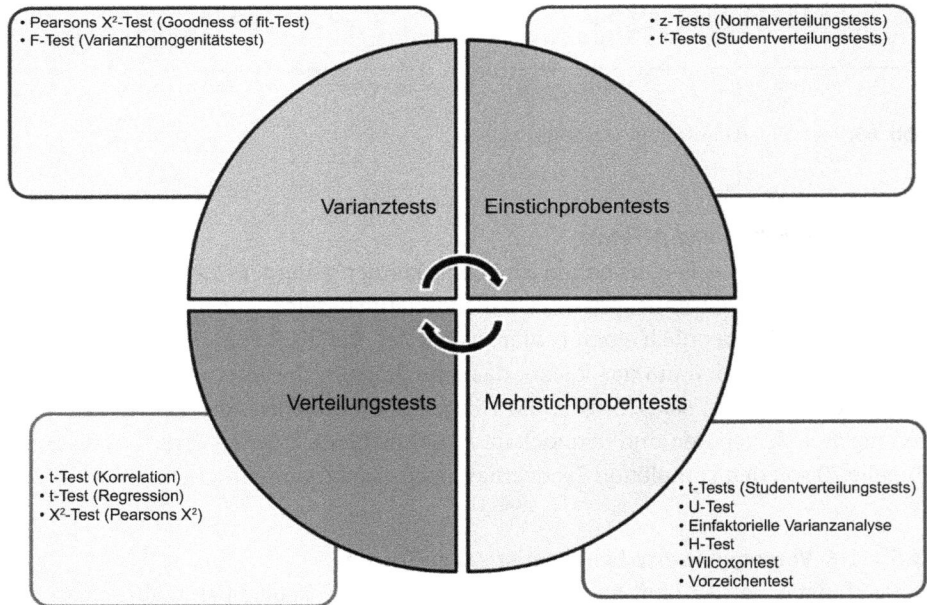

- Pearsons X²-Test (Goodness of fit-Test)
- F-Test (Varianzhomogenitätstest)

- z-Tests (Normalverteilungstests)
- t-Tests (Studentverteilungstests)

Varianztests

Einstichprobentests

Verteilungstests

Mehrstichprobentests

- t-Test (Korrelation)
- t-Test (Regression)
- X²-Test (Pearsons X²)

- t-Tests (Studentverteilungstests)
- U-Test
- Einfaktorielle Varianzanalyse
- H-Test
- Wilcoxontest
- Vorzeichentest

Abb. 41: Wichtige Testverfahren aus ökonomischer Sicht

Wurden im letzten Kapitel Grundgedanken statistischer Testverfahren und deren generelle Vorgehensweise erklärt, sollen nun die aus ökonomischer Sicht wesentlichen Testverfahren zunächst in einem Überblick gezeigt werden.

In der Abbildung 41 wurde ganz bewusst von Dependenzanalysen ausgegangen und damit die sogenannten Interdependenzanalysen, zu der z. B. die Cluster- und Faktorenanalyse zählt, ausgespart. Bei den im linken oberen Bereich abgebildeten **Varianztests** werden zunächst einmal wichtige Vorfragen im Rahmen der anzuwendenden Testverfahren beantwortet. Bei den **Einstichprobentests** finden mit der Normal- oder Studentverteilung immer parametrische Tests ihre Anwendung. Ebenso bei den links unten dargestellten **Verteilungstests**, bei denen die Korrelation, einfache und multiple Regression sowie der Pearsosns X^2 bereits in der deskriptiven Statistik erläutert wurden. Die verschiedenen **Mehrstichprobentests** (siehe Abb. 42) werden nun noch etwas konkreter gezeigt, da sie eine besondere Relevanz haben.[62]

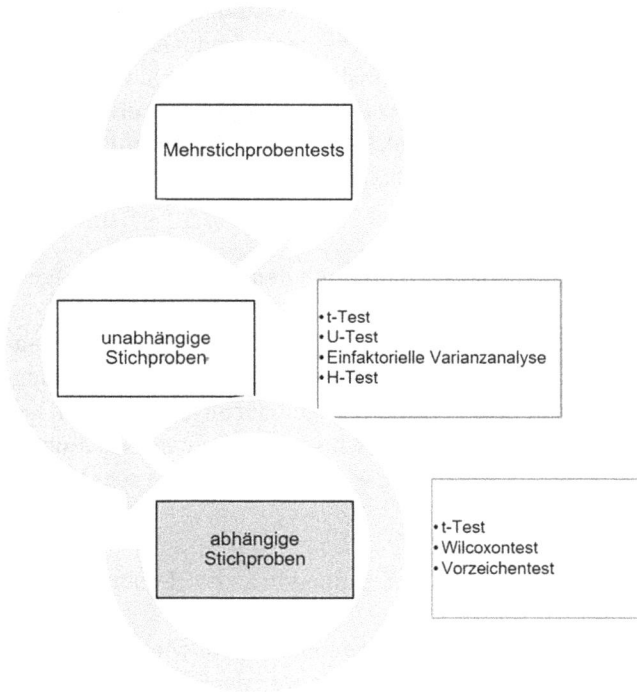

Abb. 42: Wichtige Mehrstichprobentests

---

[62] Sollten zu den verschiedenen Verfahren der Dependenzanalyse noch Unklarheiten bestehen, die besonders die verteilungsgebundenen bzw. verteilungsfreien Tests, oder die Frage nach der Skalierung (nominal-, ordinal- oder intervallskaliert) betreffen, möchte ich Ihnen am Ende des Buches den Anhang 8 „Anhang zur Dependenzanalyse" empfehlen. Dort finden Sie beispielhaft, dass der Vorzeichentest ordinalskaliert und verteilungsfrei ist, während z. B. der *t*-Test intervallskaliert ist und die Normal- bzw. die Studentverteilung voraussetzt.

Wie in den entsprechenden Gliederungspunkten noch genauer beschrieben werden soll, unterscheiden die Mehrstichprobentests zunächst, ob es sich um unabhängige oder abhängige Stichproben handelt. In beiden Fällen gibt es verteilungsfreie (nichtparametrische) oder verteilungsgebundene (parametrische) Tests. Bei verteilungsgebundenen Tests unterstellt man in der BWL und VWL i. d. R. die (Standard)Normalverteilung bzw. die daraus abgeleitete Studentverteilung. Innerhalb der unabhängigen Stichproben sind der U-Test und H-Test verteilungsfrei, innerhalb der abhängigen Stichproben der Wilcoxon- und der Vorzeichentest.

3.6.4.2.2 Vorfragen zur Bestimmung des „richtigen" Test – Varianztest

Wie in der letzten Abbildung 42 kurz beschrieben, werden im Bereich der Parametertests i. d. R. Mittelwerte von unabhängigen oder abhängigen Stichproben getestet. Dabei sind verschiedene Vorfragen zu klären:
- Es kann sich **erstens** um die gleiche Stichprobe (Untersuchungsgruppe) handeln. Dies ist bspw. dann der Fall, wenn die gleiche Gruppe vor und nach einer Schulungsmaßnahme hinsichtlich ihrer Durchschnittsleistung untersucht wird. In diesem Fall spricht man von einer **verbundenen (abhängigen) Stichprobe**. Werden hingegen zum gleichen Zeitpunkt zwei oder mehrere Untersuchungsgruppen hinsichtlich ihrer Durchschnittswerte verglichen, liegt eine **unabhängige Stichprobe** vor.

Obige Vorfrage ist leicht zu klären und ergibt sich durch den Untersuchungsgegenstand.
- Die **zweite** Vorfrage ist weniger trivial. Es geht um die Frage, ob die Untersuchungsgegenstände im Rahmen der Stichprobe(n) einer bestimmten Verteilung, i. d. R. einer **Normal- oder Studentverteilung** genügt, oder ob diesbezüglich keinerlei Aussagen getroffen werden können, es sich somit um einen **verteilungsfreien Test** handelt. Ein verteilungsfreier Test wird auch häufig bei sehr kleinen Stichproben ($n < 10$?) vorgezogen.

Zur Beantwortung dieser Frage kann bspw. der X^2-Anpassungstest (Goodness of fit-Test) herangezogen werden.
- Die **dritte** Vorfrage ist dann zu stellen, wenn unabhängige Stichproben zu testen sind. Dann ist zudem zu überprüfen, ob die Varianzen der Stichproben gleich (homogen) oder ungleich (heterogen) sind. Diese Fragestellung hat allerdings lediglich Auswirkungen auf die Anzahl der so genannten Freiheitsgrade.

Bei diesem Spezialfall (Test von unabhängigen Stichproben von normalverteilten Merkmalen) ist der **Varianzhomogenitätstest** durchzuführen.

3.6.4.2.2.1 Pearsons X^2-Test – X^2-Anpassungstest – Goodness of fit-Test

Der χ^2-Anpassungstest ist möglicherweise der wichtigste Test im Rahmen der Nichtparametrischen Testverfahren, denn mit ihm wird überprüft, ob die zugrunde gelegte Verteilungsfunktion überhaupt sinnvoll gewählt wurde. Schließlich geht man von einer Stichprobe aus und unterstellt aufgrund dessen eine bestimmte (theoretische) Verteilung der Grundgesamtheit. Deshalb lautet die H_0-Hypothese im Rahmen aller χ^2-Anpassungstests auch immer, dass die Grundgesamtheit einer bestimmten Verteilung folgt. Da grundsätzlich die Güte der Anpassung einer theoretischen Verteilung an eine empirische Verteilung (unsere Stichprobe) überprüft wird, nennt man den χ^2-Anpassungstests auch den „Goodness-of-Fit-Test".

Grundsätzlich können alle theoretischen Verteilungsfunktionen mittels des Anpassungstests überprüft werden. Da sie immer dem gleichen Aufbau folgen, soll es nun anhand der unterstellten Normalverteilung (Fall A) und Gleichverteilung (Fall B) erläutert werden.

Fall A: (Standard)Normalverteilung

Beispiel: In Tabelle 71 sind die Jahreseinkommen von 70 Angestellten eines Beratungsunternehmens aufgeführt. Es wird davon ausgegangen, dass diese normalverteilt sind. Dies soll auf dem 5 %-Signifikanzniveau überprüft werden.

Tab. 71: χ^2-Anpassungstest I

Einkommen (in T €) von–bis (x_i)	Anzahl n_i	$x_i \cdot n_i$	$n_i \cdot (x_i - \overline{x})^2$
0–10 (Klassenmitte 5)	1	5	1.235,02
10–20 (Klassenmitte 15)	2	30	1.264,33
20–30 (Klassenmitte 25)	8	200	1.834,45
30–40 (Klassenmitte 35)	25	875	661,23
40–50 (Klassenmitte 45)	20	900	471,83
50–60 (Klassenmitte 55)	8	440	1.765,87
über 60 (Klassenmitte 60)	6	360	2.365,83
		$\sum$ = 2.810	$\sum$ = 9.598,56

$$\overline{x} = \frac{1}{n} \cdot \sum_{i=1}^{k} n_i \cdot x_i = \frac{2.810}{70} = 40,1429 \quad s^2 = \frac{1}{n} \cdot \sum_{i=1}^{k} n_i \cdot (x_i - \overline{x})^2 = \frac{1}{70} \cdot 9.598,56$$

$$= 137,12 \quad s = \sqrt{s^2} = 11,71$$

Schritt 1: Aufstellung der Hypothesen

H_0 : Die Einkommen folgen einer Normalverteilung

H_A : Die Einkommen sind nicht normalverteilt

Schritt 2: Festlegung der Prüfgröße

χ^2-Verteilung mit der Prüfgröße

$$\chi^2 = \sum_{i=1}^{k} \frac{(n_i - n_i^e)^2}{n_i^e} \quad \text{mit} \quad v = k - m - 1$$

Dabei ist k die Anzahl der gebildeten Klassen (hier 7) und m die Anzahl der zu schätzenden Parameter. Die zu schätzenden Parameter sind bei unterstellter Normalverteilung im Rahmen der z-Transformation der Erwartungswert μ sowie die Standardabweichung σ. Der Parameter m ist also 2.

Für diese werden die Werte der Stichprobe genommen:

$$\mu = \overline{x} = 40{,}1429 \, ; \quad \sigma = s = 11{,}71$$

Unter Zuhilfenahme der z-Formel:

$$z = \frac{x_i^o - \mu}{\sigma}$$

können also die relevanten z-Werte und aus der Standardnormalverteilungstabelle die korrespondierenden Wahrscheinlichkeiten abgeleitet werden:

Tab. 72: χ^2-Anpassungstest II

Einkommen (in T€) von–bis (x_i)	x_i^0	$z = \frac{x_i^o - \mu}{\sigma}$	$F(z)$	$f(z)$
0–10 (Klassenmitte 5)	10	−2,57	0,0051	0,0051
10–20 (Klassenmitte 15)	20	−1,72	0,0427	0,0376
20–30 (Klassenmitte 25)	30	−0,87	0,1922	0,1495
30–40 (Klassenmitte 35)	40	−0,01	0,4960	0,3038
40–50 (Klassenmitte 45)	50	0,84	0,7995	0,3035
50–60 (Klassenmitte 55)	60	1,70	0,9554	0,1559
über 60 (Klassenmitte 60)	∞	∞	1,0000	0,0446

Aus der letzten Spalte ergeben sich die erwarteten Wahrscheinlichkeiten der einzelnen Klasse. Bspw. beträgt die Wahrscheinlichkeit, dass bei unterstellter Normalverteilung ein Einkommen zwischen 30 und 40 T€ erzielt wird, 30,38 %.

Mit Hilfe dieser Wahrscheinlichkeiten können nun die absoluten erwarteten Einkommensbezieher der einzelnen Gruppen n_i^e ermittelt werden. Sie sind, zusammen mit den tatsächlichen Werten, in Tabelle 73 aufgeführt und bilden die Basis für die unter Schritt 4 zu berechnenden Prüfgrößen. Dabei ist zu beachten, dass $n_i^e \geq 5$ gefordert wird, um verzerrte Ergebnisse zu vermeiden. Ist dies nicht der Fall, werden die n_i^e mit den nachfolgenden Klassen kumuliert.

Tab. 73: χ^2-Anpassungstest III

Einkommen (in T €) von–bis (x_i)	n_i	n_i^e
0–10 (Klassenmitte 5)	1	0,357
10–20 (Klassenmitte 15)	2	2,632
20–30 (Klassenmitte 25)	8	10,465
30–40 (Klassenmitte 35)	25	21,266
40–50 (Klassenmitte 45)	20	21,245
50–60 (Klassenmitte 55)	8	10,913
über 60 (Klassenmitte 60)	6	3,122

Im obigen Fall weisen die ersten beiden sowie die letzte Gruppe erwartete absolute Werte von weniger als 5 auf, so dass sie mit der dritten Gruppe resp. vorletzten Gruppe verknüpft werden. Exemplarisch ergeben sich die erwarteten 10,465 Personen der Einkommensgruppe 20 bis 30 aus der relativen erwarteten Häufigkeit 0,1495 multipliziert mit der Anzahl der Personen (70).

Schritt 3: Bestimmung des kritischen Bereichs

Aus der Tabelle der χ^2-Verteilung für $\alpha = 0,05$ bei $v = k - m - 1 = 7 - 2 - 1 = 4$ Freiheitsgraden ergibt sich ein kritischer Wert von 9,4877.

Schritt 4: Berechnung der Prüfgröße

$$\chi^2 = \sum_{i=1}^{k} \frac{(n_i - n_i^e)^2}{n_i^e}$$

Tab. 74: χ^2-Anpassungstest IV

Einkommen (in T €) von–bis (x_i)	n_i	n_i^e	$\dfrac{(n_i - n_i^e)^2}{n_i^e}$
0–30	11	13,454	0,448
30–40	25	21,266	0,656
40–50	20	21,245	0,073
über 50	14	14,035	0,000
			$\sum = 1,177$

Schritt 5: Entscheidung und Interpretation

Da $1,176 < 9,4877$, kann die H_0-Hypothese nicht verworfen werden. Bei einer Irrtumswahrscheinlichkeit von 5 % kann also davon ausgegangen werden, dass die Grundgesamtheit einer Normalverteilung gehorcht.[63]

Fall B: Gleichverteilung

Beispiel: Nachdem unter Fall A die Entscheidung gefallen war, dass die Normalverteilung als relevante Verteilungsfunktion für die Grundgesamtheit angenommen werden kann, soll nun die Hypothese der Gleichverteilung getestet werden:

Schritt 1: Aufstellung der Hypothesen

$$H_0 : \text{Die Einkommen folgen einer Gleichverteilung}$$

$$H_A : \text{Die Einkommen sind nicht gleichverteilt}$$

Schritt 2: Festlegung der Prüfgröße

χ^2-Verteilung mit der Prüfgröße

$$\chi^2 = \sum_{i=1}^{k} \frac{(n_i - n_i^e)^2}{n_i^e} \quad \text{mit} \quad v = k - m - 1$$

Entgegen des Falles A müssen hier keine separaten Parameter (m) geschätzt werden. Der Parameter m ist also 0.

In Tabelle 75 sind die tatsächlichen Häufigkeiten n_i sowie die erwarteten Häufigkeiten n_i^e enthalten. Danach verteilen sich alle 70 Angestellten gleichmäßig auf die 7 Klassen (jeweils 10).

Tab. 75: χ^2-Anpassungstest V

Einkommen (in T €) von–bis (x_i)	n_i	n_i^e	$\frac{(n_i - n_i^e)^2}{n_i^e}$
0–10 (Klassenmitte 5)	1	10	8,1
10–20 (Klassenmitte 15)	2	10	6,4
20–30 (Klassenmitte 25)	8	10	0,4
30–40 (Klassenmitte 35)	25	10	22,5
40–50 (Klassenmitte 45)	20	10	10,0
50–60 (Klassenmitte 55)	8	10	0,4
über 60 (Klassenmitte 60)	6	10	1,6
			$\sum = 49,4$

---

63 Siehe Aufgabe 70.

Schritt 3: Festlegung der Prüfgröße

Aus der Tabelle der χ^2-Verteilung für $\alpha = 0,05$ bei $v = k - m - 1 = 7 - 0 - 1 = 5$ Freiheitsgraden ergibt sich ein kritischer Wert von 11,071.

Schritt 4: Berechnung der Prüfgröße

$$\chi^2 = \sum_{i=1}^{k} \frac{(n_i - n_i^e)^2}{n_i^e} = 49,4 \quad \text{(siehe Schritt 2)}$$

Schritt 5: Entscheidung und Interpretation

Da $49,4 > 11,071$, kann die H_0-Hypothese verworfen werden. Man kann also nicht davon ausgehen, dass die Grundgesamtheit einer Gleichverteilung gehorcht (was auch sehr logisch erscheint, da ja bereits die Normalverteilung als sinnvolle Verteilungsfunktion im eben beschriebenen Fall A erkannt wurde).[64]

3.6.4.2.2.2 Varianzhomogenitätstest

Der Varianzhomogenitätstest bezeichnet in der Statistik einen Signifikanztest, der die Gleichheit von Varianzen, auch häufig als Homoskedastizität beschrieben, von zwei oder mehreren Grundgesamtheiten prüft.

Wie bereits aus dem Kapitel der Schätztheorie bekannt, kann die Zufallsvariable F als Prüfgröße für den Test des Quotienten zweier Varianzen verwendet werden. Dabei wird mit der H_0-Hypothese die Gleichheit zweier Varianzen der Grundgesamtheit $\sigma_1^2 = \sigma_2^2$ unterstellt und verwendet als Test die entsprechenden Stichprobenvarianzen s_1^2 und s_2^2. Es liegt die Annahme zugrunde, dass die Varianzen aus einer normalverteilten Grundgesamtheit stammen.

Beispiel: Es wird behauptet, dass die Streuung der Statistiknoten im Studiengang A größer ist als im Studiengang B. Der Mittelwert ist mit 3,2 jeweils identisch. Eine Stichprobe für Studiengang A ergab bei 10 untersuchten Studenten eine Standardabweichung von 1,457, während die Standardabweichung bei Studiengang B bei ebenfalls 10 untersuchten Studenten 1,364 betrug. Ist der Unterschied in der Varianz auf dem 95 %-Niveau signifikant?

Bekannt: $\qquad n_1 = 10 \, ; \quad n_2 = 10 \, ; \quad s_1 = 1,457 \, ; \quad s_2 = 1,364$

Schritt 1: Aufstellung der Hypothesen

$$H_0 : \sigma_1^2 = \sigma_2^2$$
$$H_A : \sigma_1^2 \neq \sigma_2^2 \, .$$

Hier erfolgt ein zweiseitiger Test; ebenso ließe sich natürlich auch $\sigma_1^2 > \sigma_2^2$ u. u. testen, der Test wäre dann einseitig gewesen. Die Alternativhypothese hängt also von der Fragestellung ab, was für alle anderen Tests ebenso von zentraler Bedeutung ist.

---

64 Siehe Aufgabe 71.

Schritt 2: Festlegung der Prüfgröße

F-Verteilung mit der Prüfgröße

$$f = \frac{s_1^2}{s_2^2}$$

Schritt 3: Bestimmung des kritischen Bereichs

Aus der Tabelle der F-Verteilung für $\alpha = 0,05$ ergibt sich ein rechtsseitiger kritischer Wert von

$F_{0,975;9;9} = 3,179$ ($v_1 = 10 - 1$ und $v_2 = 10 - 1$ Freiheitsgrade).[65]

Der linksseitige kritische Bereich beträgt

$$F_{0,025;9;9} = \frac{1}{F_{0,975;9;9}} = \frac{1}{3,179} = 0,3146$$

Ist also der Wert der Prüfverteilung kleiner als der linksseitige oder größer als der rechtsseitige Wert, wird die H_0-Hypothese abgelehnt.

Schritt 4: Berechnung der Prüfgröße

$$f = \frac{s_1^2}{s_2^2} = \frac{1,457^2}{1,364^2} = 1,14$$

Schritt 5: Entscheidung und Interpretation

Da $0,3146 < 1,14 < 3,179$, kann die H_0-Hypothese nicht verworfen werden, ein signifikanter Unterschied in den Varianzen der beiden Studiengänge konnte also nicht festgestellt werden.[66]

3.6.4.2.3 Einstichprobentest
3.6.4.2.3.1 Überblick
In Tabelle 76 werden zunächst so genannte Einstichprobentests nach Nullhypothese, Prüfgröße und der anzuwendenden Verteilung dargestellt. Es ist **keine** vollständige Darstellung aller möglichen Testverfahren, sondern ein Auszug aus den besonders relevanten Verfahren der Wirtschaftsstatistik.

3.6.4.2.3.2 Test für das arithmetische Mittel bei bekannter Varianz
Hierbei und in den nächsten Fällen handelt es sich um Parametertests, bei denen man eine Hypothese über den Parameter der Grundgesamtheit (hier μ) mit einer Stichprobe überprüfen will. In diesem ersten Fall ist die Varianz der Grundgesamtheit σ^2 bekannt.

---

65 Häufig kann man aus den Tabellen nicht den exakten Wert ablesen, weshalb man einen Näherungswert nehmen muss. Siehe Tabelle im Anhang 7.6.

66 Siehe Aufgabe 72.

Tab. 76: Überblick über wichtige Testverfahren bei Einstichprobentests

Nullhypothese	Wert der Prüfgröße	anzuwendende Verteilung
Parametertests		
$\mu = \mu_0$ (σ bekannt)	$z = \dfrac{\overline{x} - \mu_0}{\frac{\sigma}{\sqrt{n}}}$	**Normalverteilung** Bedingung: Grundgesamtheit normalverteilt oder $n > 30$
$\mu = \mu_0$ (σ unbekannt)	$t = \dfrac{\overline{x} - \mu_0}{\frac{s}{\sqrt{n}}}$	**Studentverteilung**, sofern $n \leq 30$ mit $v = n - 1$ **Normalverteilung**, sofern $n > 30$
$\theta = \theta_0$	$z = \dfrac{p - \theta_0}{\sqrt{\frac{\theta_0(1-\theta_0)}{n}}}$	**Normalverteilung** Bedingung: $n \cdot \theta_0 \cdot (1 - \theta_0) \geq 9$

Bedeutung: $\overline{x}$ = Durchschnittswert; μ_0 = Erwartungswert der Nullhypothese; σ = Standardabweichung der Grundgesamtheit; n = Stichprobenumfang; s = Standardabweichung der Stichprobe; p = Anteilswert der Stichprobe; θ_0 = Anteilswert der Grundgesamtheit der Nullhypothese

Beispiel: Die durchschnittliche Lebensdauer von Glühbirnen, die nach einem herkömmlichen Verfahren hergestellt werden, beträgt bei einer durchschnittlichen Abweichung von 100 Stunden 1.000 Stunden. Diese werden vom Hersteller garantiert. Ein Händler entnimmt einer Lieferung eine Stichprobe vom Umfang $n = 100$ und kommt auf eine durchschnittliche Lebensdauer von 960 Stunden. Das Signifikanzniveau betrage 5 %. Kann der Händler die Lieferung zurückschicken?

Bekannt: $\quad \overline{x} = 960 \,; \quad \mu_0 = 1.000\,\text{Stunden}\,; \quad \sigma = 100\,\text{Stunden}\,; \quad n = 100$

Schritt 1: Aufstellung der Hypothesen
$$H_0: \mu = 1.000\,\text{Stunden}$$
$$H_A: \mu < 1.000\,\text{Stunden}$$

Schritt 2: Festlegung der Prüfgröße

Standardnormalverteilung ($n \geq 30$) mit der Prüfgröße

$$z = \frac{\overline{x} - \mu_0}{\frac{\sigma}{\sqrt{n}}}$$

Schritt 3: Bestimmung des kritischen Bereichs

Es handelt sich eindeutig um einen einseitigen Test, so dass sich aus der Tabelle der Normalverteilung für $\alpha = 0,05$ ein kritischer Wert von $z_k = 1,65$ ergibt. Ist also der Betragswert der Prüfverteilung $|z| > z_k$, so wird H_0 abgelehnt.

Schritt 4: Berechnung der Prüfgröße

$$z = \frac{\overline{x} - \mu_0}{\frac{\sigma}{\sqrt{n}}} = \frac{960 - 1.000}{\frac{100}{\sqrt{100}}} = -4$$

Schritt 5: Entscheidung und Interpretation

Da $|z| = 4 > z_k = 1{,}65$, wird die H_0-Hypothese abgelehnt, es kann also bei einer Irrtumswahrscheinlichkeit von 5 % davon ausgegangen werden, dass die zugesagte Eigenschaft des Lieferanten ($\mu = 1.000$ Stunden) signifikant unterschritten wird.[67]

3.6.4.2.3.3 Test für das arithmetische Mittel bei unbekannter Varianz

Wir wollen jetzt den in der Praxis häufiger anzutreffenden Fall untersuchen, der darin besteht, dass beim Test des arithmetischen Mittels die Varianz σ^2 und damit die Standardabweichung der Grundgesamtheit σ unbekannt sind.

Beispiel: Eine Maschine stellt eine Spezialschraube her, deren Länge mit dem Sollwert (Mittelwert) $\mu = 25$ cm normalverteilt ist. Eine Stichprobe vom Umfang $n = 10$ Schrauben liefert ein arithmetisches Mittel von $\overline{x} = 24{,}91$ cm bei einer Standardabweichung von 0,04 cm. Die Hypothese, dass die Maschine noch exakt arbeitet, ist auf einem Signifikanzniveau von $\alpha = 0{,}05$ zu überprüfen.

Bekannt: $\qquad \overline{x} = 24{,}91\,\text{cm} \,; \quad \mu_0 = 25\,\text{cm}\,; \quad s = 0{,}04\,\text{cm}\,; \quad n = 10$

Schritt 1: Aufstellung der Hypothesen

$$H_0: \mu = 25\,\text{cm}$$

$$H_A: \mu \neq 25\,\text{cm}$$

d. h. wir führen einen zweiseitigen Test durch, da sowohl Abweichungen nach oben, als auch nach unten darauf hindeuten, dass die Maschine nicht mehr exakt arbeitet.

Schritt 2: Festlegung der Prüfgröße

Studentverteilung mit $\nu = n - 1$ Freiheitsgraden und der Prüfgröße

$$t = \frac{\overline{x} - \mu_0}{\frac{s}{\sqrt{n}}}$$

Schritt 3: Bestimmung des kritischen Bereichs

Es handelt sich um einen zweiseitigen Test, da für die Qualitätskontrolle sowohl Abweichungen nach unten als auch nach oben nicht akzeptabel sind, so dass sich aus der Tabelle der t-Verteilung für $\alpha = 0{,}05$ ein kritischer Wert von $t_k = 2{,}262$ (9 Freiheitsgrade) ergibt. Ist also der Betragswert der Prüfverteilung $|t| > t_k$, so wird H_0 abgelehnt

Schritt 4: Berechnung der Prüfgröße

$$t = \frac{\overline{x} - \mu_0}{\frac{s}{\sqrt{n}}} = \frac{24{,}91 - 25}{\frac{0{,}04}{\sqrt{10}}} = 7{,}12$$

---

67 Siehe Aufgabe 73.

Schritt 5: Entscheidung und Interpretation

Da $|t| = 7,12 > t_k = 2,262$, wird die H_0-Hypothese abgelehnt, es kann also bei einer Irrtumswahrscheinlichkeit von 5% davon ausgegangen werden, dass die Maschine nicht mehr exakt arbeitet.[68]

3.6.4.2.3.4 Test des Anteilswerts

Neben den arithmetischen Mitteln der Grundgesamtheit bilden Anteilswerte einen großen Testbereich innerhalb der Einstichprobentests.

Beispiel: Ein Produzent behauptet, dass bei dem von ihm gelieferten Los eines Produktes der Ausschussanteil 15% nicht übersteigt. In einer zur Qualitätsüberprüfung gezogenen Stichprobe ohne Zurücklegen vom Umfang $n = 100$ werden $x = 18$ schlechte Stücke gefunden. Ist damit die Behauptung des Fabrikanten, der Ausschussanteil betrage maximal 15%, bei einem Signifikanzniveau von $\alpha = 0,05$ widerlegt?

Bekannt: $\qquad \theta = 0,15 ; \quad p = 0,18 \ (18/100) ; \quad n = 100$

Schritt 1: Aufstellung der Hypothesen

$$H_0 : \theta \leq 0,15$$
$$H_A : \theta > 0,15 \, .$$

Schritt 2: Festlegung der Prüfgröße

Standardnormalverteilung mit der Prüfgröße

$$z = \frac{p - \theta_0}{\sqrt{\frac{\theta_0(1-\theta_0)}{n}}}$$

Schritt 3: Bestimmung des kritischen Bereichs

Es handelt sich um einen einseitigen Test, so dass sich aus der Tabelle der z-Verteilung für $\alpha = 0,05$ ein kritischer Wert von $z_k = 1,65$ ergibt. Ist also der Betragswert der Prüfverteilung $|z| > z_k$, so wird die H_0-Hypothese abgelehnt.

Schritt 4: Berechnung der Prüfgröße

$$z = \frac{p - \theta_0}{\sqrt{\frac{\theta_0(1 - \theta_0)}{n}}} = \frac{0,18 - 0,15}{\sqrt{\frac{0,15 \cdot 0,85}{100}}} = 0,84$$

Schritt 5: Entscheidung und Interpretation

Da $|z| = 0,84 < z_k = 1,65$, wird die H_0-Hypothese nicht abgelehnt, die Behauptung des Fabrikanten kann also auf dem 5%-Signifikanzniveau nicht verworfen werden.[69]

---

[68] Siehe Aufgabe 74.
[69] Siehe Aufgabe 75.

3.6.4.2.4 Mehrstichprobentests
3.6.4.2.4.1 Unabhängige Stichproben
3.6.4.2.4.1.1 Überblick

In Tabelle 77 werden zunächst die verteilungsgebundenen Tests vorgestellt. Es sind bei den unabhängigen Stichproben die Normalverteilung als anzuwendende Verteilung sowohl beim Parametertest von unterschiedlichen arithmetischen Mittel als auch bei Anteilswerten. Verteilungsfreie Tests, wie z. B. der U-Test, sind in dieser Tabelle nicht enthalten, da die anzuwendende Verteilung fehlt.

Tab. 77: Überblick über wichtige Testverfahren bei Mehrstichprobentests von unabhängigen Stichproben

Nullhypothese Parametertests	Wert der Prüfgröße	anzuwendende Verteilung
$\mu_1 = \mu_2$ (σ_1, σ_2 bekannt) bzw. (s_1, s_2 bekannt)	$z = \dfrac{\overline{x}_1 - \overline{x}_2}{\sqrt{\dfrac{s_1^2}{n_1} + \dfrac{s_2^2}{n_2}}}$	**Normalverteilung** Bedingung: Grundgesamtheit normalverteilt oder $n_1 > 30$ und $n_2 > 30$
$\theta_1 = \theta_2$	$z = \dfrac{(p_1 - p_2)}{\sqrt{p \cdot (1 - p)} \cdot \sqrt{\dfrac{(n_1 + n_2)}{n_1 \cdot n_2}}}$	**Normalverteilung** Bedingung: Grundgesamtheit normalverteilt

Bedeutung: $\overline{x}$ = Durchschnittswert; μ_0 = Erwartungswert der Nullhypothese; σ = Standardabweichung der Grundgesamtheit; n = Stichprobenumfang; s = Standardabweichung der Stichprobe, s_i^2 = Varianz der i-ten Stichprobe; p = Anteilswert der Stichprobe; θ_0 = Anteilswert der Grundgesamtheit der Nullhypothese

3.6.4.2.4.1.2 t-Test
3.6.4.2.4.1.2.1 Zweistichprobentest für die Differenzen arithmetischer Mittel

Einer Grundgesamtheit soll je eine Stichprobe des Umfangs n_1 bzw. n_2 vorliegen, die die zwei Stichprobenwerte $\overline{x}_1$ und $\overline{x}_2$ liefern. Daraus erhebt sich die Frage, ob aus einer beobachteten Differenz $d = \overline{x}_1 - \overline{x}_2$ auch auf eine Differenz $\mu_1 - \mu_2$ der arithmetischen Mittel der Grundgesamtheiten geschlossen werden kann.

Aus der Vielzahl der möglichen Testsituationen (abhängige/unabhängige Stichprobe etc.) wollen wir lediglich einen Fall, und zwar den wohl bedeutsamsten herausgreifen, der folgende Modellvoraussetzungen hat:
– Die beiden Stichproben sind voneinander unabhängig,
– beide Stichproben stammen aus normalverteilten Grundgesamtheiten und
– die Varianzen der beiden Grundgesamtheiten sind voneinander verschieden.

Beispiel: In zwei Städten aus den neuen und alten Bundesländern wurden Einkommensbezieher nach ihrem letzten Jahreseinkommen befragt. Die Stichprobe enthielt $n_1 = 40$ (alte Bundesländer) und $n_2 = 50$ Personen (neue Bundesländer). Das durchschnittliche Einkommen der Einkommensbezieher der alten Bundesländer lag bei 41.000,– € bei einer Standardabweichung von 7.000,– € und 30.000,– (Standardabweichung = 8.000,– €) in den neuen Ländern. Es soll geprüft werden, ob ein signifikanter Unterschied besteht, wobei das Signifikanzniveau mit $\alpha = 0,05$ vorgegeben wurde.

Bekannt: $\quad n_1 = 40 \; ; \quad n_2 = 50 \; ; \quad \overline{x}_1 = 41.000 \; ; \quad s_1 = 7.000 \; ;$

$\quad\quad\quad\quad\quad \overline{x}_2 = 30.000 \; ; \quad s_2 = 8.000$

Schritt 1: Aufstellung der Hypothesen

$$H_0 : \mu_1 = \mu_2 \quad H_A : \mu_1 \neq \mu_2$$

Schritt 2: Festlegung der Prüfgröße

Standardnormalverteilung mit der Prüfgröße

$$z = \frac{\overline{x}_1 - \overline{x}_2}{\sqrt{\frac{s_1^2}{n_1} + \frac{s_2^2}{n_2}}}$$

Schritt 3: Bestimmung des kritischen Bereichs

Es handelt sich um einen zweiseitigen Test, so dass sich aus der Tabelle der z-Verteilung für $\alpha = 0,05$ ein kritischer Wert von $z_k = 1,96$ ergibt. Ist also der Betragswert der Prüfverteilung $|z| > z_k$, so wird die H_0-Hypothese abgelehnt.

Schritt 4: Berechnung der Prüfgröße

$$z = \frac{41.000 - 30.000}{\sqrt{\frac{7.000^2}{40} + \frac{8.000^2}{50}}} = \frac{11.000}{1.582,72} = 6,95$$

Schritt 5: Entscheidung und Interpretation

Da $|z| = 6,95 > z_k = 1,96$, wird die H_0-Hypothese abgelehnt, es muss also von einem signifikanten Unterschied der Ergebnisse der Gruppen ausgegangen werden.[70] Die Einkommensbezieher aus den alten Bundesländern verdienen folglich signifikant mehr.

3.6.4.2.4.1.2.2 Zweistichprobentest für die Differenzen zweier Anteilswerte

Neben dem behandelten Zweistichprobentest für die Differenzen zweier arithmetischer Mittel der Grundgesamtheit interessiert den Statistiker in der Praxis häufig die Differenz zweier Anteilswerte, oder konkret, ob es zwischen den Anteilswerten signifikante Unterschiede gibt.

---

70 Siehe Aufgabe 76.

Beispiel: Eine Stichprobe vom Umfang $n_1 = 400$ PKW der Niederlassung A ergab bei $x_1 = 39$ Stück Mängel. Aus der Niederlassung B wurden $n_2 = 300$ PKW auf Mängel untersucht und bei $x_2 = 45$ auch festgestellt. Steht das Ergebnis im Widerspruch zu der Behauptung, dass der Anteil der fehlerhaften PKW in den beiden Niederlassungen identisch ist? Das Signifikanzniveau betrage 5 %.

Bekannt: $\qquad n_1 = 400 \, ; \quad n_2 = 300 \, ; \quad x_1 = 39 \, ; \quad x_2 = 45$

Schritt 1: Aufstellung der Hypothesen

$$H_0 : \theta_1 = \theta_2 \quad H_A : \theta_1 \neq \theta_2$$

Schritt 2: Festlegung der Prüfgröße

Standardnormalverteilung mit der Prüfgröße

$$z = \frac{(p_1 - p_2)}{\sqrt{p \cdot (1-p)}\sqrt{\frac{(n_1+n_2)}{n_1 \cdot n_2}}}$$

Dabei gilt: $\qquad\qquad p = \frac{(n_1 \cdot p_1 + n_2 \cdot p_2)}{(n_1 + n_2)}$

p ist also der mit den Stichprobengrößen gewichtete durchschnittliche Anteilswert der gesamten Stichprobe.

Schritt 3: Bestimmung des kritischen Bereichs

Es handelt sich um einen zweiseitigen Test, so dass sich aus der Tabelle der z-Verteilung für $\alpha = 0,05$ ein kritischer Wert von $z_k = 1,96$ ergibt. Ist also der Betragswert der Prüfverteilung $|z| > z_k$, so wird die H_0-Hypothese abgelehnt.

Schritt 4: Berechnung der Prüfgröße

$$p_1 = \frac{x_1}{n_1} = \frac{39}{400} = 0,0975 \quad p_2 = \frac{x_2}{n_2} = \frac{45}{300} = 0,150$$

$$p = \frac{(400 \cdot 0,0975 + 300 \cdot 0,15)}{(400 + 300)} = 0,12$$

$$z = \frac{(0,0975 - 0,15)}{\sqrt{0,12 \cdot (1 - 0,12)}\sqrt{\frac{(400+300)}{400 \cdot 300}}} = -2,12$$

Schritt 5: Entscheidung und Interpretation

Da $|z| = 2,12 > z_k = 1,96$, wird die H_0-Hypothese abgelehnt, es muss also von einem signifikanten Unterschied innerhalb der beiden Niederlassungen ausgegangen werden. Der Anteil der mängelbehafteten PKW in der Niederlassung B ist also signifikant höher als der in Niederlassung A.[71]

---

[71] Siehe Aufgabe 77.

3.6.4.2.4.1.3 *U*-Test

Der *U*-Test, auch oftmals als Mann-Witney-Test beschrieben, untersucht die Mittelwerte zweier unabhängiger Stichproben für den Fall, dass keine konkrete Verteilung, bspw. die Normalverteilung, angenommen werden kann. Es handelt sich also um einen **verteilungsfreien** Test. Die Merkmale müssen dabei mindestens ordinal skaliert sein.

Beim *U*-Test handelt es sich um einen Rangsummentest bzw. Rangtest. Die Berechnung der Teststatistik basiert also auf dem Vergleich von zwei Rangreihen. Dahinter steht die Überlegung, dass sich die Daten in einer gemeinsamen Rangreihe gleichmäßig verteilen, wenn sich die Mittelwerte, verstanden als zentrale Tendenz zweier Rangreihen nicht unterscheiden.

In der Bundesrepublik Deutschland wird häufig angemahnt, dass berufstätige Frauen trotz gleicher Qualifikation weniger verdienen als Männer.

Beispiel: 10 Männer und 10 Frauen wurden nach ihrem monatlichen Einkommen in € befragt. Es ergab sich Tabelle 78.

Tab. 78: *U*-Test I

Männer	500	750	800	1.100	1.500	1.800	1.900	2.000	2.200	3.500
Frauen	200	400	550	600	650	900	950	1.000	1.200	1.600

Es soll geprüft werden, ob zwischen den Einkommen ein signifikanter Unterschied besteht. Dabei werden 5 % angesetzt.

Schritt 1: Aufstellung der Hypothesen

$$H_0 : \mu_1 = \mu_2 \quad H_A : \mu_1 \neq \mu_2 \,.$$

Natürlich hätte man auch aus dem Ungleichheitszeichen ein größer/kleiner Zeichen machen können. Zunächst werden die Einkommen, beginnend bei dem kleinsten Einkommen, in Ränge überführt.

Tab. 79: *U*-Test II

Männer	3	7	8	12	14	16	17	18	19	20	**134**
Frauen	1	2	4	5	6	9	10	11	13	15	**76**

Schritte 2 und 4: Prüfgrößenbestimmung und -berechnung

Es wird eine Prüfgröße U (bzw. U') in der Weise bestimmt, indem ausgezählt wird, wie häufig ein Rangplatz in der einen Gruppe kleiner ist als ein Rangplatz in der anderen Gruppe. Der kleinste Rang der Männer (3) ist also achtmal kleiner als die Ränge der Frauen. Diese Rangdifferenzen werden dann kumuliert. Da dies u. U. ein sehr mühsames Verfahren sein kann, lassen sich die Rangunterschiede auch durch folgende Beziehung bestimmen:

$$U = n_1 \cdot n_2 + \frac{n_1 \cdot (n_1 + 1)}{2} - T_1 \quad \text{bzw.} \quad U' = n_2 \cdot n_1 + \frac{n_2 \cdot (n_2 + 1)}{2} - T_2$$

Als Prüfgröße gilt: $U = n_1 \cdot n_2 - U'$

Folgende Variablen gelten: T_i = Summe der Ränge, n_i = Häufigkeit der Merkmale

$$U \quad \text{bzw.} \quad U' = \text{Summe der kleineren Ränge}$$

In unserem Beispiel ergeben sich somit folgende Werte:

$$T_1 = \text{Summe der Männerränge} = 134 ; \quad T_2 = \text{Summe der Damenränge} = 76$$

$$U = 10 \cdot 10 + \frac{10 \cdot (10 + 1)}{2} - 134 = 21 \quad U' = 10 \cdot 10 + \frac{10 \cdot (10 + 1)}{2} - 76 = 79$$

$$U = n_1 \cdot n_2 - U' \Rightarrow 21 = 10 \cdot 10 - 79$$

Unterscheiden sich die Grundgesamtheiten, aus denen die Stichproben entnommen wurden nicht, würde man unter der H_0-Hypothese einen Erwartungswert μ von

$$\mu = \frac{n_1 \cdot n_2}{2} = \frac{10 \cdot 10}{2} = 50$$

bekommen. Die U-Werte sind um μ symmetrisch verteilt. Die Streuung σ ergibt sich dann aus:

$$\sigma = \sqrt{\frac{n_1 \cdot n_2 \cdot (n_1 + n_2 + 1)}{12}} \Rightarrow \sigma = \sqrt{\frac{10 \cdot 10 \cdot (10 + 10 + 1)}{12}} = 13{,}23$$

Unterstellt wird, dass die Verteilung der U-Werte um μ bei größeren Stichprobenumfängen (eigentlich n_1 oder $n_2 > 10$) annähernd normalverteilt sind mit:

$$z = \frac{U - \mu}{\sigma} \quad \text{bzw.} \quad z = \frac{U' - \mu}{\sigma}$$

In unserem Beispiel erhalten wir daraus:

$$z = \frac{21 - 50}{13{,}23} = -2{,}19 \quad \text{bzw.} \quad z = \frac{79 - 50}{13{,}23} = 2{,}19$$

Schritt 3: Bestimmung des kritischen Wertes

Aus der Standardnormalverteilungstabelle folgt ja bekanntlich auf dem 5 %-Niveau für den zweiseitigen Test ein kritischer z-Wert von (+/-) 1,96. Hätte man die Hypothese aufgestellt, dass die Frauen weniger verdienen als die Männer, würde es sich um einen einseitigen Test mit einem kritischen z-Wert von (+/-) 1,65 handeln.

Schritt 5: Entscheidung und Interpretation

Da $(+/-)2,19 > 1,96$, kann die H_0-Hypothese abgelehnt werden. Es muss also von einem signifikanten Unterschied bei den Einkommen ausgegangen werden.

Exkurs: verbundene Ränge

Verbundene Ränge liegen immer dann vor, wenn sich mehrere Personen einen Rangplatz teilen.[72]

Beispiel: Zwei Gruppen unterschiedlicher Studiengänge der HTW Aalen ($n_1 = 11$, $n_2 = 12$) sollen pro Studierenden (theoretisch) ein Start-up-Unternehmen vorstellen, die anschließend von einer Jury prämiert werden. Es stehen insgesamt 7 Preise zur Verfügung, die allerdings auch auf mehrere Personen aufgeteilt werden können. Das beste Start-up-Unternehmen erhält den 1. Preis etc. Es soll auf dem 5 %-Niveau überprüft werden, ob sich die beiden Gruppen in ihren betriebswirtschaftlichen Fähigkeiten signifikant voneinander unterscheiden. Studierende, die keinen Preis erhalten, werden aufsteigend sortiert (das schlechteste Start-up-Unternehmen erhält somit den Rang 23).

Tab. 80: *U*-Test III

G1	Student	1	2	3	4	5	6	7	8	9	10	11	
	Rang	3	16	7	9	3	13	1	18	11	5,5	9	$T_1 = 95,5$
G2	Student	12	13	14	15	16	17	18	19	20	21	22	23
	Rang	20	9	15	3	22	17	23	13	5,5	21	13	19	$T_2 = 180,5$

Erläuterung:

1. Preis:	Student 7	Rang 1
2. Preis:	Student 1, 5, 15	Rang 3 (mittlerer Rang von 2, 3 und 4)
3. Preis:	Student 10 und 20	Rang 5,5 (mittlerer Rang von 5 und 6)
4. Preis:	Student 3	Rang 7
5. Preis:	Student 4, 11 und 13	Rang 9 (mittlerer Rang von 8, 9 und 10)
6. Preis:	Student 9	Rang 11
7. Preis:	Student 6, 19 und 22	Rang 13 (mittlerer Rang von 12, 13 und 14)

---

[72] Vergleichen Sie hierzu bei Bedarf auch den Gliederungspunkt Rangkorrelationskoeffizient nach Spearman.

Gegenüber dem Standardfall (eindeutige Rangvergabe) wird hier die Streuung σ entsprechend korrigiert:

$$\sigma = \sqrt{\frac{n_1 \cdot n_2}{n \cdot (n-1)}} \cdot \sqrt{\frac{(n^3 - n)}{12} - \sum_{i=1}^{k} \frac{t_i^3 - t_i}{12}}$$

wobei t_i = Anzahl der Personen, die sich Rangplatz i teilen und

  k = Anzahl der verbundenen Ränge

Unser Beispiel ergibt daraus zunächst die Summeninformation und dann die Standardabweichung, den Erwartungswert und die beiden U-Werte:

$$t_1 = 3 \text{ Schüler mit Rang } 3$$

$$t_2 = 2 \text{ Schüler mit Rang } 5,5$$

$$t_3 = 3 \text{ Schüler mit Rang } 9$$

$$t_4 = 3 \text{ Schüler mit Rang } 13$$

und daraus die Summe

$$\sum_{i=1}^{k} \frac{t_i^3 - t_i}{12} = \frac{3^3 - 3}{12} + \frac{2^3 - 2}{12} + \frac{3^3 - 3}{12} + \frac{3^3 - 3}{12} = 6,5 \, .$$

$$\sigma = \sqrt{\frac{11 \cdot 12}{23 \cdot (23-1)}} \cdot \sqrt{\frac{(23^3 - 23)}{12} - 6,5} = 16,20$$

$$\mu = \frac{n_1 \cdot n_2}{2} = \frac{11 \cdot 12}{2} = 66$$

$$U = 11 \cdot 12 + \frac{11 \cdot (11+1)}{2} - 95,5 = 102,5$$

$$U' = 12 \cdot 11 + \frac{12 \cdot (12+1)}{2} - 180,5 = 29,5$$

Auch die Prüfgröße zeigt die richtigen Berechnungen:

$$U = n_1 \cdot n_2 - U' = 102,5 = 11 \cdot 12 - 29,5$$

Daraus lassen sich die entsprechenden z-Werte der Standardnormalverteilung berechnen:

$$z = \frac{U - \mu}{\sigma} = \frac{102,5 - 66}{16,2} = 2,25 \quad \text{bzw.} \quad z = \frac{U' - \mu}{\sigma} = \frac{29,5 - 66}{16,2} = -2,25$$

Unterstellen wir wieder ein Signifikanzniveau von 5 % und dem daraus resultierenden kritischen Wert von 1,96, können wir die H_0-Hypothese (es besteht kein signifikanter Unterschied zwischen den beiden Studiengängen) ablehnen, da 2,25 > 1,96 ist.[73]

---

73 Siehe Aufgabe 78.

3.6.4.2.4.1.4 Einfaktorielle Varianzanalyse

Relativ häufig stellt sich die Aufgabe, dass mehr als zwei voneinander unabhängige Stichproben vorliegen, wobei deren Mittelwertdifferenzen beurteilt werden sollen. Der Name Varianzanalyse ist dabei etwas irreführend, da nicht Varianzen in der zu prüfenden Hypothese auftauchen, sondern Mittelwertunterschiede. Bei der einfaktoriellen Varianzanalyse wird der Einfluss von einem Faktor (i. d. R. ein nominales Merkmal) auf eine abhängige Variable (i. d. R. ein metrisches Merkmal) untersucht. Dies erfolgt mit Hilfe der sogenannten Varianzzerlegung.

Beispiel: Drei Reifentypen A, B und C sollen bezüglich ihrer Haltbarkeit untersucht werden. Die Haltbarkeit wurde ordinal zwischen den Werten 1 = sehr schlechter Wert bis 10 = sehr guter Wert beschrieben. Von jedem Reifentyp werden 5 Reifen untersucht. Daraus leitete sich Tabelle 81 mit den Werten ab.

Tab. 81: Einfaktorielle Varianzanalyse I

Reifentyp	Versuch Nr.				
	1	2	3	4	5
A	4	2	7	3	4
B	8	5	3	8	6
C	10	9	5	7	9

Im Beispiel wurden also $r = 3$ unabhängige Stichproben (die Reifentypen) der Umfänge n_i (hier Versuch Nr. 1 bis 5) gezogen. Der erste Reifentyp A hat also z. B. mit dem Wert 4 eine mittelmäßige Haltbarkeit, während der erste Reifentyp C mit 10 eine sehr gute Haltbarkeit vorweisen konnte. Es soll auf dem 5 %-Signifikanzniveau untersucht werden, ob die Reifentypen die gleiche Haltbarkeit haben.

Schritt 1: Aufstellung der Hypothesen

$$H_0 : \mu_1 = \mu_2 = \mu_3 \quad H_A : \mu_1 \neq \mu_2 \neq \mu_3$$

Die H_0-Hypothese ist etwas umfangreich, da sie mit der Varianzzerlegungsformel überprüft wird.

$$\sum_i \sum_j (x_{ij} - \overline{x})^2 = \sum_i n_i \cdot (\overline{x_i} - \overline{x})^2 + \sum_i \sum_j (x_{ij} - \overline{x_i})^2$$

mit:

x_{ij} = Merkmalswert j in der Stichprobe i $\qquad \overline{x}$ = Gesamtmittelwert

$\overline{x_i}$ = Mittelwert der Stichprobe i $\qquad n_i$ = Umfang der Stichprobe

$\sum_i \sum_j (x_{ij} - \overline{x})^2 = \mathrm{SQT}$

Dies beschreibt die Summe der quadratischen Abweichungen aller Merkmalswerte vom Stichprobengesamtmittel.

$$\sum_i n_i \cdot (\overline{x_i} - \overline{x})^2 = SQA^{74}$$

Dies beschreibt die Summe der quadratischen Abweichungen der Stichprobenmittel vom Stichprobengesamtmittel.

$$\sum_i \sum_j (x_{ij} - \overline{x_i})^2 = SQR^{75}$$

Dies beschreibt die Summe der quadratischen Abweichungen der Merkmalswerte vom Stichprobenmittel.

Es gilt somit: $\qquad SQT = SQA + SQR$

Da diese drei Arten möglicherweise sehr kryptisch klingen, sollen sie nun anhand des Reifenbeispiels berechnet werden.

Tab. 82: Einfaktorielle Varianzanalyse II

Reifentyp	Versuch Nr.					$\sum$	$\overline{x}_i$
	1	2	3	4	5		
A	4	2	7	3	4	20	4
B	8	5	3	8	6	30	6
C	10	9	5	7	9	40	8
						$\sum = 90$	$\overline{x} = 6$

$$\begin{aligned}\sum_i \sum_j (x_{ij} - \overline{x})^2 &= (4-6)^2 + (2-6)^2 + (7-6)^2 + (3-6)^2 + (4-6)^2 + (8-6)^2 \\ &\quad + (5-6)^2 + (3-6)^2 + (8-6)^2 + (6-6)^2 + (10-6)^2 + (9-6)^2 \\ &\quad + (5-6)^2 + (7-6)^2 + (9-6)^2 = 88\end{aligned}$$

Diese Berechnung beschreibt SQT.

$$\sum_i n_i \cdot (\overline{x_i} - \overline{x})^2 = 5 \cdot (4-6)^2 + 5 \cdot (6-6)^2 + 5 \cdot (8-6)^2 = 40 \Rightarrow SQA$$

$$\begin{aligned}\sum_i \sum_j (x_{ij} - \overline{x_i})^2 &= (4-4)^2 + (2-4)^2 + (7-4)^2 + (3-4)^2 + (4-4)^2 + (8-6)^2 \\ &\quad + (5-6)^2 + (3-6)^2 + (8-6)^2 + (6-6)^2 + (10-8)^2 + (9-8)^2 \\ &\quad + (5-8)^2 + (7-8)^2 + (9-8)^2 = 48\end{aligned}$$

Diese Berechnung beschreibt SQR.

---

74 SQA beschreibt den Anteil des Faktors an der Gesamtvarianz, auch externe Varianz oder Varianz between genannt.

75 SQR beschreibt den Anteil des Restes, auch interne Varianz oder Varianz within genannt.

Schritte 2 und 4: Prüfgrößenbestimmung und -berechnung

Die Prüfgrößenbestimmung und -berechnung erfolgt mit Hilfe der Tabelle 83:

Tab. 83: Einfaktorielle Varianzanalyse III

Streuungsursache	Größe	Freiheitsgrade	Mittlere Quadratsumme
Faktor	SQA = 40	$V_A = r - 1 = 2$	MQA = SQA/($r - 1$) = 40/2 = 20
Rest	SQR = 48	$V_R = n - r = 12$	MQR = SQR/($n - r$) = 48/12 = 4
Summe	SQT = 88	$V_T = n - 1 = 14$	

Der Wert der Prüfgröße ergibt dann: $f = \frac{MQA}{MQR} = \frac{20}{4} = 5$

Schritt 5: Entscheidung und Interpretation

Aus der Fisher-Verteilung ergeben sich für $V_A = 2$ und $V_R = 12$ Freiheitsgrade ein kritischer Wert von 3,89. Da 5 > 3,89, wird die Nullhypothese abgelehnt. Es kann also nicht davon ausgegangen werden, dass die drei Reifentypen die gleiche Haltbarkeit aufweisen.[76]

3.6.4.2.4.1.5 *H*-Test

Der **H-Test**, auch häufig als Kruskal-Wallis-Test beschrieben, untersucht die Mittelwerte von mehr als zwei unabhängigen Stichproben für den Fall, dass keine konkrete Verteilung (hier Standardnormalverteilung) angenommen werden kann. Beim *H*-Test handelt es sich somit um einen **verteilungsfreien Test**, der den *U*-Test (Mittelwert zweier unabhängiger Stichproben) erweitert. Die Merkmale müssen dabei mindestens ordinal skaliert sein. Beim *H*-Test handelt es sich demzufolge um einen Rangsummentest bzw. Rangtest. Die Berechnung der Teststatistik basiert also auf dem Vergleich von mehreren Rangsummen. Dahinter steht die Überlegung, dass sich die Daten in einer gemeinsamen Rangreihe gleichmäßig verteilen, wenn sich die zentrale Tendenz (hier: Mittelwerte) mehrerer Rangreihen nicht unterscheiden.

Beispiel: 3 Gruppen, bestehend aus jeweils 4 Personen, wurden nach ihrem Einkommen (*EK*) befragt. Es ergab sich folgende Tabelle 84, die sowohl die Originalwerte, als auch bereits die gemeinsamen Ränge enthält.

Es soll auf dem 5 %-Signifikanzniveau geprüft werden, ob zwischen den Einkommen der Gruppen ein signifikanter Unterschied besteht.

Schritt 1: Aufstellung der Hypothesen

$$H_0 : \mu_1 = \mu_2 = \mu_3 \quad H_A : \mu_1 \neq \mu_2 \neq \mu_3$$

---

76 Siehe Aufgabe 79.

Tab. 84: *H*-Test I

Gruppe 1		Gruppe 2		Gruppe 3	
EK	Rang	*EK*	Rang	*EK*	Rang
1.700	1	2.100	3	2.300	4
2.000	2	2.400	5	3.000	8
2.700	6	2.800	7	3.300	9
3.500	10	4.400	11	4.500	12
	$\Sum = 19$		$\Sum = 26$		$\Sum = 33$

Schritte 2 und 4: Prüfgrößenbestimmung und -berechnung

Es wird eine Prüfgröße *H* auf folgende Art und Weise bestimmt:

$$H = \left(\frac{12}{n \cdot (n+1)} \cdot \sum_{i=1}^{l} \frac{R_i^2}{n_i} \right) - 3 \cdot (n+1)$$

n = Summe aller Merkmale R_i^2 = quadrierte Summe der Ränge der Stichprobe i

n_i = Stichprobenumfang von i

In obigem Beispiel lautet also der *H*-Wert:

$$H = \left(\frac{12}{12 \cdot (12+1)} \cdot \left(\frac{19^2}{4} + \frac{26^2}{4} + \frac{33^2}{4} \right) \right) - 3 \cdot (12+1) = 1{,}885$$

Schritt 3: Bestimmung des kritischen Bereiches

Die Testgröße folgt einer X^2-Verteilung mit $l-1$ Freiheitsgraden. Auf dem 5 %-Signifikanzniveau ergibt sich ein kritischer Wert von 5,99.

Schritt 5: Entscheidung und Interpretation

Da $1{,}885 < 5{,}99$, wird die H_0-Hypothese nicht abgelehnt. Trotz der eigentlich doch großen Rangunterschiede sind die Rangmittelwerte nicht signifikant voneinander verschieden.

Exkurs: verbundene Ränge

Ebenso wie beim *U*-Test (Mann-Whitney-Test) kann es beim hier besprochenen *H*-Test dazu führen, dass sich mehrere Personen einen Rang teilen.

Beispiel: Drei Gruppen von Studiengängen werden nach ihren Durchschnittsnoten befragt. Es ergab sich folgendes Ergebnis:

Tab. 85: *H*-Test II

Gruppe 1		Gruppe 2		Gruppe 3	
Note	Rang	Note	Rang	Note	Rang
1,3	1,5	1,3	1,5	3,0	8
1,7	3,5	2,3	6	3,3	10
1,7	3,5	2,7	7	3,3	10
2,0	5,0	3,3	10	3,7	12
	$\sum = 13,5$		$\sum = 24,5$		$\sum = 40,0$

Es soll auf dem 5 %-Signifikanzniveau geprüft werden, ob zwischen den Durchschnittsnoten der Gruppen ein signifikanter Unterschied besteht.

Schritt 1: Aufstellung der Hypothesen

$$H_0 : \mu_1 = \mu_2 = \mu_3 \quad H_A : \mu_1 \neq \mu_2 \neq \mu_3$$

Schritte 2 und 4: Prüfgrößenbestimmung und -berechnung

Entgegen dem ursprünglichen *H*-Test mit eindeutigen Rangzuordnungen wird hier eine modifizierte Prüfgröße H_M auf folgende Art und Weise bestimmt:

$$H_M = \frac{H}{1 - \frac{\sum_{i=1}^{m}(t_i^3 - t_i)}{(n^3 - n)}}$$

Zunächst wird als H zu berechnen sein.

t_i = Anzahl der Personen, die sich Rangplätze i teilen

m = Anzahl der verbundenen Ränge

t_1 = 2 Studierende mit Rang 1,5 t_2 = 2 Studierende mit Rang 3,5

t_3 = 3 Studierende mit Rang 10

Daraus leitet sich die folgende Summe ab:

$$\sum_{i=1}^{m} t_i^3 - t_i = (2^3 - 2) + (2^3 - 2) + (3^3 - 3) = 36$$

$$H = \left(\frac{12}{12 \cdot (12 + 1)} \cdot \left(\frac{13,5^2}{4} + \frac{24,5^2}{4} + \frac{40^2}{4} \right) \right) - 3 \cdot (12 + 1) = 6,817$$

Daraus wird dann H_M berechnet.

$$H_M = \frac{6,817}{1 - \frac{36}{(12^3 - 12)}} = 6,96$$

Schritt 3: Bestimmung des kritischen Bereiches

Die Testgröße folgt einer X^2-Verteilung mit $l - 1$ Freiheitsgraden. Auf dem 5 %-Signifikanzniveau ergibt sich ein kritischer Wert von 5,99.

Schritt 5: Entscheidung und Interpretation

Da $6,96 > 5,99$, wird die H_0-Hypothese abgelehnt. Die (Rang)Mittelwerte sind also signifikant voneinander verschieden.[77]

3.6.4.2.4.2 Abhängige Stichproben
3.6.4.2.4.2.1 Überblick

Im Bereich der bedeutenden wirtschaftswissenschaftlichen abhängigen Stichproben gibt es lediglich einen verteilungsgebundenen Test. Die beiden verteilungsfreien Tests, Wilcoxon- und Vorzeichentest, die im weiteren Verlauf noch genauer beschrieben werden, sind in Tabelle 86 nicht enthalten.[78]

Tab. 86: Überblick über wichtige Testverfahren bei Mehrstichprobentests von abhängigen Stichproben

Nullhypothese Parametertests	Wert der Prüfgröße	anzuwendende Verteilung
$\mu_1 = \mu_2$	$t = \dfrac{\overline{x}_d}{s_{\overline{x}_d}}$	**Studentverteilung** mit $n - 1$ Freiheitsgraden

Bedeutung: $\overline{x}_d$ = arithmetisches Mittel aller Differenzenwerte; $s_{\overline{x}_d}$ = Standardfehler des arithmetischen Mittels

3.6.4.2.4.2.2 *t*-Test von arithmetischen Mitteln für abhängige Stichproben

Ein *t*-Test für abhängige (verbundene) Stichproben findet dann Anwendung, wenn die Mittelwerte von zwei zeitverschobenen Messungen miteinander verglichen und die Unterschiede auf Signifikanz getestet werden sollen. I. d. R. handelt es sich also um die gleiche Stichprobe, die bspw. vor und nach einer Schulungsmaßnahme untersucht wird. Wichtig ist anzumerken, dass die zu testende Variable intervallskaliert und normalverteilt sein sollte bzw. muss. Der *t*-Test von abhängigen Stichproben unterscheidet sich nicht in der Hypothesenbildung vom *t*-Test von unabhängigen Stichproben, jedoch in der Prüfgrößenbestimmung bzw. -berechnung.

Beispiel: 15 Probanden wurden einem Gedächtnistest unterzogen. Anschließend führte man ein Training durch und notierte die erreichte Punktzahl erneut. Wurden die Werte signifikant besser (Niveau 5 %)?

---

77 Siehe Aufgabe 80.

78 Unter bestimmten Voraussetzungen, die bereits bei den Approximationsregeln erläutert wurden, hätte man in der Tabelle auch beim Vorzeichentest die Binomialverteilung einsetzen können.

Tab. 87: *T*-Test für abhängige Stichproben I

Proband	1	2	3	4	5	6	7	8	9	10	11	12	13	14	15
vorher	40	60	30	55	55	35	30	35	40	35	50	25	10	40	55
nachher	48	55	44	59	70	36	44	28	39	50	64	22	19	53	60

Schritt 1: Aufstellung der Hypothesen

$$H_0 : \mu_1 = \mu_2 \quad H_A : \mu_1 \neq \mu_2$$

Schritte 2 und 4: Prüfgrößenberechnung und -bestimmung

$$t = \frac{\overline{x}_d}{s_{\overline{x}_d}} \quad \text{mit} \quad \overline{x}_d = \frac{\sum_{i=1}^{n} d_i}{n} \quad \text{wobei} \quad d_i = x_{i1} - x_{i2} \quad \text{und} \quad s_{\overline{x}_d} = \frac{s_d}{\sqrt{n}}$$

wobei

$$s_d = \sqrt{\frac{\sum_{i=1}^{n} d_i^2 - \frac{(\sum_{i=1}^{n} d_i)^2}{n}}{(n-1)}}$$

n = Stichprobenumfang, $\overline{x}_d$ = arithmetische Mittel aller Differenzenwerte und $s_{\overline{x}_d}$ = Standardfehler des arithmetischen Mittels.

Da diese Formeln zunächst sehr schwierig aussehen, soll diese Sorge nun durch die entsprechenden Berechnungen unseres obigen Beispiels genommen werden.

Tab. 88: *t*-Test für abhängige Stichproben II

Proband	1	2	3	4	5	6	7	8	9	10	11	12	13	14	15
vorher	40	60	30	55	55	35	30	35	40	35	50	25	10	40	55
nachher	48	55	44	59	70	36	44	28	39	50	64	22	19	53	60
d_i	−8	5	−14	−4	−15	−1	−14	7	1	−15	−14	3	−9	−13	−5
d_i^2	64	25	196	16	225	1	196	49	1	225	196	9	81	169	25

Die letzten beiden Zeilen addiert ergeben: $\sum_{i=1}^{n} d_i = -96 \quad \sum_{i=1}^{n} d_i^2 = 1.478$.
Daraus folgt:

$$s_d = \sqrt{\frac{\sum_{i=1}^{n} d_i^2 - \frac{(\sum_{i=1}^{n} d_i)^2}{n}}{(n-1)}} = \sqrt{\frac{1.478 - \frac{-96^2}{15}}{(15-1)}} = 7,85$$

$$s_{\overline{x}_d} = \frac{s_d}{\sqrt{n}} = \frac{7,85}{\sqrt{15}} = 2,03 \quad \overline{x}_d = \frac{\sum_{i=1}^{n} d_i}{n} = \frac{-96}{15} = -6,4$$

$$t = \frac{\overline{x}_d}{s_{\overline{x}_d}} = \frac{-6,4}{2,03} = -3,16$$

Schritt 3: Bestimmung des kritischen Bereiches

Die Testgröße folgt einer t-Verteilung mit $n - 1 = 14$ Freiheitsgraden. Auf dem 5 %-Signifikanzniveau ergibt sich ein kritischer Wert von 2,145.

Schritt 5: Entscheidung und Interpretation

Da $3,16 > 2,145$, wird die Nullhypothese abgelehnt.[79] Das Training hat eine signifikante Veränderung, im Sinne einer Verbesserung gebracht.[80]

3.6.4.2.4.2.3 Wilcoxon-Test

Der Wilcoxon-Test für abhängige Gruppen ist ein nichtparametrischer, also ein verteilungsfreier Test zur Überprüfung, ob die zentrale Tendenz von zwei verbundenen Stichproben signifikant unterschiedlich ist. Das untersuchte Merkmal sollte mindestens ordinalskaliert sein. Ein Wilcoxon-Test kommt folglich zum Einsatz, wenn die Voraussetzung der Normalverteilung zu stark verletzt wird (z. B. ein zu kleiner Stichprobenumfang). Es handelt sich um einen Rangtest. Die Berechnung der Teststatistik basiert auf der Bildung einer Rangreihe aus Paardifferenzen. Die Paardifferenzen ergeben sich daraus, dass es sich um verbundene Stichproben handelt und so jedem Wert aus der ersten Messung der entsprechende Wert aus der zweiten Messung zugeordnet werden kann.

Beispiel: Es soll untersucht werden, ob ein ernährungswissenschaftlicher Vortrag zu einer Gewichtsveränderung bei 11 Jugendlichen geführt hat. Folgende Tabelle 89 enthält das jeweilige Körpergewicht in kg vor und nach dem Vortrag (1 Woche später).

Tab. 89: Wilcoxon-Test I

Teilnehmer	1	2	3	4	5	6	7	8	9	10	11	$\bar{x}_i$
vorher	64	66	66	90	71	57	54	104	84	50	67	70,27
nachher	65	62	64	88	74	54	54	96	78	54	66	68,64

Nach dem ernährungswissenschaftlichen Vortrag beträgt das Durchschnittsgewicht der 11 Teilnehmer 68,64 kg (vorher 70,27 kg). Ob diese Differenz signifikant ist, d. h., ob der Vortrag möglicherweise diese Gewichtsreduktion herbeigeführt hat, soll mit Hilfe des Wilcoxon-Tests beantwortet werden.

[79] Wie bereits mehrfach angesprochen, wird der Prüfwert immer „dem Betrage nach" angegeben, also unabhängig davon, ob der Wert positiv oder negativ ist.
[80] Siehe Aufgabe 81.

Schritt 1: Aufstellung der Hypothesen

$$H_0 : \mu_1 = \mu_2 \quad H_A : \mu_1 \neq \mu_2 .$$

Natürlich hätte hier auch $\mu_1 > \mu_2$ als Alternativhypothese formuliert werden können, d. h., nach dem Vortrag ist das Durchschnittgewicht signifikant geringer.

Schritte 2 und 4: Prüfgrößenberechnung und -bestimmung

Zunächst werden die von null verschiedenen Paardifferenzen (d_i) betrachtet.

Tab. 90: Wilcoxon-Test II

Teilnehmer	1	2	3	4	5	6	7	8	9	10	11	Σ
vorher	64	66	66	90	71	57	54	104	84	50	67	70,27
nachher	65	62	64	88	74	54	54	96	78	54	66	68,64
d_i	1	−4	−2	−2	+3	−3	0	−8	−6	+4	−1	
R_i	1,5	7,5	3,5	3,5	5,5	5,5		10	9	7,5	1,5	
T_-		7,5	3,5	3,5		5,5		10	9		1,5	40,5
T_+	1,5				5,5					7,5		14,5

Im Anschluss werden alle Paardifferenzen, die von null verschieden sind, unabhängig vom Vorzeichen, in Ränge überführt (R_i). Zur Berechnung der Teststatistik werden nun die Rangsummen für alle negativen und positiven Paardifferenzen (T_- und T_+) gebildet, d. h. die Paardifferenzen addiert.

Hier: $T_- = 40,5$ und $T_+ = 14,5$

Als Teststatistik (w) wird der kleinste der beiden Werte genommen:

$$w = \min(T_-, T_+) = 14,5$$

Ferner besteht folgende Beziehung und kann als Verprobung benutzt werden.

$$(T_- + T_+) = \frac{n \cdot (n + 1)}{2} = 40,5 + 14,5 = \frac{10 \cdot (10 + 1)}{2} = 55$$

n = Anzahl der von null verschiedenen Paardifferenzen. Hier sind es 10 und nicht 11, da die 7. Person keine Differenz aufweist. Gäbe es keine Mittelwertunterschiede, würden die Werte T_- und T_+ jeweils die Rangsumme 27,5 ergeben, also der Hälfte der gesamten Rangsumme ergeben, denn es gilt:

$$U_T = \frac{n \cdot (n + 1)}{4} = \frac{10 \cdot (10 + 1)}{4} = 27,5 \quad \text{mit} \quad U_T = \text{Erwartungswert}$$

Je weiter die Teststatistik, hier 14,5, von diesem Wert entfernt ist, desto größer ist die Wahrscheinlichkeit, dass der Unterschied in den Gruppen signifikant ist.

Schritt 3: Bestimmung des kritischen Bereiches

Die kritische Größe[81] wäre bei einem zweiseitigen Test und einer Irrtumswahrscheinlichkeit von 5 % bei 8. Ganz wichtig ist hier der Unterschied zu den bisherigen Interpretationen, denn wenn der Testwert **kleiner** als 8 ist, wird die Nullhypothese verworfen!

Schritt 5: Entscheidung und Interpretation

Da 14,5 > 8, wird die Nullhypothese nicht verworfen. Der Vortrag hatte also wohl keinen signifikanten Einfluss auf das Gewicht.

Exkurs: Überleitung des Wilcoxon-Tests in die Normalverteilung

Die im Anhang gezeigte Tabelle des Wilcoxon-Tests enthält nur die kritischen T-Werte für Stichproben von maximal $n = 25$ Werten. Für größere Stichprobenumfänge geht der verteilungsfreie Wilcoxon-Test in die (Standard)Normalverteilung über. Hier gilt:

$$z = \frac{T - \mu_T}{\sigma_T} \quad \text{mit} \quad \sigma_T = \sqrt{\frac{n \cdot (n+1) \cdot (2 \cdot n + 1) - \sum_{i=1}^{k} \frac{t_i^3 - t_i}{2}}{24}}$$

mit k = Anzahl der Rangbindungen und t_i = Länge der Rangbindungen.

Wir erstellen einmal den z-Wert für obiges Beispiel, wissend, dass der Stichprobenumfang eigentlich zu klein ist!

$$T = 14,5 \qquad\qquad \mu_T = 27,5$$
$$t_1 = 2 \text{ Teilnehmer mit Rang 1,5} \quad t_2 = 2 \text{ Teilnehmer mit Rang 3,5}$$
$$t_3 = 2 \text{ Teilnehmer mit Rang 5,5} \quad t_4 = 2 \text{ Teilnehmer mit Rang 7,5}$$

Aus diesen Informationen lässt sich ableiten:

$$\sum_{i=1}^{k} \frac{t_i^3 - t_i}{2} = \frac{(2^3 - 2) + (2^3 - 2) + (2^3 - 2) + (2^3 - 2)}{2} = 12$$

$$\sigma_T = \sqrt{\frac{10 \cdot (10 + 1) \cdot (2 \cdot 10 + 1) - 12}{24}} = 9,785$$

$$z = \frac{T - \mu_T}{\sigma_T} = \frac{14,5 - 27,5}{9,785} = -1,32$$

Würde man nun die Nullhypothese bspw. bei einer 5 %-Irrtumswahrscheinlichkeit testen, ergäbe sich ein kritischer z-Wert von +/- 1,96. Da obiger z-Wert im Intervall liegt, d. h. kleiner als 1,96 ist, kann die Nullhypothese, die keinen Einfluss des Vortrages auf die Ernährungsgewohnheiten vermutet, nicht abgelehnt werden.[82]

---

81 Siehe im Anhang die Tabelle 7.7 der kritischen Werte für den Wilcoxon-Test.
82 Siehe Aufgabe 82.

3.6.4.2.4.2.4 Vorzeichentest

Der Vorzeichentest für abhängige Gruppen ist ein **nichtparametrischer** Test zur Überprüfung, ob die zentrale Tendenz von zwei verbundenen Stichproben signifikant unterschiedlich ist. Das untersuchte Merkmal sollte mindestens ordinalskaliert sein. Ein Vorzeichentest kommt zum Einsatz, wenn die Voraussetzung der Normalverteilung zu stark verletzt wird (z. B. bei zu kleinem Stichprobenumfang). Er ist gewissermaßen die Vorstufe des Wilcoxon-Tests, bei dem die Rangunterschiede der Merkmale Berücksichtigung finden, während man beim Vorzeichentest lediglich die Anzahl der Änderungen sowohl im positiven als auch im negativen Bereich berücksichtigt.

Beispiel: Es soll untersucht werden, ob ein ernährungswissenschaftlicher Vortrag zu einer Gewichtsveränderung bei 11 Jugendlichen geführt hat. Folgende Tabelle 91 enthält das jeweilige Körpergewicht in kg vor und nach dem Vortrag (1 Woche später).

Tab. 91: Vorzeichentest I

Teilnehmer	1	2	3	4	5	6	7	8	9	10	11	$\overline{x}_i$
vorher	64	66	66	90	71	57	54	104	84	50	67	70,27
nachher	65	62	64	88	74	54	54	96	78	54	66	68,64

Nach dem ernährungswissenschaftlichen Vortrag beträgt das Durchschnittgewicht der 11 Teilnehmer 68,64 kg, während es vorher 70,27 kg waren. Der Vorzeichentest zählt nun die negativen und positiven Veränderungen.

Schritt 1: Aufstellung der Hypothesen

$$H_0 : \theta_1 = \theta_2 = 0,5 \quad H_A : \theta_1 \neq \theta_2 \neq 0,5 .$$

Es wird also unterstellt, dass sich die negativen und positiven Abweichungen angleichen, die Anteilswerte und somit die Veränderungen (+/-) also 0,5 = 50 % betragen.
Wie bei fast allen anderen Tests wäre natürlich auch hier z. B. $\theta_1 < \theta_2$ oder umgekehrt $\theta_1 > \theta_2$ denkbar.

Schritte 2 und 4: Prüfgrößenberechnung und -bestimmung

Zunächst werden die von null verschiedenen Werte betrachtet und in positive und negative Veränderungen unterteilt.
Es hat folglich 7 Gewichtsabnahmen und 3 Gewichtszunahmen gegeben. Es könnte also vermutet werden, dass der Vortrag signifikante Veränderungen im Sinne einer Gewichtsreduktion herbeigeführt hat. Ganz wichtig anzumerken ist, dass die Teststatistik des Vorzeichentests einer **Binomialverteilung** folgt, die in diesem Buch bereits ausführlich beschrieben wurde. Um es trotzdem noch einmal kurz zu wiederholen,

Tab. 92: Vorzeichentest II

Teilnehmer	1	2	3	4	5	6	7	8	9	10	11
vorher	64	66	66	90	71	57	54	104	84	50	67
nachher	65	62	64	88	74	54	54	96	78	54	66
Vorzeichen	+	−	−	−	+	−		−	−	+	−

lautet die Wahrscheinlichkeitsfunktion

$$P(X = k) = \begin{vmatrix} n \\ k \end{vmatrix} \cdot \theta^k \cdot (1 - \theta)^{n-k}$$

wobei X = Zählvariable, k = gesuchter Wert, n = Stichprobe und θ = Wahrscheinlichkeit bedeuten.

Setzen wir für θ den nach der Nullhypothese vermuteten Wert 0,5 ein, so ergeben sich für die Wahrscheinlichkeits- und Verteilungsfunktion folgende Werte.

Tab. 93: Vorzeichentest III

$X = k$	0	1	2	3	4	5	6	7	8	9	10
$P(k) =$	0,10	0,98	4,39	11,72	20,51	24,61	20,51	**11,72**	4,39	0,98	0,10
$\sum P(k) =$	0,10	1,07	5,47	17,19	37,70	62,30	82,81	**94,53**	98,93	99,00	100,0

Tabelle 93 zeigt die prozentualen Einzelwerte und gerundeten Summen. Sie macht deutlich, dass beim Erwartungswert der Binomialverteilung $E(X) = \theta * n = 5$ auch mit 24,61 % die größte Einzelwahrscheinlichkeit vorliegt.[83]

Schritt 3: Bestimmung des kritischen Bereiches

Nach Vorgabe des Signifikanzparameters α von i. d. R. 5 % ergeben sich die kritischen Bereiche, die die Bestätigung bzw. Ablehnung der Nullhypothese wie folgt berechnen:

$$\sum P(k)_u = F(c_u) = \frac{\alpha}{2} = \frac{0,05}{2} = 0,025 = \text{unterer Abschnitt}$$

$$\sum P(k)_o = F(c_o) = 1 - \frac{\alpha}{2} = 1 - \frac{0,05}{2} = 0,975 = \text{oberer Abschnitt.}$$

In diesem Beispiel befinden sich also die 7 Gewichtsabnahmen immer noch im Bereich der Nullhypothese, denn sie ergeben summiert 94,53 % und liegen unterhalb des oberen Abschnitts von 97,5 %.

---

83 Diese Einzelwahrscheinlichkeiten finden sich auch im Anhang dieses Buches „Tabelle der Binomialverteilung für ausgewählte Parameter".

Schritt 5: Entscheidung und Interpretation

Möchte man bspw. die Nullhypothese auf dem 95 %-Signifikanzniveau testen, die Schulung hätte keine signifikante Veränderung im Sinne einer Verringerung des Körpergewichts zur Folge, so kann diese Hypothese nicht verworfen werden, da sich die $k = 7$ Gewichtsreduktionen gerade noch im 95 %-Intervall befinden. Wäre bei 8 Personen eine Gewichtsreduktion erfolgt, so hätte man die Nullhypothese verworfen.

Exkurs: Der Vorzeichentest ist zunächst ein nichtparametrischer Test. Vielleicht aber können Sie sich daran erinnern, dass in diesem Buch im Gliederungspunkt der Approximationsregeln unter bestimmten Voraussetzungen Verteilungsfunktionen, wie die eben vorkommende Binomialverteilung, durch eine andere, leicht zu handhabendere Verteilungsfunktion approximiert, i. S. von ersetzt werden kann.

Die Binomialverteilung kann durch die (Standard)Normalverteilung ersetzt werden, wenn

$$n \cdot \theta \cdot (1 - \theta) \geq 9 \quad \text{ist.}$$

Dann benötigt man, um die standardisierte Normalverteilung

$$z = \frac{(x - \mu)}{\sigma}$$

berechnen zu können, den Erwartungswert μ und die Standardabweichung σ wie folgt: $n \cdot \theta \Rightarrow \mu$ und $n \cdot \theta \cdot (1 - \theta) = \sigma^2$. Daraus folgt $\sigma = \sqrt{\sigma^2}$.

Beispiel: Die HTW Aalen möchte herausfinden, ob Studierende durch E-Learning ihre Leistungen verbessern können. Dazu werden insgesamt 45 Studierende vor und nach dieser neuen Lernmethode untersucht. Von diesen Studierenden waren nach der Methode bei 25 Personen die Noten besser, bei 11 sogar schlechter und den verbleibenden 9 Personen blieb die Note exakt gleich. Nun soll untersucht werden, ob auf dem 5 %-Signifikanzniveau die Lernmethode des E-Learnings zu einer Verbesserung der Leistungen geführt hat.

Schritt 1: Aufstellung der Hypothesen

$$H_0: \theta_1 = \theta_2 = 0,5 \quad H_A: \theta_1 \neq \theta_2 \neq 0,5 \,.$$

Es wird also unterstellt, dass sich die negativen und positiven Abweichungen angleichen, die Anteilswerte und somit die Veränderungen (+/-) also 0,5 = 50 % betragen.

Wie bei fast allen anderen Tests wäre natürlich auch hier z. B. $\theta_1 < \theta_2$ oder umgekehrt $\theta_1 > \theta_2$ denkbar.

Schritte 2 und 4: Prüfgrößenberechnung und -bestimmung

Der Test zeigte bekanntlich folgende Resultate:

Tab. 94: Vorzeichentest IV

Vorzeichen	+	–	=
Anzahl	25	11	9

Da im Vorzeichentest diejenigen Werte entfallen, die weder positiv noch negativ sind, hier 9, entfallen diese zunächst. Gemäß der Nullhypothese wird also davon ausgegangen, dass von den Veränderungen, hier 25 + 11 = 36 die Hälfte jeweils positiv sowie negativ ist. Der Erwartungswert ist folglich $\mu = 18$.

Die Binomialverteilung kann durch die (Standard)Normalverteilung ersetzt werden, denn

$$n \cdot \theta \cdot (1 - \theta) \geq 9 \Rightarrow 36 \cdot 0{,}5 \cdot 0{,}5 = 9 \,.$$

Daraus leiten sich ab:

$$n \cdot \theta \Rightarrow \mu \Rightarrow \mu = 36 \cdot 0{,}5 = 18 \quad \text{und}$$

$$\sigma = \sqrt{\sigma^2} \Rightarrow \sigma = \sqrt{9} = 3 \,.$$

Nun haben wir zwei Möglichkeiten, den Prüfgrößenwert zu berechnen, die (natürlich) beide zum gleichen Ergebnis führen.

$$z = \frac{(x - \mu)}{\sigma} \Rightarrow \quad z = \frac{(25 - 18)}{3} = 2{,}33$$

$$z = \frac{(p - \theta_i)}{\sqrt{\frac{\theta \cdot (1-\theta)}{n}}} \Rightarrow \quad z = \frac{(\frac{25}{36} - 0{,}5)}{\sqrt{\frac{0{,}5 \cdot 0{,}5}{36}}} = 2{,}33$$

Schritt 3: Bestimmung des kritischen Bereiches

Je nachdem, ob man einen einseitigen, oder zweiseitigen Test macht, ergeben sich die kritischen Werte aus der Standardnormalverteilungstabelle bei dem unterstellten 5 %-Signifikanzniveau von 1,65 bzw. 1,96.

Schritt 5: Entscheidung und Interpretation

Da 2,33 > 1,65 bzw. 2,33 > 1,96 ist, wird die Nullhypothese widerlegt. Offensichtlich hat also diese neue Lernmethode des E-Learnings zu einer signifikanten Veränderung, i. S. einer Verbesserung geführt.[84]

3.6.4.2.5 Verteilungstests
3.6.4.2.5.1 Überblick
Bislang wurden Testverfahren beschrieben, bei denen bestimmte Hypothesen zu Parametern der Grundgesamtheit aufgestellt und auf Signifikanz untersucht wurden. Deshalb beschreibt man sie kurzerhand als Parametertests oder Parametrische Testverfahren.

Die im weiteren Verlauf vorgestellten Tests gehen von einer anderen Idee und damit von einer anderen zu testenden Hypothese aus. Hier werden Hypothesen zu unbekannten Verteilungen von Grundgesamtheiten aufgestellt und auf ihre Haltbarkeit hin

---

84 Siehe Aufgabe 83.

untersucht. Deshalb werden sie als Verteilungstests oder manchmal auch als Nichtparametrische Testverfahren beschrieben.

Wurden im Bereich der Parametertests die wesentlichen ökonomischen Testverfahren beschrieben, sollen nun die wichtigsten Verteilungstests zunächst tabellarisch bezüglich Nullhypothese, Wert der Prüfgröße und der anzuwenden Verteilung vorgestellt werden (siehe Tab. 95).

Tab. 95: Wichtige Testverfahren der Verteilungstests

Nullhypothese Verteilungstests	Wert der Prüfgröße	anzuwendende Verteilung
$r = 0$	$t = \dfrac{r\sqrt{n-2}}{\sqrt{1-r^2}}$	**Studentverteilung** mit $v = n - 2$
$\beta_1 = 0$	$t = \dfrac{b_1}{s_{b_1}}$	**Studentverteilung** mit $v = n - 2$
$\beta_2 = 0$	$t = \dfrac{b_2}{s_{b_2}}$	**Studentverteilung** mit $v = n - 2$
zwei Merkmale A und B sind voneinander unabhängig	$\chi^2_{\text{beob}} = \sum_{i=1}^{k} \sum_{j=1}^{l} \dfrac{\left(n_{ij} - \frac{n_{i\cdot}\cdot n_{\cdot j}}{n}\right)^2}{\frac{n_{i\cdot}\cdot n_{\cdot j}}{n}}$	**Chi-Quadrat-Verteilung** mit $v = (k-1)\cdot(l-1)$

Bedeutung: r = Korrelationskoeffizient; β_1 = Achsenabschnitt des Regressionsansatzes der Grundgesamtheit, b_1 = Achsenabschnitt des Regressionsansatzes der Stichprobe; s_{b1} = Standardfehler des Stichprobenregressionskoeffizienten b_1; β_2 = Steigung des Regressionsansatzes der Grundgesamtheit, b_2 = Steigung des Regressionsansatzes der Stichprobe; s_{b2} = Standardfehler des Stichprobenregressionskoeffizienten b_2; k, l und m = Anzahl der Merkmalsausprägungen von A und B

3.6.4.2.5.2 Test des Korrelationskoeffizienten

Im Rahmen der Berechnung des Korrelationskoeffizienten untersuchten wir die Beziehung zwischen zwei quantitativen Merkmalen. Interpretieren wir nun unsere Beobachtungen als Stichprobe, sollten wir uns fragen, ob unser in der Stichprobe errechneter Korrelationskoeffizient r etwas über den tatsächlichen Zusammenhang in der Grundgesamtheit aussagt.

Beispiel: In unserem ersten Beispiel zum Korrelationskoeffizienten nach Bravais-Pearson für ungruppierte Daten untersuchten wir die lineare Beziehung zwischen dem erwirtschafteten Gewinn und der Eigenkapitalquote. Als Basis dienten 10 Unternehmen, der errechnete Korrelationskoeffizient betrug $r = 0{,}924$. Nun soll untersucht werden, ob dieser Wert statistisch gesichert ist, d. h., ob der Korrelationskoeffizient signifikant von null verschieden ist. Das Signifikanzniveau betrage 95 %.

Bekannt: $r = 0{,}924$

Schritt 1: Aufstellung der Hypothesen

$$H_0 : r = 0 \quad \text{(es besteht kein Zusammenhang der Merkmale)}$$

$$H_A : r \neq 0 \quad \text{(es besteht ein Zusammenhang der Merkmale)}$$

Schritt 2: Festlegung der Prüfgröße

Studentverteilung mit $v = n - 2$ Freiheitsgraden und der Prüfgröße

$$t = \frac{r\sqrt{n-2}}{\sqrt{1-r^2}}$$

Schritt 3: Bestimmung des kritischen Bereichs

Es handelt sich um einen zweiseitigen Test, da der Korrelationskoeffizient sowohl negative als auch positive Werte annehmen kann. so dass sich aus der Tabelle der t-Verteilung für $\alpha = 0,05$ bei $v = n - 2 = 10 - 2 = 8$ Freiheitsgraden ein kritischer Wert von $t_k = 2,306$ ergibt. Ist also der Betragswert der Prüfverteilung $|t| > t_k$, so wird die H_0-Hypothese abgelehnt.

Schritt 4: Berechnung der Prüfgröße

$$t = \frac{r \cdot \sqrt{n-2}}{\sqrt{1-r^2}} = \frac{0,924 \cdot \sqrt{10-2}}{\sqrt{1-0,924^2}} = 6,83$$

Schritt 5: Entscheidung und Interpretation

Da $|t| = 6,83 > t_k = 2,306$ wird die H_0-Hypothese abgelehnt. Es besteht also ein signifikanter Zusammenhang zwischen der Eigenkapitalquote und dem Gewinn.[85]

3.6.4.2.5.3 Test der Regressionskoeffizienten

Im Rahmen der Berechnung des (linearen) Regressionsansatzes unterstellten wir die Abhängigkeit einer abhängigen Variablen y von einer unabhängigen Variablen x. Heraus kam ein Regressionsansatz folgender Form:

$$\hat{y} = b_1 + b_2 \cdot x$$

Es galt also, aufgrund der beiden geschätzten Parameter der Stichprobe, nämlich von b_1 (Achsenabschnitt) und b_2 (Steigungsmaß) auf die Grundgesamtheit und damit auf die beiden Parameter β_1 und β_2 zurück zu schließen, bzw. die Frage zu beantworten, inwieweit die Parameter statistisch gesichert, d. h. signifikant von null verschieden sind.

Beispiel: In den vorangegangenen Kapiteln der linearen Einfachregression bzw. der Konfidenzintervalle für β_1 und β_2, bei denen wir die Entwicklung der Beschäftigtenzahlen (in Tsd.) von den branchenüblichen Stundensätzen (in €) der zurückliegenden

---

10 Jahre für eine bestimmte Branche untersuchten, ergaben sich die Werte für b_1 und b_2 nebst den für die Signifikanztests notwendigen Standardabweichungen s_{b_1} sowie s_{b_2}:

$$b_1 = 42{,}93 \quad s_{b_1} = 6{,}195$$
$$b_2 = -1{,}89 \quad s_{b_2} = 0{,}61$$

Zu fragen ist nun, ob die Stichprobenregressionskoeffizienten b_i statistisch gegen null gesichert sind, d. h. einen Beitrag zur Erklärung der abhängigen Variablen y liefern können ($\alpha = 0{,}05$). Dazu durchlaufen wir folgende Prüfschritte:

Bekannt: $\quad b_1 = 42{,}93\,; \quad s_{b_1} = 6{,}195\,; \quad b_2 = -1{,}89\,; \quad s_{b_2} = 0{,}61$

Schritt 1: Aufstellung der Hypothesen

$$H_0 : \beta_1 = 0 \quad \text{bzw.} \quad \beta_2 = 0 \quad \text{(es besteht kein Zusammenhang)}$$
$$H_A : \beta_1 \neq 0 \quad \text{bzw.} \quad \beta_2 \neq 0$$

Schritt 2: Festlegung der Prüfgröße

Studentverteilung mit $v = n - 2$ Freiheitsgraden und der Prüfgröße

$$t = \frac{b_1}{s_{b_1}} \quad \text{bzw.} \quad t = \frac{b_2}{s_{b_2}}$$

Schritt 3: Bestimmung des kritischen Bereichs

Es handelt sich um einen zweiseitigen Test, so dass sich aus der Tabelle der t-Verteilung für $\alpha = 0{,}05$ ein kritischer Wert von $t_k = 2{,}306$ ergibt. Ist also der Betragswert der Prüfverteilung $|t| > t_k$, so wird die H_0-Hypothese abgelehnt.

Schritt 4: Berechnung der Prüfgröße

$$t = \frac{b_1}{s_{b_1}} = \frac{42{,}93}{6{,}195} = 6{,}93 \quad \text{bzw.}$$
$$t = \frac{b_2}{s_{b_2}} = \frac{-1{,}89}{0{,}61} = -3{,}1$$

Schritt 5: Entscheidung und Interpretation

Da $|t| = 6{,}93 > t_k = 2{,}306$ (für b_1) bzw. $|t| = 3{,}1 > t_k = 2{,}306$ (für b_2) wird die H_0-Hypothese jeweils abgelehnt. Bei einer Irrtumswahrscheinlichkeit von 5 % kann folglich davon ausgegangen werden, dass eine signifikante Beziehung zwischen den erklärenden Variablen β_1 / β_2 der Grundgesamtheit und der zu erklärenden Variablen y besteht.[86]

Ein weiteres Verfahren, um feststellen zu können, ob zwischen den erklärenden Variablen der Grundgesamtheit und der zu erklärenden Variablen y ein Zusammenhang besteht, ist ein Testverfahren, das zur Gruppe der F-Tests gehört. Dieser Test,

---

86 Siehe Aufgabe 85.

der die Varianzzerlegung des Regressionsansatzes als Mittelpunkt hat, ist gegenüber dem t-Test nur im Falle der Mehrfachregression vorteilhaft, da mit ihm mehrere Regressionskoeffizienten gleichzeitig getestet werden können. Da der F-Test an dieser Stelle nicht zur weiteren Klärung beitragen kann, wird auf die Darstellung verzichtet.

3.6.4.2.5.4 Der χ^2-Unabhängigkeitstest – Pearson X^2

Mit dem Chi-Quadrat-Unabhängigkeitstest lässt sich untersuchen, ob zwei nominal skalierte Merkmale voneinander unabhängig sind oder nicht.

Beispiel: 30 Wirtschaftsingenieure (B_1), 35 graduierte Betriebswirte (B_2) und 35 Diplomkaufleute (B_3), die sich bei einem Unternehmen beworben haben, werden nach einem Eignungstest in die Kategorien „geeignet" und „ungeeignet" eingeteilt. Die mit dem χ^2-Test zu prüfende Frage lautet, ob die Eignung vom Studienabschluss abhängig ist oder nicht. Das Signifikanzniveau soll 5 % betragen.

Tab. 96: χ^2-Unabhängigkeitstest I

Studienabschluss (B_i) Eignung (A_i)	B_1	B_2	B_3	$\sum$
geeignet (A_1)	14	10	16	**40**
ungeeignet (A_2)	16	25	19	**60**
$\sum$	**30**	**35**	**35**	**100**

Bevor die Hypothese getestet werden kann, wollen wir uns noch einmal anhand einer Arbeitstabelle mit der Herleitung des χ^2-Wertes beschäftigen.[87]

Tab. 97: χ^2-Unabhängigkeitstest II

(B_i) (A_i)	B_1			B_2			B_3			
	n_{ij}	erw	χ^2	n_{ij}	erw	χ^2	n_{ij}	erw	χ^2	$\sum$
Geeignet	14	12	0,33	10	14	1,14	16	14	0,29	**40**
Ungeeignet	16	18	0,22	25	21	0,76	19	21	0,19	**60**
$\sum$	**30**			**35**			**35**			**100**

Zunächst werden also anhand der Randsummenhäufigkeiten die erwarteten Werte berechnet und im Anschluss in Kombination mit den tatsächlichen Beobachtungswerten n_{ij} die χ^2-Werte. Es ergibt sich eine Summe von:

$$\sum \sum \chi^2 = 2{,}93$$

die zur Überprüfung des Testszenarios herangezogen wird.

---

87 Vgl. hier auch das Kapitel zur Kontingenztafel.

Schritt 1: Aufstellung der Hypothesen

H_0 : die beiden Merkmale sind voneinander unabhängig

H_A : die beiden Merkmale sind voneinander abhängig

Schritt 2: Festlegung der Prüfgröße

χ^2-Verteilung mit $v = (k-1) \cdot (l-1)$ Freiheitsgraden und der Prüfgröße

$$\chi^2_{\text{beob}} = \sum_{i=1}^{k} \sum_{j=1}^{l} \frac{\left(n_{ij} - \frac{n_{i\cdot} \cdot n_{\cdot j}}{n}\right)^2}{\frac{n_{i\cdot} \cdot n_{\cdot j}}{n}}$$

Schritt 3: Bestimmung des kritischen Bereichs

Es handelt sich um einen einseitigen Test. Aus der Tabelle der χ^2-Verteilung mit $v = (3-1) \cdot (2-1) = 2$ Freiheitsgraden leitet sich der kritische Wert von 5,991 ab.

Schritt 4: Berechnung der Prüfgröße

$$\chi^2_{\text{beob}} = 2,93$$

Schritt 5: Entscheidung und Interpretation

Da $\chi^2_{\text{beob}} = 2,937 < \chi^2_{\text{Tabelle}} = 5,991$ wird die H_0-Hypothese nicht abgelehnt. Man kann also nicht annehmen, dass zwischen Studienabschluss und Eignung eine Beziehung besteht.[88]

---

[88] Siehe Aufgabe 86.

4 Aufgaben[1]

Aufgabe 1: Häufigkeitsverteilung bei einem qualitativen Merkmal

Auf dem Hof eines Gebrauchtwagenhändlers wurden folgende Fahrzeugtypen notiert:

Marke	Absolute Häufigkeit
Mercedes	14
Opel	25
Ford	15
VW	50
Audi	30
BMW	28
Gesamt	**162**

Geben Sie die relativen Häufigkeiten an und zeichnen das entsprechende Kreis- und Säulendiagramm.

Aufgabe 2: Häufigkeitsverteilung bei einem quantitativen Merkmal I

Für die 30 Beschäftigten eines Betriebes ermittelte man die folgenden Altersangaben:

39	17	25	29	67	58	16	19	30	55
42	51	52	39	25	63	61	32	23	43
27	47	42	39	26	27	46	30	58	29

Führen Sie eine sinnvolle Gruppierung des Datenmaterials durch und ermitteln Sie die absoluten und relativen Häufigkeiten und Summenhäufigkeiten.

Aufgabe 3: Häufigkeitsverteilung bei einem quantitativen Merkmal II

Die folgende Tabelle gibt die Anzahl der Privathaushalte in einer Region nach dem Alter des Haushaltsvorstandes an:

Alter von ... bis	Anzahl der HH
18–25	1.631
25–45	11.938
45–65	11.186
65–85	8.765

---

[1] Für weitere Aufgaben siehe auch Schwarze J., 2008, S. 9ff., Bamberg G./Baur F./Krapp M., 2008, S. 1ff oder Luderer B., 2008, S. 98ff.

https://doi.org/10.1515/9783110565249-004

a) Stellen Sie die Häufigkeitsverteilung für absolute und relative Häufigkeit sowie die Summenfunktion und die empirische Verteilungsfunktion algebraisch dar.

b) Schätzen Sie, wie viel Prozent der Haushalte einen Haushaltsvorstand mit einem Alter zwischen 30 und 55 Jahren haben.

Aufgabe 4: Beziehung zwischen zwei quantitativen Merkmalen

Nachfolgend sind die zehn Länder der Europäischen Union mit den größten Netto-einzahlungen in die EU sowie mit ihrem Pro-Kopf-Einkommen dargestellt. Wie ist die Beziehung zwischen den Merkmalen? Stellen Sie diese anhand eines Streudiagramms dar und interpretieren das Ergebnis.

Land	Nettoeinzahlungen in Milliarden €	Pro-Kopf-Einkommen in €
Deutschland	7,65	24.050
Großbritannien	2,76	26.380
Niederlande	1,95	26.570
Frankreich	1,91	25.120
Schweden	0,95	25.340
Italien	0,79	23.890
Belgien	0,77	25.860
Österreich	0,34	26.910
Dänemark	0,21	27.190
Luxemburg	0,06	28.270

Aufgabe 5: Ungewichtetes arithmetisches Mittel und Median

Berechnen Sie das arithmetische Mittel sowie den Median für das Werfen eines fairen, d. h. gleichseitigen Würfels.

Aufgabe 6: Gewichtetes arithmetisches Mittel, Median und Modus I

Ein fairer Würfel wurde 120-mal geworfen. Dabei ergaben sich folgende Werte:

Augenzahl (x_i)	Anzahl (n_i)
1	25
2	16
3	11
4	23
5	26
6	19

Berechnen Sie den gewichteten Mittelwert, den Median und den Modus.

Aufgabe 7: Gewichtetes arithmetisches Mittel, Median und Modus II

Für eine Unternehmung liegt folgende Stundenlohntabelle vor:

Lohn von ... bis in Euro (x_i)	Anzahl (n_i)
0–10	13
10–15	27
15–20	21
20–30	11
30–50	3

Berechnen Sie das gewichtete arithmetische Mittel unter der Annahme einer Gleichverteilung in den Lohngruppen sowie Median und Modus.

Aufgabe 8: Geometrisches Mittel I

3 Analysten (A_i) haben die Kursentwicklung einer Aktie für die kommenden drei Jahre (Jahresende) geschätzt. Ausgangspunkt ist ein Wert zu Beginn des ersten Jahres in Höhe von 12,– €.

	Werte in €		
Jahr	A_1	A_2	A_3
1	13	9	14
2	14	12	16
3	15	14	18

a) Ermitteln Sie für alle Analysten und alle Jahre die Wachstumsfaktoren.
b) Ermitteln Sie die geometrischen Mittel.
c) Interpretieren Sie die Ergebnisse.

Aufgabe 9: Geometrisches Mittel II

Herr Meier legt zu Beginn eines Jahres 1.000,– € für 3 Jahre in Wertpapiere an. Dabei hat er 3 Alternativen (A_i) zur Auswahl:

	Zinssatz im Jahr			
	1	2	3	Endvermögen
A_1	X %	X %	X %	1.240 €
A_2	3,15 %	8,80 %	11,60 %	
A_3	7,80 %	7,80 %	7,80 %	

a) Ermitteln Sie die jeweiligen Endvermögen.
b) Welche durchschnittliche Verzinsung haben die Alternativen?
c) Für welche Alternative wird sich Herr Meier entscheiden?

Aufgabe 10: Harmonisches Mittel

Sie legen in vier aufeinander folgenden Jahren jeweils zum 01. Januar 1.000 Euro in einem Aktienfonds an. Im ersten Jahr erhalten Sie für das Geld 50 Anteile, im zweiten Jahr 40, im dritten Jahr 32 und im vierten Jahr 25 Anteile. Wie teuer war ein Anteil im Durchschnitt?

Aufgabe 11: Lageparameter

Ein Winzer bietet seinen selbsterzeugten Merlot zum Preis von 6,– € je Flasche und einen Cabernet Sauvignon für 12,– € je Flasche an.
a) Sie kaufen von jedem Wein die gleiche Anzahl an Flaschen.
b) Sie investieren insgesamt 120,– € jeweils hälftig in beide Weinsorten.
c) Sie kaufen vom Merlot 15 Flaschen und vom Cabernet Sauvignon 12 Flaschen.

Berechnen Sie den jeweiligen Durchschnittspreis und geben Sie an, um welchen Lageparameter es sich jeweils handelt!

Aufgabe 12: Varianz und Standardabweichung I

Es liegen 2 Reihen von Aktienrenditen in € (AR) für jeweils 10 Jahre vor:

AR1	0	1	3	4	5	6	9	10	12	20
AR2	5	5	6	6	7	7	8	8	9	9

a) Berechnen Sie die arithmetischen Mittel. Was fällt Ihnen bei den Werten und den Ergebnissen auf?
b) Berechnen Sie Varianz und Standardabweichung.

Aufgabe 13: Varianz und Standardabweichung II

Für $n = 100$ Würfe mit einem Würfel ermittelte man die folgende Verteilungsfunktion:

Augenzahl (x_i)	$F(x)$
1	0,21
2	0,38
3	0,52
4	0,66
5	0,85
6	1,00

Ermitteln Sie Varianz und Standardabweichung.

Aufgabe 14: Lage- und Streuungsparameter

Die monatlichen Bruttogehälter der Beschäftigten eines mittelständischen Unternehmens sind wie folgt verteilt:

Gehaltsgruppe	Bruttogehalt von ... bis unter ...	Anzahl der Beschäftigten
I	0–1.000 €	84
II	1.000–2.500 €	96
III	2.500–4.500 €	16
IV	4.500–7.000 €	8

a) Berechnen Sie Modus und Median des Bruttogehaltes.
b) Berechnen Sie das arithmetische Mittel.
c) Berechnen Sie Varianz und Standardabweichung.
d) Der Vertreter des Unternehmensvorstandes behauptet, die monatliche Bruttogehaltssumme betrage 500.000 €. Kann das aufgrund der obigen Verteilung sein?
e) Wie groß ist der prozentuale Anteil derjenigen, die nach der obigen Tabelle zwischen 1.500,– und 4.000,– € verdienen?

Aufgabe 15: Mittlere absolute Abweichung

Für $n = 100$ Würfe mit einem Würfel ermittelte man die folgende Verteilungsfunktion:

Augenzahl (x_i)	$F(x)$
1	0,21
2	0,38
3	0,52
4	0,66
5	0,85
6	1,00

Ermitteln Sie die mittlere absolute Abweichung.

Aufgabe 16: Variationskoeffizient

Für 5 aufeinander folgende Jahre liegen die Preise für jeweils ein kg Zucker und ein kg Kaffee vor.

Jahr	Zuckerpreis in € (x_i)	Kaffeepreis in € (y_i)
1	1,09	10,99
2	1,21	12,39
3	1,17	11,49
4	1,02	10,78
5	0,98	9,98

Bestimmen und interpretieren Sie die beiden Variationskoeffizienten.

Aufgabe 17: Indizes I

Für zwei Perioden liegen Mengen und Preise für 4 Güter vor. Berechnen Sie aus den folgenden Angaben:

Gut	Periode 0		Periode 1	
	Menge (Stk.)	Preise (in €)	Menge (Stk.)	Preise (in €)
A	5	55	5	60
B	9	29	8	35
C	3	32	4	34
D	7	78	8	82

a) den Paasche- und den Laspeyres-Preisindex
b) den Paasche- und den Laspeyres-Mengenindex und
c) den Wertindex.
d) Um wie viel Prozent ist – gemessen am Laspeyres-Index – das Preisniveau durchschnittlich pro Jahr gestiegen, wenn Sie davon ausgehen, dass die Periode 0 das Jahr 2015 und die Periode 1 das Jahr 2018 ist?

Aufgabe 18: Indizes II

Nachfolgend ist die Indexreihe für die Preisentwicklung eines Produktes, ausgehend vom Jahr 0 bis 10 dargestellt. Nehmen Sie eine Umbasierung auf das Jahr 6 vor.

Jahr	0	1	2	3	4	5	6	7	8	9	10
Index	100	102	104	105	109	121	129	131	139	145	149

Aufgabe 19: Kovarianzanalyse I

Gegeben sei die Beziehung zwischen der Anzahl der verkauften Reisen in Tsd. (R) und den Umsätzen in Tsd. € (U) der zurückliegenden 7 Jahre eines Reisebüros.

Jahr	1	2	3	4	5	6	7
R	200	250	300	280	350	400	425
U	470	630	640	630	790	930	950

Ermitteln und interpretieren Sie die Kovarianz.

Aufgabe 20: Kovarianzanalyse II

Gegeben sind die Steuereinnahmen des Bundes (S) sowie die Neuverschuldung des Staates (N) der letzten 5 Jahre (in Mrd. €). Wie lautet die Kovarianz und welche Implikationen kann man aufgrund dessen möglicherweise vermuten?

Jahr	1	2	3	4	5
N	23,8	22,8	31,9	38,6	39,5
S	198,8	193,8	192,0	191,9	187,0

Aufgabe 21: Korrelationskoeffizient nach Bravais-Person für ungruppierte Daten I

Gegeben sei die Beziehung zwischen der Anzahl der verkauften Reisen in Tsd. (R) und den Umsätzen in Tsd. € (U) der zurückliegenden 7 Jahre eines Reisebüros.

Jahr	1	2	3	4	5	6	7
R	200	250	300	280	350	400	425
U	470	630	640	630	790	930	950

Berechnen Sie den Korrelationskoeffizienten und interpretieren Sie das Ergebnis.

Aufgabe 22: Korrelationskoeffizient nach Bravais-Person für ungruppierte Daten II

Gegeben sind die Steuereinnahmen des Bundes (S) sowie die Neuverschuldung des Staates (N) der letzten 5 Jahre (in Mrd. €). Berechnen und interpretieren Sie den Korrelationskoeffizienten.

Jahr	1	2	3	4	5
N	23,8	22,8	31,9	38,6	39,5
S	198,8	193,8	192,0	191,9	187,0

Aufgabe 23: Korrelationskoeffizient nach Bravais-Person für gruppierte Daten

In nachstehender Tabelle sind die Noten der Bachelorvorprüfung und Bachelorprüfung sowie Häufigkeiten von 32 Aalener Studenten abgetragen (Beispiel: 3 Studenten hatten eine 1 als Bachelorendnote und eine 2 als Durchschnittsnote in der Bachelorvorprüfung):

Bachelor Vorprüfung	1	2	3	4
1	3	0	0	0
2	3	8	2	0
3	1	2	7	2
4	0	1	2	1

Ermitteln Sie den Korrelationskoeffizienten und interpretieren Sie das Ergebnis.

Aufgabe 24: Korrelationskoeffizient nach Spearman I

Ein Sportartikelhersteller hat die 10 aktuellen Laufschuhe der Sommerkollektion nach den Eigenschaften Tragekomfort und Wettkampfeignung testen lassen. Dabei konnten die Noten 1 (sehr gut) bis 5 (mangelhaft) vergeben werden. Folgende Tabelle zeigt das Testergebnis:

Schuh	Tragekomfort	Wettkampfeignung
1	1	4
2	3	3
3	4	1
4	5	1
5	2	4
6	1	5
7	2	2
8	4	2
9	2	3
10	2	4

Überführen Sie die Testergebnisse in entsprechende Ränge und bestimmen den Rangkorrelationskoeffizienten nach Spearman. Wie ist das Ergebnis zu interpretieren?

Aufgabe 25: Korrelationskoeffizienten

Für 8 Personen sind die Einkommen (E) und die Konsumausgaben (K) gegeben (jeweils in €):

Person	1	2	3	4	5	6	7	8
E	800	1.000	1.200	1.000	700	2.000	1.800	2.000
K	500	700	800	650	450	900	900	900

Berechnen Sie anhand der Werte:
a) den Korrelationskoeffizienten nach Bravais-Pearson
b) den Rangkorrelationskoeffizienten nach Spearman.

Aufgabe 26: Einfache Regression I

Gegeben sei die Beziehung zwischen der Anzahl der verkauften Reisen in Tsd. (R) und den Umsätzen in Tsd. € (U) für die Jahre 2012 bis 2018 in einem Reisebüro.

Jahr	2012	2013	2014	2015	2016	2017	2018
R	200	250	300	280	350	400	425
U	470	630	640	630	790	930	950

a) Der Reisebüroleiter geht davon aus, dass die Umsatzerlöse von der Anzahl der Reisen abhängig sind und schätzt dies mittels der linearen Regression.

b) Beurteilen Sie die Güte der Regression.

c) Sie sollen dem Reisebüroleiter eine Umsatzprognose für 2019 abgeben für den Fall, dass das Reisebüro 500 Tsd. Reisen verkauft.

Aufgabe 27: Einfache Regression II

Gegeben sind die Steuereinnahmen des Bundes (S) sowie die Neuverschuldung des Staates (N) für die Jahre 2013 bis 2017 (in Mrd. €). Der Finanzminister vermutet, dass die Neuverschuldung eine negative Funktion der Steuereinnahmen ist, d. h. je niedriger die Steuereinnahmen, desto höher die Neuverschuldung.

Jahr	2013	2014	2015	2016	2017
N	23,8	22,8	31,9	38,6	39,5
S	198,8	193,8	192,0	191,9	187,0

a) Untersuchen Sie die Vermutung des Finanzministers.

b) Beurteilen Sie die Güte der Regression.

c) Sie sollen eine Schätzung für die Nettoneuverschuldung liefern für den Fall, dass die Steuereinnahmen auf 180 Mrd. € absinken.

Aufgabe 28: Multiple Regression I

Es wird unterstellt, dass die privaten Konsumausgaben C^{priv} von dem Bruttoinlandsprodukt BIP und den Nettolöhnen/Nettogehältern L^{netto} (Angaben jeweils in Bio. €) abhängig ist. Diese Beziehung soll durch die vorliegenden 10 Jahre getestet werden.

Jahr	C^{priv} (y_i)	BIP (x_{2i})	L^{netto} (x_{3i})
1	0,85	1,50	0,48
2	0,91	1,61	0,51
3	0,95	1,65	0,52
4	0,98	1,73	0,52
5	1,02	1,80	0,53
6	1,05	1,83	0,52
7	1,08	1,87	0,51
8	1,11	1,92	0,53
9	1,15	1,97	0,54
10	1,19	2,03	0,57

Erstellen Sie den Regressionsansatz und das Bestimmtheitsmaß und interpretieren das Ergebnis.

Aufgabe 29: Multiple Regression II

In einem Unternehmen werden zwei Produkte (Angaben in 100 Einheiten) hergestellt. Zu unterschiedlichen Ausbringungsmengen seien folgende Kosten (Angaben in
10.000 €) ermittelt worden:

Kosten (K)	Produkt 1 ($P1$)	Produkt 2 ($P2$)
11	3	2
17	7	5
20	8	7
22	9	8
27	11	10

Ihre Aufgabe besteht darin, die Kosten bei einer Ausbringungsmenge von $P1 = 15$
und $P2 = 13$ zu schätzen (auf die Ermittlung des Bestimmtheitsmaßes kann verzichtet werden).

Aufgabe 30: Kontingenztafel I

Drei Maschinen $M1$, $M2$ und $M3$ produzieren Kunststoffteile für Autos, die am Ende
geprüft werden, ob sie in Ordnung sind (Kategorie B1) oder Mängel aufweisen (Kategorie B2). Es ergibt sich dabei die folgende Kontingenztafel:

Maschine Qualität	$M1$	$M2$	$M3$
B1	27	39	41
B2	5	26	2

a) Berechnen Sie χ^2 (Chi-Quadrat)
b) Berechnen Sie das Tschuprow-Maß und interpretieren das Ergebnis

Aufgabe 31: Kontingenztafel II

Von 100 Personen, die beim Arbeitsamt als arbeitssuchend gemeldet waren, hatten
61 keine Ausbildung, 23 eine Berufsausbildung, 11 eine Berufsausbildung mit Zusatzqualifikationen und 5 ein abgeschlossenes Studium. Innerhalb dieser Gruppen wurde
eine Unterscheidung in die Zeitdauer der Arbeitslosigkeit unternommen. Von den 61
Personen ohne Ausbildung waren 41 lang-, 15 mittel- und 5 Personen kurzzeitarbeits-
los. Die 23 Personen mit Berufsausbildung unterteilten sich in 5 Lang-, 11 Mittel- und 7
Kurzzeitarbeitslose. Von den 11 Personen, die Zusatzqualifikationen zur Berufserfah-
rung nachweisen konnten, war lediglich 1 Person langzeitarbeitslos, während jeweils
5 Personen seit kurzer bzw. mittellanger Zeit keine Arbeit hatten. Schließlich war von
den 5 Personen mit abgeschlossenem Studium eine Person mittelfristig und die rest-
lichen 4 erst seit kurzer Zeit ohne Arbeit.

Bestimmen Sie mit Hilfe des χ^2-Testes und des Tschuprow-Maßes die Beziehung zwischen dem Ausbildungsstand und der Dauer der Arbeitslosigkeit.

Aufgabe 32: Zeitreihenanalyse I

Führen Sie für folgende Arbeitslosenstatistik eines Kreises (Arbeitslose in Tsd.) eine Saisonbereinigung durch.

Jahr	1			2			3			4		
Intervall	I	II	III	I	II	III	I	II	III	I	II	III
AL	25	31	51	28	48	59	37	47	52	35	40	61

Aufgabe 33: Zeitreihenanalyse II

Analysieren Sie die folgende Reihe von Umsatzquartalsdaten (y_t in Mio. €), indem Sie eine Saisonbereinigung durchführen. Prognostizieren Sie dabei auch die jeweiligen beiden Randglieder. Stellen Sie anschließend die Originalzeitreihe und die saisonbereinigte Reihe grafisch dar und erläutern das Ergebnis.

Zeit	1	2	3	4	5	6	7	8	9	10	11	12
y_t	25	31	24	51	28	48	35	59	37	47	38	52

Aufgabe 34: Venn-Diagramm

Beim Werfen eines idealen Würfels werden die beiden Ereignisse A und B wie folgt definiert:

$$A = \text{gerade Augenzahl} \quad \text{und} \quad B = \text{Augenzahl} > 4$$

Bestimmen Sie: Ω, $A \cap B$, $A \cup B$, A/B, B/A, $A \circ B$, $\overline{A}$ und $\overline{B}$.

Aufgabe 35: Wahrscheinlichkeiten I

Zwei Würfel werden geworfen. Definieren Sie aufgrund des Ereignisraumes die Wahrscheinlichkeiten für die Augenzahlen von 2 bis 12.

Aufgabe 36: Wahrscheinlichkeiten II

Wie groß ist die Wahrscheinlichkeit folgender Ereignisse?
a) Ungerade Zahl beim Wurf eines idealen Würfels,
b) mindestens einmal Wappen beim zweimaligen Wurf einer Münze,
c) Summe 7 beim Wurf zweier Würfel und
d) Summe 3 beim Wurf dreier Würfel.

Aufgabe 37: Wahrscheinlichkeiten III

Eine Münze wird 3× geworfen. Wie groß ist die Wahrscheinlichkeit folgender Ereignisse?
a) Genau einmal Wappen **oder** genau einmal Zahl,
b) mindestens einmal Wappen **oder** höchstens zweimal Zahl und
c) mindestens einmal Wappen **und** genau zweimal Zahl.

Aufgabe 38: Wahrscheinlichkeiten IV

Eine Urne enthält 6 schwarze, 5 rote und 4 weiße Kugeln.
    Sie ziehen eine Kugel. Wie groß ist die Wahrscheinlichkeit, dass die gezogene Kugel
a) schwarz?
b) nicht rot bzw.
c) weiß oder rot ist?

Sie ziehen zwei Kugeln mit Zurücklegen. Wie groß ist die Wahrscheinlichkeit, dass in der Stichprobe
d) keine schwarze Kugel
e) mindestens eine rote Kugel
f) höchstens eine weiße Kugel ist?

Sie ziehen drei Kugeln ohne Zurücklegen. Wie groß ist die Wahrscheinlichkeit, dass in der Stichprobe
g) alle Kugeln von der gleichen Farbe sind?
h) genau eine Kugel weiß ist?
i) keine Kugel schwarz ist?

Aufgabe 39: Bayes-Theorem I

In einem Betrieb, der die beiden Niederlassungen A_1 und A_2 hat, werden Lampen produziert. In Niederlassung A_1 werden 30 % und in Niederlassung A_2 70 % der Gesamtproduktion erzeugt. In A_1 sind 60 % der Lampen normgerecht, d. h. 40 % sind defekt, in A_2 entsprechen 80 % der Norm, 20 % sind also defekt.
a) Zeichnen Sie alle relevanten Pfade mit zugehörigen Wahrscheinlichkeiten
b) Wie groß ist die Wahrscheinlichkeit, dass eine defekte Lampe aus Niederlassung A_1 stammt?
c) Wie groß ist die Wahrscheinlichkeit, dass eine normgerechte Lampe aus Niederlassung A_2 stammt?
d) Wie groß ist die Wahrscheinlichkeit, aus dem Gesamtbetrieb eine normgerechte bzw. defekte Lampe zu beziehen?

Aufgabe 40: Bayes-Theorem II

Ein Test zur Krebsfrüherkennung zeigt eine Zuverlässigkeit von 99 %, d. h. wenn eine Person erkrankt ist, zeigt der Test dies mit einer Wahrscheinlichkeit von 0,99 auch an. Andererseits werden aber auch fälschlicherweise 2 % der gesunden Personen als krank klassifiziert (Test „positiv").

Eine Testperson gehört zu einer Altersgruppe, in der 0,5 % krank sind. Das Testergebnis zu der Person lautet „positiv". Wie groß ist die Wahrscheinlichkeit, dass die Testperson tatsächlich krank ist?

Aufgabe 41: Kombinatorik

Lösen Sie nachfolgende Fragestellungen im Rahmen der Kombinatorik:
a) Jemand hat die aus massivem Gold hergestellten Ziffern 1, 9, 6 und 2 geerbt und möchte sich daraus ein Schmuckstück herstellen. Wie viele verschiedene vierstellige Zahlen kann er bilden?
b) Jemand hat die aus massivem Gold hergestellten Ziffern 1, 9, 6 und 1 geerbt und möchte sich daraus ein Schmuckstück herstellen. Wie viele verschiedene vierstellige Zahlen kann er bilden?
c) Bei einem Pferderennen mit den sechs Pferden A, B, C, D, E und F sollen Sieger und Zweitplatzierter vorausgesagt werden. Wie viele Vorhersagen gibt es?
d) Von fünf Zechen A, B, C, D und E sind zeitgleich zwei stillzulegen. Wie viele Möglichkeiten gibt es?
e) Ein Zigarettenautomat hat 6 Fächer, kann also mit höchstens 6 verschiedenen Sorten gefüllt werden. Insgesamt hat der Händler 10 verschiedene Sorten zur Verfügung. Wie viele verschiedene Möglichkeiten gibt es, den Automaten zu füllen? Dabei ist es gleichgültig, in welches Fach eine spezielle Sorte eingelegt wird. Es können auch mehrere Fächer mit der gleichen Sorte belegt werden.
f) Bei einem Kombinationsschloss sind die einzelnen Einstellungen durch 3-ziffrige Zahlen mit Ziffern aus 1 bis 9 möglich. Berechnen Sie die Anzahl der möglichen Einstellungen.

Aufgabe 42: Binomialverteilung I

Eine Maschine produziert Bleistifte. Dabei fallen 20 % Ausschuss an. Wie groß ist die Wahrscheinlichkeit, dass von 4 zufällig ausgewählten Bleistiften
a) kein Bleistift,
b) ein Bleistift,
c) höchstens zwei Bleistifte bzw.
d) mindestens drei Bleistifte Ausschussware sind?
e) Bestimmen Sie Erwartungswert und Varianz und interpretieren das Ergebnis.

Aufgabe 43: Binomialverteilung II

Der Hersteller von Spezialwerkzeugen garantiert, dass höchstens 5 % der gelieferten Produkte Mängel aufweisen.

a) Als Abnehmer entnehmen Sie einer Lieferung eine Stichprobe vom Umfang 10. Sie schicken die Lieferung dann zurück, wenn mehr als ein Produkt Mängel hat. Wie groß ist die Wahrscheinlichkeit der Rücksendung?

b) Bestimmen Sie Erwartungswert und Varianz.

c) Angenommen, die Lieferung enthält eine Losgröße von 15 Stück. Wie groß ist die Wahrscheinlichkeit, dass höchstens ein Produkt einen Fehler hat?

Aufgabe 44: Binomialverteilung III – Spieltheorie

Der Statistikdozent bietet seinen Studenten ein Spiel an. Einer der Studenten darf einen der folgenden farbigen Würfel (gelb, grün, blau, rot) ziehen, anschließend wählt der Statistikdozent seinerseits einen Würfel aus den verbleibenden aus.

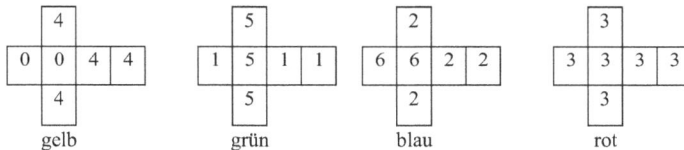

Dann wird 11x gegeneinander gewürfelt, wobei derjenige gewinnt, der die meisten Einzelspiele (also mindestens 6) gewonnen hat.

Welche Strategie wird der Statistikdozent auswählen und wie hoch ist sein Risiko?

Aufgabe 45: Hypergeometrische Verteilung I

Von den sechs Rettichen, die eine Marktfrau auf dem Wochenmarkt verkauft, sind drei holzig.

a) Ein Student sucht sich 2 Rettiche aus und möchte wissen, wie groß die Wahrscheinlichkeit dafür ist, keinen holzigen zu erwischen?

b) Wie lauten Erwartungswert und Varianz und wie sind die Parameter zu interpretieren?

Aufgabe 46: Hypergeometrische Verteilung II

Ein Großmarkt erhält eine Lieferung von 60 Personal Computern. Aufgrund von Erfahrungswerten geht man davon aus, dass von den gelieferten PCs 20 % defekt sind. Der Lieferung wird nun eine Stichprobe vom Umfang 10 entnommen.

a) Wie groß ist die Wahrscheinlichkeit, dass von der Stichprobe genau 2 PCs defekt sind?

b) Wie groß ist die Wahrscheinlichkeit, dass höchstens 2 Teile defekt sind?

c) Wie groß ist die Wahrscheinlichkeit, dass mindestens ein Teil defekt ist?
d) Wie groß sind Erwartungswert und Varianz der Verteilung?

Aufgabe 47: Hypergeometrische Verteilung III – Spieltheorie

Wie groß ist die Wahrscheinlichkeit, im Lotto zu gewinnen?

Aufgabe 48: Poissonverteilung I[2]

Ein großer Konzern bietet über einem Callcenter für seine Kunden in Norddeutschland eine Hotline an. An Werktagen rufen zwischen 20.00 und 21.00 Uhr durchschnittlich 3 Kunden an. Die Hotline ist so besetzt, dass sie in diesem Zeitraum 5 Anrufe entgegennehmen kann.
a) Wie groß ist die Wahrscheinlichkeit, dass in dieser Zeitspanne 3 Kunden anrufen?
b) Wie groß ist die Wahrscheinlichkeit, dass die Hotline überlastet ist?

Der gleiche Konzern hat bei einem anderen Callcenter für seine Kunden in Süddeutschland eine Hotline eingerichtet, wo an Werktagen zwischen 20.00 und 21.00 Uhr durchschnittlich 4 Anrufe eingehen. Die Hotline könnte in diesem Zeitraum ebenfalls 5 Anrufe entgegennehmen.
c) Wie groß ist die Wahrscheinlichkeit, dass in dieser Zeitspanne 4 Kunden anrufen?
d) Wie groß ist hier die Wahrscheinlichkeit der Überlastung?
e) Könnte durch die Zusammenlegung der beiden Hotlines die Wahrscheinlichkeit der Überlastung gesenkt werden?

Aufgabe 49: Poissonverteilung II

Die sieben Lagerdisponenten A, B, C, D, E, F und G können stündlich jeweils 2 Aufträge ausführen. A bis E sind firmenintern, F und G für externe Aufträge zuständig. Durchschnittlich fallen während einer Stunde 6 interne und 2 externe Aufträge an.
a) Wie groß ist die Wahrscheinlichkeit, dass während einer beliebigen Stunde genau 8 interne Aufträge eintreffen?
b) Wie groß ist die Wahrscheinlichkeit, dass während einer beliebigen Stunde nicht alle eintreffenden externen Aufträge ausgeführt werden können?
c) Die Wahrscheinlichkeit, dass während einer beliebigen Stunde nicht alle internen und/oder externen Aufträge ausgeführt werden können, beträgt 9,3 %. Wie verändert sich diese Wahrscheinlichkeit, wenn Disponent G in Rente geht und die verbleibenden Disponenten jetzt sowohl für interne als auch für externe Aufgaben zuständig sind?

---

2 Benutzen Sie ggfs. die Tabelle im Anhang unter 7.2.

Aufgabe 50: Multinomialverteilung I

Ein Unternehmen produziert Zuchtchampignons und liefert diese in Dosen I., II. oder III. Qualität. Die Wahrscheinlichkeiten für die einzelnen Qualitätsstufen betragen bei dem eingesetzten Produktionsverfahren 70 %, 20 % und 10 %.

Wie groß ist die Wahrscheinlichkeit, dass von 8 zufällig ausgewählten Dosen, 4 zur I. Wahl, 3 zur II. Wahl und eine zur III. Wahl gehören?

Aufgabe 51: Multinomialverteilung II

Ein Unternehmen produziert Zuchtchampignons und liefert diese in Dosen I., II. oder III. Qualität. Die Wahrscheinlichkeiten für die einzelnen Qualitätsstufen betragen bei dem eingesetzten Produktionsverfahren 70 %, 20 % und 10 %. Einer Grundgesamtheit von 50 Stück werden (ohne Zurücklegen) 8 Dosen entnommen. Wie groß ist die Wahrscheinlichkeit, dass 4 zur I. Wahl, 3 zur II. Wahl und eine zur III. Wahl gehören?

Aufgabe 52: Standardnormalverteilung I

Der Umsatzerlös eines Unternehmens sei normalverteilt mit Mittelwert $\mu = 10$ Mio. € und der Standardabweichung $\sigma = 2$ Mio. €. Wie groß ist die Wahrscheinlichkeit, dass das Unternehmen einen Umsatzerlös von
a) höchstens 13 Mio. €,
b) mindestens 9 Mio. €,
c) zwischen 8 und 12 Mio. € bzw.
d) zwischen 9 und 13 Mio. € erzielt?

Aufgabe 53: Standardnormalverteilung II

Bei einer Firma ist die Zeit zwischen Auftragseingang und Auslieferung der Ware erfahrungsgemäß normalverteilt mit einem Mittelwert von 15 und einer Varianz von 4 Arbeitstagen. Bei wie viel Prozent der Aufträge
a) liegt diese Zahl unter 12,5 Tagen bzw.
b) liegt sie über 19 Tagen?
c) In welchem Bereich liegt die Zeit in 95 % der Fälle?

Aufgabe 54: Gleichverteilung

Die Geschäftsleitung eines Unternehmens geht davon aus, dass sich die Eigenkapitalrentabilität im neuen Jahr ohne entsprechende Maßnahmen zwischen 8 und 15 % bewegen wird. Angaben zur Eintrittswahrscheinlichkeit liegen nicht vor, so dass von einer Gleichverteilung ausgegangen werden muss.
a) Definieren Sie die Dichtefunktion.
b) Geben Sie die zugehörige Verteilungsfunktion an.

c) Wie groß ist die Wahrscheinlichkeit, dass die Eigenkapitalrentabilität höchstens 10 % (mindestens 12 %) beträgt?

d) Geben Sie den Erwartungswert und die Varianz an.

Aufgabe 55: Dreiecksverteilung

Ein Werksleiter erklärt seinem Vorgesetzten, dass sich die Kosten für die Erzeugung eines neuen Produktes wahrscheinlich auf 1.200,– € belaufen werden. Unter optimalen Voraussetzungen könne man von 900,– €, im schlimmsten Fall von 1.700,– € ausgehen. Die Fragestellung lässt den Schluss zu, dass die Berechnung von Wahrscheinlichkeiten offensichtlich mit der Dreiecksverteilung erfolgen sollte.

a) Definieren Sie die Dichtefunktion.

b) Leiten Sie die allgemeine Verteilungsfunktion ab.

c) Wie groß ist die Wahrscheinlichkeit, dass die Kosten des neuen Produktes maximal 1.200,– € betragen?

d) Wie groß ist die Wahrscheinlichkeit, dass die Kosten zwischen 1.000,– € und 1.300,– € liegen?

e) Bestimmen Sie Erwartungswert und Varianz!

Aufgabe 56: Exponentialverteilung

Im Rahmen der Qualitätssicherung eines Betriebes soll die Zuverlässigkeit der produzierten Kühlschränke kontrolliert werden. Es stellt sich heraus, dass durchschnittlich pro Tag 8 Promille der produzierten Geräte ausfallen.

a) Definieren Sie die Dichte- und die Verteilungsfunktion.

b) Wie groß ist die Wahrscheinlichkeit, dass die Kühlschränke innerhalb der ersten 15 Tage ausfallen?

c) Wie groß ist die Wahrscheinlichkeit, dass die Kühlschränke eine Lebensdauer von mindestens 130 Tage haben?

d) Wie lauten Erwartungswert und Varianz und wie ist die Interpretation dieser Parameter?

Aufgabe 57: Approximation I

Ein Unternehmen führt ein Assessmentcenter durch, bei dem im ersten Schritt 50 Multiple-Choice-Aufgaben zu lösen sind. Für jede Aufgabe sind 4 mögliche Antworten vorgegeben, von denen jeweils nur eine richtig ist. Die Klausur ist bestanden, wenn mindestens 20 Aufgaben richtig beantwortet sind. Wie groß ist die Wahrscheinlichkeit, dass ein Teilnehmer den Test besteht, indem er willkürlich die Aufgaben ankreuzt?

Aufgabe 58: Approximation II

Von einer PKW-Produktionsstraße, auf der 100 PKW gleichen Typs produziert wurden, werden (ohne Zurücklegen) 5 PKW kontrolliert. Man weiß aus Erfahrung, dass insgesamt 30 PKW fehlerbehaftet sind. Wie groß ist die Wahrscheinlichkeit, dass in der Stichprobe höchstens 2 fehlerbehaftete PKW sind?

Aufgabe 59: Approximation III

In einem Versandhaus treffen zwischen 10.00 und 11.00 Uhr durchschnittlich 90 telefonische Bestellungen ein. Wie groß ist die Wahrscheinlichkeit, dass an einem beliebigen Tag zwischen 10.00 und 11.00 Uhr mindestens 100 Bestellungen eingehen?

Aufgabe 60: Schätzen des arithmetischen Mittels bei bekannter Varianz

Ein großer Automobilkonzern plant die Einführung eines neuen PKW-Typs, der besonders energiesparend sein soll. In der dritten Testphase werden 30 PKW dieser neuen Generation mit jeweils 5 Liter Kraftstoff betankt. Mit dieser Füllung legten sie im Durchschnitt 93 km bei einer aus den ersten beiden Testphasen bereits bekannten Standardabweichung von $\sigma = 5$ km zurück.
a) Bestimmen Sie ein 95%-Konfidenzintervall für die durchschnittliche Kilometerleistung μ dieses PKW-Typs.
b) Bestimmen Sie ein 99%-Konfidenzintervall für die durchschnittliche Kilometerleistung μ dieses PKW-Typs.
c) Welche Konsequenz hätte es für das 95%-Konfidenzintervall (Teilaufgabe a), wenn der Stichprobenumfang 60 PKW betragen hätte?

Aufgabe 61: Schätzen des arithmetischen Mittels bei unbekannter Varianz

Zur Überprüfung des Durchschnittseinkommens von 1.000 Haushalten werden 28 Haushalte zufällig ausgewählt. Es ergab sich folgende Stichprobe:

Häufigkeit	2	7	11	3	5
Einkommen in €	1.000	1.500	1.800	2.800	3.200

Das „wahre" Durchschnittseinkommen ist mit einer Sicherheit von 95% zu schätzen

Aufgabe 62: Schätzen des Anteilswertes

Aus der Tagesproduktion einer Niederlassung, bestehend aus 45.000 Produkten, wurde eine Stichprobe von 188 Stück gezogen. Davon erwiesen sich 47 als fehlerhaft. Berechnen Sie das 95,45%-Konfidenzintervall für den Anteil der fehlerhaften Produkte in der Grundgesamtheit.

Aufgabe 63: Schätzen der Differenz zweier arithmetischer Mittel

Der Hersteller von Winterreifen überprüft aus zwei Losgrößen die Lebensdauer seiner Produkte. Die erste Losgröße liefert bei 100 untersuchten Reifen eine durchschnittliche Lebensdauer von 38.000 km bei einer Varianz von 49.000.000. Aus der zweiten Losgröße werden 85 Reifen entnommen, deren durchschnittliche Lebensdauer bei 35.500 km lag. Die Varianz betrug hier 56.250.000. Wie lautet das 99 %-Konfidenzintervall für die Differenz der arithmetischen Mittel der Grundgesamtheit?

Aufgabe 64: Schätzen der Differenz zweier Anteilswerte

In einer Zufallsstichprobe von 400 männlichen Probanden konnten 140 Personen Markenartikel den sie bewerbenden Fussballstars zuordnen. Unter 450 weiblichen Probanden lag der Wiedererkennungswert bei 108 Personen. Bestimmen Sie das 95 %-Konfidenzintervall für die Differenz der Anteilswerte der Grundgesamtheit.

Aufgabe 65: Schätzen des Quotienten zweier Varianzen

Zwei Maschinen (M_i) eines Betriebes, die beide ein identisches Produkt erzeugen, werden auf ihre Zuverlässigkeit hin überprüft. Bei M_1 handelt es sich um die ältere ausgereiftere Maschine, während M_2 eine Neuanschaffung ist, die eine deutlich höhere Maximalproduktion erlaubt, allerdings um den Preis von längeren Wartungszeiten.

Für 11 aufeinander folgende Tage wurde jeweils die Tagesproduktion ermittelt (Angaben in Tonnen):

M_1	5,0	4,8	5,2	5,4	5,0	5,1	4,7	4,9	5,3	5,0	4,6
M_2	5,7	3,9	4,9	7,1	7,5	2,1	5,1	6,2	4,1	3,5	4,9

Stellen Sie das 95 %-Konfidenzintervall für den Quotienten der beiden Varianzen der Grundgesamtheit auf.

Aufgabe 66: Schätzen der Regressionskoeffizienten

Ein Unternehmen will den Zusammenhang zwischen Jahresumsatz und Ladenverkaufsfläche untersuchen. Man vermutet eine Abhängigkeit des Jahresumsatzes von der Verkaufsfläche. In einem Jahr liefern die angegliederten 12 Filialen folgende Daten:

Filiale	Verkaufsfläche in Tsd. m^2	Jahresumsatz in Mio. €
1	0,31	2,93
2	0,98	5,27
3	1,21	6,85
4	1,29	7,01
5	1,12	7,02
6	1,49	8,35
7	0,78	4,33
8	0,94	5,77
9	1,29	7,68
10	0,48	3,16
11	0,24	1,52
12	0,55	3,15

Geben Sie auf dem 95 %-Niveau die Konfidenzintervalle für die beiden Regressions-parameter der Grundgesamtheit β_1 und β_2 an.

Aufgabe 67: Schätzen des notwendigen Stichprobenumfangs

Ein Meinungsforschungsinstitut möchte eine Untersuchung zum durchschnittlichen verfügbaren Einkommen/Jahr der Bundesbürger durchführen. Da man die Untersuchung in der Vergangenheit bereits mehrfach vornahm, kann man die Standardabweichung in der Grundgesamtheit mit 1.800,– € angeben.

a) Wie groß müsste der Stichprobenumfang n gewählt werden, wenn die Fehlermarge 180,– € und das Konfidenzintervall 95 % betragen soll?

Das gleiche Meinungsforschungsinstitut möchte ermitteln, mit welchem Stimmenanteil eine Partei rechnen könnte, wenn am nächsten Sonntag Bundestagswahl wäre. Bei der letzten Wahl verzeichnete die Partei einen Stimmenanteil von 30 %.

b) Wie viele Personen müssten in eine Befragung einbezogen werden, wenn die Genauigkeit der Schätzung bei einem Konfidenzniveau von 90 % bei +/- 5 % liegen soll?

Aufgabe 68: Value at Risk I

Ein Unternehmen möchte Stühle produzieren und hat bzgl. der Absatzmengen folgende Prognose:

Stückzahl	25.000	30.000	35.000	40.000	45.000	50.000
Wahrscheinlichkeit	8 %	12 %	30 %	30 %	12 %	8 %

Der Stückdeckungsbeitrag beträgt 15,– €, die Fixkosten belaufen sich auf 500.000 €. Berechnen Sie anhand der sich ergebenden Gewinnsituationen den Value at Risk auf dem 95 %-Niveau. Die Unternehmensleitung wird die Stühle nur dann produzieren, wenn der Value at Risk einen Verlust von 100.000 € nicht übersteigt. Wie wird die Entscheidung ausfallen?

Aufgabe 69: Value at Risk II

Eine Venture Capital Gesellschaft hat 5 Mio. € in eine Start-up-Unternehmung investiert und erwartet eine jährliche Rendite von 8 %. Wie hoch ist das Risiko, dass die VC-Gesellschaft eine Rendite von weniger als 300.000 € erwirtschaftet unter der Annahme, dass die Standardabweichung 18 % beträgt?

Aufgabe 70: X^2-Anpassungstest I

Zu insgesamt 118 mittelständischen Unternehmen wurde deren Marktkapitalisierung ermittelt.

Marktkapitalisierung in Mio. € von–bis	Anzahl
0–200	42
200–400	38
400–600	18
600–800	14
800–1000	6

Die durchschnittliche Marktkapitalisierung aller 118 Unternehmen betrug 337,29 Mio. € bei einer Standardabweichung von 237,14 Mio. €. Folgt diese Struktur einer Standardnormalverteilung (Irrtumswahrscheinlichkeit 5 %)?

Aufgabe 71: X^2-Anpassungstest II

In den 6 Niederlassungen eines Unternehmens verteilt sich der Jahresumsatzerlös (in T €) wie folgt:

Niederlassung	1	2	3	4	5	6
Umsatzerlös	110	170	150	210	180	140

Kann, bei einer Irrtumswahrscheinlichkeit von 5 % von einer Gleichverteilung der Grundgesamtheit ausgegangen werden?

Aufgabe 72: Varianzhomogenitätstest

Die Gewerkschaftsvertreter behaupten, dass zwischen den beiden Betrieben A und B eine sehr starke Ungleichverteilung bei den Einkommen vorliegt. Sie machen dies an den folgenden Stundenlöhnen der Betriebe (Stichprobe) fest und behaupten, dass die Varianz bei Betrieb A höher ist als bei Betrieb B. Haben die Gewerkschaftsvertreter bei einer Irrtumswahrscheinlichkeit von $\alpha = 0,05$ Recht?

Stichprobe der Stundenlöhne A (in €)				
8,23	13,94	18,24	13,71	10,20
6,14	16,28	7,57	7,11	10,24

Stichprobe der Stundenlöhne B (in €)				
10,24	10,91	10,24	13,71	10,20
11,10	12,41	11,00	11,61	10,24

Aufgabe 73: Test des arithmetischen Mittels bei bekannter Varianz

Das durchschnittliche Gewicht von holländischen Salatgurken lag in der Vergangenheit bei $\mu = 870$ g bei einer Standardabweichung von $\sigma = 85$ g. Nachdem nun ein neues Düngemittel eingesetzt wurde, was das Wasser noch besser als bisher in der Gurke binden soll, lieferte eine Stichprobe vom Umfang $n = 71$ ein Durchschnittsgewicht von 876 g. Kann man aufgrund dieses Stichprobenergebnisses bei einem Signifikanzniveau von $\alpha = 0{,}01$ darauf schließen, dass sich durch das neue Düngemittel das Durchschnittsgewicht signifikant erhöht hat? Es wird davon ausgegangen, dass die Standardabweichung σ konstant geblieben ist.

Aufgabe 74: Test des arithmetischen Mittels bei unbekannter Varianz

Der Produzent von Speisekartoffeln behauptet, dass die von ihm abgefüllten Beutel 2 kg Speisekartoffel beinhalten. Sie haben eine Lieferung erhalten und ziehen eine Stichprobe vom Umfang $n = 30$. Diese ergab ein durchschnittliches Füllgewicht von 1,93 kg bei einer Standardabweichung s von 0,25 kg. Testen Sie die Behauptung des Produzenten auf dem 5 %-Signifikanzniveau und entscheiden Sie, ob Sie die Lieferung zurückschicken.

Aufgabe 75: Test des Anteilswertes

Eine Maschine arbeitete in der Vergangenheit mit einem Ausschussanteil von 24 %. Nach einer Generalüberholung soll geprüft werden, ob der Ausschussanteil gesenkt wurde. In einer Stichprobe vom Umfang 300 waren 66 fehlerhaft.
a) Kann daraus gefolgert werden, dass der Ausschussanteil tatsächlich gesunken ist (Signifikanzniveau = 1 %)?
b) Wie groß hätte, absolut gesehen, der Ausschuss maximal sein dürfen, um eine signifikante Verbesserung zu attestieren?

Aufgabe 76: Zweistichprobentest für die Differenz arithmetischer Mittel bei unabhängigen Stichproben

Ein Händler bezieht von zwei Herstellern Halogenlampen. Zur Prüfung, ob die Brenndauer beider Fabrikate gleich ist, untersucht er von A 35 Stück, die eine mittlere Brenndauer von 41,5 bei einer mittleren Abweichung von 4,21 Stunden zeigen. Bei B haben 40 untersuchte Lampen eine durchschnittliche Brenndauer von 44,8 bei einer durchschnittlichen Abweichung von 4,62 Stunden. Kann bei einer 1 % Irrtumswahrscheinlichkeit auf einen signifikanten Unterschied zwischen den beiden arithmetischen Mitteln geschlossen werden?

Aufgabe 77: Zweistichprobentest für die Differenz zweier Anteilswerte bei unabhängigen Stichproben

Ein inländisches Unternehmen hat die Wahl zwischen zwei Importeuren, die einen identischen und für das Unternehmen sehr wichtigen Rohstoff liefern. Anhand einer Stichprobe wird untersucht, ob der Anteil der unbrauchbaren Rohstoffe signifikant voneinander abweicht. Vom ersten Importeur wird eine Stichprobe von 180 Stück genommen, wovon 36 Stück unbrauchbar waren. Die Stichprobe vom zweiten Importeur hatte einen Umfang von 150 Stück, wobei der Ausschussanteil 12 % betrug. Testen Sie bei einer Irrtumswahrscheinlichkeit von 5 %, ob es einen signifikanten Unterschied zwischen den beiden Lieferanten gibt.

Aufgabe 78: *U*-Test

Jeweils 10 Studierende zweier Studiengänge der HTW Aalen haben durchschnittliche Bachelornoten:

Studierende A	1,3	1,4	2,3	2,7	2,8	3,0	3,4	3,5	3,8	4,0
Studierende B	1,1	1,6	1,8	2,0	2,1	2,4	2,6	2,9	3,2	3,7

Untersuchen Sie auf dem 5 %-Niveau, ob sich die beiden Gruppen signifikant voneinander unterscheiden.

Aufgabe 79: Einfaktorielle Varianzanalyse

Für die drei Bezirke A, B und C eines mittelständischen Unternehmens liegen die Umsätze für die 40, 35 bzw. 50 Handelsvertreter vor.

Umsatzklasse	Umsatz T €	Anzahl Vertreter			Gesamt
		A	B	C	
1	5–10	5	8	12	25
2	10–20	16	12	17	45
3	20–50	10	7	13	30
4	50–100	5	8	7	20
5	100–200	4	0	1	5
	Gesamt	40	35	50	

Bspw. arbeiten im Bezirk B insgesamt 35 Vertreter, von denen 7 in der Umsatzklasse zwischen 20 und 50 T € liegen. Untersuchen Sie auf dem 5 %-Niveau, ob die Bezirke einen signifikanten Einfluss auf die Umsatzentwicklung haben. Testen Sie also die Nullhypothese, dass alle Bezirke identische Mittelwerte haben.

Aufgabe 80: *H*-Test

In einem Reha-Zentrum wurden drei neue Therapiemethoden (Wassermassage, konventionelle Methode und Muskelentspannungstherapie) getestet. Folgende Tabelle enthält ordinalskalierte „Befindlichkeitsscores" von insgesamt 19 Personen. Bspw. hat die Person mit dem Score 3 auf der vorgegebenen Skala zwischen 0 und 80 ihre Therapie als am wirksamsten eingestuft.

Wasser	20	50	51	45	40	46	41
Konventionell	43	3	10	47	38	70	
Muskel	44	42	15	27	21	18	

Untersuchen Sie auf dem 5 %-Niveau, ob sich die Therapieerfolge der drei Methoden signifikant voneinander unterscheiden.

Aufgabe 81: t-Test für abhängige Stichproben

11 Teilnehmer eines Statistikseminars erhielten einen Crashkurs im Bereich der Testtheorie. Beurteilen Sie aufgrund der erreichten Punkte (vorher/nachher), ob der Crashkurs zu einer signifikanten Verbesserung geführt hat. Das Signifikanzniveau betrage 1 %.

Teilnehmer	1	2	3	4	5	6	7	8	9	10	11
vorher	25	26	19	21	24	22	23	23	22	19	18
nachher	31	29	22	24	32	25	26	23	21	20	28

Aufgabe 82: Wilcoxon-Test

In 10 zufällig ausgewählten Betrieben soll der Erfolg von Unfallverhütungsmaßnahmen untersucht werden. Dazu werden die Werktätigen über die Möglichkeiten der Maßnahmen informiert. Verglichen wird die monatliche Unfallzahl vor und nach der Aufklärungskampagne. Hat die Maßnahme zu einer signifikanten Verbesserung geführt? Als Niveau wird 1 % vorgegeben.

Betriebe	1	2	3	4	5	6	7	8	9	10
vorher	8	23	7	11	5	9	12	6	18	9
nachher	4	16	6	12	6	7	10	10	13	6

Aufgabe 83: Vorzeichentest

Ein neues Medikament zur Blutdrucksenkung soll auf seine Wirksamkeit hin untersucht werden. 10 Personen werden daraufhin 3 Stunden vor und nach der Medikamenteneinnahme untersucht und ergeben folgende Werte:

Patient	1	2	3	4	5	6	7	8	9	10
vorher	188	159	168	173	152	194	174	167	184	157
nachher	162	164	143	148	128	153	163	169	168	132

a) Haben die Medikamente beim 5 %-Signifikanzniveau eine signifikante Verbesserung ergeben?

b) Auch wenn das Vorzeichentest ein nichtparametrisches Testverfahren ist, sollen Sie nun aufgrund der Approximation der Binomialverteilung durch die Standardnormalverteilung herausfinden, ob dieses das Testergebnis der Aufgabe a bestätigen kann.

Aufgabe 84: Test des Korrelationskoeffizienten

In einer Studie wurde für einen Existenzgründer für 10 Jahre Umsatzerlöse (y_i) und Materialaufwand (x_i) gegenübergestellt.

Umsatz y_i [Mio. €.]	Material x_i [Mio. €.]
145	49
134	37
162	52
131	41
169	48
138	38
167	52
174	52
158	48
140	46

a) Untersuchen Sie auf dem 95 %-Signifikanzniveau, ob es zwischen den beiden Merkmalen einen linearen Zusammenhang gibt.
b) Ab welchem Korrelationswert ist der Zusammenhang nicht mehr signifikant?

Aufgabe 85: Test der Regressionskoeffizienten

Ein Unternehmen will den Zusammenhang zwischen Jahresumsatz und Ladenverkaufsfläche untersuchen. Man vermutet eine Abhängigkeit des Jahresumsatzes von der Verkaufsfläche. In einem Jahr liefern die angegliederten 12 Filialen folgende Daten:

Filiale	Verkaufsfläche in Tsd. m²	Jahresumsatz in Mio. €
1	0,31	2,93
2	0,98	5,27
3	1,21	6,85
4	1,29	7,01
5	1,12	7,02
6	1,49	8,35
7	0,78	4,33
8	0,94	5,77
9	1,29	7,68
10	0,48	3,16
11	0,24	1,52
12	0,55	3,15

Untersuchen Sie, ob die Verkaufsfläche der Grundgesamtheit (β_2) einen signifikanten Einfluss auf den Jahresumsatz vermuten lässt. Das Signifikanzniveau sei 1 %.

Aufgabe 86: X^2-Test

Im Studiengang KMU in Aalen wurden 180 Studenten befragt, ob sie während des Grundstudiums mindestens eine Klausur wiederholen mussten oder nicht. Gleichzeitig sollten die Studenten Angaben machen, ob sie mehr oder weniger als 20 % der Vorlesungen versäumten:

Wiederholer Vorlesungsversäumnis	nein	ja
weniger als 20 %	137	2
mehr als 20 %	7	34

Kann man aufgrund der Angaben annehmen, dass es zwischen den Variablen Vorlesungsversäumnis und Wiederholer eine Abhängigkeit gibt? Untersuchen Sie dies bei einer Irrtumswahrscheinlichkeit von 1 %.

5 Lösungen zu den Aufgaben

Aufgabe 1: Häufigkeitsverteilung bei einem qualitativen Merkmal

Die relativen Häufigkeiten, als Dezimalzahl und in Prozent ergeben sich aus nachfolgender Tabelle:

Marke x_i	Absolute Häufigkeit n_i	Relative Häufigkeit (n_i/n)	Relative Häufigkeit in %
Mercedes	14	0,086	8,6
Opel	25	0,154	15,4
Ford	15	0,093	9,3
VW	50	0,309	30,9
Audi	30	0,185	18,5
BMW	28	0,173	17,3
Gesamt	$n = 162$	**1,00**	**100,0**

Erläuterung: Mit der absoluten Häufigkeit $n_1 = 14$ kommt das Merkmal $x_1 =$ Mercedes vor usw.

Balken- und Kreisdiagramm

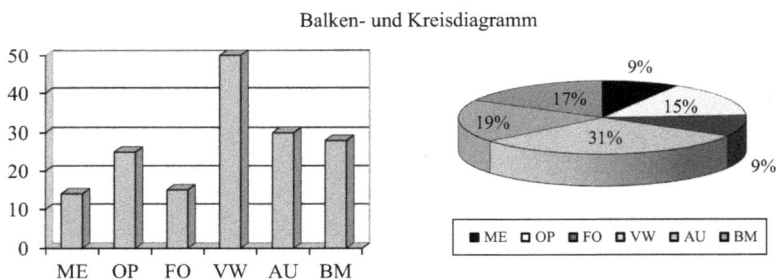

Balken- und Kreisdiagramm

Aufgabe 2: Häufigkeitsverteilung bei einem quantitativen Merkmal I

Klassenanzahl: Empfehlung $= \sqrt{n} = \sqrt{30} = 5$ oder 6 (hier 6) Klassen

Klassenbreite: (größter Wert – kleinster Wert)/Klassenanzahl $= (67 - 16)/6 = 8,5$;

hier 10 Jahre

https://doi.org/10.1515/9783110565249-005

Klassenmitte	von ... bis[2]	Häufigkeit[1]		Summenhäufigkeit	
		absolut	relativ	absolut	relativ
20	15–25	6	0,200	6	0,200
30	25–35	8	0,267	14	0,467
40	35–45	6	0,200	20	0,667
50	45–55	5	0,167	25	0,834
60	55–65	4	0,133	29	0,967
70	65–75	1	0,033	30	1,000
		30	**1,00**	**30**	**1,000**

Aufgabe 3: Häufigkeitsverteilung bei einem quantitativen Merkmal II

Zu a) Absolute und relative Häufigkeit, sowie Summenfunktion (= absolute Summen-häufigkeit) und empirische Verteilungsfunktion (= relative Summenhäufigkeit)[3]

Alter von ... bis	Anzahl der HH		Summen-funktion	Empirische Verteilungsfunktion
	absolut	relativ		
18–25	1.631	4,87 %	1.631	4,87 %
25–45	11.938	35,61 %	13.569	40,48 %
45–65	11.186	33,37 %	24.755	73,85 %
65–85	8.765	26,15 %	33.520	100,00 %
	33.520	**100,00 %**		

Zu b) Bei der Frage, wie viel Prozent der Haushalte einen Haushaltsvorstand mit einem Alter zwischen 30 und 55 Jahren haben, unterstellen wir aufgrund der nicht vorhandenen Information eine Gleichverteilung in den einzelnen Gruppen, gehen also davon aus, dass sich in der Gruppe 2 (3) die 11.938 (11.186) Haushalte gleichmäßig auf die jeweils 20 Jahre (25 bis 45 bzw. 45 bis 65) verteilen. Somit benötigen wir aus der Gruppe 25 bis 45 Jahren die 30 bis 45-jährigen Haushaltsvorstände (15 Jahre) und aus der Gruppe 45 bis 65 Jahre die 45 bis 55-jährigen Haushaltsvorstände (10 Jahre):

$$\frac{11.938}{20} \cdot 15 + \frac{11.186}{20} \cdot 10 = 8.953,5 + 5.593 = 14.546,5\,\text{HH} = \frac{14.546,5}{33.520} \cdot 100 = 43,4\,\%$$

---

1 Bei den relativen Zahlen gibt es kleine Rundungsdifferenzen.

2 Dies ist nur eine von verschiedenen Darstellungsformen. Hier wurden die oberen Klassengrenzen inhaltlich immer zur untersten Klasse gezählt, d. h. das Alter 25 gehört zur Klasse 15–25, 35 zählt zur Klasse 25–35 usw. Andere Darstellungsformen haben die Einteilung 16–25, 26–35 usw., oder die Einteilung von ... bis unter oder von ... bis einschließlich. Hier ist man relativ frei in der Gestaltung. Es gibt nicht die „richtige" oder „falsche" Sichtweise.

3 Gegenüber Aufgabe 2 sind hier die relativen Größen als Prozentwerte angegeben. Es ist für die Erläuterung letztlich unerheblich, ob mit prozentualen oder Dezimalgrößen gearbeitet wird.

Aufgabe 4: Beziehung zwischen zwei quantitativen Merkmalen

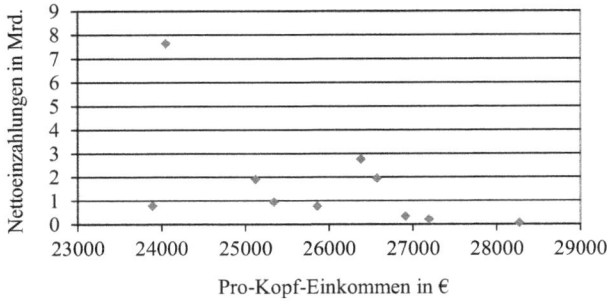

Das Streudiagramm lässt keinen eindeutigen Schluss auf die Beziehung der beiden quantitativen Variablen zu. Grundsätzlich würde man vermuten, dass Länder mit einem niedrigen Pro-Kopf-Einkommen tendenziell auch niedrige Summen (netto)einzahlen und umgekehrt. Dem stehen jedoch die beiden extremen Ausprägungen Deutschland und Luxemburg entgegen. Deutschland hat als größter Nettoeinzahler das zweitniedrigste Pro-Kopf-Einkommen (lediglich Italien liegt noch darunter), während Luxemburg das höchste Pro-Kopf-Einkommen beim niedrigsten Nettoeinzahlungsbetrag hat.

Aufgabe 5: Ungewichtetes arithmetisches Mittel und Median

$$\overline{x} = \frac{1}{n} \cdot \sum_{i=1}^{n} x_i = \frac{(1 + 2 + 3 + 4 + 5 + 6)}{6} = \frac{21}{6} = 3,5$$

$$\tilde{x} = \frac{1}{2} \cdot \left[x_{(\frac{n}{2})} + x_{(\frac{n}{2}+1)} \right] = \frac{1}{2} \cdot \left[x_{(3)} + x_{(4)} \right] = \frac{1}{2} \cdot [3 + 4] = 3,5$$

Arithmetisches Mittel und Median sind also beim Werfen eines gleichseitigen Würfels mit 3,5 identisch.

Aufgabe 6: Gewichtetes arithmetisches Mittel, Median und Modus I

Augenzahl (x_i)	Anzahl (n_i)	$x_i \cdot n_i$
1	25	25
2	16	32
3	11	33
4	23	92
5	26	130
6	19	114
	$\sum = 120$	$\sum = 426$

$$\bar{x} = \frac{1}{n} \cdot \sum_{i=1}^{k} n_i \cdot x_i = \frac{1}{120} \cdot 426 = 3,55$$

$$\tilde{x} = \frac{1}{2} \cdot \left[x_{\left(\frac{n}{2}\right)} + x_{\left(\frac{n}{2}+1\right)} \right] = \frac{1}{2} \cdot \left[x_{(60)} + x_{(61)} \right] = \frac{1}{2} \cdot [4+4] = 4$$

Erläuterung zum Median: Bringt man die 120 Würfe in eine aufsteigende Reihenfolge, so ist der 60. und 61. Wurf eine 4 (die ersten 25 Wurf sind eine 1, Wurf 26 bis 41 sind eine 2 usw.).

$x_S = 5$ (die Augenzahl 5 kommt mit 26 Nennungen am häufigsten vor)

Im Beispiel ist also $x_S > \tilde{x} > \bar{x}$, d. h. Modus > Median > arithmetisches Mittel.

Aufgabe 7: Gewichtetes arithmetisches Mittel, Median und Modus II

Lohn von ... bis in Euro (x_i)	Anzahl (n_i)	$\bar{x}_i$	$\bar{x}_i \cdot n_i$
0–10	13	5,0	65,0
10–15	27	12,5	337,5
15–20	21	17,5	367,5
20–30	11	25,0	275,0
30–50	3	40,0	120,0
	$\sum = 75$		$\sum = 1.165,0$

$$\bar{x} = \frac{1}{n} \cdot \sum_{i=1}^{k} n_i \cdot x_i = \frac{1}{75} \cdot 1.165 = 15,53 \, €$$

$$\tilde{x} = x_{\left(\frac{n+1}{2}\right)} = x_{\left(\frac{75+1}{2}\right)} = x_{(38)} = 12,50 \, €$$

Erläuterung zum Median: Gesucht ist bei insgesamt 75 Werten der mittlere Wert in einer nach aufsteigenden Werten sortierten Reihenfolge. Der mittlere Wert ist der 38., dieser befindet sich somit in der 2. Gruppe (10–15), so dass der Median 12,50 € beträgt.

$x_S = 12,50 \, €$ (die Lohngruppe 10–15 kommt mit 27 Nennungen am häufigsten vor)

Im Beispiel gilt: $\bar{x} > x_S = \tilde{x}$.

Aufgabe 8: Geometrisches Mittel I

Zu a) Allgemeine Formel des Wachstumsfaktors $WF_t = \frac{x_t}{x_{t-1}}$

	Wachstumsfaktoren		
Jahr	A_1	A_2	A_3
1	1,08333	0,75000	1,16667
2	1,07692	1,33333	1,14286
3	1,07143	1,16667	1,12500

Zu b) Die geometrischen Mittelwerte lassen sich auf zwei Wege errechnen:

1. Weg:
$$x_g = \sqrt[n]{\mathrm{WF}_1 \cdot \mathrm{WF}_2 \cdot \mathrm{WF}_3 \cdot \ldots \cdot \mathrm{WF}_n}$$

2. Weg:
$$x_g = \sqrt[n]{\frac{\text{Endniveau}}{\text{Anfangsniveau}}}$$

Die geometrischen Mittelwerte nach dem 1. Weg:

$$x_{g_{A1}} = \sqrt[3]{1{,}08333 \cdot 1{,}07692 \cdot 1{,}07143} = 1{,}0772 = 7{,}72\,\%$$

$$x_{g_{A2}} = \sqrt[3]{0{,}75000 \cdot 1{,}33333 \cdot 1{,}16667} = 1{,}0527 = 5{,}27\,\%$$

$$x_{g_{A3}} = \sqrt[3]{1{,}16667 \cdot 1{,}14286 \cdot 1{,}12500} = 1{,}1447 = 14{,}47\,\%$$

Die geometrischen Mittelwerte nach dem 2. Weg:

$$x_{g_{A1}} = \sqrt[3]{\frac{15}{12}} = 1{,}0772 = 7{,}72\,\%$$

$$x_{g_{A2}} = \sqrt[3]{\frac{14}{12}} = 1{,}0527 = 5{,}27\,\%$$

$$x_{g_{A3}} = \sqrt[3]{\frac{18}{12}} = 1{,}1447 = 14{,}47\,\%$$

Zu c) Nach beiden Wegen beträgt das durchschnittliche jährliche Wachstum der Aktie für die drei Analysten 7,72 % (A_1), 5,27 % (A_2) und 14,47 % (A_3), d. h. die positivste Grundhaltung des Analysten A_3 schlägt sich auch in der größten prognostizierten Steigerungsrate von 14,47 % nieder.

Probe: Multipliziert man die Ausgangsbasis 12,– € jeweils 3 Mal mit den jeweiligen Wachstumsfaktoren bzw. addiert jeweils 3 Mal hintereinander die durchschnittliche jährliche prozentuale Veränderung, so wird das prognostizierte Endniveau erreicht.

$$A_1: 12 \cdot 1{,}0772^3 = 15$$
$$A_2: 12 \cdot 1{,}0527^3 = 14$$
$$A_3: 12 \cdot 1{,}1447^3 = 18$$

Aufgabe 9: Geometrisches Mittel II

Zu a) Endvermögen der 3 Alternativen:

$$A_1: 1.240 \,€ \quad \text{(vorgegeben)}$$
$$A_2: 1.000 \cdot 1{,}0315 \cdot 1{,}088 \cdot 1{,}116 = 1.252{,}46 \,€$$
$$A_3: 1.000 \cdot 1{,}078^3 = 1.252{,}72 \,€$$

Zu b) Durchschnittliche Verzinsung:

$$x_{g_{A1}} = \sqrt[3]{\frac{1.240}{1.000}} = 1{,}0743 = 7{,}43\,\%$$

$$x_{g_{A2}} = \sqrt[3]{\frac{1.252{,}46}{1.000}} = 1{,}0779 = 7{,}79\,\%$$

$$x_{g_{A3}} = \sqrt[3]{\frac{1.252{,}72}{1.000}} = 1{,}078 = 7{,}8\,\%$$

Zu c) Herr Meier wird sich, wenn er Vermögensmaximierung betreibt, für A_3 entscheiden, die ihm mit durchschnittlich 7,8 % das größte Endvermögen am Ende des 3. Jahres beschert.

Aufgabe 10: Harmonisches Mittel

Insgesamt wurden 4.000 € zu unterschiedlichen Preisen investiert.

Jahr	Betrag	Anteile	Preis/Anteil
1	1.000 €	50	20,00 €
2	1.000 €	40	25,00 €
3	1.000 €	32	31,25 €
4	1.000 €	25	40,00 €
Σ	**4.000 €**	**147**	

Das harmonische Mittel lässt sich wie folgt ermitteln:

$$x_h = \frac{\text{Betragssumme}}{\text{Summe der Anteile}} = \frac{4.000{,}-€}{147\ \text{Anteile}} = 27{,}21\ €/\text{Anteil}$$

oder über

$$x_h = \frac{1}{\frac{1}{x_1} \cdot h_1 + \frac{1}{x_2} \cdot h_2 + \cdots + \frac{1}{x_i} \cdot h_i} = \frac{1}{\frac{1}{20} \cdot 0{,}25 + \frac{1}{25} \cdot 0{,}25 + \frac{1}{31{,}25} \cdot 0{,}25 + \frac{1}{40} \cdot 0{,}25}$$
$$= 27{,}21\ €/\text{Anteil}$$

Aufgabe 11: Lageparameter

Zu a) Da jeweils die gleiche Anzahl an Wein gekauft wird, handelt es sich um das ungewichtete arithmetische Mittel.

$$\overline{x} = \frac{1}{n} \cdot \sum_{i=1}^{k} x_i = \frac{(6 + 12)}{2} = 9{,}-€$$

Der Wein kostet durchschnittlich 9,- €.

Zu b) Da 120,- € hälftig in beide Weinsorten investiert werden, kommt hierbei das harmonische Mittel zur Anwendung.

Jeweils 60,– € werden in beide Weinsorten investiert, so dass man vom Merlot 10 und vom Cabernet Sauvignon 5 Flaschen bekommt. Insgesamt erhalten Sie somit 15 Flaschen Wein zu einem Durchschnittspreis von

$$x_h = \frac{\text{Gesamtbetrag}}{\text{Anzahl Flaschen}} = \frac{120,- \text{€}}{15 \text{ Flaschen}} = 8 \text{€/Flasche}$$

Das gleiche Resultat stellt sich natürlich über die Formel des harmonischen Mittels ein:

$$x_h = \frac{1}{\frac{1}{x_1} \cdot h_1 + \frac{1}{x_2} \cdot h_2 + \cdots + \frac{1}{x_i} \cdot h_i} = \frac{1}{\frac{1}{6} \cdot 0,5 + \frac{1}{12} \cdot 0,5} = 8,- \text{€/Flasche}$$

Der Wein kostet durchschnittlich 8,– €/Flasche.

Zu c) Nun ist nach dem gewichteten arithmetischen Mittel gefragt.

$$\overline{x} = \frac{1}{n} \cdot \sum_{i=1}^{k} n_i \cdot x_i = \frac{(15 \cdot 6 + 12 \cdot 12)}{27} = 8,67 \text{ €/Flasche}$$

Die Flasche Wein kostet durchschnittlich 8,67 €.

Aufgabe 12: Varianz und Standardabweichung I

Zu a)

AR1	$(x_i - \overline{x})^2$	AR2	$(x_i - \overline{x})^2$
0	49	5	4
1	36	5	4
3	16	6	1
4	9	6	1
5	4	7	0
6	1	7	0
9	4	8	1
10	9	8	1
12	25	9	4
20	169	9	4
$\overline{x} = \frac{70}{10} = 7$	$\sum = 322$	$\overline{x} = \frac{70}{10} = 7$	$\sum = 20$

Beide arithmetische Mittel haben den Wert $\overline{x} = 7$ (durchschnittliche Rendite der 10 Jahre), wobei allerdings die erste Reihe (AR1) sehr viel größere Streuungen aufweist. Dies wird sich in einer sehr viel größeren Varianz und Standardabweichung auswirken, wie nachfolgend gezeigt wird.

Zu b)

Für AR1 gilt: $\quad\quad\quad\quad \sigma^2 = \frac{1}{10} \cdot 322 = 32,20 \quad$ und $\quad \sigma = \sqrt{\sigma^2} = 5,67$

Für AR2 gilt: $\quad\quad\quad\quad s^2 = \frac{1}{10} \cdot 20 = 2 \quad$ und $\quad s = \sqrt{s^2} = 1,41$

Aufgabe 13: Varianz und Standardabweichung II

Augenzahl (x_i)	$F(x)$	n_i	$x_i \cdot n_i$	$(x_i - \overline{x})^2$	$n_i \cdot (x_i - \overline{x})^2$
1	0,21	21	21	5,6644	118,9524
2	0,38	17	34	1,9044	32,3748
3	0,52	14	42	0,1444	2,0216
4	0,66	14	56	0,3844	5,3816
5	0,85	19	95	2,6244	49,8636
6	1,00	15	90	6,8644	102,9660
		$\sum = 100$	$\sum = 338$		$\sum = 311{,}56$

$$\overline{x} = \frac{1}{n} \cdot \sum_{i=1}^{k} n_i \cdot x_i = \frac{338}{100} = 3{,}38$$

$$\sigma^2 = \frac{1}{n} \cdot \sum_{i=1}^{k} n_i \cdot (x_i - \overline{x})^2 = \frac{1}{100} \cdot 311{,}56 = 3{,}1156 \quad \sigma = \sqrt{\sigma^2} = 1{,}765$$

Die Standardabweichung in Höhe von 1,765 besagt, dass die geworfenen Augenzahlen im Durchschnitt um 1,765 vom arithmetischen Mittelwert abweichen.

Aufgabe 14: Lage- und Streuungsparameter

Zu a) Innerhalb der einzelnen Gehaltsgruppen unterstellen wir eine Gleichverteilung, da wir aufgrund des stark verdichteten Datenmaterials keine anderen (sinnvollen) Annahmen treffen können.

Gehaltsgruppe	Bruttogehalt (x_i)	Anzahl der Beschäftigte (n_i)	$\overline{x}_i$	$n_i \cdot \overline{x}_i$	$n_i \cdot (x_i - \overline{x})^2$
I	0–1.000 €	84	500	42.000	89.013.841
II	1.000–2.500 €	96	1.750	168.000	4.671.280
III	2.500–4.500 €	16	3.500	56.000	62.131.488
IV	4.500–7.000 €	8	5.750	46.000	142.506.920
		204		312.000	298.323.529

Modus: $\quad x_s = 1.750$

Median: $\quad \tilde{x} = \frac{1}{2} \cdot \left[x_{\left(\frac{n}{2}\right)} + x_{\left(\frac{n}{2}+1\right)} \right] = \frac{1}{2} \cdot \left[x_{(102)} + x_{(103)} \right] = \frac{1}{2} \cdot [1.750 + 1.750] = 1.750$

Zu b)

Arithmetisches Mittel: $\qquad \overline{x} = \frac{312.000}{204} = 1.529{,}41$

Zu c)

Varianz:
$$\sigma^2 = \frac{1}{n} \cdot \sum_{i=1}^{k} n_i \cdot (x_i - \overline{x})^2 = \frac{1}{204} \cdot 298.323.529 = 1.462.370$$

Standardabweichung: $\sigma = \sqrt{\sigma^2} = 1.209,29$

Zu d) Kann die monatliche Gehaltssumme 500.000 € betragen? Unterstellen wir, dass alle Einkommensbezieher das Maximum der jeweiligen Gehaltsklasse verdienen, so würde sich folgende maximale Einkommenssumme ergeben:

$$84 \cdot 1.000 € + 96 \cdot 2.500 € + 16 \cdot 4.500 € + 8 \cdot 7.000 € = 452.000, - €,$$

d. h. es werden maximal 452.000,– € an Gehältern ausbezahlt, die Aussage kann also nicht stimmen.

Zu e) Bei der Beantwortung der Frage nach dem prozentualen Anteil der Einkommensbezieher zwischen 1.500,– und 4.000,– € muss innerhalb der Gehaltsgruppen II und III geschätzt werden. Wir unterstellen dort eine Gleichverteilung der Einkommen, so dass wir aus der Gehaltsgruppe II insgesamt 2/3 der Beschäftigten und aus der Gehaltsgruppe III 3/4 der Beschäftigten erhalten:

$$\frac{2}{3} \cdot 96 + \frac{3}{4} \cdot 16 = 64 + 12 = 76 \Rightarrow \frac{76}{204} \equiv 37,25\,\%$$

Der (geschätzte) Anteil der Beschäftigten mit einem Einkommen zwischen 1.500,– und 4.000,– € beträgt folglich 37,25 %.

Aufgabe 15: Mittlere absolute Abweichung

Augenzahl (x_i)	Fn(x)	n_i	$x_i \cdot n_i$	$n_i \cdot |x_i - \overline{x}|$
1	0,21	21	21	49,98
2	0,38	17	34	23,46
3	0,52	14	42	5,32
4	0,66	14	56	8,68
5	0,85	19	95	30,78
6	1,00	15	90	39,30
		$\sum = 100$	$\sum = 338$	$\sum = 157,52$
		$\overline{x} = \frac{338}{100} = 3,38$		MAD $= \frac{157,52}{100} = 1,57$

Die mittlere (absolute) Abweichung um den arithmetischen Mittelwert, der 3,38 beträgt, liegt bei 1,57.

Aufgabe 16: Variationskoeffizient

Jahr	Zuckerpreis in € (x_i)	$(x_i - \bar{x})^2$	Kaffeepreis in € (y_i)	$(y_i - \bar{y})^2$
1	1,09	0,000	10,99	0,018
2	1,21	0,013	12,39	1,598
3	1,17	0,006	11,49	0,132
4	1,02	0,005	10,78	0,120
5	0,98	0,013	9,98	1,313
	$\sum = 5{,}47$	$\sum = 0{,}037$	$\sum = 55{,}63$	$\sum = 3{,}181$

$$\bar{x} = \frac{5{,}47}{5} = 1{,}094 \qquad \bar{y} = \frac{55{,}63}{5} = 11{,}126$$

$$\sigma_x^2 = \frac{0{,}037}{5} = 0{,}0074 \qquad \sigma_y^2 = \frac{3{,}181}{5} = 0{,}6362$$

$$\sigma_x = \sqrt{0{,}0074} = 0{,}0860 \qquad \sigma_y = \sqrt{0{,}6362} = 0{,}7976$$

$$VC_x = \frac{0{,}086}{1{,}094} = 0{,}0786 \qquad VC_y = \frac{0{,}7976}{11{,}126} = 0{,}0716$$

Beide Variationskoeffizienten sind mit 7,86 % bzw. 7,16 % etwa identisch. Dies ist der prozentuale Anteil der Standardabweichung um dessen Mittelwert.

Aufgabe 17: Indizes I

Die Teilaufgaben können aus nachfolgender Arbeitstabelle abgeleitet werden:

	Periode 0		Periode 1					
Gut	q_{0i}	p_{0i}	q_{1i}	p_{1i}	$p_{0i} \cdot q_{0i}$	$p_{1i} \cdot q_{1i}$	$p_{1i} \cdot q_{0i}$	$p_{0i} \cdot q_{1i}$
A	5	55	5	60	275	300	300	275
B	9	29	8	35	261	280	315	232
C	3	32	4	34	96	136	102	128
D	7	78	8	82	546	656	574	624
					$\sum = 1.178$	$\sum = 1.372$	$\sum = 1.291$	$\sum = 1.259$

Zu a) Paasche- und Laspeyres-Preisindex

$$P_P = \frac{\sum_{i=1}^{n} p_{1i} \cdot q_{1i}}{\sum_{i=1}^{n} p_{0i} \cdot q_{1i}} = \frac{1.372}{1.259} = 1{,}09 \qquad L_P = \frac{\sum_{i=1}^{n} p_{1i} \cdot q_{0i}}{\sum_{i=1}^{n} p_{0i} \cdot q_{0i}} = \frac{1.291}{1.178} = 1{,}096$$

Nach dem Preisindex nach Paasche (Laspeyres) haben sich die Warenpreise im Beobachtungszeitraum um 9 % (9,6 %) verteuert.

Zu b) Paasche- und Laspeyres-Mengenindex

$$P_M = \frac{\sum_{i=1}^{n} q_{1i} \cdot p_{1i}}{\sum_{i=1}^{n} q_{0i} \cdot p_{1i}} = \frac{1.372}{1.291} = 1{,}063 \qquad L_M = \frac{\sum_{i=1}^{n} q_{1i} \cdot p_{0i}}{\sum_{i=1}^{n} q_{0i} \cdot p_{0i}} = \frac{1.259}{1.178} = 1{,}069$$

Nach dem Mengenindex nach Paasche (Laspeyres) hat eine Mengensteigerung im Warenkorb im Beobachtungszeitraum um 6,3 % (6,9 %) stattgefunden.

Zu c) Wertindex

$$\text{WI} = \frac{\sum_{i=1}^{n} p_{1i} \cdot q_{1i}}{\sum_{i=1}^{n} p_{0i} \cdot q_{0i}} = L_P \cdot P_M = P_P \cdot L_M = \frac{1.372}{1.178} = 1{,}096 \cdot 1{,}063 = 1{,}09 \cdot 1{,}069 = 1{,}165$$

Im Beobachtungszeitraum hat sich der Wert des Warenkorbes um insgesamt 16,5 % erhöht.

Zu d) Jährlicher Preisanstieg gemessen am Laspeyres-Index

$$\text{GM} = \sqrt[3]{1{,}096} = 1{,}031 = 3{,}1\,\%$$

Der durchschnittliche jährliche Preisanstieg zwischen 2015 und 2018 betrug folglich 3,1 %.

Aufgabe 18: Indizes II

Jahr	0	1	2	3	4	5	6	7	8	9	10
Index (alt)	100	102	104	105	109	121	129	131	139	145	149
Index (neu)	77,5	79,1	80,6	81,4	84,5	93,8	100	101,6	107,8	112,4	115,5

Aufgabe 19: Kovarianzanalyse I

Im Beispiel seien die verkauften Reisen die Merkmalsausprägung x_i, der Umsatzerlös y_i.

x_i	y_i	$x_i - \overline{x}$	$y_i - \overline{y}$	$(x_i - \overline{x}) \cdot (y_i - \overline{y})$
200	470	−115	−250	28.750
250	630	−65	−90	5.850
300	640	−15	−80	1.200
280	630	−35	−90	3.150
350	790	35	70	2.450
400	930	85	210	17.850
425	950	110	230	25.300
$\overline{x} = 315$	$\overline{y} = 720$			$Q_{xy} = 84.550$

$$\text{Cov}_{x,y} = \frac{1}{n} \cdot \sum_{i=1}^{n} (x_i - \overline{x}) \cdot (y_i - \overline{y}) = \frac{84.550}{7} = 12.078{,}6$$

Zwischen den Merkmalen der verkauften Reisen und Umsatzerlöse besteht somit ein positiver Zusammenhang, d. h. steigende Reisezahlen gehen mit steigenden Umsatzerlösen einher und umgekehrt. Die Stärke des Zusammenhangs kann jedoch nicht angegeben werden, da es sich bei der Kovarianz um ein nicht normiertes Maß handelt. Dazu muss die Korrelationsstudie herangezogen werden.

Aufgabe 20: Kovarianzanalyse II

Die Steuereinnahmen des Bundes S seien die Variable x_i, die Neuverschuldung des Staates die Variable y_i.

x_i	y_i	$x_i - \bar{x}$	$y_i - \bar{y}$	$(x_i - \bar{x}) \cdot (y_i - \bar{y})$
198,80	23,80	6,10	−7,52	−45,87
193,80	22,80	1,10	−8,52	−9,37
192,00	31,90	−0,70	0,58	−0,41
191,90	38,60	−0,80	7,28	−5,82
187,00	39,50	−5,70	8,18	−46,63
$\bar{x} = 192,70$	$\bar{y} = 31,32$			$Q_{xy} = -108,10$

$$\text{Cov}_{x,y} = \frac{1}{n} \cdot \sum_{i=1}^{n}(x_i - \bar{x}) \cdot (y_i - \bar{y}) = \frac{-108,10}{5} = -21,62$$

Die untersuchten Merkmale zeigen ein gegenläufiges Verhalten, durch das Vorzeichen der Kovarianz zum Ausdruck gebracht. Wenn es einen funktionalen Zusammenhang zwischen den beiden Merkmalen gibt, indem sich die Nettoneuverschuldung bspw. als (negative) Funktion der Steuereinnahmen darstellen lässt, dann steigt bspw. die Nettoneuverschuldung mit sinkenden Steuereinnahmen und umgekehrt. Dazu müsste aber eine Korrelations- bzw. eine Regressionsanalyse durchgeführt werden.

Aufgabe 21: Korrelationskoeffizient nach Bravais-Person für ungruppierte Daten I

Die Anzahl der verkauften Reisen stellt die Variable x_i, die Umsatzerlöse die Variable y_i dar:

x_i	y_i	$x_i - \bar{x}$	$y_i - \bar{y}$	$(x_i - \bar{x}) \cdot (y_i - \bar{y})$	$(x_i - \bar{x})^2$	$(y_i - \bar{y})^2$
200	470	−115	−250	28.750	13.225	62.500
250	630	−65	−90	5.850	4.225	8.100
300	640	−15	−80	1.200	225	6.400
280	630	−35	−90	3.150	1.225	8.100
350	790	35	70	2.450	1.225	4.900
400	930	85	210	17.850	7.225	44.100
425	950	110	230	25.300	12.100	52.900
$\bar{x} = 315$	$\bar{y} = 720$			$Q_{xy} = 84.550$	$Q_{xx} = 39.450$	$Q_{yy} = 187.000$

$$r = \frac{\sum_{i=1}^{n}(x_i - \bar{x}) \cdot (y_i - \bar{y})}{\sqrt{\sum_{i=1}^{n}(x_i - \bar{x})^2 \cdot \sum_{i=1}^{n}(y_i - \bar{y})^2}} = \frac{Q_{xy}}{\sqrt{Q_{xx} \cdot Q_{yy}}} = \frac{84.550}{\sqrt{39.450 \cdot 187.000}} = 0,984$$

Zwischen den beiden Merkmalen Umsatzerlöse und der verkauften Reisen besteht eine sehr hohe lineare (positive) Beziehung, d. h. beide entwickeln sich in die gleiche Richtung (abnehmend/zunehmend).

Aufgabe 22: Korrelationskoeffizient nach Bravais-Person für ungruppierte Daten II

Die Steuereinnahmen des Bundes S bilden die Variable x_i, die Neuverschuldung des Staates die Variable y_i.

x_i	y_i	$x_i - \bar{x}$	$y_i - \bar{y}$	$(x_i - \bar{x}) \cdot (y_i - \bar{y})$	$(x_i - \bar{x})^2$	$(y_i - \bar{y})^2$
198,80	23,80	6,10	−7,52	−45,87	37,21	56,55
193,80	22,80	1,10	−8,52	−9,37	1,21	72,59
192,00	31,90	−0,70	0,58	−0,41	0,49	0,34
191,90	38,60	−0,80	7,28	−5,82	0,64	53,00
187,00	39,50	−5,70	8,18	−46,63	32,49	66,91
$\bar{x} = 192{,}70$	$\bar{y} = 31{,}32$			$Q_{xy} = -108{,}10$	$Q_{xx} = 72{,}04$	$Q_{yy} = 249{,}39$

$$r = \frac{\sum_{i=1}^{n}(x_i - \bar{x}) \cdot (y_i - \bar{y})}{\sqrt{\sum_{i=1}^{n}(x_i - \bar{x})^2 \cdot \sum_{i=1}^{n}(y_i - \bar{y})^2}} = \frac{Q_{xy}}{\sqrt{Q_{xx} \cdot Q_{yy}}} = \frac{-108{,}10}{\sqrt{72{,}04 \cdot 249{,}39}} = -0{,}8065$$

Zwischen den beiden Merkmalen Steuereinnahmen des Bundes und Neuverschuldung des Staates besteht eine sehr hohe lineare (negative) Beziehung, d.h. beide entwickeln sich in entgegengesetzte Richtungen.

Aufgabe 23: Korrelationskoeffizient nach Bravais-Person für gruppierte Daten

Der Korrelationskoeffizient ergibt sich aus den folgenden Tabellen:

y_j / x_i	1	2	3	4	$n_{i.}$	$x_i n_{i.}$	$x_i^2 n_{i.}$
1	3	0	0	0	3	3	3
2	3	8	2	0	13	26	52
3	1	2	7	2	12	36	108
4	0	1	2	1	4	16	64
$n_{.j}$	7	11	11	3	$n = 32$	$\sum = 81$	$\sum = 227$
$y_j n_{.j}$	7	22	33	12	$\sum = 74$		
$y_j^2 n_{.j}$	7	44	99	48	$\sum = 198$		

Berechnung von $\sum \sum x_i y_j n_{ij}$:

y_j / x_i	1	2	3	4
1	3	0	0	0
2	6	32	12	0
3	3	12	63	24
4	0	8	24	16
				203

Wert des Korrelationskoeffizienten:

$$r = \frac{203 - \frac{1}{32} \cdot 81 \cdot 74}{\sqrt{[227 - \frac{81^2}{32}][198 - \frac{74^2}{32}]}} = 0{,}646$$

D. h. zwischen den Merkmalsausprägungen Bachelorprüfungsnote und Vornote besteht ein recht großer positiver Zusammenhang (Studenten mit guten Bachelornoten hatten tendenziell auch eine gute Vorprüfung und umgekehrt).

Aufgabe 24: Korrelationskoeffizient nach Spearman

Das Merkmal Tragekomfort sei die Variable (x_i), das Merkmal Wettkampfeigenschaft die Variable (y_i):

Schuh	RG (x_i)	RG (y_i)	$(x_i - \bar{x}) \cdot (y_i - \bar{y})$	$(x_i - \bar{x})^2$	$(y_i - \bar{y})^2$
1	1,5	8,0	−10,0	16,00	6,25
2	7,0	5,5	0,0	2,25	0,00
3	8,5	1,5	−12,0	9,00	16,00
4	10,0	1,5	−18,0	20,25	16,00
5	4,5	8,0	−2,5	1,00	6,25
6	1,5	10,0	−18,0	16,00	20,25
7	4,5	3,5	2,0	1,00	4,00
8	8,5	3,5	−6,0	9,00	4,00
9	4,5	5,5	0,0	1,00	0,00
10	4,5	8,0	−2,5	1,00	6,25
	$\overline{rg} = 5,5$	$\overline{rg} = 5,5$	$Q_{xy} = -67$	$Q_{xx} = 76,5$	$Q_{YY} = 79,0$

$$r_s = \frac{Q_{xy}}{\sqrt{Q_{xx} \cdot Q_{yy}}} = \frac{-67}{\sqrt{76,5 \cdot 79,0}} = -0,862$$

Es besteht ein relativ starker negativer Zusammenhang zwischen den Rängen. Ein hoher Tragekomfort der Schuhe geht zu Lasten der Wettkampffähigkeit uú.

Aufgabe 25: Korrelationskoeffizienten

Das Merkmal Einkommen sei die Variable x_i, das Merkmal Konsum die Variable y_i:

Zu a) Korrelationskoeffizient nach Bravais-Pearson

Person	x_i	y_i	$(x_i - \bar{x}) \cdot (y_i - \bar{y})$	$(x_i - \bar{x})^2$	$(y_i - \bar{y})^2$
1	800	500	115.312,5	262.656,25	50.625
2	1.000	700	7.812,5	97.656,25	625
3	1.200	800	−8.437,5	12.656,25	5.625
4	1.000	650	23.437,5	97.656,25	5.625
5	700	450	168.437,5	375.156,25	75.625
6	2.000	900	120.312,5	472.656,25	30.625
7	1.800	900	85.312,5	237.656,25	30.625
8	2.000	900	120.312,5	472.656,25	30.625
$\bar{x} = 1.312,5$		$\bar{y} = 725$	$Q_{xy} = 632.500$	$Q_{xx} = 2.028.750$	$Q_{YY} = 230.000$

$$r = \frac{Q_{xy}}{\sqrt{Q_{xx} \cdot Q_{yy}}} = \frac{632.500}{\sqrt{2.028.750 \cdot 230.000}} = 0,926$$

Es besteht ein starker positiver (linearer) Zusammenhang zwischen den Einkommen und den Konsumausgaben.

Zu b) Rangkorrelationskoeffizient nach Spearman

Person	RG (x_i)	RG (y_i)	$(x_i - \bar{x}) \cdot (y_i - \bar{y})$	$(x_i - \bar{x})^2$	$(y_i - \bar{y})^2$
1	2	2	6,25	6,25	6,25
2	3,5	4	0,50	1,00	0,25
3	5	5	0,25	0,25	0,25
4	3,5	3	1,50	1,00	2,25
5	1	1	12,25	12,25	12,25
6	7,5	7	7,50	9,00	6,25
7	6	7	3,75	2,25	6,25
8	7,5	7	7,50	9,00	6,25
	$\overline{rg} = 4,5$	$\overline{rg} = 4,5$	$Q_{xy} = 39,50$	$Q_{xx} = 41$	$Q_{YY} = 40$

$$r_s = \frac{Q_{xy}}{\sqrt{Q_{xx} \cdot Q_{yy}}} = \frac{39,5}{\sqrt{41 \cdot 40}} = 0,975$$

Der starke positive lineare Zusammenhang zwischen dem Einkommen und dem Konsum (Aufgabe a) wird durch die Überführung der kardinalen in ordinale Daten noch verstärkt.

Aufgabe 26: Einfache Regression I

Die Anzahl der verkauften Reisen stellt die unabhängige Variable x_i, die Umsatzerlöse die abhängige Variable y_i dar:

x_i	y_i	$x_i - \bar{x}$	$y_i - \bar{y}$	$(x_i - \bar{x}) \cdot (y_i - \bar{y})$	$(x_i - \bar{x})^2$	$(y_i - \bar{y})^2$
200	470	−115	−250	28.750	13.225	62.500
250	630	−65	−90	5.850	4.225	8.100
300	640	−15	−80	1.200	225	6.400
280	630	−35	−90	3.150	1.225	8.100
350	790	35	70	2.450	1.225	4.900
400	930	85	210	17.850	7.225	44.100
425	950	110	230	25.300	12.100	52.900
$\bar{x} = 315$	$\bar{y} = 720$			$Q_{xy} = 84.550$	$Q_{xx} = 39.450$	$Q_{yy} = 187.000$

Zu a) Regressionsansatz

$$b_2 = \frac{Q_{xy}}{Q_{xx}} = \frac{84.550}{39.450} = 2,14 \quad b_1 = \bar{y} - b_2 \cdot \bar{x} = 720 - 2,14 \cdot 315 = 45,9$$

Die Regressionsgerade lautet somit $\hat{y} = 45,9 + 2,14 \cdot x$

Zu b) Die Güte der Regression wird mit dem Bestimmtheitsmaß berechnet:

$$B = \frac{Q_{xy}^2}{Q_{xx} \cdot Q_{yy}} = \frac{84.550^2}{39.450 \cdot 187.000} = 0,969$$

Wir haben also eine sehr hohe Güte, d. h. 97 % der Umsatzerlösentwicklung werden durch die Anzahl der Reisen erklärt, während lediglich 3 % auf andere, nicht im Regressionsmodell enthaltene Faktoren zurückgehen.

Zu c) Schätzung des Umsatzes bei 500 Tsd. verkauften Reisen

$$\hat{y} = 45,9 + 2,14 \cdot x = 45,9 + 2,14 \cdot 500 = 1.115,9$$

Bei prognostizierten 500 Tsd. verkauften Reisen können wir für 2019 von 1.115,9 Tsd. € Umsatzerlösen ausgehen.

Aufgabe 27: Einfache Regression II

Die Steuereinnahmen des Bundes S stellen die unabhängige Variable x_i, die Neuverschuldung des Staates die abhängige Variable y_i dar.

x_i	y_i	$x_i - \overline{x}$	$y_i - \overline{y}$	$(x_i - \overline{x}) \cdot (y_i - \overline{y})$	$(x_i - \overline{x})^2$	$(y_i - \overline{y})^2$
198,80	23,80	6,10	−7,52	−45,87	37,21	56,55
193,80	22,80	1,10	−8,52	−9,37	1,21	72,59
192,00	31,90	−0,70	0,58	−0,41	0,49	0,34
191,90	38,60	−0,80	7,28	−5,82	0,64	53,00
187,00	39,50	−5,70	8,18	−46,63	32,49	66,91
$\overline{x} = 192,70$	$\overline{y} = 31,32$			$Q_{xy} = -108,10$	$Q_{xx} = 72,04$	$Q_{yy} = 249,39$

Zu a) Regressionsansatz

$$b_2 = \frac{Q_{xy}}{Q_{xx}} = \frac{-108,10}{72,04} = -1,5 \qquad b_1 = \overline{y} - b_2 \cdot \overline{x} = 31,32 + 1,5 \cdot 192,7 = 320,37$$

Die Regressionsgerade lautet somit $\hat{y} = 320,37 - 1,5 \cdot x$

Zu b) Die Güte der Regression wird mit dem Bestimmtheitsmaß berechnet:

$$B = \frac{Q_{xy}^2}{Q_{xx} \cdot Q_{yy}} = \frac{-108,10^2}{72,04 \cdot 249,39} = 0,65$$

Wir haben also eine nicht ganz zufrieden stellende Güte (Faustformel verlangt $B \geq 0,8$), d. h. 65 % der Entwicklung der Nettoneuverschuldung werden durch die Steuereinnahmen erklärt, während 35 % auf andere, nicht im Regressionsmodell enthaltene Faktoren zurückgehen.

Zu c) Schätzung des Nettoneuverschuldung bei 180 Mrd. € Steuereinnahmen

$$\hat{y} = 320,37 - 1,5 \cdot x = 320,37 - 1,5 \cdot 180 = 50,37$$

Bei prognostizierten 180 Mrd. € Steuereinnahmen können wir von 50,37 Mrd. € an Neuverschuldung ausgehen.

Aufgabe 28: Multiple Regression I

Gesucht sind die Regressionskoeffizienten des Spaltenvektors **b**, was durch das Gleichungssystem

$$\mathbf{b} = (\mathbf{X'X})^{-1}\mathbf{X'y} \quad \text{erfolgt.}$$

Wir gehen die im Text beschriebenen Schritte durch:
Schritt 1: Bildung der transponierten Matrix $\mathbf{X'}$
Schritt 2: Produktbildung $\mathbf{X'X}$
Schritt 3: Bildung der Inversen $(\mathbf{X'X})^{-1}$
Schritt 4: Produktbildung $\mathbf{X'y}$
Schritt 5: Produktbildung $(\mathbf{X'X})^{-1}\mathbf{X'y}$

Zu Schritt 1 und 2:[4]

										X		
										1	1,50	0,48
										1	1,61	0,51
										1	1,65	0,52
										1	1,73	0,52
										1	1,80	0,53
										1	1,83	0,52
										1	1,87	0,51
										1	1,92	0,53
										1	1,97	0,54
										1	2,03	0,57
1	1	1	1	1	1	1	1	1	1	10,0	17,9	5,2
1,50	1,61	1,65	1,73	1,80	1,83	1,87	1,92	1,97	2,03	17,9	32,3	9,4
0,48	0,51	0,52	0,52	0,53	0,52	0,51	0,53	0,54	0,57	5,2	9,4	2,7
				X'							**X'X**	

Zu Schritt 3:

$$(\mathbf{X'X})^{-1} = \begin{vmatrix} 84,79 & 19,53 & -228,83 \\ 19,53 & 13,72 & -84,32 \\ -228,83 & -84,32 & 726,29 \end{vmatrix}$$

---

4 Es ergeben sich Rundungsdifferenzen bei einzelnen Werten.

Zu Schritt 4 und 5:

										y
										0,85
										0,91
										0,95
										0,98
										1,02
										1,05
										1,08
										1,11
										1,15
										1,19

X'

1	1	1	1	1	1	1	1	1	1	10,29	
1,50	1,61	1,65	1,73	1,80	1,83	1,87	1,92	1,97	2,03	18,59	**X'y**
0,48	0,51	0,52	0,52	0,53	0,52	0,51	0,53	0,54	0,57	5,40	

84,79	19,53	-228,83	-0,139	b_1
19,53	13,72	-84,32	0,633	b_2
-228,83	-84,32	726,29	0,067	b_3

$(\mathbf{X'X})^{-1}$ **b**

Damit lautet die gesuchte Regressionsfunktion:

$$y = -0,139 + 0,633x_2 + 0,067x_3 + e$$

Die Tabelle zur Berechnung des Bestimmtheitsmaßes ergibt sich wie folgt:

$C^{priv}(y_i)$	$BIP(x_{2i})$	$L^{netto}(x_{3i})$	$\hat{y}_i$	$(y_i - \bar{y})^2$	$(\hat{y}_i - \bar{y})^2$	$(y_i - \hat{y}_i)^2$
0,85	1,50	0,48	0,8420	0,0320	0,0355	0,0001
0,91	1,61	0,51	0,9136	0,0142	0,0130	0,0000
0,95	1,65	0,52	0,9396	0,0062	0,0080	0,0001
0,98	1,73	0,52	0,9902	0,0024	0,0015	0,0001
1,02	1,80	0,53	1,0352	0,0002	0,0000	0,0002
1,05	1,83	0,52	1,0535	0,0004	0,0006	0,0000
1,08	1,87	0,51	1,0781	0,0026	0,0024	0,0000
1,11	1,92	0,53	1,1111	0,0066	0,0067	0,0000
1,15	1,97	0,54	1,1434	0,0146	0,0131	0,0001
1,19	2,03	0,57	1,1834	0,0259	0,0238	0,0000
$\bar{y} = 1,03$				$\sum = 0,1051$	$\sum = 0,1044$	$\sum = 0,0007$

$$B = \frac{SQE}{SQT} = \frac{0,1044}{0,1051} = 0,993 = 99,3\,\%$$

Das Bestimmtheitsmaß deutet darauf hin, dass der private Konsum sehr gut durch das Bruttoinlandsprodukt und die Nettogehälter/Nettolöhne erklärt worden ist.

Aufgabe 29: Multiple Regression II

Aus der Aufgabenstellung ergeben sich folgende Berechnungen:

					X		
					1	3	2
					1	7	5
					1	8	7
					1	9	8
					1	11	10
1	1	1	1	1	5	38	32
3	7	8	9	11	38	324	279
2	5	7	8	10	32	279	242
		X′				**X′X**	

$$(\mathbf{X'X})^{-1} = \begin{vmatrix} 4{,}0791 & -1{,}9281 & 1{,}6835 \\ -1{,}9281 & 1{,}3381 & -1{,}2878 \\ 1{,}6835 & -1{,}2878 & 1{,}2662 \end{vmatrix}$$

y
11
17
20
22
27

	X′					
1	1	1	1	1		97
3	7	8	9	11		807	**X′y**
2	5	7	8	10		693

4,0791	-1,9281	1,6835	6,367	b_1
-1,9281	1,3381	-1,2878	0,424	b_2
1,6835	-1,2878	1,2662	1,532	b_3

$(\mathbf{X'X})^{-1}$

Damit lautet die gesuchte Regressionsfunktion:

$$y = 6{,}367 + 0{,}424x_2 + 1{,}532x_3 + e$$

Für $P1 = 15 (= x_2)$ und $P2 = 13 (= x_3)$ ergeben sich geschätzte Kosten (y) in Höhe von

$$y = 6{,}367 + 0{,}424 \cdot 15 + 1{,}532 \cdot 13 = 326{,}43 \,, \quad \text{also} \quad 326.430\,\text{€}.$$

Aufgabe 30: Kontingenztafel I

Maschine	M1			M2			M3			Randsumme
Qualität	n_{ij}	erw	χ^2	n_{ij}	erw	χ^2	n_{ij}	erw	χ^2	
B1	27	24,46	0,26	39	49,68	2,30	41	32,86	2,02	107
B2	5	7,54	0,86	26	15,32	7,45	2	10,14	6,53	33
Randsumme	32			65			43			140

$$\chi^2_{\text{beob}} = \sum_{i=1}^{k} \sum_{j=1}^{l} \frac{\left(n_{ij} - \frac{n_{i.} \cdot n_{.j}}{n}\right)^2}{\frac{n_{i.} \cdot n_{.j}}{n}} = 0{,}26 + 0{,}86 + 2{,}30 + 7{,}45 + 2{,}02 + 6{,}53 = 19{,}42$$

$$T = \frac{19{,}42}{140 \cdot \sqrt{(2-1) \cdot (3-1)}} = 0{,}098$$

Mit einem T-Maß von 0,098 besteht so gut wie kein Zusammenhang zwischen den untersuchten Merkmalen, d. h. die Qualität der Kunststoffteile und die Maschinen haben keinerlei Beziehungen zueinander. Man kann also nicht sagen, dass einzelne Maschinen tendenziell gut bzw. schlecht arbeiten.

Aufgabe 31: Kontingenztafel II

Die aus den Angaben abgeleitete Kontingenztafel, aus der sich das χ^2-Maß und das Tschuprow-Maß ableiten, beinhaltet folgende Informationen:

arbeitslos	kurz			mittel			lang			Rand-
Ausbildung	n_{ij}	erw	χ^2	n_{ij}	erw	χ^2	n_{ij}	erw	χ^2	summe
keine	5	12,81	4,76	15	19,52	1,05	41	28,67	5,30	61
Berufsausbildung	7	4,83	0,98	11	7,36	1,80	5	10,81	3,12	23
Ausbildung mit Zusätzen	5	2,31	3,13	5	3,52	0,62	1	5,17	3,36	11
Studium	4	1,05	8,29	1	1,60	0,23	0	2,35	2,35	5
	21		17,16	32		3,70	47		14,13	100

$$\chi^2_{\text{beob}} = 17{,}16 + 3{,}70 + 14{,}13 = 34{,}99$$

$$T = \frac{34{,}99}{100 \cdot \sqrt{(4-1) \cdot (3-1)}} = 0{,}143$$

Aufgrund des Tschuprow-Maßes kann davon ausgegangen werden, dass der Zusammenhang zwischen dem Ausbildungsstand und der Arbeitslosendauer nicht sonderlich stark ist.

Aufgabe 32: Zeitreihenanalyse I

Jahr/ Intervall		AL	gleitender Mittelwert $\overline{y}_t$	$sk_i^* = y_t - \overline{y}_t$			sk_i[5]	saison-bereinigt y_{t*}	zk_t
				I	II	III			
1	I	25					−10,370	35,370	
	II	31	35,667		−4,667		−0,926	31,926	−3,740
	III	51	36,667			14,333	11,296	39,704	3,037
2	I	28	42,333	−14,333			−10,370	38,370	−3,963
	II	48	45,000		3,000		−0,926	48,926	3,926
	III	59	48,000			11,000	11,296	47,704	−0,296
3	I	37	47,667	−10,667			−10,370	47,370	−0,297
	II	47	45,333		1,667		−0,926	47,926	2,593
	III	52	44,667			7,333	11,296	40,704	−3,963
4	I	35	42,333	−7,330			−10,370	45,370	3,037
	II	40	45,333		−5,333		−0,926	40,926	−4,407
	III	61					11,296	49,704	
				mittel −10,777 (sk_1^+)	mittel −1,333 (sk_2^+)	mittel 10,889 (sk_3^+)			

Aufgabe 33: Zeitreihenanalyse II

Die beiden Anfangs- und Endglieder werden durch die Formeln

$$\overline{y}_t = \overline{y}_3 + \frac{(3 - t)}{4} \cdot (y_1 - y_5) \qquad \text{für} \quad t = 1,2 \quad \text{sowie}$$

$$\overline{y}_t = \overline{y}_{n-2} + \frac{(t + 2 - n)}{4} \cdot (y_n - y_{n-4}) \qquad \text{für} \quad t = n - 1, n$$

(mit n = Anzahl der Beobachtungen)

ermittelt. Man erhält:

$$\overline{y}_1 = 33,125 + \frac{(3 - 1)}{4} \cdot (25 - 28) = 31,625$$

$$\overline{y}_2 = 33,125 + \frac{(3 - 2)}{4} \cdot (25 - 28) = 32,375$$

$$\overline{y}_{11} = 44,375 + \frac{(11 + 2 - 12)}{4} \cdot (52 - 59) = 42,625$$

$$\overline{y}_{12} = 44,375 + \frac{(12 + 2 - 12)}{4} \cdot (52 - 59) = 40,875$$

---

5 Es ergab sich ein Korrekturfaktor von −0,407.

Jahr/ Intervall		y_t	gleitender Mittelwert	$sk_i^* = y_t - \overline{y}_t$					saison- bereinigt	
			$\overline{y}_t$	I	II	III	IV	sk_i [6]	y_{t*}	zk_t
1	I	25	31,625	−6,625				−8,594	33,594	1,969
	II	31	32,375		−1,375			2,531	28,469	−3,906
	III	24	33,125			−9,125		−7,510	31,510	−1,615
	IV	51	35,625				15,375	13,573	37,427	1,802
2	I	28	39,125	−11,125				−8,594	36,594	−2,531
	II	48	41,500		6,500			2,531	45,469	3,969
	III	35	43,625			−8,625		−7,510	42,510	−1,115
	IV	59	44,625				14,375	13,573	45,427	0,802
3	I	37	44,875	−7,875				−8,594	45,594	0,719
	II	47	44,375		2,625			2,531	44,469	0,094
	III	38	42,625			−4,625		−7,510	45,510	2,885
	IV	52	40,875				11,125	13,573	38,427	−2,448
				mittel −8,542 (sk_1^+)	mittel 2,583 (sk_2^+)	mittel −7,458 (sk_3^+)	mittel 13,625 (sk_4^+)			

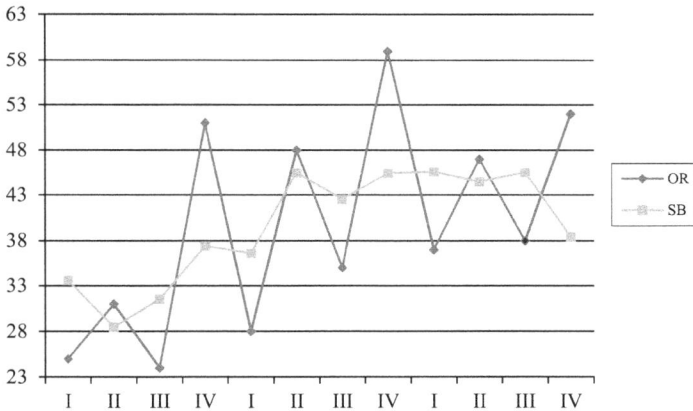

Die Grafik lässt erkennen, dass die jeweiligen Quartale I und III saisonbedingt schwache Quartale und die jeweiligen Quartale II und IV saisonal überdurchschnittliche Werte vorweisen. Demzufolge werden durch die saisonalen Glättungen (Saisonbereinigung) die Quartale I und III nach oben bzw. die Quartale II und IV nach unten angepasst.

---

6 Der Korrekturfaktor beträgt 0,052.

Aufgabe 34: Venn-Diagramm

Es gilt:

$$A = (2; 4; 6) \quad B = (5, 6)$$

Lösungen

$\Omega = (1,2,3,4,5,6)$	$A \cap B = (6)$	$A \cup B = (2,4,5,6)$	$A|B = (2,4)$
$B|A = (5)$	$A \circ B = (2,4,5)$	$\overline{A} = (1,3,5)$	$\overline{B} = (1,2,3,4)$

Aufgabe 35: Wahrscheinlichkeiten I

Ereignisraum
$$\Omega = \left\{ \begin{array}{l} (1, 1); (1, 2); (1, 3); (1, 4); (1, 5); (1, 6) \\ (2, 1); (2, 2); (2, 3); (2, 4); (2, 5); (2, 6) \\ (3, 1); (3, 2); (3, 3); (3, 4); (3, 5); (3, 6) \\ (4, 1); (4, 2); (4, 3); (4, 4); (4, 5); (4, 6) \\ (5, 1); (5, 2); (5, 3); (5, 4); (5, 5); (5, 6) \\ (6, 1); (6, 2); (6, 3); (6, 4); (6, 5); (6, 6) \end{array} \right\}$$

Daraus leiten sich die Wahrscheinlichkeiten ab:

$$P(X = 2) = \frac{1}{36}; \quad P(X = 3) = \frac{2}{36}; \quad P(X = 4) = \frac{3}{36}; \quad P(X = 5) = \frac{4}{36};$$

$$P(X = 6) = \frac{5}{36}; \quad P(X = 7) = \frac{6}{36}; \quad P(X = 8) = \frac{5}{36}; \quad P(X = 9) = \frac{4}{36};$$

$$P(X = 10) = \frac{3}{36}; \quad P(X = 11) = \frac{2}{36}; \quad P(X = 12) = \frac{1}{36}.$$

Aufgabe 36: Wahrscheinlichkeiten II

Zu a) ungerade Zahl beim Wurf eines idealen Würfels

Ereignisraum: $\qquad \Omega = (1; 2; 3; 4; 5; 6)$

Elementarereignisse: $\qquad E = (1; 3; 5)$

$$P(X = \text{ungerade Zahl}) = \frac{3}{6} = \frac{1}{2};$$

Zu b) mindestens einmal Wappen beim zweimaligen Wurf einer Münze

Ereignisraum: $\qquad \Omega = \left\{ \begin{array}{l} (WW); (WZ) \\ (ZW); (ZZ) \end{array} \right\}$

Elementarereignisse: $\qquad E = (WW; WZ; ZW)$

$$P(X \geq 1 \times \text{Wappen}) = \frac{3}{4}$$

Zu c) Summe 7 beim Wurf zweier Würfel

Ereignisraum:
$$\Omega = \left\{ \begin{array}{l} (1,1); (1,2); (1,3); (1,4); (1,5); (1,6) \\ (2,1); (2,2); (2,3); (2,4); (2,5); (2,6) \\ (3,1); (3,2); (3,3); (3,4); (3,5); (3,6) \\ (4,1); (4,2); (4,3); (4,4); (4,5); (4,6) \\ (5,1); (5,2); (5,3); (5,4); (5,5); (5,6) \\ (6,1); (6,2); (6,3); (6,4); (6,5); (6,6) \end{array} \right\}$$

Elementarereignisse:
$$E = [(1,6); (2,5); (3,4); (4,3); (5,2); (6,1)]$$

$$P(X = \text{Summe } 7) = \frac{6}{36} = \frac{1}{6}$$

Zu d) Summe 3 beim Wurf dreier Würfel

Ereignisraum:
$$\Omega = \left\{ \begin{array}{l} (1,1,1); (1,1,2); \ldots\ldots\ldots\ldots\ldots\ldots\ldots; (1,6,6) \\ (2,1,1); (2,1,2); \ldots\ldots\ldots\ldots\ldots\ldots; (2,6,6) \\ \cdots \quad\quad \cdots \quad\quad \ldots\ldots\ldots\ldots\ldots\ldots \quad \cdots \\ \cdots \quad\quad \cdots \quad\quad \ldots\ldots\ldots\ldots\ldots\ldots \quad \cdots \\ \cdots \quad\quad \cdots \quad\quad \ldots\ldots\ldots\ldots\ldots\ldots \quad \cdots \\ (6,1,1); (6,1,2); \ldots\ldots\ldots\ldots\ldots\ldots; (6,6,6) \end{array} \right\}$$

Es gibt $6^3 = 216$ Möglichkeiten

Elementarereignis:
$$E = (1,1,1)$$

$$P(X = \text{Summe } 3) = \frac{1}{216}$$

Aufgabe 37: Wahrscheinlichkeiten III

Zu a) genau einmal Wappen oder genau einmal Zahl

Ereignisraum:
$$\Omega = \left\{ \begin{array}{l} (WWW); (WWZ); (WZW); (ZWW) \\ (ZZZ); (ZZW); (ZWZ); (WZZ) \end{array} \right\}$$

Elementarereignis:
$$E = [(WWZ); (WZW); (ZWW); (ZZW); (ZWZ); (WZZ)]$$

$$P = \frac{6}{8} = \frac{3}{4}$$

Zu b) mindestens einmal Wappen oder höchstens zweimal Zahl

Ereignisraum:
$$\Omega = \left\{ \begin{array}{l} (WWW); (WWZ); (WZW); (ZWW) \\ (ZZZ); (ZZW); (ZWZ); (WZZ) \end{array} \right\}$$

Elementarereignis:
$$E = [(WWW); (WWZ); (WZW); (ZWW); (ZZW); (ZWZ); (WZZ)]$$

$$P = \frac{7}{8}$$

Zu c) mindestens einmal Wappen und genau zweimal Zahl

Ereignisraum:
$$\Omega = \left\{ \begin{array}{l} (WWW); (WWZ); (WZW); (ZWW) \\ (ZZZ); (ZZW); (ZWZ); (WZZ) \end{array} \right\}$$

Elementarereignis:
$$E = [(ZZW); (ZWZ); (WZZ)]$$
$$P = \frac{3}{8}$$

Aufgabe 38: Wahrscheinlichkeiten IV

Ziehen einer Kugel aus einer Urne, die 6 schwarze, 5 rote und 4 weiße Kugeln enthält.

Zu a) Kugel ist schwarz
$$P(s) = \frac{6}{15} = \frac{3}{5} = 40\,\%$$

Zu b) Kugel ist nicht rot
$$P(\bar{r}) = \frac{(6+4)}{15} = \frac{2}{3} = 66,7\,\%$$

Zu c) Kugel ist weiß oder rot
$$P(w \cup r) = \frac{(5+4)}{15} = \frac{3}{5} = 60\,\%$$

Ziehen von zwei Kugeln mit Zurücklegen aus einer Urne, die 6 schwarze, 5 rote und 4 weiße Kugeln enthält. Der Ereignisraum lautet:
$$\Omega = \left\{ \begin{array}{l} (SS); (SR); (SW) \\ (RS); (RR); (RW) \\ (WS); (WR); (WW) \end{array} \right\}$$

Diese Ereignisse haben ganz unterschiedliche Eintrittswahrscheinlichkeiten. Bspw.
$$P(SS) = \frac{6}{15} \cdot \frac{6}{15} = \frac{36}{225} \quad oder \quad P(WR) = \frac{4}{15} \cdot \frac{5}{15} = \frac{20}{225}$$

Zu d) keine schwarze Kugel
$$P(S=0) = P(RR)+P(RW)+P(WR)+P(WW) = \frac{5\cdot5+5\cdot4+4\cdot5+4\cdot4}{15\cdot15} = \frac{81}{225} = 36\,\%$$

Zu e) mindestens eine rote Kugel
$$P(R \geq 1) = P(SR) + P(RS) + P(RR) + P(RW) + P(WR)$$
$$= \frac{6\cdot5+5\cdot6+5\cdot5+5\cdot4+4\cdot5}{15\cdot15} = \frac{125}{225} = \frac{5}{9} = 55,55\,\%$$

Zu f) höchstens eine weiße Kugel

$$P(W \leq 1) = 1 - P(WW) = 1 - \frac{4 \cdot 4}{15 \cdot 15} = 1 - \frac{16}{225} = \frac{209}{225} = 92,89\%$$

Ziehen von drei Kugeln ohne Zurücklegen aus einer Urne, die 6 schwarze, 5 rote und 4 weiße Kugeln enthält. Nachfolgend ist der Ereignisraum dargestellt:

$$\Omega = \left\{ \begin{array}{l} (SSS); \ (SSR); \ (SSW); \ (SRS); \ (SRR); \ (SRW); \ (SWS); \ (SWR); \ (SWW) \\ (RSS); \ (RSR); \ (RSW); \ (RRS); \ (RRR); \ (RRW); \ (RWS); \ (RWR); \ (RWW) \\ (WSS); \ (WSR); \ (WSW); \ (WRS); \ (WRR); \ (WRW); \ (WWS); \ (WWR); \ (WWW) \end{array} \right\}$$

Auch diese Elementarereignisse haben ganz unterschiedliche Eintrittswahrscheinlichkeiten, wobei jetzt pro Ziehung die Basis um eine Kugel verringert wird (da Ziehen ohne Zurücklegen). Bspw. ist

$$P(SSS) = \frac{6 \cdot 5 \cdot 4}{15 \cdot 14 \cdot 13} = \frac{120}{2.730} = 4,4\% \ \text{oder} \ P(WWS) = \frac{4 \cdot 3 \cdot 6}{2.730} = \frac{72}{2.730} = 2,6\%$$

Zu g) alle Kugeln haben die gleiche Farbe

$$P(SSS \cup RRR \cup WWW) = \frac{6 \cdot 5 \cdot 4 + 5 \cdot 4 \cdot 3 + 4 \cdot 3 \cdot 2}{15 \cdot 14 \cdot 13} = \frac{204}{2.730} = 7,47\%$$

Zu h) genau eine Kugel ist weiß

$$
\begin{aligned}
P(W = 1) &= P(SSW) + P(SRW) + P(SWS) + P(SWR) + P(RSW) + P(RRW) + P(RWS) \\
&\quad + P(RWR) + P(WSS) + P(WSR) + P(WRS) + P(WRR) \\
&= \tfrac{6 \cdot 5 \cdot 4 + 6 \cdot 5 \cdot 4 + 6 \cdot 4 \cdot 5 + 6 \cdot 4 \cdot 5 + 5 \cdot 6 \cdot 4 + 5 \cdot 4 \cdot 4 + 5 \cdot 4 \cdot 6 + 5 \cdot 4 \cdot 6 + 4 \cdot 6 \cdot 5 + 4 \cdot 6 \cdot 5 + 4 \cdot 5 \cdot 6 + 4 \cdot 5 \cdot 4}{15 \cdot 14 \cdot 13} \\
&= \frac{1.320}{2.730} = 48,35\%
\end{aligned}
$$

Zu i) keine Kugel ist schwarz

$$
\begin{aligned}
P(S = 0) &= P(RRR) + P(RRW) + P(RWR) + P(RWW) + P(WRR) + P(WRW) \\
&\quad + P(WWR) + P(WWW) \\
&= \tfrac{5 \cdot 4 \cdot 3 + 5 \cdot 4 \cdot 4 + 5 \cdot 4 \cdot 4 + 5 \cdot 4 \cdot 3 + 4 \cdot 5 \cdot 4 + 4 \cdot 5 \cdot 3 + 4 \cdot 3 \cdot 5 + 4 \cdot 3 \cdot 2}{15 \cdot 14 \cdot 13} = \frac{504}{2.730} = 18,46\%
\end{aligned}
$$

Aufgabe 39: Bayes-Theorem I

Zu a) Pfade, mit den zugehörigen Wahrscheinlichkeiten

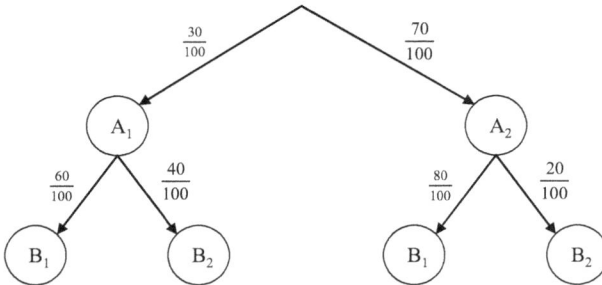

Erläuterung:

$$A_1/A_2 = \text{Niederlassung 1 und 2}$$
$$B_1/B_2 = \text{normgerechte/nicht normgerechte Lampen}$$

Zu b) Wahrscheinlichkeit, dass eine defekte Lampe aus Niederlassung A_1 stammt

$$P(A_1|B_2) = \frac{P(A_1) \cdot P(B_2|A_1)}{P(A_1) \cdot P(B_2|A_1) + P(A_2) \cdot P(B_2|A_2)} = \frac{0,3 \cdot 0,4}{(0,3 \cdot 0,4 + 0,7 \cdot 0,2)} = 0,4615$$

Zu c) Wahrscheinlichkeit, dass eine normgerechte Lampe aus Niederlassung A_2 stammt

$$P(A_2|B_1) = \frac{P(A_2) \cdot P(B_1|A_2)}{P(A_2) \cdot P(B_1|A_2) + P(A_1) \cdot P(B_1|A_1)} = \frac{0,7 \cdot 0,8}{(0,7 \cdot 0,8 + 0,3 \cdot 0,6)} = 0,7568$$

Zu d) Wahrscheinlichkeit, aus dem Gesamtbetrieb eine normgerechte (B_1) bzw. defekte Lampe (B_2) zu beziehen

$$P(B_1) = P(B_1|A_1) \cdot P(A_1) + P(B_1|A_2) \cdot P(A_2) = 0,6 \cdot 0,3 + 0,8 \cdot 0,7 = 0,74$$

bzw.

$$P(B_2) = P(B_2|A_1) \cdot P(A_1) + P(B_2|A_2) \cdot P(A_2) = 0,4 \cdot 0,3 + 0,2 \cdot 0,7 = 0,26$$

Aufgabe 40: Bayes-Theorem II

Die Pfade mit den dazugehörigen Wahrscheinlichkeiten:

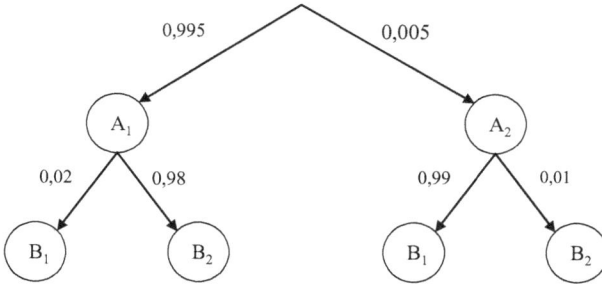

Dabei bedeuten:

A_1/A_2 = Person gesund/Person krank

B_1/B_2 = Test positiv/Test negativ

$$P(A_2|B_1) = \frac{P(A_2) \cdot P(B_1|A_2)}{P(A_2) \cdot P(B_1|A_2) + P(A_1) \cdot P(B_1|A_1)} = \frac{0,005 \cdot 0,99}{(0,005 \cdot 0,99 + 0,995 \cdot 0,02)}$$
$$= 0,199$$

D. h., die Wahrscheinlichkeit dafür, dass die Person aus der entsprechenden Altersgruppe bei der Diagnose „Krebs" tatsächlich auch krank ist, beträgt lediglich knapp 20 %.

Anmerkung: Das Ergebnis mag sicher überraschen, hängt aber sehr stark von der Tatsache ab, dass die untersuchte Person zu einer Altersgruppe gehört, in der (lediglich) 0,5 % krank sind. Würde die Testperson bspw. zu einer Altersgruppe gehören, in der 5 % krank sind, würde die Wahrscheinlichkeit, dass das Testergebnis stimmt, bereits bei über 72 % liegen.

Aufgabe 41: Kombinatorik

Zu a) Es handelt sich um eine Permutation ohne Wiederholung

$$P_{\text{ow}} = N! = 4! = 24 \text{ Möglichkeiten}$$

$$\Omega = \left\{ \begin{array}{l} (1269); (2169); (6129); (9126) \\ (1296); (2196); (6192); (9162) \\ (1629); (2619); (6219); (9216) \\ (1692); (2691); (6291); (9261) \\ (1926); (2916); (6912); (9612) \\ (1962); (2961); (6921); (9621) \end{array} \right\}$$

Zu b) Es liegt eine Permutation mit Wiederholung vor, denn die Zahl 1 kommt zweimal vor.

$$P_{mW} = \frac{N!}{n_1! \cdot n_2! \cdot n_3!} = \frac{4!}{2! \cdot 1! \cdot 1!} = 12 \text{ Möglichkeiten}$$

$$\Omega = \left\{ \begin{array}{l} (1169); (1196); (1619); (1691); (1916); (1961) \\ (6119); (6191); (6911); (9116); (9161); (9611) \end{array} \right\}$$

Zu c) Es handelt sich um eine Variation ohne Zurücklegen

$$V_{oZ} = \frac{N!}{(N-n)!} = \frac{6!}{(6-2)!} = 30$$

$$\Omega = \left\{ \begin{array}{l} (AB); (BA); (CA); (DA); (EA); (FA) \\ (AC); (BC); (CB); (DB); (EB); (FB) \\ (AD); (BD); (CD); (DC); (EC); (FC) \\ (AE); (BE); (CE); (DE); (ED); (FD) \\ (AF); (BF); (CF); (DF); (EF); (FE) \end{array} \right\}$$

Zu d) Es liegt eine Kombination ohne Zurücklegen vor

$$K_{oZ} = \frac{N!}{n! \cdot (N-n)!} = \frac{5!}{2! \cdot (5-2)!} = 10 \text{ Möglichkeiten}$$

$$\Omega = \left\{ \begin{array}{l} (AB); (BC); (CD); (DE) \\ (AC); (BD); (CE) \\ (AD); (BE) \\ (AE) \end{array} \right\}$$

Zu e) Da nun ebenfalls die Reihenfolge keine Rolle spielt, die Elemente aber mehrfach vorkommen können, handelt es sich um eine Kombination mit Zurücklegen

$$K_{mZ} = \frac{(N+n-1)!}{n! \cdot (N-1)!} = \frac{(10+6-1)!}{6! \cdot (10-1)!} = 5.005 \text{ Möglichkeiten}$$

Diese Möglichkeiten können natürlich nicht mehr dargestellt werden.

Zu f) Es liegt eindeutig eine Variation vor, bei der Elemente auch mehrfach vorkommen können, deshalb mit Zurücklegen.

$$V_{mZ} = N^n = 9^3 = 729$$

Aufgabe 42: Binomialverteilung I

Zu a) Kein Bleistift ist Ausschussware

$$P(X=0) = \left| \begin{array}{c} 4 \\ 0 \end{array} \right| \cdot 0{,}2^0 \cdot 0{,}8^4 = 0{,}4096 = 40{,}96\,\%$$

Die Wahrscheinlichkeit P (X=0) beträgt 40,96 %.

Zu b) Ein Bleistift ist Ausschussware

$$P(X = 1) = \begin{vmatrix} 4 \\ 1 \end{vmatrix} \cdot 0,2^1 \cdot 0,8^3 = 0,4096 = 40,96\,\%$$

Die Wahrscheinlichkeit P (X=1) beträgt ebenfalls 40,96 %.

Zu c) Höchstens zwei Bleistifte sind defekt
Gesucht ist $P(X \le 2) = P(X = 0) + P(X = 1) + P(X = 2)$[7]

$$P(X = 2) = \begin{vmatrix} 4 \\ 2 \end{vmatrix} \cdot 0,2^2 \cdot 0,8^2 = 0,1536 = 15,36\,\%$$

$$P(X \le 2) = 0,4096 + 0,4096 + 0,1536 = 0,9728 = 97,28\,\%$$

Die Wahrscheinlichkeit, dass höchstens zwei Bleistifte defekt sind, ist also eine zusammengesetzte Wahrscheinlichkeit und beträgt 97,28 %.

Zu d) Mindestens drei Bleistifte sind Ausschussware

$$P(X \ge 3) \quad \text{geht über die Gegenwahrscheinlichkeit der Aufgabe c)}$$
$$P(X \ge 3) = 1 - 0,9728 = 0,0272 = 2,72\,\%$$

Alternativ lassen sich natürlich auch die Einzelwahrscheinlichkeiten berechnen:

$$P(X \ge 3) = P(X = 3) + P(X = 4)$$

$$P(X = 3) = \begin{vmatrix} 4 \\ 3 \end{vmatrix} \cdot 0,2^3 \cdot 0,8^1 = 0,0256 = 2,56\,\%$$

$$P(X = 4) = \begin{vmatrix} 4 \\ 4 \end{vmatrix} \cdot 0,2^4 \cdot 0,8^0 = 0,0016 = 0,16\,\%$$

$$P(X \ge 3) = 0,0256 + 0,0016 = 0,0272 = 2,72\,\%$$

Zu e) Erwartungswert und Varianz

$$E(X) = n \cdot \theta = 4 \cdot 0,2 = 0,8$$
$$V(X) = n \cdot \theta \cdot (1 - \theta) = 4 \cdot 0,2 \cdot 0,8 = 0,64$$

Würde man obige Stichprobe also beliebig oft ziehen, würde sich ein Erwartungswert von 0,8 fehlerhaften Bleistiften bei einer Varianz von 0,64 und einer Standardabweichung von 0,8 Bleistiften einstellen.

---

[7] Die Wahrscheinlichkeiten für $P(X = 0)$ und $P(X = 1)$ wurden bereits unter a) und b) berechnet.

Aufgabe 43: Binomialverteilung II

Zu a) $\theta = 0,05$, $n = 10$; Die Ware wird zurückgeschickt, bei $P(X > 1)$. Die Berechnung erfolgt über die Gegenwahrscheinlichkeit:

$$P(X > 1) = 1 - P(X = 0) - P(X = 1)$$

$$P(X = 0) = \begin{vmatrix} 10 \\ 0 \end{vmatrix} \cdot 0,05^0 \cdot 0,95^{10} = 0,5987 = 59,87\,\%$$

$$P(X = 1) = \begin{vmatrix} 10 \\ 1 \end{vmatrix} \cdot 0,05^1 \cdot 0,95^9 = 0,3151 = 31,51\,\%$$

$$P(X > 1) = 1 - 0,5987 - 0,3151 = 0,0862$$

Die Wahrscheinlichkeit, dass die Ware zurückgeschickt wird, beträgt 8,62 %.

Zu b) Erwartungswert und Varianz.

$$E(X) = 10 \cdot 0,05 = 0,5$$

$$V(X) = 10 \cdot 0,05 \cdot 0,95 = 0,475$$

Bei einer Stichprobe von $n = 10$ kann im Durchschnitt mit 0,5 Stück Ausschuss gerechnet werden. Die Varianz beträgt 0,475, die daraus abgeleitete Standardabweichung 0,69 Stück.

Zu c) $\theta = 0,05$, $n = 15$; gesucht wird $P(X \leq 1)$.

$$P(X \leq 1) = P(X = 0) + P(X = 1)$$

$$P(X = 0) = \begin{vmatrix} 15 \\ 0 \end{vmatrix} \cdot 0,05^0 \cdot 0,95^{15} = 0,4633 = 46,33\,\%$$

$$P(X = 1) = \begin{vmatrix} 15 \\ 1 \end{vmatrix} \cdot 0,05^1 \cdot 0,95^{14} = 0,3658 = 36,58\,\%$$

$$P(X \leq 1) = 0,4633 + 0,3658 = 0,8291 = 82,91\,\%$$

Die Wahrscheinlichkeit, dass höchstens ein Produkt in der Losgröße Fehler hat, beträgt 82,91 %.

Aufgabe 44: Binomialverteilung III – Spieltheorie

Wir betrachten zunächst einmal die Variationsmöglichkeiten der einzelnen Würfel zueinander und leiten daraus die Gewinnwahrscheinlichkeiten ab. Exemplarisch soll dies am Vergleich des gelben mit dem grünen Würfel dargestellt werden.

Gelb	Grün
0	1
0	1
4	1
4	5
4	5
4	5

Jeder Würfel hat sechs Seiten, so dass sich jede Zahl des gelben Würfels mit jeder Zahl des grünen Würfels kombinieren lässt. Aus der Variation mit Zurücklegen erhalten wir also

$$V_{mZ} = N^n = 6^2 = 36 \text{ Möglichkeiten und zwar:}$$

01	01	41	41	41	41
01	01	41	41	41	41
01	01	41	41	41	41
05	05	45	45	45	45
05	05	45	45	45	45
05	05	45	45	45	45

Daraus leitet sich ab, dass der grüne den gelben Würfel mit einer Wahrscheinlichkeit von 24:12, oder im Verhältnis 2:1 schlägt (grün schlägt gelb mit einer Wahrscheinlichkeit $\theta = 2/3$).

Gleiche Überlegungen stellen wir zu allen übrigen Würfelpaaren auf und erhalten zusammenfassend folgendes Bild:

gelb	grün	Häufigkeit
0	1	6x
0	5	6x
4	1	12x
4	5	12x
grün schlägt gelb 24:12		

gelb	blau	Häufigkeit
0	2	8x
0	6	4x
4	2	16x
4	6	8x
blau schlägt gelb 20:16		

gelb	rot	Häufigkeit
0	3	12x
4	3	24x
gelb schlägt rot 24:12		

grün	blau	Häufigkeit
1	2	12×
1	6	6×
5	2	12×
5	6	6×
blau schlägt grün 24:12		

grün	rot	Häufigkeit
1	3	18×
5	3	18×
unentschieden		

blau	rot	Häufigkeit
2	3	24×
6	3	12×
rot schlägt blau 24:12		

Daraus leiten sich folgende Strategien des Dozenten ab:

Spielt Student den gelben Würfel, spielt der Dozent den grünen Würfel.

Spielt Student den grünen Würfel, spielt der Dozent den blauen Würfel.

Spielt Student den blauen Würfel, spielt der Dozent den roten Würfel.

Spielt Student den roten Würfel, spielt der Dozent den gelben Würfel.

In allen Fällen ist die Chance des Dozenten 24:12!

Aus der Binomialverteilung lässt sich nun das Risiko ableiten, dass der Dozent verliert. Dazu betrachten wir die Wahrscheinlichkeits- und Verteilungsfunktion zu folgender Verteilung:

$$P(X = k) = \left| \begin{matrix} 11 \\ k \end{matrix} \right| \cdot \left(\tfrac{2}{3} \right)^k \cdot \left(\tfrac{1}{3} \right)^{11-k}$$

k	P(X = k) in %	P(X ≤ k) in %
0	0,00	0,00
1	0,01	0,01
2	0,12	0,13
3	0,75	0,88
4	2,98	3,86
5	8,35	**12,21**
6	16,69	28,90
7	23,84	52,74
8	23,84	76,58
9	15,90	92,48
10	6,36	98,84
11	1,16	100,00

Aus obiger Tabelle leitet sich ab, dass das Risiko des Dozenten, weniger als 6 Spiele zu gewinnen, lediglich 12,21 % beträgt.

Aufgabe 45: Hypergeometrische Verteilung I

Zu a) Die Parameter sind: $N = 6$ (Anzahl der Rettiche); $n = 2$ (Anzahl der gekauften Rettiche), $M = 3$ (Anzahl der holzigen Rettiche); $k = 0, 1, 2$ (hier 0, denn gefragt ist nach der Wahrscheinlichkeit, keinen holzigen Rettich zu kaufen)

$$P(X = 0) = \frac{\binom{3}{0} \cdot \binom{3}{2}}{\binom{6}{2}} = 0,2 = 20\%$$

Die Wahrscheinlichkeit dafür, keinen holzigen Rettich zu kaufen, liegt also bei 20 %.

Zu b) Erwartungswert und Varianz

$$E(X) = 2 \cdot \frac{3}{6} = 1 \quad V(X) = 2 \cdot \frac{3}{6} \cdot \frac{6-3}{6} \cdot \frac{6-2}{6-1} = 0,4$$

Würden wir unseren Retticheinkauf folglich beliebig oft wiederholen, hätten wir durchschnittlich einen holzigen Rettich im Einkaufskorb bei einer Varianz von 0,4 und einer Standardabweichung von 0,63 Rettichen.

Aufgabe 46: Hypergeometrische Verteilung II

Die Parameter sind: $N = 60$; $n = 10$; $M = 12$ (20 % von 60)

Zu a) Wahrscheinlichkeit für genau 2 defekte PCs

$$P(X = 2) = \frac{\binom{12}{2} \cdot \binom{48}{8}}{\binom{60}{10}} = 0,3303 = 33,03\%$$

Die Wahrscheinlichkeit für 2 defekte PCs beträgt 33,03 %.

Zu b) Wahrscheinlichkeit für höchstens 2 defekte Teile

$$P(X \leq 2) = P(X = 0) + P(X = 1) + P(X = 2)$$

$$P(X = 0) = \frac{\binom{12}{0} \cdot \binom{48}{10}}{\binom{60}{10}} = 0{,}0867 = 8{,}67\,\%$$

$$P(X = 1) = \frac{\binom{12}{1} \cdot \binom{48}{9}}{\binom{60}{10}} = 0{,}2669 = 26{,}69\,\%$$

$$P(X \leq 2) = 0{,}0867 + 0{,}2669 + 0{,}3303 = 0{,}6839 = 68{,}39\,\%$$

Die Wahrscheinlichkeit für höchstens 2 defekte PCs beträgt 68,39 %.

Zu c) Wahrscheinlichkeit, dass mindestens ein Teil defekt ist

$$P(X \geq 1) = 1 - P(X = 0)$$

$$P(X \geq 1) = 1 - 0{,}0867 = 0{,}9133 = 91{,}33\,\%$$

Die Wahrscheinlichkeit für mindestens einen defekten PC beträgt 91,33 %.

Zu d) Erwartungswert und Varianz

$$E(X) = n \cdot \frac{M}{N} = 10 \cdot \frac{12}{60} = 2$$

$$V(X) = n \cdot \frac{M}{N} \cdot \frac{N - M}{N} \cdot \frac{N - n}{N - 1} = 10 \cdot \frac{12}{60} \cdot \frac{60 - 12}{60} \cdot \frac{60 - 10}{60 - 1} = 1{,}36$$

Würden wir die Stichprobe häufig wiederholen, würde sich ein Mittelwert von 2 defekten PCs einstellen, bei einer Varianz von 1,36 (Standardabweichung von 1,16 PCs).

Aufgabe 47: Hypergeometrische Verteilung III – Spieltheorie

Dazu müssen wir uns zunächst einmal darüber klarwerden, was „gewinnen" im Lotto bedeutet. In der Lottotrommel befinden sich $N = 49$ Kugeln, aus denen $n = 6$ Kugeln ohne Zurücklegen gezogen werden. $M = 6$ Kugeln haben die geforderte Eigenschaft, sie sind richtig. Hat man nun auf seinem Lottoschein 3, 4, 5 oder gar alle 6 Zahlen richtig angekreuzt, ist man unter den Gewinnern. Auf den ersten Blick eine lohnende Sache?

Die Betrachtung aller möglichen Versuchsausgänge, angefangen von $k = 0$ bis hin zu $k = 6$ richtigen Zahlen führt zu folgenden Parametern und Wahrscheinlichkeiten:

Parameter: $\qquad N = 49\,; \quad n = 6\,; \quad M = 6\,; \quad k = 0, 1, 2, \ldots, 6$

$$P(X = 0) = \frac{\binom{6}{0} \cdot \binom{43}{6}}{\binom{49}{6}} = 0{,}436 = 43{,}6\,\%$$

$$P(X = 1) = \frac{\begin{vmatrix}6\\1\end{vmatrix} \cdot \begin{vmatrix}43\\5\end{vmatrix}}{\begin{vmatrix}49\\6\end{vmatrix}} = 0,413 = 41,3\,\%$$

$$P(X = 2) = \frac{\begin{vmatrix}6\\2\end{vmatrix} \cdot \begin{vmatrix}43\\4\end{vmatrix}}{\begin{vmatrix}49\\6\end{vmatrix}} = 0,1323 = 13,23\,\%$$

$$P(X = 3) = \frac{\begin{vmatrix}6\\3\end{vmatrix} \cdot \begin{vmatrix}43\\3\end{vmatrix}}{\begin{vmatrix}49\\6\end{vmatrix}} = 0,01765 = 1,765\,\%$$

$$P(X = 4) = \frac{\begin{vmatrix}6\\4\end{vmatrix} \cdot \begin{vmatrix}43\\2\end{vmatrix}}{\begin{vmatrix}49\\6\end{vmatrix}} = 0,000968 = 0,096\,\%$$

$$P(X = 5) = \frac{\begin{vmatrix}6\\5\end{vmatrix} \cdot \begin{vmatrix}43\\1\end{vmatrix}}{\begin{vmatrix}49\\6\end{vmatrix}} \approx 0$$

$$P(X = 6) = \frac{\begin{vmatrix}6\\6\end{vmatrix} \cdot \begin{vmatrix}43\\0\end{vmatrix}}{\begin{vmatrix}49\\6\end{vmatrix}} \approx 0$$

Damit kann die Wahrscheinlichkeit berechnet werden, im Lotto zu gewinnen. Gesucht ist $P(X \geq 3)$. Auch hier können die Einzelwahrscheinlichkeiten der Gewinnränge addiert werden, oder man subtrahiert von 1 die Ränge ohne Gewinne, was etwas schneller geht.

$$P(X \geq 3) = P(X = 3) + P(X = 4) + P(X = 5) + P(X = 6)$$
$$P(X \geq 3) = 0,01765 + 0,000968 + 0 + 0 = 0,0187 = 1,87\,\%$$

bzw.

$$P(X \geq 3) = 1 - P(X = 0) - P(X = 1) - P(X = 2)$$
$$P(X \geq 3) = 1 - 0,436 - 0,413 - 0,1323 = 0,0187 = 1,87\,\%$$

Die Wahrscheinlichkeit, im Lotto zu gewinnen, beträgt also lediglich 1,87 %, d. h. mit einer Wahrscheinlichkeit von 98,13 % geht man leer aus.

Aufgabe 48: Poissonverteilung I

Zu a) Die Wahrscheinlichkeit, dass in dieser Zeitspanne 3 Kunden anrufen, wird mit dem Parameter $\lambda = 3$ und $k = 3$ bestimmt, so dass gilt:

$$P(X = 3) = \frac{\lambda^k}{k!} \cdot e^{-\lambda} = \frac{3^3}{3!} \cdot 2{,}718^{-3} = 0{,}2241 = 22{,}41\,\%$$

Die Wahrscheinlichkeit, dass exakt 3 Kunden anrufen, beträgt 22,41 %

Zu b) Die Hotline ist überlastet, wenn mehr als 5 Anrufe eingehen, somit ist nach $P(X > 5)$ gefragt. Dies wird über die Gegenwahrscheinlichkeit berechnet:

$$P(X > 5) = 1 - P(X = 0) - P(X = 1) - P(X = 2) - P(X = 3) - P(X = 4) - P(X = 5)$$

oder kurz:

$$P(X > 5) = 1 - \sum_{i=0}^{5} P(X = i)$$

k	$P(X = k)$ in %	$P(X \leq k)$ in %
0	4,98	4,98
1	14,94	19,92
2	22,41	42,33
3	22,41	64,74
4	16,80	81,54
5	10,08	91,62

Die Wahrscheinlichkeit, dass höchstens 5 Anrufe eingehen beträgt also 91,62 %, damit beträgt die Wahrscheinlichkeit einer Überlastung:

$$P(X > 5) = 1 - 0{,}9162 = 0{,}0838 = 8{,}38\,\% \, .$$

Zu c) Ähnliche Überlegungen gelten für das andere Callcenter, der für Süddeutschland zuständig ist. Hier ist $\lambda = 4$. Die Wahrscheinlichkeit, dass in dieser Zeitspanne 4 Kunden anrufen, beträgt also

$$P(X = 4) = \frac{4^4}{4!} \cdot 2{,}718^{-4} = 0{,}1954 = 19{,}54\,\%$$

Zu d) Die Wahrscheinlichkeit der Überlastung ergibt sich aus den gleichen Überlegungen wie unter b)

$$P(X > 5) = 1 - \sum_{i=0}^{5} P(X = i)$$

k	$P(X = k)$ in %	$P(X \leq k)$ in %
0	1,83	1,83
1	7,33	9,16
2	14,65	23,81
3	19,54	43,35
4	19,54	62,89
5	15,63	78,52

Die Wahrscheinlichkeit, dass höchstens 5 Anrufe eingehen beträgt also 78,52 %, damit beträgt die Wahrscheinlichkeit einer Überlastung:

$$P(X > 5) = 1 - 0{,}7852 = 0{,}2148 = 21{,}48\,\%$$

Zu e) Zunächst muss man die Frage stellen, wie die Überlastung vor der Zusammenlegung definiert ist. Gehen wir einmal davon aus, dass unter Überlastung verstanden wird, dass mindestens eine der beiden Hotlines überlastet ist, so beträgt die Wahrscheinlichkeit (nach dem Additionssatz):

$$0{,}0838 + 0{,}2148 - 0{,}0838 \cdot 0{,}2148 = 0{,}2806 = 28{,}06\,\%$$

Legen wir beide Hotlines zusammen, so stellt sich der Ansatz der Poissonverteilung nun mit dem Erwartungswert $\lambda = 7$ ($\lambda_1 = 3$ **und** $\lambda_2 = 4$) dar. Zu einer Überlastung kommt es, wenn insgesamt mehr als 10 Anrufe (Addition der beiden Hotlines) eingehen.

Für $\lambda = 7$ erhalten wird folgende Poissonwahrscheinlichkeitsfunktion und -Verteilung.

k	$P(X = k)$ in %	$P(X \leq k)$ in %
0	0,09	0,09
1	0,64	0,73
2	2,23	2,96
3	5,21	8,17
4	9,12	17,29
5	12,77	30,06
6	14,90	44,96
7	14,90	59,86
8	13,04	72,90
9	10,14	83,04
10	7,10	**90,14**

$$P(X > 10) = 1 - \sum_{i=0}^{10} P(X = i) = 1 - 0{,}9014 = 0{,}0986 = 9{,}86\,\%$$

Durch die Zusammenlegung der beiden Hotlines würden wir also eine deutliche Reduktion der Überlastungsgefahr erhalten!

Aufgabe 49: Poissonverteilung II

Parameter: $\lambda_1 = 6$ (intern); $\lambda_2 = 2$ (extern)

Zu a) Wahrscheinlichkeit, dass während einer beliebigen Stunde genau 8 interne Aufträge eintreffen

$$P(X = 8) = \frac{6^8}{8!} \cdot 2{,}718^{-6} = 0{,}1033 = 10{,}33\,\%$$

Die Wahrscheinlichkeit, dass genau 8 interne Aufträge eintreffen, beträgt 10,33 %.

Zu b) Gefragt ist nach der Wahrscheinlichkeit, dass während einer beliebigen Stunde nicht alle eintreffenden externen Aufträge ausgeführt werden können. Die beiden Lagerdisponenten F und G können jeweils 2 Aufträge, also zusammen 4 Aufträge ausführen. Gefragt ist also nach $P(X > 4)$, bei $\lambda_2 = 2$

$$P(X > 4) = 1 - P(X \leq 4) = 1 - 0{,}9473 \quad \text{(aus Tabelle mit } \lambda = 2 \text{ und } k = 4)$$
$$= 0{,}0527 = 5{,}27\,\%$$

Die Wahrscheinlichkeit, dass nicht alle externen Aufträge ausgeführt werden können, beträgt 5,27 %.

Zu c) Vorüberlegung: Die errechneten 9,3 %, dass in einer beliebigen Stunde nicht alle internen und/oder externen Aufträge ausgeführt werden können, ermitteln sich aus dem Additionssatz durch Summation der einzelnen Überlastungen abzüglich der Schnittmenge: 5 Lageristen für interne Aufträge können insgesamt 10 Aufträge bei einer durchschnittlichen Bearbeitungslast von $\lambda_1 = 6$ Aufträgen/Stunde und 2 Lageristen für externe Aufträge können insgesamt 4 Aufträge bei einer durchschnittlichen Bearbeitungslast von $\lambda_2 = 2$ Aufträgen/Stunde ausführen. Daraus ergeben sich die (Überlastungs-)Wahrscheinlichkeiten wie folgt:

$$P(X > 10) = 1 - P(X \leq 10) = 1 - 0{,}9574 (\text{mit } \lambda_1 = 6) = 0{,}0426 = 4{,}26\,\%$$
$$P(X > 4) = 1 - P(X \leq 4) = 1 - 0{,}9473 (\lambda_2 = 2) = 0{,}0527 = 5{,}27\,\%$$
$$\text{Kumuliert:} \quad 0{,}0426 + 0{,}0527 - 0{,}0426 \cdot 0{,}0527 = 0{,}093 = 9{,}3\,\%$$

Nachdem nun Disponent G in Rente geht, verbleiben insgesamt 6 Disponenten für alle anfallenden Aufgaben. Diese sind bei mehr als 12 Aufträgen überlastet, die durchschnittlichen Aufträge/Stunde für interne und externe Angelegenheiten fallen nun zusammen, es gilt:

$$\lambda = \lambda_1 + \lambda_2 = 6 + 2 = 8$$

Daraus leitet sich die neue Überlastungswahrscheinlichkeit ab:

$$P(X > 12) = 1 - P(X \leq 12) = 1 - 0{,}9362 = 0{,}0638 = 6{,}38\,\%$$

D. h., durch die erfolgte Zusammenführung der Aufgabenbereiche kommt es trotz der Personaleinsparung zu einer Verbesserung der Überlastungswahrscheinlichkeit, die von 9,3 auf 6,38 % gesunken ist.

Aufgabe 50: Multinomialverteilung I

Die Parameter sind:

$$\theta_1 = 0{,}7\;;\quad \theta_2 = 0{,}2\;;\quad \theta_3 = 0{,}1\;;\quad X_1 = 4\;;\quad X_2 = 3\;;\quad X_3 = 1$$

Die Wahrscheinlichkeit errechnet sich aus:

$$P(X_1 = 4, X_2 = 3, X_3 = 1) = \frac{8!}{4! \cdot 3! \cdot 1!} \cdot 0{,}7^4 \cdot 0{,}2^3 \cdot 0{,}1^1 = 0{,}0538 = 5{,}38\,\%$$

Die Wahrscheinlichkeit für 4 Dosen I. Wahl, 3 Dosen II. Wahl und 1 Dose III. Wahl beträgt folglich 5,38 %.

Aufgabe 51: Multinomialverteilung II

Die Parameter sind:

$$N = 50\;;\quad n = 8\;;\quad M_1 = 35\;;\quad M_2 = 10\;;\quad M_3 = 5\;;$$
$$k_1 = 4\;;\quad X_2 = 3\;;\quad X_3 = 1$$

$$P(X_1 = 4, X_2 = 3, X_3 = 1) = \frac{\begin{vmatrix}35\\4\end{vmatrix} \cdot \begin{vmatrix}10\\3\end{vmatrix} \cdot \begin{vmatrix}5\\1\end{vmatrix}}{\begin{vmatrix}50\\8\end{vmatrix}} = 0{,}0585$$

Die Wahrscheinlichkeit für 4 Dosen I. Wahl, 3 Dosen II. Wahl und 1 Dose III. Wahl beträgt somit 5,85 %.

Aufgabe 52: Standardnormalverteilung I

Zu a) Umsatzerlös von höchstens 13 Mio. €

Der z-Wert ermittelt sich aus:

$$z = \frac{x - \mu}{\sigma} = \frac{13 - 10}{2} = 1{,}5 \quad F(1,5) = 0{,}9332$$
$$F(x \le 13) = 0{,}9332 = 93{,}32\,\%$$

Mit einer Wahrscheinlichkeit von 93,32 % beträgt der Umsatzerlös höchstens 13 Mio. €.

Zu b) Umsatzerlös von mindestens 9 Mio. €

Der z-Wert ermittelt sich aus:

$$z = \frac{9 - 10}{2} = -0{,}5 \quad F(-0,5) = 0{,}3085$$
$$F(x \ge 9) = 1 - 0{,}3085 = 0{,}6915 = 69{,}15\,\%$$

Die Wahrscheinlichkeit, dass der Umsatzerlös mindestens 9 Mio. € beträgt, liegt bei 69,15 %.

Zu c) Umsatzerlös zwischen 8 und 12 Mio. €

Gesucht ist der zentrale Bereich um $\mu = 10$, d. h. jeweils eine Abweichung um 2 Jahre. Es genügt deshalb, einen Wert zu ermitteln und dann beim zentralen Wert $D(z)$ nachzuschlagen:

$$z = \frac{12 - 10}{2} = 1; \quad D(1) = 0{,}6827$$

$$F(8 \leq x \leq 12) = 0{,}6827 = 68{,}27\,\%$$

Die zentrale Abweichung von 2 Jahren um den Mittelwert (10 Jahre) führt zu einer Wahrscheinlichkeit von 68,27 %.

Zu d) Umsatzerlös zwischen 9 und 13 Mio. €

$$z_1 = \frac{13 - 10}{2} = 1{,}5 \quad F(1{,}5) = 0{,}9332$$

$$z_2 = \frac{9 - 10}{2} = -0{,}5 \quad F(-0{,}5) = 0{,}3085$$

$$F(9 \leq x \leq 13) = 0{,}9332 - 0{,}3085 = 0{,}6247 = 62{,}47\,\%$$

Im Gegensatz zu Aufgabe c) ist hier nicht nach einem zentralen Bereich gefragt, so dass die einzelnen z-Werte bestimmt werden mussten. Mit einer Wahrscheinlichkeit von 62,47 % liegt der Umsatzerlös zwischen 9 und 13 Mio. €.

Aufgabe 53: Standardnormalverteilung II

Zu a) Zeit zwischen Auftragseingang und Auslieferung unter 12,5 Tage

Achtung! In der Aufgabenstellung wurde nicht die Standardabweichung σ, sondern die Varianz σ^2 angegeben, aus der zunächst die Standardabweichung zu berechnen ist.

$$z = \frac{12{,}5 - 15}{2} = -1{,}25; \quad F(-1{,}25) = 0{,}1056$$

$$F(x \leq 12{,}5) = 0{,}1056 = 10{,}56\,\%$$

Lediglich 10,56 % beträgt die Wahrscheinlichkeit, dass die Zeitspanne zwischen Auftragseingang und Auslieferung weniger als 12,5 Tage ist.

Zu b) Zeit zwischen Auftragseingang und Auslieferung über 19 Tage

$$z = \frac{19 - 15}{2} = 2; \quad F(2) = 0{,}9772$$

$$F(x \geq 19) = 1 - 0{,}9772 = 0{,}0228 = 2{,}28\,\%$$

In 2,28 % aller Fälle ist die Zeitspanne größer als 19 Tage.

Zu c) In welchem Bereich liegt die Zeit in 95 % der Fälle?

Gesucht ist hier der mittlere 95 %-Bereich der Gaußschen Glockenkurve. Der korrespondierende z-Wert zu $D(z) = 0,95$ ist 1,96.

$$z = \frac{x - \mu}{\sigma} \quad \text{aufgelöst nach } x \text{ ergibt:}$$

$$x = \mu + z \cdot \sigma \quad \text{(für } z > 0\text{) und}$$

$$x = \mu - z\dot{\sigma} \quad \text{(für } z < 0\text{)}$$

Daraus folgen:

$$x_1 = 15 + 1,96 \cdot 2 = 18,92 \quad \text{und}$$

$$x_2 = 15 - 1,96 \cdot 2 = 11,08 \quad \text{und}$$

In 95 % aller Fälle (mittlerer Bereich) liegt die Zeit zwischen Auftragseingang und Auslieferung der Ware zwischen 11,08 und 18,92 Tagen.

Aufgabe 54: Gleichverteilung

Zu a) Dichtefunktion

$$f(x) = \begin{cases} \frac{1}{(15-8)} = \frac{1}{7} & \text{für} \quad 8 \leq x \leq 15 \\ 0 & \text{sonst} \end{cases}$$

Zu b) Verteilungsfunktion

$$F(x) = \begin{cases} 0 & \text{für} \quad x < 8 \\ \frac{(x-8)}{(15-8)} & \text{für} \quad 8 \leq x \leq 15 \\ 1 & \text{für} \quad x > 15 \end{cases}$$

Zu c) Eigenkapitalrentabilität höchstens 10 % (mindestens 12 %)

$$F(x \leq 10) = \frac{(10 - 8)}{(15 - 8)} = 0,286 = 28,6\,\%$$

$$F(x \geq 12) = 1 - \frac{(12 - 8)}{(15 - 8)} = 1 - 0,571 = 0,429 = 42,9\,\%$$

Die Wahrscheinlichkeit für eine Eigenkapitalrentabilität von höchstens 10 % (mindestens 12 %) liegt bei 28,6 % (42,9 %).

Zu d) Erwartungswert und Varianz

$$E(x) = \frac{(15 + 8)}{2} = 11,5\,\% \quad V(x) = \frac{(15 - 8)^2}{12} = 4,08\,\%$$

Aufgabe 55: Dreiecksverteilung

Zu a) Dichtefunktion

$$f(x) = \begin{cases} \frac{2(x-900)}{(1.700-900)\cdot(1.200-900)} & \text{für} \quad 900 \leq x \leq 1.200 \\ \frac{2(1.700-x)}{(1.700-1.200)\cdot(1.700-900)} & \text{für} \quad 1.200 < x \leq 1.700 \\ 0 & \text{sonst} \end{cases}$$

Zu b) Verteilungsfunktion

$$F(x) = \begin{cases} \frac{(x-900)^2}{(1.700-900)\cdot(1.200-900)} & \text{für} \quad 900 \leq x \leq 1.200 \\ 1 - \frac{(1.700-x)^2}{(1.700-900)\cdot(1.700-1.200)} & \text{für} \quad 1.200 < x \leq 1.700 \\ 0 & \text{sonst} \end{cases}$$

Zu c) Wahrscheinlichkeit, dass die Kosten des neuen Produktes maximal 1.200,– € betragen

$$F(x \leq 1.200) = \frac{(1.200 - 900)^2}{(1.700 - 900) \cdot (1.200 - 900)} = \frac{90.000}{240.000} = 0,375 = 37,5\,\%$$

Zur Beantwortung der Frage musste die erste Teilfunktion der Verteilungsfunktion gewählt werden, da diese exakt bis zur Grenze c gilt. Die Wahrscheinlichkeit beträgt 37,5 %, dass die Kosten des neuen Produktes maximal 1.200,– € betragen.

Zu d) Wahrscheinlichkeit, dass die Kosten zwischen 1.000,– € und 1.300,– € liegen

Die Beantwortung erfolgt in Teilschritten. Zunächst wird die Wahrscheinlichkeit der unteren Grenze (1.000,– €) ausgerechnet, dann die der Obergrenze (1.300,– €). Von dieser Wahrscheinlichkeit ist dann die Wahrscheinlichkeit der Untergrenze abzuziehen.

$$F(x \leq 1.000) = \frac{(1.000 - 900)^2}{(1.700 - 900) \cdot (1.200 - 900)} = \frac{10.000}{240.000} = 0,041\overline{6} = 4,16\,\%$$

$$F(x \leq 1.300) = 1 - \frac{(1.700 - 1.300)^2}{(1.700 - 900) \cdot (1.700 - 1.200)} = 1 - \frac{160.000}{400.000} = 0,6 = 60\,\%$$

$$F(1.000 \leq x \leq 1.300) = 0,6 - 0,041\overline{6} = 0,5584 = 55,84\,\%$$

Die Wahrscheinlichkeit, einen Kostenwert zwischen 1.000,– € und 1.300,– € zu erhalten, liegt bei 55,84 %.

Zu e) Erwartungswert und Varianz

$$E(x) = \frac{(a + b + c)}{3} = \frac{(900 + 1.700 + 1.200)}{3} = 1.266,67\,€$$

$$V(x) = \frac{(a - b)^2 + (b - c)^2 + (a - c)^2}{36}$$

$$= \frac{(900 - 1.700)^2 + (1.700 - 1.200)^2 + (900 - 1.200)^2}{36} = 27.222,22\,€$$

Der Erwartungswert liegt bei 1.266,67 €, die Varianz beläuft sich auf 27.222,22 €, die daraus abgeleitete Standardabweichung beträgt 165,– €.

Aufgabe 56: Exponentialverteilung

Zu a) Dichte- und Verteilungsfunktion

$$f(x) = \begin{cases} 0{,}008e^{-0{,}008x} & \text{für} \quad x \geq 0 \\ 0 & \text{sonst} \end{cases}$$

$$F(x) = \begin{cases} 1 - e^{-0{,}008x} & \text{für} \quad x \geq 0 \\ 0 & \text{sonst} \end{cases}$$

Zu b) Wahrscheinlichkeit, dass die Kühlschränke innerhalb der ersten 15 Tage ausfallen

$$F(x) = 1 - e^{-0{,}008 \cdot 15} = 0{,}113$$

Die Wahrscheinlichkeit des Ausfalls innerhalb der ersten 15 Tage liegt bei 11,3 %.

Zu c) Wahrscheinlichkeit, dass die Kühlschränke eine Lebensdauer von mindestens 130 Tage haben

$$F(x) = 1 - 1 - e^{-0{,}008 \cdot 130} = 0{,}3535$$

Die Wahrscheinlichkeit für eine Lebensdauer von mehr als 130 Tagen liegt bei 35,35 %:

Zu d) Erwartungswert und Varianz

$$E(x) = \frac{1}{0{,}008} = 125 \text{ Tage} \quad \text{bzw.} \quad V(x) = \frac{1}{0{,}008^2} = 15.625$$

Die durchschnittliche Zeit, bis ein Kühlschrank ausfällt, liegt bei 125 Tagen.

Aufgabe 57: Approximation I

Es handelt sich um die Binomialverteilung mit $n = 50$ und $\theta = 0{,}25$.

Gesucht ist $P(X \geq 20)$. Es wären also sehr viele Rechenschritte mittels der Formel zur Binomialverteilung durchzuführen. Als Ergebnis erhielte man

$$P(X > 19) = 0{,}0139 = 1{,}39 \%$$

Die Approximationsregel ($50 \cdot 0{,}25 \cdot 0{,}75 > 9$) lässt eine Substitution der Binomial- durch die Standardnormalverteilung zu mit den Parametern:

$$\mu = n \cdot \theta = 50 \cdot 0{,}25 = 12{,}5 \quad \text{und} \quad \sigma^2 = n \cdot \theta \cdot Q = 50 \cdot 0{,}25 \cdot 0{,}75 = 9{,}375$$

gesucht: $P(X \geq 20) = 1 - P(X < 20)$

$$z = \frac{19{,}5 - 12{,}5}{\sqrt{9{,}375}} = 2{,}28 \rightarrow P(X < 20) = 0{,}9887$$

$$P(X \geq 20) = 1 - 0{,}9887 = 0{,}0113 = 1{,}13 \%$$

Durch Verwendung der Standardnormalverteilung erhält man also eine sehr gute Annäherung an das Ergebnis der Binomialverteilung.

Aufgabe 58: Approximation II

Hier kann die schwieriger zu handhabende hypergeometrische Verteilung wegen $n/N = 0,05 (< 0,1)$ durch die Binomialverteilung mit $n = 5$ und $\theta = 0,3$ approximiert werden. Nachstehend sind die Einzelwahrscheinlichkeiten dargestellt:

k	Binomialverteilung	Hypergeometrische Verteilung
0	0,1681	0,1608
1	0,3602	0,3653
2	0,3087	0,3163
	$\sum = 0{,}837$	$\sum = 0{,}8424$

Auch hier gibt die Approximation ein zufrieden stellendes Ergebnis.

Aufgabe 59: Approximation III

Bei der hier vorliegenden Poissonverteilung müsste mit $\lambda = 90$ die Berechnung von $1 - P(X \leq 99)$ erfolgen, was sehr aufwändig wäre! Wegen $\lambda > 30$ können wir aber die Approximation durch die Standardnormalverteilung vornehmen.

Die Parameter sind $\mu = 90$ und $\sigma = \sqrt{90} = 9{,}4868$. Daraus ergibt sich ein z-Wert von:

$$z = \frac{99{,}5 - 90}{9{,}4868} = 1{,}00 \quad \rightarrow \quad P(X \leq 99) = 0{,}8413$$

$$1 - 0{,}8413 = 0{,}1587 = 15{,}87\,\%$$

Der exakte, hier nicht berechnete Wert der Poissonverteilung beträgt 15,82 %, auch hier erfahren wir eine gute Annäherung.

Aufgabe 60: Schätzen des arithmetischen Mittels bei bekannter Varianz

Zu a) Das 95 %-Konfidenzintervall für die durchschnittliche Kilometerleistung μ der Grundgesamtheit dieses PKW-Typs wird bestimmt durch

$$\overline{x} - z \cdot \sigma_{\overline{x}} \leq \mu \leq \overline{x} + z \cdot \sigma_{\overline{x}} \quad \text{mit:} \quad \sigma_{\overline{x}} = \frac{\sigma}{\sqrt{n}}$$

$$\overline{x} = 93 \qquad\qquad \sigma_{\overline{x}} = \frac{5}{\sqrt{30}} = 0{,}913$$

Der z-Wert auf dem 95 %-Niveau beträgt 1,96

Aus diesen Informationen leitet sich das Konfidenzintervall ab:

$$93 - 1{,}96 \cdot 0{,}913 \leq \mu \leq 93 + 1{,}96 \cdot 0{,}913$$

$$91{,}21 \leq \mu \leq 94{,}79$$

Mit einer 95 %-Wahrscheinlichkeit liegt die durchschnittliche Fahrleistung der PKW in der Grundgesamtheit zwischen 91,21 und 94,79 Kilometer.

Zu b) Gegenüber Aufgabenstellung a) ändert sich lediglich der z-Wert, der nun 2,58 beträgt. Aus allen anderen, sonst bekannten Informationen leitet sich das neue Konfidenzintervall ab:

$$93 - 2,58 \cdot 0,913 \le \mu \le 93 + 2,58 \cdot 0,913$$

$$90,64 \le \mu \le 95,36$$

Mit einer 99 %-Wahrscheinlichkeit liegt die durchschnittliche Fahrleistung der PKW in der Grundgesamtheit nun zwischen 90,64 und 95,36 Kilometer. Folglich hat die Erhöhung des Vertrauensbereichs auf 99 % zu einer Vergrößerung des Konfidenzintervalles geführt.

Zu c) Ändert sich der Stichprobenumfang auf 60 PKW, ändert sich gegenüber Aufgabenstellung a) lediglich der Schätzwert für die Standardabweichung des Stichprobenmittelwertes auf

$$\sigma_{\bar{x}} = \frac{5}{\sqrt{60}} = 0,645$$

und somit das Konfidenzintervall auf:

$$93 - 1,96 \cdot 0,645 \le \mu \le 93 + 1,96 \cdot 0,645$$

$$91,73 \le \mu \le 94,26$$

Mit einer 95 %-Wahrscheinlichkeit liegt die durchschnittliche Fahrleistung der PKW in der Grundgesamtheit jetzt zwischen 91,73 und 94,26 Kilometer. Durch den nun größeren Stichprobenumfang ergibt sich ein engeres Intervall.

Aufgabe 61: Schätzen des arithmetischen Mittels bei unbekannter Varianz

Zur Lösung der Aufgabe müssen zunächst das (gewogene) arithmetische Mittel sowie die Varianz und Standardabweichung der Stichprobe berechnet werden. Dazu bietet sich folgende Arbeitstabelle an:

Einkommen (x_i)	n_i	$x_i \cdot n_i$	$n_i \cdot (x_i - \bar{x})^2$
1.000	2	2.000	2.101.250
1.500	7	10.500	1.929.375
1.800	11	19.800	556.875
2.800	3	8.400	1.801.875
3.200	5	16.000	6.903.125
	$\sum = 28$	$\sum = 56.700$	$\sum = 13.292.500$
	$\bar{x} = \dfrac{56.700}{28} = 2.025$		$s^2 = \dfrac{13.292.500}{28} = 474.732,14$

Daraus ergeben sich die für das Konfidenzintervall relevanten Parameter:

$$\bar{x} = 2.025 \quad \text{sowie} \quad s = \sqrt{474.732,14} = 689$$

so dass $\sigma_{\bar{x}} = \frac{s}{\sqrt{n}} = \frac{689}{\sqrt{28}} = 130,21.$

t erhalten wir für $n - 1 = 27$ Freiheitsgrade auf dem 95%igen (zentralen) Konfidenzniveau. Der t-Wert beträgt 2,052.

Für das Konfidenzintervall für μ gilt:

$$\overline{x} - t \cdot \sigma_{\overline{x}} \leq \mu \leq \overline{x} + t \cdot \sigma_{\overline{x}}$$

und somit

$$2.025 - 2,052 \cdot 130,21 \leq \mu \leq 2.025 + 2,052 \cdot 130,21$$

$$1.758 \leq \mu \leq 2.292$$

Mit einer 95 %-Wahrscheinlichkeit liegt das durchschnittliche Einkommen der Grundgesamtheit im Intervall 1.758 bis 2.292 €.

Aufgabe 62: Schätzen des Anteilswertes

Gesucht ist das Konfidenzintervall:

$$p - z \cdot \sigma_p \leq \theta \leq p + z \cdot \sigma_p$$

mit $\sigma_p = \sqrt{\frac{p \cdot (1-p)}{n}}$ Ziehen mit Zurücklegen, da große Grundgesamtheit

$$p = \frac{47}{188} = 0,25 \quad \sigma_p = \sqrt{\frac{0,25 \cdot (1 - 0,25)}{188}} = 0,031$$

Der gesuchte z-Wert für das 95,45 %-Konfidenzniveau beträgt 2. Damit ergibt sich folgendes Konfidenzintervall für den Anteilswert:

$$0,25 - 2 \cdot 0,031 \leq \theta \leq 0,25 + 2 \cdot 0,031$$

$$0,188 \leq \theta \leq 0,312$$

Mit einer Wahrscheinlichkeit von 95,45% liegt also der Anteil der fehlerhaften Produkte in der Grundgesamtheit zwischen 18,8 und 31,2%.

Aufgabe 63: Schätzen der Differenz zweier arithmetischer Mittel

Gesucht wird das Konfidenzintervall:

$$(\overline{x}_1 - \overline{x}_2) - t \cdot \sigma_{D\mu} \leq \mu_1 - \mu_2 \leq (\overline{x}_1 - \overline{x}_2) + t \cdot \sigma_{D\mu}$$

wobei nun aufgrund der großen Stichprobenumfänge ($n_i > 30$) die Student- durch die Normalverteilung ersetzt werden kann.

Der z-Wert aus der Standardnormalverteilung auf dem 99 %-Niveau liefert 2,58.

Der Schätzwert für die Standardabweichung der Differenz ergibt

$$\sigma_{D\mu} = \sqrt{\frac{s_1^2}{n_1} + \frac{s_2^2}{n_2}} = \sqrt{\frac{49.000.000}{100} + \frac{56.250.000}{85}} = 1.073,20$$

Aus diesen Informationen leitet sich das Konfidenzintervall ab:

$$(38.000 - 35.500) - 2{,}58 \cdot 1.073{,}20 \leq \mu_1 - \mu_2 \leq (38.000 - 35.500)$$
$$+ 2{,}58 \cdot 1.073{,}20$$
$$-268{,}86 \leq \mu_1 - \mu_2 \leq 5.268{,}86$$

Somit liefert das 99 %-Konfidenzintervall eine Abweichung der Mittelwerte der Grundgesamtheit $\mu_1 - \mu_2$ in der Bandbreite von $-268{,}86$ bis $5.268{,}86$ km.

Aufgabe 64: Schätzen der Differenz zweier Anteilswerte

Gesucht wird das Konfidenzintervall

$$(p_1 - p_2) - z \cdot \sigma_{D\theta} \leq \theta_1 - \theta_2 \leq (p_1 - p_2) + z \cdot \sigma_{D\theta}$$

Die Anteilswerte lauten:

$$p_1 = \frac{140}{400} = 0{,}35 \quad p_2 = \frac{108}{450} = 0{,}24$$

Der z-Wert aus der Standardnormalverteilung beträgt 1,96.

Der Schätzwert für die Standardabweichung der Stichprobendifferenz errechnet sich aus:

$$\sigma_{D\theta} = \sqrt{\frac{0{,}35 \cdot (1 - 0{,}35)}{400} + \frac{0{,}24 \cdot (1 - 0{,}24)}{450}} = 0{,}0312$$

Es ergibt sich das gesuchte Konfidenzintervall:

$$(0{,}35 - 0{,}24) - 1{,}96 \cdot 0{,}0312 \leq \theta_1 - \theta_2 \leq (0{,}35 - 0{,}24) + 1{,}96 \cdot 0{,}0312$$
$$0{,}0488 \leq \theta_1 - \theta_2 \leq 0{,}1712$$

Die Abweichung der Anteilswerte der Grundgesamtheit liegt, bei einem Vertrauensniveau von 95 %, zwischen 4,88 und 17,12 %.

Aufgabe 65: Schätzen der Quotienten zweier Varianzen

Nachfolgende Arbeitstabelle führt zur Ermittlung der beiden Stichprobenvarianzen s_1^2 und s_2^2:

Tag	$M_1\ (x_i)$	$M_2\ (y_i)$	$(x_i - \bar{x})^2$	$(y_i - \bar{y})^2$
1	5,0	5,7	0,00	0,49
2	4,8	3,9	0,04	1,21
3	5,2	4,9	0,04	0,01
4	5,4	7,1	0,16	4,41
5	5,0	7,5	0,00	6,25
6	5,1	2,1	0,01	8,41
7	4,7	5,1	0,09	0,01
8	4,9	6,2	0,01	1,44
9	5,3	4,1	0,09	0,81
10	5,0	3,5	0,00	2,25
11	4,6	4,9	0,16	0,01
	$\bar{x} = 5{,}0$	$\bar{y} = 5{,}0$	$\sum = 0{,}60$	$\sum = 25{,}30$

Die Werte ergeben sich wie folgt:

$$s_1^2 = \frac{0,60}{11} = 0,0545 \qquad s_2^2 = \frac{25,3}{11} = 2,3$$

$$v_1 = n_1 - 1 = 11 - 1 = 10 \quad v_2 = n_2 - 1 = 11 - 1 = 10$$

$F_{v_1 v_2} = F_{0,975;10;10} = 2,978$ der rechtsseitige kritische Wert der F-Verteilung

$\dfrac{1}{F_{v_2 v_1}} = F_{0,025;10;10} = \dfrac{1}{2,978} = 0,3358$ der linksseitige kritische Wert der F-Verteilung

Das Konfidenzintervall wird folglich bestimmt aus:

$$\frac{0,0545}{2,3} \cdot \frac{1}{2,978} \leq \frac{\sigma_1^2}{\sigma_2^2} \leq \frac{0,0545}{2,3} \cdot 2,978$$

$$0,008 \leq \frac{\sigma_1^2}{\sigma_2^2} \leq 0,071$$

Mit einer Wahrscheinlichkeit von 95 % kann also davon ausgegangen werden, dass der Quotient der beiden Varianzen der Grundgesamtheit, σ_1^2/σ_2^2, zwischen 0,008 und 0,071 liegt.

Aufgabe 66: Schätzen der Regressionskoeffizienten

Wir benötigen eine Reihe von Arbeitstabellen. Zunächst werden die Regressionsparameter der Stichprobe b_1 und b_2 geschätzt:

x_i [in Tsd. m^2]	y_i [in Mio. €]	$x_i - \bar{x}$	$y_i - \bar{y}$	$(x_i - \bar{x}) \cdot (y_i - \bar{y})$	$(x_i - \bar{x})^2$
0,31	2,93	−0,58	−2,32	1,35	0,34
0,98	5,27	0,09	0,02	0,00	0,01
1,21	6,85	0,32	1,60	0,51	0,10
1,29	7,01	0,40	1,76	0,70	0,16
1,12	7,02	0,23	1,77	0,41	0,05
1,49	8,35	0,60	3,10	1,86	0,36
0,78	4,33	−0,11	−0,92	0,10	0,01
0,94	5,77	0,05	0,52	0,03	0,00
1,29	7,68	0,40	2,43	0,97	0,16
0,48	3,16	−0,41	−2,09	0,86	0,17
0,24	1,52	−0,65	−3,73	2,43	0,42
0,55	3,15	−0,34	−2,10	0,71	0,12
$\bar{x} = 0,89$	$\bar{y} = 5,25$			$Q_{xy} = 9,93$	$Q_{xx} = 1,90$

Die beiden Regressionsparameter der Stichprobe errechnen sich aus:

$$b_2 = \frac{Q_{xy}}{Q_{xx}} = \frac{9,93}{1,90} = 5,226 \quad \text{und} \quad b_1 = \bar{y} - b_2 \cdot \bar{x} = 5,25 - 5,226 \cdot 0,89 = 0,6$$

Die Regressionsgerade lautete somit $\hat{y} = 0,6 + 5,226 \cdot x$

Im Anschluss sind die Komponenten des Bestimmtheitsmaßes zu berechnen. Es gilt:

$$SQT = \sum_{i=1}^{n}(y_i - \overline{y})^2 \quad SQE = \sum_{i=1}^{n}(\hat{y}_i - \overline{y})^2 \quad SQR = \sum_{i=1}^{n}(y_i - \hat{y}_i)^2$$

Es errechnen sich die Werte:

y_i	x_i	$\hat{y}_i$	$(y_i - \overline{y})^2$	$(\hat{y}_i - \overline{y})^2$	$(y_i - \hat{y}_i)^2$	x_i^2
2,93	0,31	2,22	5,40	9,20	0,50	0,10
5,27	0,98	5,72	0,00	0,22	0,20	0,96
6,85	1,21	6,92	2,55	2,79	0,01	1,46
7,01	1,29	7,34	3,09	4,36	0,11	1,66
7,02	1,12	6,45	3,12	1,44	0,32	1,25
8,35	1,49	8,39	9,59	9,82	0,00	2,22
4,33	0,78	4,68	0,85	0,33	0,12	0,61
5,77	0,94	5,51	0,27	0,07	0,07	0,88
7,68	1,29	7,34	5,89	4,36	0,11	1,66
3,16	0,48	3,11	4,38	4,60	0,00	0,23
1,52	0,24	1,85	13,94	11,55	0,11	0,06
3,15	0,55	3,47	4,42	3,16	0,11	0,30
$\overline{y} = 5,25$			$\sum = 53,5$	$\sum = 51,9$	$\sum = 1,66$	$\sum = 11,39$

Wir können also bestimmen:

$b_1 = 0,6$; $\quad b_2 = 5,226$; $\quad t = 2,228$ (auf dem 95 %-Niveau mit 10 Freiheitsgraden)

$$s_E^2 = \frac{1}{n-2}\sum e_i^2 = \frac{1}{12-2}\cdot 1,66 = 0,166$$

$$s_{b_1}^2 = \frac{\sum x_i^2}{n\cdot\sum(x_i - \overline{x})^2}\cdot s_E^2 = \frac{11,39}{12\cdot 1,9}\cdot 0,166 = 0,083$$

$$s_{b_2}^2 = \frac{s_E^2}{\sum(x_i - \overline{x})^2} = \frac{0,166}{1,9} = 0,087$$

Daraus leiten sich die Standardabweichungen ab:

$$s_{b_1} = \sqrt{0,083} = 0,288 \quad \text{und} \quad s_{b_2} = \sqrt{0,087} = 0,295$$

Wir erhalten die beiden Konfidenzintervalle:

$$0,6 - 2,228\cdot 0,288 \leq \beta_1 \leq 0,6 + 2,228\cdot 0,288$$

$$-0,04 \leq \beta_1 \leq 1,24 \quad \text{bzw.}$$

$$5,226 - 2,228\cdot 0,295 \leq \beta_2 \leq 5,226 + 2,228\cdot 0,295$$

$$4,57 \leq \beta_2 \leq 5,88$$

Mit der vorgegebenen Wahrscheinlichkeit von 95 % bewegen sich die beiden Regressionsparameter der Grundgesamtheit β_1 und β_2 im Intervall von -0,04 bis 1,24 bzw. 4,57 bis 5,88.

Aufgabe 67: Schätzen des notwendigen Stichprobenumfangs

Zu a) Es gilt die Beziehung

$$n = \frac{z^2 \cdot \sigma^2}{(\Delta\mu)^2} = \frac{1,96^2 \cdot 1.800^2}{180^2} = 384,16$$

Der Stichprobenumfang muss also mindestens 385 Personen betragen, um zu einem aussagefähigen Ergebnis zu kommen.

Zu b) Hierbei gilt:

$$n = \frac{z^2 \cdot \theta \cdot (1 - \theta)}{(\Delta\theta)^2} = \frac{1,65^2 \cdot 0,3 \cdot 0,7}{0,05^2} = 228,69$$

Es müssten folglich mindestens 229 Personen befragt werden, damit der Anteil der Partei bei der (hypothetischen) Bundestagswahl verlässlich geschätzt werden kann.

Aufgabe 68: Value at Risk I

Aus dem Stückdeckungsbeitrag von 15,– € und den Fixkosten von 500.000 € ergibt sich folgende Gewinntabelle:

Absatzmenge	Gewinn in €
25.000	−125.000
30.000	−50.000
35.000	25.000
40.000	100.000
45.000	175.000
50.000	250.000

Gewichtet mit den Eintrittswahrscheinlichkeiten ergibt sich der erwartete Gewinn:

$$\mu_G = -125.000 \cdot 0,08 - 50.000 \cdot 0,12 + 25.000 \cdot 0,3 + 100.000 \cdot 0,3$$
$$+ 175.000 \cdot 0,12 + 250.000 \cdot 0,08 = 62.500\,€$$

Daraus leiten sich Varianz und Standardabweichung ab:

$$\sigma^2 = (-125.000 - 62.500)^2 \cdot 0,08 + (-50.000 - 62.500)^2 \cdot 0,12$$
$$+ (25.000 - 62.500)^2 \cdot 0,3 + (100.000 - 62.500)^2 \cdot 0,3$$
$$+ (175.000 - 62.500)^2 \cdot 0,12 + (250.000 - 62.500)^2 \cdot 0,08 = 9.506.250.000$$
$$\sigma = 97.500\,€$$

Aus der Standardabweichung ergibt sich, beim vorgegebenen 95 %-Konfidenzniveau, der Value at Risk:

$$-1,645 \cdot 97.500 + 62.500 = -97.887,50\,€$$

Mit einer Wahrscheinlichkeit von 95 % wird also der Verlust von 97.887,50 € nicht überschritten, d. h. die Stühle werden produziert.

Aufgabe 69: Value at Risk II

Eine Rendite von 8 % bedeutet einen erwarteten Gewinn μ_G von 400.000 €. Die Standardabweichung σ beträgt bei unterstellten 18 % 72.000 €.

Daraus leitet sich ein z-Wert von $(300.000-400.000)/72.000 = -1,39$ ab, woraus sich eine Wahrscheinlichkeit von 8,23 % ergibt. So groß ist die Wahrscheinlichkeit, dass der Gewinn unterhalb von 300.000 € liegt.

Aufgabe 70: X^2-Anpassungstest I

Bekannte Parameter: $\mu = \bar{x} = 337,29$; $\sigma = s = 237,14$

1. Schritt: Aufstellung der Hypothesen

H_0 : Die Einkommen folgen einer Normalverteilung

H_A : Die Einkommen sind nicht normalverteilt

2. Schritt: Festlegung der Prüfgröße

χ^2-Verteilung mit der Prüfgröße

$$\chi^2 = \sum_{i=1}^{k} \frac{(n_i - n_i^e)^2}{n_i^e} \quad \text{mit} \quad v = k - m - 1 = 5 - 2 - 1 = 2$$

Aus der Aufgabenstellung sind bekannt:

$$\mu = \bar{x} = 337,29 ; \quad \sigma = s = 237,14$$

Unter Zuhilfenahme der z-Formel:

$$z = \frac{x_i^o - \mu}{\sigma}$$

ergeben sich die relevanten z-Werte und korrespondierenden Wahrscheinlichkeiten:

Marktkapitalisierung (in Mio. €) von–bis	x_i^o	$z = \frac{x_i^o - \mu}{\sigma}$	$F(z)$	$f(z)$
0–200	200	−0,58	0,2810	0,2810
200–400	400	0,26	0,6026	0,3216
400–600	600	1,11	0,8665	0,2639
600–800	800	1,95	0,9744	0,1079
800–1.000	∞	∞	1,0000	0,0256

Mit Hilfe dieser Wahrscheinlichkeiten können nun die absoluten erwarteten Einkommensbezieher der einzelnen Gruppen n_i^e ermittelt werden.

Marktkapitalisierung (in Mio. €) von–bis	n_i	n_i^e
0–200	42	33,158
200–400	38	37,95
400–600	18	31,14
600–800	14	12,732
800–1.000	6	3,021

3. Schritt: Bestimmung des kritischen Bereichs

Aus der Tabelle der χ^2-Verteilung für $\alpha = 0{,}05$ bei $\nu = k - m - 1 = 5 - 2 - 1 = 2$ Freiheitsgraden ergibt sich ein kritischer Wert von 5,9915.

4. Schritt: Berechnung der Prüfgröße

$$\chi^2 = \sum_{i=1}^{k} \frac{(n_i - n_i^e)^2}{n_i^e}$$

Marktkapitalisierung (in Mio. €) von–bis	n_i	n_i^e	$\dfrac{(n_i - n_i^e)^2}{n_i^e}$
0–200	42	33,158	2,358
200–400	38	37,95	0,000
400–600	18	31,14	5,54
600–800	14	12,732	0,126
800–1.000	6	3,021	2,938
			$\Sigma = 10{,}962$

5. Schritt: Entscheidung und Interpretation

Da $10{,}962 > 5{,}9915$, wird die H_0-Hypothese verworfen. Bei einer Irrtumswahrscheinlichkeit von 5 % kann also davon ausgegangen werden, dass die Grundgesamtheit keiner Normalverteilung folgt.

Aufgabe 71: X^2-Anpassungstest II

1. Schritt: Aufstellung der Hypothesen

H_0 : Die Einkommen folgen einer Gleichverteilung

H_A : Die Einkommen sind nicht gleichverteilt

2. Schritt: Festlegung der Prüfgröße

χ^2-Verteilung mit der Prüfgröße

$$\chi^2 = \sum_{i=1}^{k} \frac{(n_i - n_i^e)^2}{n_i^e} \quad \text{mit} \quad \nu = k - m - 1$$

3. Schritt: Festlegung der Prüfgröße

Aus der Tabelle der χ^2-Verteilung für $\alpha = 0{,}05$ bei $v = k - m - 1 = 6 - 0 - 1 = 5$ Freiheitsgraden ergibt sich ein kritischer Wert von 11,071.

4. Schritt: Berechnung der Prüfgröße

$$\chi^2 = \sum_{i=1}^{k} \frac{(n_i - n_i^e)^2}{n_i^e}$$

Würden sich die 960 T€ Gesamtumsatzerlöse des Unternehmens gleichmäßig auf die Niederlassungen verteilen, ergäben sich Erwartungswerte n_i^e von jeweils 160T€.

Niederlassung	n_i	n_i^e	$\dfrac{(n_i - n_i^e)^2}{n_i^e}$
1	110	160	15,625
2	170	160	0,625
3	150	160	0,625
4	210	160	15,625
5	180	160	2,500
6	140	160	2,500
			$\sum = 37{,}500$

5. Schritt: Entscheidung und Interpretation

Da $37{,}5 > 11{,}071$, wird die H_0-Hypothese verworfen. Es liegt, bei einer Irrtumswahrscheinlichkeit von 5 %, keine Gleichverteilung der Niederlassungsumsätze vor.

Aufgabe 72: Varianzhomogenitätstest

Für die Lösung muss eine Arbeitstabelle erstellt werden, aus der die Varianzen der beiden Betriebe abgeleitet werden können:

Löhne A (x_i)	Löhne B (y_i)	$(x_i - \bar{x})^2$	$(y_i - \bar{y})^2$
8,23	10,24	8,620	0,857
13,94	10,91	7,695	0,066
18,24	10,24	50,041	0,857
13,71	13,71	6,472	6,472
10,20	10,20	0,933	0,933
6,14	11,10	25,261	0,004
16,28	12,41	26,153	1,548
7,57	11,00	12,931	0,028
7,11	11,61	16,451	0,197
10,24	10,24	0,857	0,857
$\bar{x} = 11{,}166$	$\bar{y} = 11{,}166$	$\sum = 155{,}414$	$\sum = 11{,}819$

Daraus ergeben sich die beiden Stichprobenvarianzen:

$$s_1^2 = \frac{1}{n} \cdot \sum_{i=1}^{n} (x_i - \overline{x})^2 = \frac{1}{10} \cdot 155{,}414 = 15{,}541 \quad \text{und}$$

$$s_2^2 = \frac{1}{n} \cdot \sum_{i=1}^{n} (y_i - \overline{y})^2 = \frac{1}{10} \cdot 11{,}819 = 1{,}182$$

Somit kann die Hypothese geprüft werden:

Bekannt sind: $\quad n_1 = 10$; $\quad n_2 = 10$; $\quad s_1^2 = 15{,}541$; $\quad s_2^2 = 1{,}182$

1. Schritt: Aufstellung der Hypothesen

$$H_0 : \sigma_1^2 = \sigma_2^2$$
$$H_A : \sigma_1^2 \neq \sigma_2^2$$

2. Schritt: Festlegung der Prüfgröße

F-Verteilung mit der Prüfgröße

$$f = \frac{s_1^2}{s_2^2}$$

3. Schritt: Bestimmung des kritischen Bereichs

Aus der Tabelle der F-Verteilung für $\alpha = 0{,}05$ ergibt sich ein rechtsseitiger kritischer Wert von $F_{0{,}975;9;9} = 3{,}179$ ($\nu_1 = 10 - 1$ und $\nu_2 = 10 - 1$ Freiheitsgrade).

Der linksseitige kritische Bereich beträgt

$$F_{0{,}025;9;9} = \frac{1}{F_{0{,}975;9;9}} = \frac{1}{3{,}179} = 0{,}3146$$

Ist also der Wert der Prüfverteilung kleiner als der linksseitige oder größer als der rechtsseitige Wert, wird die H_0-Hypothese abgelehnt.

4. Schritt: Berechnung der Prüfgröße

$$f = \frac{s_1^2}{s_2^2} = \frac{15{,}541}{1{,}182} = 13{,}15$$

5. Schritt: Entscheidung und Interpretation

Da $f = 13{,}15 > f_k = 3{,}179$, kann die H_0-Hypothese verworfen werden, es muss also von einem signifikanten Unterschied in den Varianzen der beiden Betriebe ausgegangen werden. Die unterstellte Ungleichverteilung der Gewerkschaftsvertreter wurde bestätigt.

Aufgabe 73: Test des arithmetischen Mittels bei bekannter Varianz

Bekannt: $\quad \overline{x} = 876\,\text{g}$; $\quad \mu_0 = 870\,\text{g}$; $\quad \sigma = 85\,\text{g}$; $\quad n = 71$

1. Schritt: Aufstellung der Hypothesen

$$H_0 = 870\,\text{g}$$

$$H_A > 870\,\text{g} \quad \text{(einseitiger Test)}$$

2. Schritt: Festlegung der Prüfgröße

Standardnormalverteilung mit der Prüfgröße

$$z = \frac{\overline{x} - \mu_0}{\frac{\sigma}{\sqrt{n}}}$$

3. Schritt: Bestimmung des kritischen Bereichs

Es handelt sich um einen einseitigen Test, so dass sich aus der Tabelle der Normalverteilung für $\alpha = 0,01$ ein kritischer Wert von $z_k = 2,33$ ergibt. Ist also der Betragswert der Prüfverteilung $|z| > z_k$, so wird die H_0-Hypothese abgelehnt.

4. Schritt: Berechnung der Prüfgröße

$$z = \frac{\overline{x} - \mu_0}{\frac{\sigma}{\sqrt{n}}} = \frac{876 - 870}{\frac{85}{\sqrt{71}}} = 0,59$$

5. Schritt: Entscheidung und Interpretation

Da $|z| = 0,59 < z_k = 2,33$, wird die H_0-Hypothese nicht abgelehnt, es kann also bei einer Irrtumswahrscheinlichkeit von 1 % davon ausgegangen werden, dass das neue Düngemittel keinen signifikanten Einfluss auf das Durchschnittsgewicht der Salatgurke hat.

Aufgabe 74: Test des arithmetischen Mittels bei unbekannter Varianz

Bekannt: $\overline{x} = 1,93\,\text{kg}$; $\mu_0 = 2\,\text{kg}$; $s = 0,25\,\text{kg}$; $n = 30$

1. Schritt: Aufstellung der Hypothesen

$$H_0\,\mu = 2\,\text{kg}$$

$$H_A\,\mu < 2\,\text{kg} \quad \text{(einseitiger Test)}$$

2. Schritt: Festlegung der Prüfgröße

Studentverteilung mit $v = n - 1$ Freiheitsgraden und der Prüfgröße

$$t = \frac{\overline{x} - \mu_0}{\frac{s}{\sqrt{n}}}$$

3. Schritt: Bestimmung des kritischen Bereichs

Es handelt sich um einen einseitigen Test, da uns Abweichungen nach oben an dieser Stelle nicht interessieren, so dass sich aus der Tabelle der t-Verteilung für $\alpha = 0,05$ ein kritischer Wert von $t_k = 1,699$ (29 Freiheitsgrade) ergibt. Ist also der Betragswert der Prüfverteilung $|t| > t_k$, so wird die H_0-Hypothese abgelehnt.

4. Schritt: Berechnung der Prüfgröße

$$t = \frac{\overline{x} - \mu_0}{\frac{s}{\sqrt{n}}} = \frac{1,93 - 2}{\frac{0,25}{\sqrt{30}}} = -1,53$$

5. Schritt: Entscheidung und Interpretation

Da $|t| = 1,53 < t_k = 1,699$, kann die H_0-Hypothese und damit die Behauptung des Herstellers nicht widerlegt werden.

Aufgabe 75: Test des Anteilswertes

Zu a) Bekannt sind $\theta = 0,24$; $p = 0,22 (66/300)$; $n = 300$

1. Schritt: Aufstellung der Hypothesen

$$H_0 : \theta = 0,24$$
$$H_A : \theta < 0,24 \quad \text{(einseitiger Test)}$$

2. Schritt: Festlegung der Prüfgröße

Standardnormalverteilung mit der Prüfgröße

$$z = \frac{p - \theta_0}{\sqrt{\frac{\theta_0(1-\theta_0)}{n}}}$$

3. Schritt: Bestimmung des kritischen Bereichs

Es handelt sich um einen einseitigen Test, so dass sich aus der Tabelle der z-Verteilung für $\alpha = 0,01$ ein kritischer Wert von $z_k = 2,33$ ergibt. Ist also der Betragswert der Prüfverteilung $|z| > z_k$, so wird H_0 abgelehnt.

4. Schritt: Berechnung der Prüfgröße

$$z = \frac{p - \theta_0}{\sqrt{\frac{\theta_0(1-\theta_0)}{n}}} = \frac{0,22 - 0,24}{\sqrt{\frac{0,24 \cdot 0,76}{300}}} = -0,81$$

5. Schritt: Entscheidung und Interpretation

Da $|z| = 0,81 < z_k = 2,33$, wird die H_0-Hypothese beibehalten, der Ausschussanteil hat sich nicht signifikant verbessert.

Zu b) Wir lösen die Prüfgröße nach p auf und erhalten:

$$p = z \cdot \sqrt{\frac{\theta_0 \cdot (1 - \theta_0)}{n}} + \theta_0 = -2,33 \cdot \sqrt{\frac{0,24 \cdot (1 - 0,24)}{300}} + 0,24 = 0,1825$$

Der Ausschussanteil hätte maximal 18,25 % (von 300) und somit gerundet 54 Stück betragen dürfen, um H_0 zu verwerfen.

Aufgabe 76: Zweistichprobentest für die Differenz arithmetischer Mittel bei unabhängigen Stichproben

Bekannt: $n_1 = 35$; $n_2 = 40$; $\overline{x}_1 = 41,5$; $s_1 = 4,21$; $\overline{x}_2 = 44,8$; $s_2 = 4,62$

1. Schritt: Aufstellung der Hypothesen

$$H_0 : \mu_1 = \mu_2$$

$$H_A : \mu_1 \neq \mu_2 \quad \text{(zweiseitiger Test)}$$

2. Schritt: Festlegung der Prüfgröße

Standardnormalverteilung mit der Prüfgröße

$$z = \frac{\overline{x}_1 - \overline{x}_2}{\sqrt{\frac{s_1^2}{n_1} + \frac{s_2^2}{n_2}}}$$

3. Schritt: Bestimmung des kritischen Bereichs

Es handelt sich um einen zweiseitigen Test, so dass sich aus der Tabelle der z-Verteilung für $\alpha = 0,01$ ein kritischer Wert von $z_k = 2,58$ ergibt. Ist also der Betragswert der Prüfverteilung $|z| > z_k$, so wird die H_0-Hypothese abgelehnt.

4. Schritt: Berechnung der Prüfgröße

$$z = \frac{\overline{x}_1 - \overline{x}_2}{\sqrt{\frac{s_1^2}{n_1} + \frac{s_2^2}{n_2}}} = \frac{41,5 - 44,8}{\sqrt{\frac{17,72}{35} + \frac{21,34}{40}}} = -3,236$$

5. Schritt: Entscheidung und Interpretation

Da $|z| = 3,236 > z_k = 2,58$, wird die H_0-Hypothese abgelehnt, es muss also von einem signifikanten Unterschied zwischen den Brenndauern der beiden Lampengattungen der Hersteller ausgegangen werden.

Aufgabe 77: Zweistichprobentest für die Differenz zweier Anteilswerte bei unabhängigen Stichproben

Bekannt: $n_1 = 180$; $n_2 = 150$; $x_1 = 36$; $x_2 = 18$

1. Schritt: Aufstellung der Hypothesen

$$H_0 : \theta_1 = \theta_2$$

$$H_A : \theta_1 \neq \theta_2 \, .$$

2. Schritt: Festlegung der Prüfgröße

Standardnormalverteilung mit der Prüfgröße

$$z = \frac{(p_1 - p_2)}{\sqrt{p \cdot (1 - p)} \sqrt{\frac{(n_1 + n_2)}{n_1 \cdot n_2}}}$$

Dabei gilt: $p = \frac{(n_1 \cdot p_1 + n_2 \cdot p_2)}{(n_1 + n_2)}$

p ist also der mit den Stichprobengrößen gewichtete durchschnittliche Anteilswert der gesamten Stichprobe.

3. Schritt: Bestimmung des kritischen Bereichs

Es handelt sich um einen zweiseitigen Test, so dass sich aus der Tabelle der z-Verteilung für $\alpha = 0{,}05$ ein kritischer Wert von $z_k = 1{,}96$ ergibt. Ist also der Betragswert der Prüfverteilung $|z| > z_k$, so wird die H_0-Hypothese abgelehnt.

4. Schritt: Berechnung der Prüfgröße

$$p_1 = \frac{x_1}{n_1} = \frac{36}{180} = 0{,}20 \quad p_2 = \frac{x_2}{n_2} = \frac{18}{150} = 0{,}12$$

$$p = \frac{(180 \cdot 0{,}2 + 150 \cdot 0{,}12)}{(180 + 150)} = 0{,}1636$$

$$z = \frac{(0{,}2 - 0{,}12)}{\sqrt{0{,}1636 \cdot (1 - 0{,}1636)} \sqrt{\frac{(180 + 150)}{180 \cdot 150}}} = 1{,}956$$

5. Schritt: Entscheidung und Interpretation

Da $|z| = 1{,}956 < z_k = 1{,}96$, wird die H_0-Hypothese nicht abgelehnt, der unterschiedliche Ausschussanteil (8 % Differenz), also der Anteil der mängelbehafteten Rohstoffe weicht nicht signifikant voneinander ab.

Aufgabe 78: U-Test

Zur Lösung werden den Studierenden zunächst Ränge zugeordnet, wobei der beste Studierende den Rang 1 erhält usw.

											Σ
Studierende A	2	3	8	11	12	14	16	17	19	20	**122**
Studierende B	1	4	5	6	7	9	10	13	15	18	**88**

Danach ergeben sich die benötigten Rechenwege:

Schritt 1: Aufstellung der Hypothesen

$$H_0: \ : \mu_1 = \mu_2 \quad H_A: \mu_1 \neq \mu_2 \ .$$

Schritte 2 und 4: Prüfgrößenbestimmung und -berechnung

$$U = n_1 \cdot n_2 + \frac{n_1 \cdot (n_1 + 1)}{2} - T_1 \quad \text{bzw.}$$

$$U' = n_2 \cdot n_1 + \frac{n_2 \cdot (n_2 + 1)}{2} - T_2 \quad \text{sind zu ermitteln.}$$

$T_1 = 122 = $ Summe der Studierenden A $\quad T_2 = 88 = $ Summe der Studierenden B

$$U = 10 \cdot 10 + \frac{10 \cdot (10 + 1)}{2} - 122 = 33 \quad U' = 10 \cdot 10 + \frac{10 \cdot (10 + 1)}{2} - 88 = 67$$

$$U = n_1 \cdot n_2 - U' \Rightarrow 33 = 10 \cdot 10 - 67$$

$$\mu = \frac{n_1 \cdot n_2}{2} = \frac{10 \cdot 10}{2} = 50$$

$$\sigma = \sqrt{\frac{n_1 \cdot n_2 \cdot (n_1 + n_2 + 1)}{12}} \Rightarrow \sigma = \sqrt{\frac{10 \cdot 10 \cdot (10 + 10 + 1)}{12}} = 13{,}23$$

$$z = \frac{U - \mu}{\sigma} = \frac{33 - 50}{13{,}23} \approx -1{,}29 \quad \text{bzw.} \quad z = \frac{U' - \mu}{\sigma} = \frac{67 - 50}{13{,}23} \approx 1{,}29$$

Schritt 3: Bestimmung des kritischen Wertes

Bei dem hier unterstellten zweiseitigen Test, ist der kritische Wert auf dem 5 % Niveau (+/-) 1,96.

Schritt 5: Entscheidung und Interpretation

Da (+/-) 1,29 < 1,96, kann die H_0-Hypothese nicht abgelehnt werden. Zwischen den beiden Studiengängen gibt es also keinen signifikanten Unterschied der Bachelornoten der Studierenden.

Aufgabe 79: Einfaktorielle Varianzanalyse

Aufbauend auf der folgenden Tabelle sind einige Berechnungen erforderlich.

Umsatzklasse	Umsatz T€	Anzahl Vertreter			Gesamt
		A	B	C	
1	5–10	5	8	12	25
2	10–20	16	12	17	45
3	20–50	10	7	13	30
4	50–100	5	8	7	20
5	100–200	4	0	1	5
	Gesamt	40	35	50	

Schritt 1: Aufstellung der Hypothesen

$$H_0: \mu_1 = \mu_2 = \mu_3 \quad H_A: \mu_1 \neq \mu_2 \neq \mu_3$$

Schritte 2 und 4: Prüfgrößenbestimmung und -berechnung:

Nun sind gemäß der Formel SQT = SQA + SQR einige Berechnungen erforderlich.

$$\sum_i \sum_j (x_{ij} - \overline{x})^2 = \sum_i n_i \cdot (\overline{x_i} - \overline{x})^2 + \sum_i \sum_j (x_{ij} - \overline{x_i})^2$$

$$\sum_i \sum_j (x_{ij} - \overline{x})^2 = \text{SQT} \quad \sum_i n_i \cdot (\overline{x_i} - \overline{x})^2 = \text{SQA} \quad \sum_i \sum_j (x_{ij} - \overline{x_i})^2 = \text{SQR}$$

Zunächst sind die Umsatzmittelwerte der Niederlassungen A, B und C erforderlich, wobei in den Umsatzklassen deren Mittelwerte angesetzt werden. Also Umsatzklasse 1 = 7,50 T€, UK 2 = 15 T€, UK3 = 35 T€, UK4 = 75 T€ und UK5 = 150 T€.

Umsatzmittelwert A: $\overline{x}_A = \dfrac{(5 \cdot 7,5 + 16 \cdot 15 + 10 \cdot 35 + 5 \cdot 75 + 4 \cdot 150)}{40} = 40,06$

Umsatzmittelwert B: $\overline{x}_B = \dfrac{(8 \cdot 7,5 + 12 \cdot 15 + 7 \cdot 35 + 8 \cdot 75)}{35} = 31$

Umsatzmittelwert C: $\overline{x}_C = \dfrac{(12 \cdot 7,5 + 17 \cdot 15 + 13 \cdot 35 + 7 \cdot 75 + 1 \cdot 150)}{50} = 29,50$

Umsatzmittelwert: $\overline{x} = \dfrac{(25 \cdot 7,5 + 45 \cdot 15 + 30 \cdot 35 + 20 \cdot 75 + 5 \cdot 150)}{125} = 33,30$

Nun werden die Gesamtvarianz und die Varianzen aller Niederlassungen bestimmt.

Varianz A:[8] $V_A = \dfrac{(7,5-40)^2 \cdot 5 + (15+40)^2 \cdot 16 + (35+40)^2 \cdot 10 + (75-40)^2 \cdot 5 + (150-40)^2 \cdot 4}{40} = 1.751,40$

$V_B = \dfrac{(7,5-31)^2 \cdot 8 + (15+31)^2 \cdot 12 + (35+31)^2 \cdot 7 + (75-31)^2 \cdot 8 + (150-31)^2 \cdot 0}{35} = 659,71$

$V_C = \dfrac{(7,5-29,5)^2 \cdot 12 + (15+29,5)^2 \cdot 17 + (35+29,5)^2 \cdot 13 + (75-29,5)^2 \cdot 7 + (150-29,5)^2 \cdot 1}{50} = 775,75$

$V = \dfrac{(7,5-33,3)^2 \cdot 25 + (15+33,3)^2 \cdot 45 + (35+33,3)^2 \cdot 30 + (75-33,3)^2 \cdot 20 + (150-33,3)^2 \cdot 5}{125} = 1.077,36$

Diese Zählerwerte zur Bestimmung der Varianzen sollen auch durch folgende Tabelle nochmal dargestellt werden.

| Umsatzklasse | Umsatz T€ | Anzahl Vertreter | | | |
		A	B	C	Gesamt
1	5–10	5.301,58	4.418,00	5.808,00	16.641,00
2	10–20	10.050,06	3.072,00	3.574,25	15.070,05
3	20–50	256,29	112,00	393,25	86,70
4	50–100	6.103,14	15.488,00	14.491,75	34.777,80
5	100–200	48.345,02	0,00	14.520,25	68.094,45
	Gesamt	**70.056,09**	**23.090,00**	**38.787,50**	**134.670,00**

Die Varianz, die durch die Einsatzgebiete erklärt wird (externe Varianz):

$$V_e = \frac{(40,06 - 33,3)^2 \cdot 40 + (31 + 33,3)^2 \cdot 35 + (29,5 + 33,3)^2 \cdot 50}{125} = 21,89$$

Die Varianz, die nicht durch die Einsatzgebiete erklärt wird (interne Varianz):

$$V_I = \frac{(70.056,09 + 23.090 + 38.787,5)}{125} = 1.055,47$$

Daraus leiten sich dann ab:

SQT = Summe der quadratischen Abweichung = 134.670,00

SQA = Summe der quadratischen Abweichung der Stichprobenmittelwerte vom Stichprobengesamtmittel = 2.736,41 (21,89 · 125)

SQR = Restliche quadratische Abweichung = 131.933,59

---

8 Der Umsatzmittelwert A wurde mit 40,06 T€ berechnet.

Daraus ergeben sich die folgenden tabellarischen Werte:

Streuungsursache	Größe	Freiheitsgrade	Mittlere Quadratsumme
Faktor	SQA = 2.736,41	$V_A = r - 1 = 2$	MQA = SQA/$(r - 1)$ = 2.736,41/2 = 1.368,20
Rest	SQR = 131.933,59	$V_R = n - r = 122$	MQR = SQR/$(n - r)$ = 131.933,59/122 = 1.081,42
Summe	SQT = 134.670,00	$V_T = n - 1 = 124$	

Der Wert der Prüfgröße ergibt dann: $f = \frac{\text{MQA}}{\text{MQR}} = \frac{1.368,2}{1.081,42} = 1,265$

Schritt 5: Entscheidung und Interpretation

Aus der Fisher-Verteilung ergibt sich für $V_A = 2$ und $V_R = 122$ Freiheitsgrade ein kritischer Wert von 3,087. Da 1,265< 3,087, kann die Nullhypothese nicht abgelehnt werden.

Aufgabe 80: H-Test

Die folgende Tabelle enthält neben den „Befindlichkeitsscores" den damit enthaltenen Rang.

Wasser		konventionell		Muskel	
Score	Rang	Score	Rang	Score	Rang
20	5	43	12	44	13
50	17	3	1	42	11
51	18	10	2	15	3
45	14	47	16	27	7
40	9	38	8	21	6
46	15	70	19	18	4
41	10				
$\sum$ Rang(R)	88		58		44
R^2	7.744		3.364		1.936

Schritt 1: Aufstellung der Hypothesen

$$H_0 : \mu_1 = \mu_2 = \mu_3 \quad H_A : \mu_1 \neq \mu_2 \neq \mu_3$$

Schritte 2 und 4: Prüfgrößenbestimmung und -berechnung

$$H = \left(\frac{12}{n \cdot (n + 1)} \cdot \sum_{i=1}^{l} \frac{R_i^2}{n_i} \right) - 3 \cdot (n + 1)$$

$$H = \left(\frac{12}{19 \cdot (19 + 1)} \cdot \left(\frac{88^2}{7} + \frac{58^2}{6} + \frac{44^2}{6} \right) \right) - 3 \cdot (19 + 1) = 2,83$$

Schritt 3: Bestimmung des kritischen Bereiches

Die Testgröße folgt einer X^2-Verteilung mit 2 Freiheitsgraden. Auf dem 5 %-Signifikanz-niveau ergibt sich ein kritischer Wert von 7,37 (zweiseitiger Test).

Schritt 5: Entscheidung und Interpretation

Da 2,83 < 7,37, wird die H_0-Hypothese nicht abgelehnt, d. h. dass sich die Therapieerfolge nicht signifikant voneinander verschieden.

Aufgabe 81: t-Test für abhängige Stichproben

Zur Lösung werden zunächst tabellarisch die Abweichungen d_i und quadrierten Abweichungen d_i^2 ermittelt.

Teilnehmer	1	2	3	4	5	6	7	8	9	10	11	Σ
vorher	25	26	19	21	24	22	23	23	22	19	18	
nachher	31	29	22	24	32	25	26	23	21	20	28	
d_i	−6	−3	−3	−3	−8	−3	−3	0	1	−1	−10	−39
d_i^2	36	9	9	9	64	9	9	0	1	1	100	247

Schritt 1: Aufstellung der Hypothesen

$$H_0 : \mu_1 = \mu_2 \quad H_A : \mu_1 \neq \mu_2 .^9$$

Schritte 2 und 4: Prüfgrößenberechnung und -bestimmung

$$\bar{x}_d = \frac{\sum_{i=1}^n d_i}{n} = \frac{-39}{11} = -3,55 \quad \text{und} \quad s_d = \sqrt{\frac{\sum_{i=1}^n d_i^2 - \frac{(\sum_{i=1}^n d_i)^2}{n}}{(n-1)}} = \sqrt{\frac{247 - \frac{-39^2}{11}}{(11-1)}} = 3,3$$

$$s_{\bar{x}_d} = \frac{s_d}{\sqrt{n}} = \frac{3,3}{\sqrt{11}} = 0,99 \quad t = \frac{\bar{x}_d}{s_{\bar{x}_d}} = \frac{-3,55}{0,99} = -3,58$$

Schritt 3: Bestimmung des kritischen Bereiches

Die Testgröße folgt einer t-Verteilung mit $n - 1 = 10$ Freiheitsgraden und ergibt bei 0,99 einen kritischen Wert von 2,764 (zweiseitiger Test).

Schritt 5: Entscheidung und Interpretation

Da -3,58 > 2,764, wird die H_0-Hypothese abgelehnt, offensichtlich hat der Crashtest also zu einer signifikanten Verbesserung geführt.

Aufgabe 82: Wilcoxon-Test

Zunächst werden die von null verschiedenen Paardifferenzen usw. berechnet.

---

9 Natürlich hätte man in diesem Beispiel auch den einseitigen Test machen können.

Betriebe	1	2	3	4	5	6	7	8	9	10	$\sum$
vorher	8	23	7	11	5	9	12	6	18	9	108
nachher	4	16	6	12	6	7	10	10	13	6	90
d_i	−4	−7	−1	1	1	−2	−2	4	−5	−3	−18
R_i	7,5	10	2	2	2	4,5	4,5	7,5	9	6	55
T_-	7,5	10	2			4,5	4,5		9	6	43,5
T_+				2	2			7,5			11,5

Schritt 1: Aufstellung der Hypothesen

$$H_0 : \mu_1 = \mu_2 \quad H_A : \mu_1 \neq \mu_2$$

Schritte 2 und 4: Prüfgrößenberechnung und -bestimmung

Als Teststatistik (w) wird der kleinste der beiden Werte genommen:

$$w = \min(T_-, T_+) = 11,5$$

Ferner besteht folgende Beziehung und kann als Verprobung benutzt werden.

$$(T_- + T_+) = \frac{n \cdot (n + 1)}{2} = 43,5 + 11,5 = \frac{10 \cdot (10 + 1)}{2} = 55$$

Schritte 3: Bestimmung des kritischen Bereiches

Für $n = 10$ und dem Signifikanzniveau von 1 % ergibt sich auf dem **einseitigen** Niveau ein kritischer Wert von $T = 5$. Nochmals ganz wichtig ist hier der Unterschied zu den bisherigen Interpretationen, denn wenn der Testwert **kleiner** als 5 ist, wird die Nullhypothese verworfen!

Schritte 5: Entscheidung und Interpretation

Da 11,5 > 5, wird die Nullhypothese nicht verworfen. Die Aufklärungskampagne war also nicht erfolgreich.

Aufgabe 83: Vorzeichentest

Lösung a)

Schritt 1: Aufstellung der Hypothesen

$$H_0 : \theta_1 = \theta_2 = 0,5 \quad H_A : \theta_1 \neq \theta_2 \neq 0,5 \, .$$

Es wird also unterstellt, dass sich die negativen und positiven Abweichungen angleichen, die Anteilswerte und somit die Veränderungen (+/-) also 0,5 = 50 % betragen.

Schritte 2 und 4: Prüfgrößenberechnung und -bestimmung

Zunächst werden die von null verschiedenen Werte betrachtet und in positive und negative Veränderungen unterteilt.

Patient	1	2	3	4	5	6	7	8	9	10
vorher	188	159	168	173	152	194	174	167	184	157
nachher	162	164	143	148	128	153	163	169	168	132
Vorzeichen	+	−	+	+	+	+	+	−	+	+

Es hat folglich 8 Blutdrucksenkungen und 2 Blutdruckerhöhungen gegeben.

Setzen wir für θ den nach der Nullhypothese vermuteten Wert 0,5 ein, so ergeben sich für die Wahrscheinlichkeits- und Verteilungsfunktion folgende Werte.

$X = k$	0	1	2	3	4	5	6	7	8	9	10
$P(k) =$	0,10	0,98	4,39	11,72	20,51	24,61	20,51	**11,72**	4,39	0,98	0,10
$\sum P(k) =$	0,10	1,07	5,47	17,19	37,70	62,30	82,81	**94,53**	98,93	99,00	100,0

Offensichtlich befinden sich die 8 Personen also außerhalb der Nullhypothese, wie Schritt 3 vielleicht besser erklären kann.

Schritt 3: Bestimmung des kritischen Bereiches

Nach Vorgabe des Signifikanzparameters α von i. d. R. 5 % ergeben sich die kritischen Bereiche, die die Bestätigung bzw. Ablehnung der Nullhypothese wie folgt berechnen:

$$\sum P(k)_{\mathrm{u}} = F(c_{\mathrm{u}}) = \frac{\alpha}{2} = \frac{0,05}{2} = 0,025 = \text{unterer Abschnitt}$$

$$\sum P(k)_{\mathrm{o}} = F(c_{\mathrm{o}}) = 1 - \frac{\alpha}{2} = 1 - \frac{0,05}{2} = 0,975 = \text{oberer Abschnitt}\,.$$

Die 8 Personen befinden sich also innerhalb der 98,93 %, aber außerhalb der 97,50 %, und damit des oberen Abschnitts der Nullhypothese.

Schritt 5: Entscheidung und Interpretation

Der Test hat ergeben, dass das Medikament eine signifikante Verbesserung i. S. eine Blutdrucksenkung ergeben hat.

Lösung b)

Die Binomialverteilung ersetzt durch die (Standard)Normalverteilung ergibt

$$n \cdot \theta \cdot (1 - \theta) \geq 9 \Rightarrow 10 \cdot 0,5 \cdot 0,5 = 2,5 < 9\,,$$

was tendenziell also ist die Anforderung nicht erfüllt. Trotzdem werden nun die Werte berechnet.

Daraus leiten sich ab:

$$n \cdot \theta \Rightarrow \mu \Rightarrow \mu = 10 \cdot 0,5 = 5$$

und

$$\sigma = \sqrt{\sigma^2} \Rightarrow \sigma = \sqrt{2,5} = 1,58\,.$$

Beide mögliche Prüfgrößenwert ergeben:

$$z = \frac{(x - \mu)}{\sigma} \Rightarrow z = \frac{(8 - 5)}{1,58} = 1,90$$

$$z = \frac{(p - \theta_i)}{\sqrt{\frac{\theta \cdot (1 - \theta)}{n}}} \Rightarrow z = \frac{(\frac{8}{10} - 0,5)}{\sqrt{\frac{0,5 \cdot 0,5}{10}}} = 1,90$$

Schritt 3: Bestimmung des kritischen Bereiches

Wenn man also das unterstellte 5 %-Signifikanzniveau von 1,65 der Standardnormalverteilung zugrunde legt, wird auch hier die Nullhypothese verworfen, also war der Medikamentenversuch erfolgreich, hat also eine Verbesserung gebracht.

Bei $z = 1,96$, würde man allerdings noch im Toleranzbereich der Nullhypothese bleiben.

Aufgabe 84: Test des Korrelationskoeffizienten

Zu a) Aus folgender Arbeitstabelle wird der Korrelationskoeffizient berechnet:

y_i	x_i	$x_i - \bar{x}$	$y_i - \bar{y}$	$(x_i - \bar{x}) \cdot (y_i - \bar{y})$	$(x_i - \bar{x})^2$	$(y_i - \bar{y})^2$
145	49	2,7	−6,8	−18,36	7,29	46,24
134	37	−9,3	−17,8	165,54	86,49	316,84
162	52	5,7	10,2	58,14	32,49	104,04
131	41	−5,3	−20,8	110,24	28,09	432,64
169	48	1,7	17,2	29,24	2,89	295,84
138	38	−8,3	−13,8	114,54	68,89	190,44
167	52	5,7	15,2	86,64	32,49	231,04
174	52	5,7	22,2	126,54	32,49	492,84
158	48	1,7	6,2	10,54	2,89	38,44
140	46	−0,3	−11,8	3,54	0,09	139,24
$\bar{y} = 151,8$	$\bar{x} = 46,3$			$Q_{xy} = 686,6$	$Q_{xx} = 294,1$	$Q_{yy} = 2.287,6$

$$r = \frac{Q_{xy}}{\sqrt{Q_{xx} \cdot Q_{yy}}} = \frac{686,6}{\sqrt{294,1 \cdot 2.287,6}} = 0,84$$

Zu untersuchen ist nun, ob dieser Wert signifikant (von null verschieden) ist. Die Stichprobe hat den Umfang $n = 10$.

1. Schritt: Aufstellung der Hypothesen

$$H_0 : r = 0 \quad \text{(es besteht kein Zusammenhang)}$$

$$H_A : r \neq 0 .$$

2. Schritt: Festlegung der Prüfgröße

Studentverteilung mit $v = n - 2$ Freiheitsgraden und der Prüfgröße

$$t = \frac{r \cdot \sqrt{n - 2}}{\sqrt{1 - r^2}}$$

3. Schritt: Bestimmung des kritischen Bereichs

Es handelt sich um einen zweiseitigen Test, so dass sich aus der Tabelle der t-Verteilung für $\alpha = 0{,}05$ ein kritischer Wert von $t_k = 2{,}306$ (8 Freiheitsgrade) ergibt. Ist also der Betragswert der Prüfverteilung $|t| > t_k$, so wird die H_0-Hypothese abgelehnt

4. Schritt: Berechnung der Prüfgröße

$$t = \frac{r \cdot \sqrt{n-2}}{\sqrt{1-r^2}} = \frac{0{,}84 \cdot \sqrt{10-2}}{\sqrt{1-0{,}84^2}} = 4{,}379$$

5. Schritt: Entscheidung und Interpretation

Da $|t| = 4{,}379 > t_k = 2{,}306$ wird die H_0-Hypothese abgelehnt, die Beziehung (positive Korrelation) zwischen den Variablen Umsatzerlös und Materialaufwand ist also statistisch gesichert.

Zu b) Gesucht ist der Wert r, der den Annahme- vom Ablehnungsbereich der H_0-Hypothese trennt. Dazu lösen wir die Prüfgrößenformel nach r auf:

$$t = \frac{r \cdot \sqrt{n-2}}{\sqrt{1-r^2}} = 2{,}306 = \frac{r \cdot \sqrt{10-2}}{\sqrt{1-r^2}}$$

$$2{,}306^2 = \frac{8r^2}{(1-r^2)}$$

$$2{,}306^2 - 2{,}306^2 \cdot r^2 = 8r^2$$

$$r^2 \cdot (8 + 2{,}306^2) = 2{,}306^2$$

$$r = 0{,}632$$

In den Grenzen $-0{,}632$ bis $+0{,}632$ ist die Korrelation nicht signifikant.

Aufgabe 85: Test der Regressionskoeffizienten

Aufgrund der Aufgaben zu den Konfidenzintervallen für β_1 und β_2 liegen bereits alle relevanten Informationen vor (vgl. Aufgaben 66):

$$b_2 = \frac{Q_{xy}}{Q_{xx}} = \frac{9{,}93}{1{,}90} = 5{,}226 \quad \text{und}$$

$$b_1 = \bar{y} - b_2 \cdot \bar{x} = 5{,}25 - 5{,}226 \cdot 0{,}89 = 0{,}6$$

Die Regressionsgerade lautete: $\hat{y} = 0{,}6 + 5{,}226 \cdot x$

Für die Standardabweichungen ergaben sich die Werte:

$$s_{b_1} = \sqrt{0{,}084} = 0{,}289 \quad \text{und} \quad s_{b_2} = \sqrt{0{,}088} = 0{,}296$$

Somit können wir für den relevanten Parameter β_2 den Signifikanztest durchführen:

1. Schritt: Aufstellung der Hypothesen

$$H_0 : \beta_2 = 0 \quad \text{(es besteht kein Zusammenhang)}$$
$$H_A : \beta_2 \neq 0 \, .$$

2. Schritt: Festlegung der Prüfgröße

Studentverteilung mit $v = n - 2$ Freiheitsgraden und der Prüfgröße

$$t = \frac{b_2}{s_{b_2}}$$

3. Schritt: Bestimmung des kritischen Bereichs

Es handelt sich um einen zweiseitigen Test, so dass sich aus der Tabelle der t-Verteilung für $\alpha = 0,01$ ein kritischer Wert von $t_k = 3,355$ (8 Freiheitsgrade) ergibt. Ist also der Betragswert der Prüfverteilung $|t| > t_k$, so wird die H_0-Hypothese abgelehnt.

4. Schritt: Berechnung der Prüfgröße

$$t = \frac{b_2}{s_{b_2}} = \frac{5,226}{0,296} = 17,65$$

5. Schritt: Entscheidung und Interpretation

Da $|t| = 17,65 > t_k = 3,355$ wird die H_0-Hypothese abgelehnt, d. h. wir können bei einer Irrtumswahrscheinlichkeit von 1 % davon ausgehen, dass die Ladenverkaufsflächen die Jahresumsätze signifikant erklären.

Aufgabe 86: X^2-Test

Es ergeben sich die Werte

Wiederholer	nein			ja			Randsumme
Vorlesungsversäumnis	n_{ij}	erw	χ^2	n_{ij}	erw	χ^2	
weniger als 20 %	137	111,20	5,99	2	27,80	23,94	139
mehr als 20 %	7	32,80	20,29	34	8,20	81,18	41
Randsumme	144			36			180

$$\chi^2_{\text{beob}} = \sum_{i=1}^{k} \sum_{j=1}^{l} \frac{\left(n_{ij} - \frac{n_{i \cdot} \cdot n_{\cdot j}}{n}\right)^2}{\frac{n_{i \cdot} \cdot n_{\cdot j}}{n}} = 5,99 + 20,29 + 23,94 + 81,18 = 131,4$$

1. Schritt: Aufstellung der Hypothesen

H_0 : die beiden Merkmale sind voneinander unabhängig

H_A : die beiden Merkmale sind voneinander abhängig

2. Schritt: Festlegung der Prüfgröße

χ^2-Verteilung mit $v = (k - 1) \cdot (l - 1)$ Freiheitsgraden und der Prüfgröße

$$\chi^2_{\text{beob}} = \sum_{i=1}^{k} \sum_{j=1}^{l} \frac{\left(n_{ij} - \frac{n_{i \cdot} \cdot n_{\cdot j}}{n}\right)^2}{\frac{n_{i \cdot} \cdot n_{\cdot j}}{n}}$$

3. Schritt: Bestimmung des kritischen Bereichs

Es handelt sich um einen einseitigen Test, aus der Tabelle der χ^2-Verteilung mit $v = (2-1) \cdot (2-1) = 1$ Freiheitsgrad leitet sich der kritische Wert von 6,635 ab.

4. Schritt: Berechnung der Prüfgröße

$$\chi^2_{\text{beob}} = 131,4$$

5. Schritt: Entscheidung und Interpretation

Da $\chi^2_{\text{beob}} = 131,4 > \chi^2_{\text{Tabelle}} = 6,635$ wird die H_0-Hypothese abgelehnt. Man kann also davon ausgehen, dass zwischen Vorlesungsversäumnis und Wiederholer eine Abhängigkeit besteht.

6 Griechisches Alphabet

A	α	Alpha
B	β	Beta
Γ	γ	Gamma
Δ	δ	Delta
E	ε	Epsilon
Z	ζ	Zeta
H	η	Eta
Θ	ϑ θ	Theta
I	ι	Jota
K	κ	Kappa
Λ	λ	Lambda
M	μ	My
N	ν	Ny
Ξ	ξ	Xi
O	o	Omikron
Π	π	Pi
P	ρ	Rho
Σ	σ ς	Sigma
T	τ	Tau
Υ	υ	Ypsilon
Φ	φ	Phi
X	χ	Chi
Ψ	ψ	Psi
Ω	ω	Omega

https://doi.org/10.1515/9783110565249-006

7 Statistische Tabellen

7.1 Tabelle der Binomialverteilung für ausgewählte Parameter

n k	p 0,05	0,10	0,15	0,20	0,25	0,30	0,35	0,40	0,45	0,50
1 0	0,9500	0,9000	0,8500	0,8000	0,7500	0,7000	0,6500	0,6000	0,5500	0,5000
1	0,0500	0,1000	0,1500	0,2000	0,2500	0,3000	0,3500	0,4000	0,4500	0,5000
2 0	0,9025	0,8100	0,7225	0,6400	0,5625	0,4900	0,4225	0,3600	0,3025	0,2500
1	0,0950	0,1800	0,2550	0,3200	0,3750	0,4200	0,4550	0,4800	0,4950	0,5000
2	0,0025	0,0100	0,0225	0,0400	0,0625	0,0900	0,1225	0,1600	0,2025	0,2500
3 0	0,8574	0,7290	0,6141	0,5120	0,4219	0,3430	0,2746	0,2160	0,1664	0,1250
1	0,1354	0,2430	0,3251	0,3840	0,4219	0,4410	0,4436	0,4320	0,4084	0,3750
2	0,0071	0,0270	0,0574	0,0960	0,1406	0,1890	0,2389	0,2880	0,3341	0,3750
3	0,0001	0,0010	0,0034	0,0080	0,0156	0,0270	0,0429	0,0640	0,0911	0,1250
4 0	0,8145	0,6561	0,5220	0,4096	0,3164	0,2401	0,1785	0,1296	0,0915	0,0625
1	0,1715	0,2916	0,3685	0,4096	0,4219	0,4116	0,3845	0,3456	0,2995	0,2500
2	0,0135	0,0486	0,0975	0,1536	0,2109	0,2646	0,3105	0,3456	0,3675	0,3750
3	0,0005	0,0036	0,0115	0,0256	0,0469	0,0756	0,1115	0,1536	0,2005	0,2500
4	0,0000	0,0001	0,0005	0,0016	0,0039	0,0081	0,0150	0,0256	0,0410	0,0625
5 0	0,7738	0,5905	0,4437	0,3277	0,2373	0,1681	0,1160	0,0778	0,0503	0,0312
1	0,2036	0,3280	0,3915	0,4096	0,3955	0,3602	0,3124	0,2592	0,2059	0,1562
2	0,0214	0,0729	0,1382	0,2048	0,2637	0,3087	0,3364	0,3456	0,3369	0,3125
3	0,0011	0,0081	0,0244	0,0512	0,0879	0,1323	0,1811	0,2304	0,2757	0,3125
4	0,0000	0,0004	0,0022	0,0064	0,0146	0,0284	0,0488	0,0768	0,1128	0,1562
5	0,0000	0,0000	0,0001	0,0003	0,0010	0,0024	0,0053	0,0102	0,0185	0,0312
6 0	0,7351	0,5314	0,3771	0,2621	0,1780	0,1176	0,0754	0,0467	0,0277	0,0156
1	0,2321	0,3543	0,3993	0,3932	0,3560	0,3025	0,2437	0,1866	0,1359	0,0938
2	0,0305	0,0984	0,1762	0,2458	0,2966	0,3241	0,3280	0,3110	0,2780	0,2344
3	0,0021	0,0146	0,0415	0,0819	0,1318	0,1852	0,2355	0,2765	0,3032	0,3125
4	0,0001	0,0012	0,0055	0,0154	0,0330	0,0595	0,0951	0,1382	0,1861	0,2344
5	0,0000	0,0001	0,0004	0,0015	0,0044	0,0102	0,0205	0,0369	0,0609	0,0938
6	0,0000	0,0000	0,0000	0,0001	0,0002	0,0007	0,0018	0,0041	0,0083	0,0156
7 0	0,6983	0,4783	0,3206	0,2097	0,1335	0,0824	0,0490	0,0280	0,0152	0,0078
1	0,2573	0,3720	0,3960	0,3670	0,3115	0,2471	0,1848	0,1306	0,0872	0,0547
2	0,0406	0,1240	0,2097	0,2753	0,3115	0,3177	0,2985	0,2613	0,2140	0,1641
3	0,0036	0,0230	0,0617	0,1147	0,1730	0,2269	0,2679	0,2903	0,2918	0,2734
4	0,0002	0,0026	0,0109	0,0287	0,0577	0,0972	0,1442	0,1935	0,2388	0,2734
5	0,0000	0,0002	0,0012	0,0043	0,0115	0,0250	0,0466	0,0774	0,1172	0,1641
6	0,0000	0,0000	0,0001	0,0004	0,0013	0,0036	0,0084	0,0172	0,0320	0,0547
7	0,0000	0,0000	0,0000	0,0000	0,0001	0,0002	0,0006	0,0016	0,0037	0,0078

https://doi.org/10.1515/9783110565249-007

n k	p 0,05	0,10	0,15	0,20	0,25	0,30	0,35	0,40	0,45	0,50
8 0	0,6634	0,4305	0,2725	0,1678	0,1001	0,0576	0,0319	0,0168	0,0084	0,0039
1	0,2793	0,3826	0,3847	0,3355	0,2760	0,1977	0,1373	0,0896	0,0548	0,0312
2	0,0515	0,1488	0,2376	0,2936	0,3115	0,2965	0,2587	0,2090	0,1569	0,1094
3	0,0054	0,0331	0,0839	0,1468	0,2076	0,2541	0,2786	0,2787	0,2568	0,2188
4	0,0004	0,0046	0,0185	0,0459	0,0865	0,1361	0,1875	0,2322	0,2627	0,2734
5	0,0000	0,0004	0,0026	0,0092	0,0231	0,0467	0,0808	0,1239	0,1719	0,2188
6	0,0000	0,0000	0,0002	0,0011	0,0038	0,0100	0,0217	0,0413	0,0703	0,1094
7	0,0000	0,0000	0,0000	0,0001	0,0004	0,0012	0,0033	0,0079	0,0164	0,0312
8	0,0000	0,0000	0,0000	0,0000	0,0000	0,0001	0,0002	0,0007	0,0017	0,0039
9 0	0,6302	0,3874	0,2316	0,1342	0,0751	0,0404	0,0277	0,0101	0,0046	0,0020
1	0,2985	0,3874	0,3679	0,3020	0,2253	0,1556	0,1004	0,0605	0,0339	0,0176
2	0,0629	0,1722	0,2597	0,3020	0,3003	0,2668	0,2162	0,1612	0,1110	0,0703
3	0,0077	0,0446	0,1069	0,1762	0,2336	0,2668	0,2716	0,2508	0,2119	0,1641
4	0,0006	0,0074	0,0283	0,0661	0,1168	0,1715	0,2194	0,2508	0,2600	0,2461
5	0,0000	0,0008	0,0050	0,0165	0,0389	0,0735	0,1181	0,1672	0,2128	0,2461
6	0,0000	0,0001	0,0006	0,0028	0,0087	0,0210	0,0424	0,0743	0,1160	0,1641
7	0,0000	0,0000	0,0000	0,0003	0,0012	0,0039	0,0098	0,0212	0,0407	0,0703
8	0,0000	0,0000	0,0000	0,0000	0,0001	0,0004	0,0013	0,0035	0,0083	0,0176
9	0,0000	0,0000	0,0000	0,0000	0,0000	0,0000	0,0001	0,0003	0,0008	0,0020
10 0	0,5987	0,3487	0,1969	0,1074	0,0563	0,0282	0,0135	0,0060	0,0025	0,0010
1	0,3151	0,3874	0,3474	0,2684	0,1877	0,1211	0,0725	0,0403	0,0207	0,0098
2	0,0746	0,1937	0,2759	0,3020	0,2816	0,2135	0,1757	0,1209	0,0763	0,0439
3	0,0105	0,0574	0,1298	0,2013	0,2503	0,2668	0,2522	0,2150	0,1665	0,1172
4	0,0010	0,0112	0,0401	0,0881	0,1460	0,2001	0,2377	0,2508	0,2384	0,2051
5	0,0001	0,0015	0,0085	0,0264	0,0584	0,1029	0,1536	0,2007	0,2340	0,2461
6	0,0000	0,0001	0,0012	0,0055	0,0162	0,0368	0,0689	0,1115	0,1596	0,2051
7	0,0000	0,0000	0,0001	0,0008	0,0031	0,0090	0,0212	0,0425	0,0746	0,1172
8	0,0000	0,0000	0,0000	0,0001	0,0004	0,0014	0,0043	0,0106	0,0229	0,0439
9	0,0000	0,0000	0,0000	0,0000	0,0000	0,0001	0,0005	0,0016	0,0042	0,0098
10	0,0000	0,0000	0,0000	0,0000	0,0000	0,0000	0,0000	0,0001	0,0003	0,0010
11 0	0,5688	0,3138	0,1673	0,0859	0,0422	0,0198	0,0088	0,0036	0,0014	0,0005
1	0,3293	0,3835	0,3248	0,2362	0,1549	0,0932	0,0518	0,0266	0,0125	0,0054
2	0,0867	0,2131	0,2866	0,2953	0,2581	0,1998	0,1395	0,0887	0,0513	0,0269
3	0,0137	0,0710	0,1517	0,2215	0,2581	0,2568	0,2254	0,1774	0,1259	0,0806
4	0,0014	0,0158	0,0536	0,1107	0,1721	0,2201	0,2428	0,2365	0,2060	0,1611
5	0,0001	0,0025	0,0132	0,0388	0,0803	0,1231	0,1830	0,2207	0,2360	0,2256
6	0,0000	0,0003	0,0023	0,0097	0,0268	0,0566	0,0985	0,1471	0,1931	0,2256
7	0,0000	0,0000	0,0003	0,0017	0,0064	0,0173	0,0379	0,0701	0,1128	0,1611
8	0,0000	0,0000	0,0000	0,0002	0,0011	0,0037	0,0102	0,0234	0,0462	0,0806
9	0,0000	0,0000	0,0000	0,0000	0,0001	0,0005	0,0018	0,0052	0,0126	0,0269
10	0,0000	0,0000	0,0000	0,0000	0,0000	0,0000	0,0002	0,0007	0,0021	0,0054
11	0,0000	0,0000	0,0000	0,0000	0,0000	0,0000	0,0000	0,0000	0,0002	0,0005

7.2 Tabelle der Poissonverteilung für ausgewählte Parameter

	k									
λ	0	1	2	3	4	5	6	7	8	9
0.02	0.9802	0.9998	1	1	1	1	1	1	1	1
0.04	0.9608	0.9992	1	1	1	1	1	1	1	1
0.06	0.9418	0.9983	1	1	1	1	1	1	1	1
0.08	0.9231	0.9970	0.9999	1	1	1	1	1	1	1
0.10	0.9048	0.9953	0.9998	1	1	1	1	1	1	1
0.15	0.8607	0.9898	0.9995	1	1	1	1	1	1	1
0.20	0.8187	0.9825	0.9989	0.9999	1	1	1	1	1	1
0.25	0.7788	0.9735	0.9978	0.9999	1	1	1	1	1	1
0.30	0.7408	0.9631	0.9964	0.9997	1	1	1	1	1	1
0.35	0.7047	0.9513	0.9945	0.9995	1	1	1	1	1	1
0.40	0.6703	0.9384	0.9921	0.9992	0.9999	1	1	1	1	1
0.45	0.6376	0.9246	0.9891	0.9988	0.9999	1	1	1	1	1
0.50	0.6065	0.9098	0.9856	0.9982	0.9998	1	1	1	1	1
0.55	0.5769	0.8943	0.9815	0.9975	0.9997	1	1	1	1	1
0.60	0.5488	0.8781	0.9769	0.9966	0.9996	1	1	1	1	1
0.65	0.5220	0.8614	0.9717	0.9956	0.9994	0.9999	1	1	1	1
0.70	0.4966	0.8442	0.9659	0.9942	0.9992	0.9999	1	1	1	1
0.75	0.4724	0.8266	0.9595	0.9927	0.9989	0.9999	1	1	1	1
0.80	0.4493	0.8088	0.9526	0.9909	0.9986	0.9998	1	1	1	1
0.85	0.4274	0.7907	0.9451	0.9889	0.9982	0.9997	1	1	1	1
0.90	0.4066	0.7725	0.9371	0.9865	0.9977	0.9997	1	1	1	1
0.95	0.3867	0.7541	0.9287	0.9839	0.9971	0.9995	0.9999	1	1	1
1.00	0.3679	0.7358	0.9197	0.9810	0.9963	0.9994	0.9999	1	1	1
1.1	0.3329	0.6990	0.9004	0.9743	0.9946	0.9990	0.9999	1	1	1
1.2	0.3012	0.6626	0.8795	0.9662	0.9923	0.9985	0.9997	1	1	1
1.3	0.2725	0.6268	0.8571	0.9569	0.9893	0.9978	0.9996	0.9999	1	1
1.4	0.2466	0.5918	0.8335	0.9463	0.9857	0.9968	0.9994	0.9999	1	1
1.5	0.2231	0.5578	0.8088	0.9344	0.9814	0.9955	0.9991	0.9998	1	1
1.6	0.2019	0.5249	0.7834	0.9212	0.9763	0.9940	0.9987	0.9997	1	1
1.7	0.1827	0.4932	0.7572	0.9068	0.9704	0.9920	0.9981	0.9996	0.9999	1
1.8	0.1653	0.4628	0.7306	0.8913	0.9636	0.9896	0.9974	0.9994	0.9999	1
1.9	0.1496	0.4337	0.7037	0.8747	0.9559	0.9868	0.9966	0.9992	0.9998	1
2.0	0.1353	0.4060	0.6767	0.8571	0.9473	0.9834	0.9955	0.9989	0.9998	1

λ	0	1	2	3	4	5	6	7	8	9
						k				
2.2	0.1108	0.3546	0.6227	0.8194	0.9275	0.9751	0.9925	0.9980	0.9995	0.9999
2.4	0.0907	0.3084	0.5697	0.7787	0.9041	0.9643	0.9884	0.9967	0.9991	0.9998
2.6	0.0743	0.2674	0.5184	0.7360	0.8774	0.9510	0.9828	0.9947	0.9985	0.9996
2.8	0.0608	0.2311	0.4695	0.6919	0.8477	0.9349	0.9756	0.9919	0.9976	0.9993
3.0	0.0498	0.1991	0.4232	0.6472	0.8153	0.9161	0.9665	0.9881	0.9962	0.9989
3.2	0.0408	0.1712	0.3799	0.6025	0.7806	0.8946	0.9554	0.9832	0.9943	0.9982
3.4	0.0334	0.1468	0.3397	0.5584	0.7442	0.8705	0.9421	0.9769	0.9917	0.9973
3.6	0.0273	0.1257	0.3027	0.5152	0.7064	0.8441	0.9267	0.9692	0.9883	0.9960
3.8	0.0224	0.1074	0.2689	0.4735	0.6678	0.8156	0.9091	0.9599	0.9840	0.9942
4.0	0.0183	0.0916	0.2381	0.4335	0.6288	0.7851	0.8893	0.9489	0.9786	0.9919
4.2	0.0150	0.0780	0.2102	0.3954	0.5898	0.7531	0.8675	0.9361	0.9721	0.9889
4.4	0.0123	0.0663	0.1851	0.3594	0.5512	0.7199	0.8436	0.9214	0.9642	0.9851
4.6	0.0101	0.0563	0.1626	0.3257	0.5132	0.6858	0.8180	0.9049	0.9549	0.9805
4.8	0.0082	0.0477	0.1425	0.2942	0.4763	0.6510	0.7908	0.8867	0.9442	0.9749
5.0	0.0067	0.0404	0.1247	0.2650	0.4405	0.6160	0.7622	0.8666	0.9319	0.9682
5.2	0.0055	0.0342	0.1088	0.2381	0.4061	0.5809	0.7324	0.8449	0.9181	0.9603
5.4	0.0045	0.0289	0.0948	0.2133	0.3733	0.5461	0.7017	0.8217	0.9027	0.9512
5.6	0.0037	0.0244	0.0824	0.1906	0.3422	0.5119	0.6703	0.7970	0.8857	0.9409
5.8	0.0030	0.0206	0.0715	0.1700	0.3127	0.4783	0.6384	0.7710	0.8672	0.9292
6.0	0.0025	0.0174	0.0620	0.1512	0.2851	0.4457	0.6063	0.7440	0.8472	0.9161

Die Tabelle gibt die Verteilungsfunktion zu den unterschiedlichen Parametern λ und k-Werten an. Die Wahrscheinlichkeitsfunktion leitet sich durch Differenzenbildung ab. So ist bspw. die Wahrscheinlichkeit $k = 2$ für $\lambda = 2$ die Differenz von 0,6767 und 0,4060, also 0,2707 (27,07 %).

7.3 Tabelle der Standardnormalverteilung

z	$F_{SN}(-z)$	$F_{SN}(z)$	$D(z)$	z	$F_{SN}(-z)$	$F_{SN}(z)$	$D(z)$	z	$F_{SN}(-z)$	$F_{SN}(z)$	$D(z)$
	0.	0.	0.			0.	0.			0.	0.	0.
0.01	4960	5040	0080	0.51	3050	6950	3899	1.01	1562	8438	6875
0.02	4920	5080	0160	0.52	3015	6985	3969	1.02	1539	8461	6923
0.03	4880	5120	0239	0.53	2981	7019	4039	1.03	1515	8485	6970
0.04	4840	5160	0319	0.54	2946	7054	4108	1.04	1492	8508	7017
0.05	4801	5199	0399	0.55	2912	7088	4177	1.05	1469	8531	7063
0.06	4761	5239	0478	0.56	2877	7123	4245	1.06	1446	8554	7109
0.07	4721	5279	0558	0.57	2843	7157	4313	1.07	1423	8577	7154
0.08	4681	5319	0638	0.58	2810	7190	4381	1.08	1401	8599	7199
0.09	4641	5359	0717	0.59	2776	7224	4448	1.09	1379	8621	7243
0.10	4602	5398	0797	0.60	2743	7257	4515	1.10	1357	8643	7287
0.11	4562	5438	0876	0.61	2709	7291	4581	1.11	1335	8665	7330
0.12	4522	5478	0955	0.62	2676	7324	4647	1.12	1314	8686	7373
0.13	4483	5517	1034	0.63	2643	7357	4713	1.13	1292	8708	7415
0.14	4443	5557	1113	0.64	2G11	7389	4778	1.14	1271	8729	7457
0.15	4404	5596	1192	0.65	2578	7422	4843	1.15	1251	8749	7499
0.16	4364	5636	1271	0.66	2546	7454	4907	1.16	1230	8770	7540
0.17	4325	5675	1350	0.67	2514	7486	4971	1.17	1210	8790	7580
0.18	4286	5714	1428	0.68	2483	7517	5035	1.18	1190	8810	7620
0.19	4247	5753	1507	0.69	2451	7549	5098	1.19	1170	8830	7660
0.20	4207	5793	1585	0.70	2420	7580	5161	1.20	1151	8849	7699
0.21	4168	5832	1663	0.71	2389	7611	5223	1.21	1131	8869	7737
0.22	4129	5871	1741	0.72	2358	7642	5285	1.22	1112	8888	7775
0.23	4090	5910	1819	0.73	2327	7673	5346	1.23	1093	8907	7813
0.24	4052	5948	1897	0.74	2296	7704	5407	1.24	1075	8925	7850
0.25	4013	5987	1974	0.75	2266	7734	5467	1.25	1056	8944	7887
0.26	3974	6026	2051	0.76	2236	7764	5527	1.26	1038	8962	7923
0.27	3936	6064	2128	0.77	2206	779,4	5587	1.27	1020	8980	7959
0.28	3897	6103	2205	0.78	2177	7823	5646	1.28	1003	8997	7995
0.29	3859	6141	2282	0.79	2148	7852	5705	1.29	0985	9015	8029
0.30	3821	6179	2358	0.80	2119	7881	5763	1.30	0968	9032	8064
0.31	3783	6217	2434	0.81	2090	7910	5821	1.31	0951	9049	8090
0.32	3745	6255	2510	0.82	2061	7939	5878	1.32	0934	9066	8132
0.33	3707	6293	2586	0.83	2033	7967	5935	1.33	0918	9082	8165
0.34	3669	6331	2661	0.84	2005	7995	5991	1.34	0901	9099	8198
0.35	3632	6368	2737	0.85	1977	8023	6047	1.35	0885	9115	8230
0.36	3594	6406	2812	0.86	1949	8051	6102	1.36	0869	9131	8262
0.37	3557	6443	2886	0.87	1922	8078	6157	1.37	0853	9147	8293
0.38	3520	6480	2961	0.88	1894	8106	6211	1.38	0838	9162	8324
0.39	3483	6517	3035	0.89	1867	8133	6265	1.39	0823	9177	8355
0.40	3446	6554	3108	0.90	1841	8159	6319	1.40	0808	9192	8385
0.41	3409	6591	3182	0.91	1814	8186	6372	1.41	0793	9207	8415
0.42	3372	6628	3255	0.92	1788	8212	6424	1.42	0778	9222	8444
0 43	3336	6664	3328	0.93	1762	8238	6476	1.43	0764	9236	8473
0.44	3300	6700	3401	0.94	1736	8264	6528	1.44	0749	9251	8501
0.45	3264	6736	3473	0.95	1711	8289	6579	1.45	0735	9265	8529
0.46	3228	6772	3545	0.96	1685	8315	6629	1.46	0721	9279	8557
0.47	3192	6808	3616	0.97	1660	8340	6680	1.47	0708	9292	8584
0.48	3156	6844	3688	0.98	1635	8365	6729	1.48	0694	9306	8611
0.49	3121	6879	3759	0.99	1611	8389	6778	1.49	0681	9319	8638
0.50	3085	6915	3829	1.00	1587	8413	6827	1.50	0668	9332	8664

z	$F_{SN}(-z)$	$F_{SN}(z)$	$D(z)$	z	$F_{SN}(-z)$	$F_{SN}(z)$	$D(z)$	z	$F_{SN}(-z)$	$F_{SN}(z)$	$D(z)$
	0.	0.	0.		0.	0.	0.		0.	0.	0.
1.51	0655	9345	8690	2.01	0222	9778	9556	2.51	0060	9940	9879
1.52	0643	9357	8715	2.02	0217	9783	9566	2.52	0059	9941	9883
1.53	0630	9370	8740	2.03	0212	9788	9576	2.53	0057	9943	9886
1.54	0618	9382	8764	2.04	0207	9793	9586	2.54	0055	9945	9889
1.55	0606	9394	8789	2.05	0202	9798	9596	2.55	0054	9946	9892
1.56	0594	9406	8812	2.06	0197	9803	9606	2.56	0052	9948	9895
1.57	0582	9418	8836	2.07	0192	9808	9615	2.57	0051	9949	9898
1.58	0571	9429	8859	2.08	0183	9812	9625	2.58	0049	9951	9901
1.59	0559	9441	8882	2.09	0183	9817	9634	2.59	0048	9952	9904
1.60	0548	9452	8904	2.10	0179	9821	9643	2.60	0047	9953	9907
1.61	0537	9463	8926	2.11	0174	9826	9651	2.61	0045	9955	9909
1.62	0526	9474	8948	2.12	0170	9830	9660	2.62	0044	9956	9912
1.63	0516	9484	8969	2.13	0166	9834	9668	2.63	0043	9957	9915
1.64	0505	9495	8990	2.14	0162	9838	9676	2.64	0041	9959	9917
1.65	0495	9505	9011	2.15	0158	9842	9684	2.65	0040	9960	9920
1.66	0485	9515	9031	2.16	0154	9846	9692	2.66	0039	9961	9922
1.67	0475	9525	9051	2.17	0150	9850	9700	2.67	0038	9962	9924
1.68	0465	9535	9070	2.18	0146	9854	9707	2.68	0037	9963	9926
1.69	0455	9545	9090	2.19	0143	9857	9715	2.69	0036	9964	9929
1.70	0446	9554	9109	2.20	0139	9861	9722	2.70	0035	9965	9931
1.71	0436	9564	9127	2.21	0136	9864	9729	2.71	0034	9966	9933
1.72	0427	9573	9146	2.22	0132	9868	9736	2.72	0033	9967	9935
1.73	0418	9582	9164	2.23	0129	9871	9743	2.73	0032	9968	9937
1.74	0409	9591	9181	2.24	0125	9875	9749	2.74	0031	9969	9939
1.75	0401	9599	9199	2.25	0122	9878	9756	2.75	0030	9970	9940
1.76	0392	9608	9216	2.26	0119	9881	9762	2.76	0029	9971	9942
1.77	0384	9616	9233	2.27	0116	9884	9768	2.77	0028	9972	9944
1.78	0375	9625	9249	2.28	0113	9887	9774	2.78	0027	9973	9946
1.79	0367	9633	9265	2.29	0110	9890	9780	2.79	0026	9974	9947
1.80	0359	9641	9281	2.30	0107	9893	9786	2.80	0025	9974	9949
1.81	0351	9649	9297	2.31	0104	9896	9791	2.81	0025	9975	9950
1.82	0344	9656	9312	2.32	0102	9898	9797	2.82	0024	9976	9952
1.83	0336	9664	9328	2.33	0099	9901	9802	2.83	0023	9977	9953
1.84	0329	9671	9342	2.34	0096	9904	9807	2.84	0023	9977	9955
1.85	0322	9678	9357	2.35	0094	9906	9812	2.85	0022	9978	9956
1.86	0314	9686	9371	2.36	0091	9909	9817	2.86	0021	9979	9958
1.87	0307	9693	9385	2.37	0089	9911	9822	2.87	0021	9979	9959
1.88	0301	9699	9399	2.38	0087	9913	9827	2.88	0020	9980	9960
1.89	0294	9706	9412	2.39	0084	9916	9832	2.89	0019	9981	9961
1.90	0287	9713	9426	2.40	0082	9918	9836	2.90	0019	9981	9963
1.91	0281	9719	9439	2.41	0080	9920	9840	2.91	0018	9982	9964
1.92	0274	9726	9451	2.42	0078	9922	9845	2.92	0018	9982	9965
1.93	0268	9732	9464	2.43	0075	9925	9849	2.93	0017	9983	9966
1.94	0262	9738	9476	2.44	0073	9927	9853	2.94	0016	9984	9967
1.95	0256	9744	9488	2.45	0071	9929	9857	2.95	0016	9984	9968
1.96	0250	9750	9500	2.46	0069	9931	9861	2.96	0015	9985	9969
1.97	0244	9756	9512	2.47	0068	9932	9865	2.97	0015	9985	9970
1.98	0239	9761	9523	2.48	0066	9934	9869	2.98	0014	9986	9971
1.99	0233	9767	9534	2.49	0064	9936	9872	2.99	0014	9986	9972
2.00	0228	9772	9545	2.50	0062	9938	9876	3.00	0013	9987	9973

7.4 Tabelle der Chi-Quadratverteilung

		0.0010	0.0100	0.0250	0.0500	0.1000	0.2000	0.8000	0.9000	0.9500	0.9750	0.9800	0.9900	0.9990
	1	0.0000	0.0002	0.0010	0.0039	0.0158	0.0642	1.6424	2.7055	3.8415	5.0239	5.4119	6.6349	10.827
	2	0.0020	0.0201	0.0506	0.1026	0.2107	0.4463	3.2189	4.6052	5.9915	7.3778	7.8241	9.2104	13.815
	3	0.0243	0.1148	0.2158	0.3518	0.5844	1.0052	4.6416	6.2514	7.8147	9.3484	9.8374	11.345	16.266
	4	0.0908	0.2971	0.4844	0.7107	1.0636	1.6488	5.9886	7.7794	9.4877	11.143	11.668	13.277	18.466
	5	0.2102	0.5543	0.8312	1.1455	1.6103	2.3425	7.2893	9.2363	11.071	12.833	13.388	15.086	20.515
F	6	0.3810	0.8721	1.2373	1.6354	2.2041	3.0701	8.5581	10.645	12.592	14.449	15.033	16.812	22.458
R	7	0.5985	1.2390	1.6899	2.1673	2.8331	3.8223	9.8032	12.017	14.067	16.013	16.622	18.475	24.321
	8	0.8571	1.6465	2.1797	2.7326	3.4895	4.5936	11.030	13.362	15.507	17.535	18.168	20.090	26.124
E	9	1.1519	2.0879	2.7004	3.3251	4.1682	5.3801	12.242	14.684	16.919	19.023	19.679	21.666	27.877
	10	1.4787	2.5582	3.2470	3.9403	4.8652	6.1791	13.442	15.987	18.307	20.483	21.161	23.209	29.588
I	11	1.8338	3.0535	3.8157	4.5748	5.5778	6.9887	14.631	17.275	19.675	21.920	22.618	24.725	31.264
	12	2.2141	3.5706	4.4038	5.2260	6.3038	7.8073	15.812	18.549	21.026	23.337	24.054	26.217	32.909
H	13	2.6172	4.1069	5.0087	5.8919	7.0415	8.6339	16.985	19.812	22.362	24.736	25.472	27.688	34.527
	14	3.0407	4.6604	5.6287	6.5706	7.7895	9.4673	18.151	21.064	23.685	26.119	26.873	29.141	36.124
E	15	3.4825	5.2294	6.2621	7.2609	8.5468	10.307	19.311	22.307	24.996	27.488	28.260	30.578	37.698
	16	3.9417	5.8122	6.9077	7.9616	9.3122	11.152	20.465	23.542	26.296	28.845	29.633	32.000	39.252
I	17	4.4162	6.4077	7.5642	8.6718	10.085	12.002	21.615	24.769	27.587	30.191	30.995	33.409	40.791
	18	4.9048	7.0149	8.2307	9.3904	10.866	12.857	22.760	25.989	28.869	31.526	32.346	34.805	42.312
T	19	5.4067	7.6327	8.9065	10.117	11.651	13.716	23.900	27.204	30.144	32.852	33.687	36.191	43.819
	20	5.9210	8.2604	9.5908	10.851	12.443	14.578	25.038	28.412	31.410	34.170	35.020	37.566	45.314
S	25	8.6494	11.524	13.120	14.611	16.473	18.940	30.675	34.382	37.653	40.647	41.566	44.314	52.619
	30	11.588	14.954	16.791	18.493	20.599	23.364	36.250	40.256	43.773	46.979	47.962	50.892	59.702
G	35	14.688	18.509	20.569	22.465	24.797	27.836	41.778	46.059	49.802	53.203	54.244	57.342	66.619
	40	17.917	22.164	24.433	26.509	29.051	32.345	47.269	51.805	55.759	59.342	60.436	63.691	73.403
R	45	21.251	25.901	28.366	30.612	33.350	36.884	52.729	57.505	61.656	65.410	66.555	69.957	80.078
	50	24.674	29.707	32.357	34.764	37.689	41.449	58.164	63.167	67.505	71.420	72.613	76.154	86.660
A	60	31.738	37.485	40.482	43.188	46.459	50.641	68.972	74.397	79.082	83.298	84.580	88.379	99.608
	70	39.036	45.442	48.758	51.739	55.329	59.898	79.715	85.527	90.531	95.023	96.388	100.43	112.32
D	80	46.520	53.540	57.153	60.392	64.278	69.207	90.405	96.578	101.88	106.63	108.07	112.33	124.84
	90	54.156	61.754	65.647	69.126	73.291	78.558	101.05	107.57	113.15	118.14	119.65	124.12	137.21
E	100	61.918	70.065	74.222	77.929	82.358	87.945	111.67	118.50	124.34	129.56	131.14	135.81	149.45
	110	69.790	78.458	82.867	86.792	91.471	97.362	122.25	129.39	135.48	140.92	142.56	147.41	161.58
	200	143.84	156.43	162.73	168.28	174.84	183.00	216.61	226.02	233.99	241.06	243.19	249.45	267.54
	300	229.96	245.97	253.91	260.88	269.07	279.21	320.40	331.79	341.40	349.87	352.42	359.91	381.42
	400	318.26	337.16	346.48	354.64	364.21	376.02	423.59	436.65	447.63	457.31	460.21	468.72	493.13
	500	407.95	429.39	439.94	449.15	459.93	473.21	526.40	540.93	553.13	563.85	567.07	576.49	603.45

7.5 Tabelle der Student-Verteilung

Fläche* df	0,55	0,60	0,65	0,70	0,75	0,80	0,85	0,90	0,95	0,975	0,990	0,995	0,9995	$r_{0,05}$	$r_{0,01}$
1	0,158	0,325	0,510	0,727	1,000	1,376	1,963	3,078	6,314	12,706	31,821	63,657	636,619	0,997	1,000
2	0,142	0,289	0,445	0,617	0,816	1,061	1,386	1,886	2,920	4,303	6,965	9,925	31,598	0,950	0,990
3	0,137	0,277	0,424	0,584	0,765	0,978	1,250	1,638	2,353	3,182	4,541	5,841	12,941	0,878	0,959
4	0,134	0,271	0,414	0,569	0,741	0,941	1,190	1,533	2,132	2,776	3,747	4,604	8,610	0,811	0,917
5	0,132	0,267	0,408	0,559	0,727	0,920	1,156	1,476	2,015	2,571	3,365	4,032	6,859	0,754	0,874
6	0,131	0,265	0,404	0,553	0,718	0,906	1,134	1,440	1,943	2,447	3,143	3,707	5,959	0,707	0,834
7	0,130	0,263	0,402	0,549	0,711	0,896	1,119	1,415	1,895	2,365	2,998	3,499	5,405	0,666	0,798
8	0,130	0,262	0,399	0,546	0,706	0,889	1,108	1,397	1,860	2,306	2,896	3,355	5,041	0,632	0,765
9	0,129	0,261	0,398	0,543	0,703	0,883	1,100	1,383	1,833	2,262	2,821	3,250	4,781	0,602	0,735
10	0,129	0,260	0,397	0,542	0,700	0,879	1,093	1,372	1,812	2,228	2,764	3,169	4,587	0,576	0,708
11	0,129	0,260	0,396	0,540	0,697	0,876	1,088	1,363	1,796	2,201	2,718	3,106	4,437	0,553	0,684
12	0,128	0,259	0,395	0,539	0,695	0,873	1,083	1,356	1,782	2,179	2,681	3,055	4,318	0,532	0,661
13	0,128	0,259	0,394	0,538	0,694	0,870	1,079	1,350	1,771	2,160	2,650	3,012	4,221	0,514	0,641
14	0,128	0,258	0,393	0,537	0,692	0,868	1,076	1,345	1,761	2,145	2,624	2,977	4,140	0,497	0,623
15	0,128	0,258	0,393	0,536	0,691	0,866	1,074	1,341	1,753	2,131	2,602	2,947	4,073	0,482	0,606
16	0,128	0,258	0,392	0,535	0,690	0,865	1,071	1,337	1,746	2,120	2,583	2,921	4,015	0,468	0,590
17	0,128	0,257	0,392	0,534	0,689	0,863	1,069	1,333	1,740	2,110	2,567	2,898	3,965	0,456	0,575
18	0,127	0,257	0,392	0,534	0,688	0,862	1,067	1,330	1,734	2,101	2,552	2,878	3,922	0,444	0,561
19	0,127	0,257	0,391	0,533	0,688	0,861	1,066	1,328	1,729	2,093	2,539	2,861	3,883	0,433	0,549
20	0,127	0,257	0,391	0,533	0,687	0,860	1,064	1,325	1,725	2,086	2,528	2,845	3,850	0,423	0,537
21	0,127	0,257	0,391	0,532	0,686	0,859	1,063	1,323	1,721	2,080	2,518	2,831	3,819	0,413	0,526
22	0,127	0,256	0,390	0,532	0,686	0,858	1,061	1,321	1,717	2,074	2,508	2,819	3,792	0,404	0,515
23	0,127	0,256	0,390	0,532	0,685	0,858	1,060	1,319	1,714	2,069	2,500	2,807	3,767	0,396	0,505
24	0,127	0,256	0,390	0,531	0,685	0,857	1,059	1,318	1,711	2,064	2,492	2,797	3,745	0,388	0,496
25	0,127	0,256	0,390	0,531	0,684	0,856	1,058	1,316	1,708	2,060	2,485	2,787	3,725	0,381	0,487
26	0,127	0,256	0,390	0,531	0,684	0,856	1,058	1,315	1,706	2,056	2,479	2,779	3,707	0,374	0,478
27	0,127	0,256	0,389	0,531	0,684	0,855	1,057	1,314	1,703	2,052	2,473	2,771	3,690	0,367	0,470
28	0,127	0,256	0,389	0,530	0,683	0,855	1,056	1,313	1,701	2,048	2,467	2,763	3,674	0,361	0,463
29	0,127	0,256	0,389	0,530	0,683	0,854	1,055	1,311	1,699	2,045	2,462	2,756	3,659	0,355	0,456
30	0,127	0,256	0,389	0,530	0,683	0,854	1,055	1,310	1,697	2,042	2,457	2,750	3,646	0,349	0,449
40	0,126	0,255	0,388	0,529	0,681	0,851	1,050	1,303	1,684	2,021	2,423	2,704	3,551	0,304	0,393
60	0,126	0,254	0,387	0,527	0,679	0,848	1,046	1,296	1,671	2,000	2,390	2,660	3,460	0,250	0,325
120	0,126	0,254	0,386	0,526	0,677	0,845	1,041	1,289	1,658	1,980	2,358	2,617	3,373	0,178	0,232
z	0,126	0,253	0,385	0,524	0,674	0,842	1,036	1,282	1,645	1,960	2,326	2,576	3,291		

7.6 Tabelle der F-Verteilung für das 95 %-Quantil

		Freiheitsgrade f_1														
		1	2	3	4	5	6	7	8	9	10	20	25	50	75	100
	1	161.5	199.5	215.7	224.6	230.2	234.0	236.8	238.9	240.5	241.9	248.0	249.3	251.8	252.6	253.0
	2	18.51	19.00	19.16	19.25	19.30	19.33	19.35	19.37	19.39	19.40	19.45	19.46	19.48	19.48	19.49
	3	10.13	9.552	9.277	9.117	9.013	8.941	8.887	8.845	8.812	8.785	8.660	8.634	8.581	8.563	8.554
F	4	7.709	6.944	6.591	6.388	6.256	6.163	6.094	6.041	5.999	5.964	5.803	5.769	5.699	5.676	5.664
	5	6.608	5.786	5.409	5.192	5.050	4.950	4.876	4.818	4.772	4.735	4.558	4.521	4.444	4.418	4.405
R	6	5.987	5.143	4.757	4.534	4.387	4.284	4.207	4.147	4.099	4.060	3.874	3.835	3.754	3.726	3.712
	7	5.591	4.737	4.347	4.120	3.972	3.866	3.787	3.726	3.677	3.637	3.445	3.404	3.319	3.290	3.275
E	8	5.318	4.459	4.066	3.838	3.688	3.581	3.500	3.438	3.388	3.347	3.150	3.108	3.020	2.990	2.975
	9	5.117	4.256	3.863	3.633	3.482	3.374	3.293	3.230	3.179	3.137	2.936	2.893	2.803	2.771	2.756
I	10	4.965	4.103	3.708	3.478	3.326	3.217	3.135	3.072	3.020	2.978	2.774	2.730	2.637	2.605	2.588
	11	4.844	3.982	3.587	3.357	3.204	3.095	3.012	2.948	2.896	2.854	2.646	2.601	2.507	2.473	2.457
H	12	4.747	3.885	3.490	3.259	3.106	2.996	2.913	2.849	2.796	2.753	2.544	2.498	2.401	2.367	2.350
	13	4.667	3.806	3.411	3.179	3.025	2.915	2.832	2.767	2.714	2.671	2.459	2.412	2.314	2.279	2.261
E	14	4.600	3.739	3.344	3.112	2.958	2.848	2.764	2.699	2.646	2.602	2.388	2.341	2.241	2.205	2.187
	15	4.543	3.682	3.287	3.056	2.901	2.790	2.707	2.641	2.588	2.544	2.328	2.280	2.178	2.142	2.123
I	16	4.494	3.634	3.239	3.007	2.852	2.741	2.657	2.591	2.538	2.494	2.276	2.227	2.124	2.087	2.068
	17	4.451	3.592	3.197	2.965	2.810	2.699	2.614	2.548	2.494	2.450	2.230	2.181	2.077	2.040	2.020
T	18	4.414	3.555	3.160	2.928	2.773	2.661	2.577	2.510	2.456	2.412	2.191	2.141	2.035	1.998	1.978
	19	4.381	3.522	3.127	2.895	2.740	2.628	2.544	2.477	2.423	2.378	2.155	2.106	1.999	1.960	1.940
S	20	4.351	3.493	3.098	2.866	2.711	2.599	2.514	2.447	2.393	2.348	2.124	2.074	1.966	1.927	1.907
	25	4.242	3.385	2.991	2.759	2.603	2.490	2.405	2.337	2.282	2.236	2.007	1.955	1.842	1.801	1.779
G	30	4.171	3.316	2.922	2.690	2.534	2.421	2.334	2.266	2.211	2.165	1.932	1.878	1.761	1.718	1.695
	35	4.121	3.267	2.874	2.641	2.485	2.372	2.285	2.217	2.161	2.114	1.878	1.824	1.703	1.658	1.635
R	40	4.085	3.232	2.839	2.606	2.449	2.336	2.249	2.180	2.124	2.077	1.839	1.783	1.660	1.614	1.589
	45	4.057	3.204	2.812	2.579	2.422	2.308	2.221	2.152	2.096	2.049	1.808	1.752	1.626	1.579	1.554
A	50	4.034	3.183	2.790	2.557	2.400	2.286	2.199	2.130	2.073	2.026	1.784	1.727	1.599	1.551	1.525
	60	4.001	3.150	2.758	2.525	2.368	2.254	2.167	2.097	2.040	1.993	1.748	1.690	1.559	1.508	1.481
D	70	3.978	3.128	2.736	2.503	2.346	2.231	2.143	2.074	2.017	1.969	1.722	1.664	1.530	1.478	1.450
	75	3.968	3.119	2.727	2.494	2.337	2.222	2.134	2.064	2.007	1.959	1.712	1.653	1.518	1.466	1.437
E	80	3.960	3.111	2.719	2.486	2.329	2.214	2.126	2.056	1.999	1.951	1.703	1.644	1.508	1.455	1.426
	90	3.947	3.098	2.706	2.473	2.316	2.201	2.113	2.043	1.986	1.938	1.688	1.629	1.491	1.437	1.407
f_2	100	3.936	3.087	2.696	2.463	2.305	2.191	2.103	2.032	1.975	1.927	1.676	1.616	1.477	1.422	1.392
	200	3.888	3.041	2.650	2.417	2.259	2.144	2.056	1.985	1.927	1.878	1.623	1.561	1.415	1.354	1.321
	300	3.873	3.026	2.635	2.402	2.244	2.129	2.040	1.969	1.911	1.862	1.606	1.543	1.393	1.331	1.296
	400	3.865	3.018	2.627	2.394	2.237	2.121	2.032	1.962	1.903	1.854	1.597	1.534	1.383	1.319	1.283
	500	3.860	3.014	2.623	2.390	2.232	2.117	2.028	1.957	1.899	1.850	1.592	1.528	1.376	1.312	1.275
	1000	3.851	3.005	2.614	2.381	2.223	2.108	2.019	1.948	1.889	1.840	1.581	1.517	1.363	1.298	1.260

7.7 Tabelle der kritischen Werte für den Wilcoxon-Test

In der Tabelle finden sich die kritischen T-Werte des Wilcoxon-Tests. Das Signifikanzniveau ist in der ersten Zeile für einseitiges und in der zweiten Zeile für zweiseitiges Testen angegeben. 0,05 steht z. B. für ein α-Niveau von 5 %. In der linken Spalte steht die Stichprobengröße n. Der empirische T-Wert muss gleich groß oder kleiner sein als der kritische T-Wert aus der Tabelle, um auf dem entsprechenden Niveau signifikant zu sein.

| einseitiges α | 0,05 | 0,025 | 0,01 | 0,005 |
| zweiseitiges α | 0,1 | 0,05 | 0,02 | 0,01 |
n				
5	0			
6	2	0		
7	3	2	0	
8	5	4	2	0
9	8	6	3	2
10	10	8	5	3
11	13	11	7	5
12	17	14	10	7
13	21	17	13	10
14	25	21	16	13
15	30	25	20	16
16	35	30	24	20
17	41	35	28	23
18	47	40	33	28
19	53	46	38	32
20	60	52	43	38
21	67	59	49	43
22	75	66	56	49
23	83	73	62	55
24	91	81	69	61
25	100	89	77	68

8 Anhang zur Dependenzanalyse

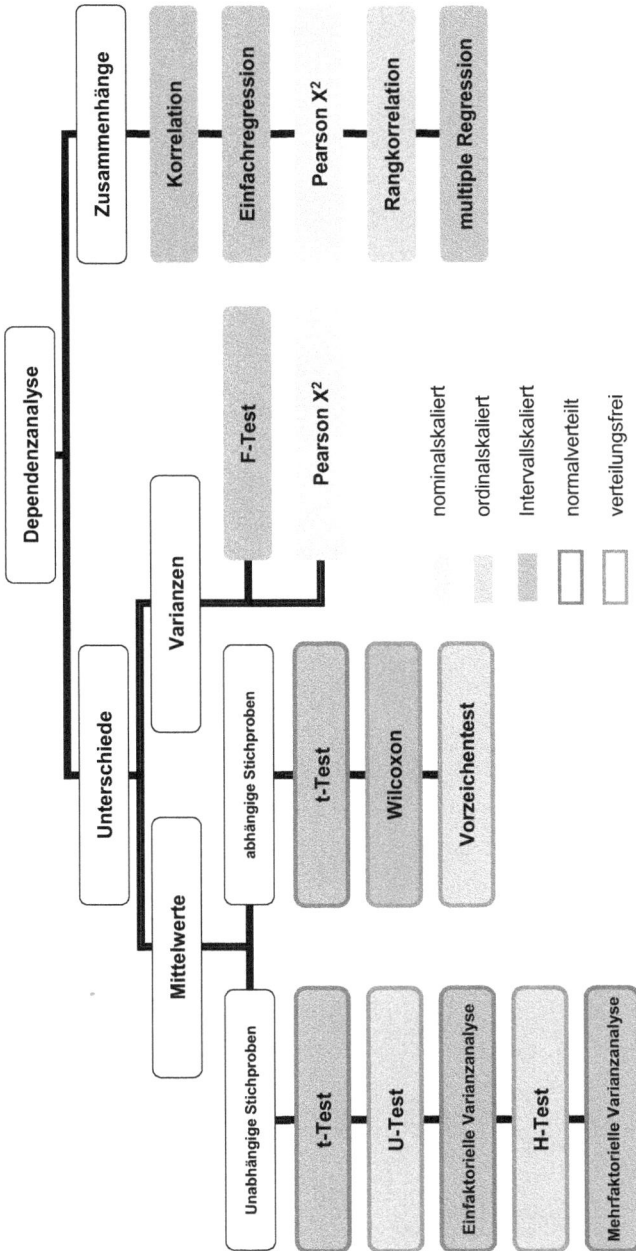

Dependenzanalyse

Zusammenhänge
- Korrelation
- Einfachregression
- Pearson X^2
- Rangkorrelation
- multiple Regression

Unterschiede

Varianzen
- F-Test
- Pearson X^2

Mittelwerte

abhängige Stichproben
- t-Test
- Wilcoxon
- Vorzeichentest

Unabhängige Stichproben
- t-Test
- U-Test
- Einfaktorielle Varianzanalyse
- H-Test
- Mehrfaktorielle Varianzanalyse

Legende:
- nominalskaliert
- ordinalskaliert
- Intervallskaliert
- normalverteilt
- verteilungsfrei

https://doi.org/10.1515/9783110565249-008

Literaturverzeichnis

[1]   Assenmacher W., Deskriptive Statistik, Berlin, 2010.
[2]   Backhaus K./Erichson B./Plinke W./Weiber R., Multivariate Analysemethoden: Eine anwendungsorientierte Einführung, Berlin, 2008.
[3]   Bamberg G./Baur F./Krapp M., Statistik-Arbeitsbuch, München, 2008.
[4]   Bamberg G./Baur F./Krapp M., Statistik, München, 2009.
[5]   Bleymüller J./Gehlert G./Gülicher H., Statistik für Wirtschaftswissenschaftler, München, 2008.
[6]   Bortz J., Statistik für Human- und Sozialwissenschaftler, Berlin, 2005.
[7]   Bücker R., Statistik für Wirtschaftswissenschaftler, München, 2003.
[8]   Cottin C./Döhler S., Risikoanalyse, Wiesbaden, 2009.
[9]   Eckstein P., Statistik für Wirtschaftswissenschaftler: Eine realdatenbasierte Einführung mit SPSS, Wiesbaden, 2010.
[10] Fahrmeir L./Künstler R./Pigeot I./Tutz G., Statistik: Der Weg zur Datenanalyse, Heidelberg, 2009.
[11] Hippmann H.D., Statistik, Stuttgart, 2007.
[12] Krämer W., So lügt man mit Statistik, München, 2000.
[13] Krämer W., Statistik verstehen: Eine Gebrauchsanweisung, Frankfurt/New York, 2010.
[14] Lippe v.d.P., Induktive Statistik, München, 2004.
[15] Litz H., Statistische Methoden in den Wirtschafts- und Sozialwissenschaften, München, 2003.
[16] Luderer B., Klausurtraining Mathematik und Statistik für Wirtschaftswissenschaftler, Wiesbaden, 2008.
[17] Puhani J., Statistik: Einführung mit praktischen Beispielen, Würzburg, 2008.
[18] Quatember A., Statistik ohne Angst vor Formeln, München, 2008.
[19] Rößler I./Ungerer A., Statistik für Wirtschaftswissenschaftler, Heidelberg, 2008.
[20] Schwarze J., Aufgabensammlung zur Statistik, Hamm, 2008.
[21] Schwarze J., Grundlagen der Statistik: Wahrscheinlichkeitsrechnung und induktive Statistik, Herne, 2009.
[22] Stiefl J., Risikomanagement und Existenzsicherung, München, 2010.
[23] Sydsaeter K./Hammond S., Mathematik für Wirtschaftswissenschaftler, München, 2009.
[24] Toutenburg H./Heumann H., Deskriptive Statistik, Berlin, 2008(1).
[25] Toutenburg H./Heumann H., Induktive Statistik, Berlin, 2008(2).
[26] Uhlir H./Aussenegg W., Value at Risk (VaR): Einführung und Methodenüberblick, in: Österreichisches Bank-Archiv, 44. Jg., 1996, S. 831–836.
[27] Weigand C., Statistik mit und ohne Zufall, Heidelberg, 2009.
[28] Weiß G./Aßmann M., Fallstudien: Risikoarten und Value-at-Risk-Lösung, in: Wirtschaftswissenschaftliches Studium, Heft 8, 2008, S. 455–458.
[29] Winter P., Cashflow at Risk als Instrument des industriellen Risikomanagements, in: Wirtschaftswissenschaftliches Studium, Heft 5, 2004, S. 289–294.

https://doi.org/10.1515/9783110565249-009

Stichwortverzeichnis

https://doi.org/10.1515/9783110565249-010

www.ingramcontent.com/pod-product-compliance
Lightning Source LLC
Chambersburg PA
CBHW081053220326
41598CB00038B/7077